荆楚文庫

漢口山陜西會館志

〔清〕侯培峻　冀麟書　編
張博鋒　點校

漢口紫陽書院志略

〔清〕董桂敷　編
彭善德　彭忠德　點校

荆楚文庫編纂出版委員會
武漢出版社

荊楚文庫

漢口山陝西會館志
HANKOU SHANSHANXI HUIGUANZHI

漢口紫陽書院志略
HANKOU ZIYANG SHUYUAN ZHILÜE

圖書在版編目（CIP）數據

漢口山陝西會館志 /〔清〕侯培峻，〔清〕冀麟書編；張博鋒點校.
漢口紫陽書院志略 /〔清〕董桂敷編；彭善德，彭忠德點校.
—武漢：武漢出版社，2022.9
ISBN 978-7-5582-4471-1
Ⅰ.①漢… ②漢…　Ⅱ.①侯… ②冀… ③董… ④張… ⑤彭… ⑥彭…
Ⅲ.①商業會館—史料—武漢—清代 ②書院—教育史—武漢
Ⅳ.① F729.49 ②G649.299.634
中國版本圖書館 CIP 數據核字（2021）第 061467 號

責任編輯：李豔芬　齊大勇
整體設計：范漢成　曾顯惠　思　蒙
技術編輯：沈力夫
責任印製：代　湧
出版發行：武漢出版社（中國・武漢）
地址：武漢市江岸區興業路 136 號
電話：027-85606403　　郵政編碼：430014
録排：武漢尚品書緣有限公司
印刷：湖北新華印務有限公司
開本：720mm×1000mm　　1/16
印張：26　　插頁：8
字數：370 千字
版次：2023 年 3 月第 1 版　2023 年 3 月第 1 次印刷
定價：118.00 元

ISBN 978-7-5582-4471-1

出版説明

湖北乃九省通衢，北學南學交會融通之地，文明昌盛，歷代文獻豐厚。守望傳統，編纂荊楚文獻，湖北淵源有自。清同治年間設立官書局，以整理鄉邦文獻爲旨趣。光緒年間張之洞督鄂後，以崇文書局推進典籍集成，湖北鄉賢身體力行之，編纂《湖北文徵》，集元明清三代湖北先哲遺作，收兩千七百餘作者文八千餘篇，洋洋六百萬言。盧氏兄弟輯録湖北先賢之作而成《湖北先正遺書》。至當代，武漢多所大學、圖書館在鄉邦典籍整理方面亦多所用力。爲傳承和弘揚優秀傳統文化，湖北省委、省政府决定編纂大型歷史文獻叢書《荊楚文庫》。

《荊楚文庫》以“搶救、保護、整理、出版”湖北文獻爲宗旨，分三編集藏。

甲、文獻編。收録歷代鄂籍人士著述，長期寓居湖北人士著述，省外人士探究湖北著述。包括傳世文獻、出土文獻和民間文獻。

乙、方志編。收録歷代省志、府縣志等。

丙、研究編。收録今人研究評述荊楚人物、史地、風物的學術著作和工具書及圖册。

文獻編、方志編録籍以 1949 年爲下限。

研究編簡體横排，文獻編繁體横排，方志編影印或點校出版。

《荊楚文庫》編纂出版委員會

2015 年 11 月

總　目　録

漢口山陝西會館志……………………………………………………… 1
漢口紫陽書院志略…………………………………………………… 167

荆楚文库

漢口山陝西會館志

〔清〕侯培峻　冀麟書　編
張博鋒　點校

前　言

明清時期各地商人群體勃興，其踪迹或遠或近，會館與之如影隨形。無論長城内外、大江南北，商幫所到之處多有會館。商人會館，是一種“民間的自發性的社會組織”。王日根先生在其《中國會館史》中説：“（會館）以鄉土爲紐帶，以傳統優良的道德觀、價值觀爲指導，以相互定期與不定期的聚會、娛樂及彼此的互律爲活動方式，力圖建立起一種和諧穩定，能以不變應政治、經濟、文化發展之萬變的社會秩序，從而程度不同地實現了商品經濟與道德建設、社會變遷與秩序穩定的平衡發展。”

山陝商人是明清時期知名度很高的地域商人群體，學界將其列爲明清十大商幫之一。山陝近鄰，古有秦晉之好，商人有聯省之誼。在合作共贏的理念下，山陝人打破以省爲界的地域藩籬，結伴搭伙、同求富貴，先後建造了數百座山陝會館。漢口地處南北水陸要衝，貿易往來五方輻輳，各路商幫雲集於此，山陝商人也建造了自己的會館。清光緒五年十一月二十日的《申報》説：“漢皋地方遼闊，商販輻輳，各業皆有幫口，有會館，既可以議規整條，復可以敦睦鄉誼，兩有裨益，故官憲亦不之禁。”山陝商人捐資修建的會館，位於漢口循禮坊大夾街，全稱“山陝西會館”，也叫“西會館”“西關帝廟”，是山陝兩省士商共建共享的公共空間。

漢口山陝會館創始於清康熙二十二年（1683 年），咸豐二年（1852 年）曾被太平軍作爲天王洪秀全的駐蹕之所，咸豐四年（1854 年）因戰火損毁大半，同治九年（1870 年），山陝商民開始重建會館，光緒二十一年（1895 年）完成重建工作。“以兩域之衆，紛貿於繁博之地，豐獲者致力，涓注者竭情，週劃者効智，博狀瞻密，館之規制遂甲於漢上”。

主事者認爲重修會館是重大盛事，應當爲會館編寫一部志書，一則可以留下前輩創建會館的艱辛事迹，再者可以勉勵後來人珍惜遺産、用心守護。於是，有了光緒二十二年（1896 年）的這部《漢口山陝西會館志》。

《漢口山陝西會館志》分爲上下兩卷。上卷以圖記爲主，采用比例尺繪製“會館全圖”“門樓圖”“正殿圖”“春秋樓全圖”“啓聖祠圖”“天后宫圖”“花園圖”“魁星樓圖”“文昌宫圖”“七聖殿圖”“吕祖殿圖”“前巷圖”“後湖圖”“財神殿圖”等；並對重要的場所和事件進行文字説明，如“會館總圖記”“漢關夫子春秋樓記”“築垣碑記”“重修正殿碑記”“春秋樓賦”“重建西會館碑記”“經理芳名”“各幫總録”等；對重要的經濟管理措施也進行了記録，如“禁示”“抽捐條規”“勸樂輸文”“佈施抽捐開光費總”等。下卷以記載公共事務活動相關内容爲主，如“祭器陳設圖”“紀治祭品”“祀儀”“祝文”等有關祭祀活動的，信衆商民爲會館捐贈的“匾額楹聯”，“酌定條規”“紀産續置”“歲入”“歲出”“募燈油啓”“改建瘞旅所碑記”“公所議定章程”“重建瘞旅公所記”“寄厝執照式”等有關會館管理的内容，還有“紀復製水龍”“保壽延壽二橋合記”等涉及地方社會事務的内容。

通過這部《志》，至少可以瞭解到五個層面的重要信息。一、《志》體例不一、内容冗雜，但細節豐富。大到會館建造、内部管理、公共祭祀以及公益活動，小到經理名字、每一副對聯及捐贈者、每一筆捐款及捐贈者，都有詳細的記録材料。對於瞭解山陝會館重修中的人物、工程等諸多細節具有很好的參考價值。二、製圖采用近代西方比例尺繪圖技術。山陝會館用比例尺繪圖，可以直觀、精準地呈現出會館的大小方位等信息，也從側面反映出當時普通商民對於外來新技術的理解和接受。現陳列於武漢市博物館的山陝會館模型，就是依照該書比例尺復原而成。三、漢口山陝會館呈現的信仰世界具有多樣性特徵。山陝西會館又名關帝廟，但其中還有佛殿、三官樓、七神殿、財神殿、吕祖殿、天后宫、泰山廟等。山陝商人來自内陸，歷來以關帝爲信仰標誌，而象徵媽祖信仰的天后宫出現在山陝商人的會館，這爲研究地域民間信仰的傳播提供了一個比較特别的素材。四、山陜會館是以地域鄉土爲紐帶的社會關係平臺。碑記、楹聯、詩文等内容中，既有同鄉官宦的相關事迹，也有地方官員、友好人士的交流往來。山陜會館不僅是山陜商旅的公共空間，也是山陜人在漢口開展社會經濟交流的大平臺。五、山陜會館是山陜商人融入漢口地方社會的重要渠道。漢口山陜會館是由山陜人創建的客商會館，作爲經濟社會活動的重要參與者、常年旅居漢口的山陜商旅，同時也具有漢口居民的身份。與地方官民的交流往來是必然的，參與公共事務也是不可或缺的，添置水龍，修建保壽橋、延壽橋，屬於公共福利事業，既能方便自己、營造良好形象，也能方便他人、造福一方。

山陜商人是明清時期少有的跨省商業聯盟，《漢口山陜西會館志》是山陜商人唯一傳世的志書。這部志書對於研究山陜商人及其會館、近代漢口的商業文化以及客商與近代漢口社會關係等問題，無疑是一部非常重要的歷史文獻。《漢口山陜西會館志》只有光緒廿二年仲冬月（1896年農曆十一月）的石印本一部傳世，扉頁有“板存本館誠敬堂　漢口景慶義代印”字樣，目録中有“介休侯培峻、平遥冀麟書敬編”字樣，其本義應該是作爲會館内部存留，而非流通書籍。本次整理校對以石印原本爲底本，以通行標點進行整理，並對疑難之處進行注解，以便於閱讀爲旨。然筆者學力所限，紕漏之處在所難免，還望諸位先進、賢達不吝賜教！

目　　録

扉頁書影……11
漢上山陝西會館志序……13
漢口山陝西會館志目録……15

卷上……17
西會館全圖……17
頭門……18
正殿……19
春秋樓……20
厨房　佛殿……21
天后殿　財神殿……22
七聖殿……23
東廳　魁星閣……24
花園……25
吕祖閣　文昌殿……26
前巷圖……27
漢口西會館地理圖……28
後湖圖……29
比例尺……30
西會館地理總圖記……31
漢口西會館總圖記……34
漢關夫子春秋樓碑記……36

巡撫湖廣等處地方兼提督軍務都察院右副都御史加五級
關中張連登撰…………………………………………………… 37
後堤外禁碑…………………………………………………… 38
山陝西菸幫重修西會館關聖帝君正殿記………………………… 39
重修西廟春秋樓賦并序 ……………………………………… 40
勸樂輸文……………………………………………………… 43
公同議定抽捐條規…………………………………………… 43
漢口重建西會館碑記………………………………………… 45
重修漢鎮西會館碑記………………………………………… 46
山西匯業經理芳名…………………………………………… 48
山陝兩省駐漢鎮各業………………………………………… 48
重建西會館籌收釐金佈施小引……………………………… 49
收各幫釐金平碼銀色扣頭規格……………………………… 49
經收佈施籌捐開光費總……………………………………… 50
支銷銀總……………………………………………………… 95
卷下 ………………………………………………………… 100
大殿陳設圖 ………………………………………………… 100
啓聖祠陳設圖 ……………………………………………… 101
紀治祭品 …………………………………………………… 102
祝文 ………………………………………………………… 103
啓聖祠祭文 ………………………………………………… 104
祀儀 ………………………………………………………… 104
黎明殿祭儀注（105） 儀節（105） 啓聖祠儀注（106）
配祀（107） 啟聖祠祀（107） 佛殿祀（107）
三官樓祀（107） 七神殿祀（108） 財神殿祀（108）
吕祖閣祀（108） 天后宫祀（108） 瘞旅公所祀（108）
泰山廟供（109）

酌定條規 …………………………………………………………… 109
會館公同酌定議規開列於左（110）
匾額楹聯 …………………………………………………………… 112
關聖殿匾（112） 財神殿匾（115） 天后宫匾（116）
東轅門額（116） 西轅門外額（116） 照壁額（116）
東轅門内額（116） 西轅門内額（117） 沙門匾（117）
關帝殿匾（117） 關聖殿（118） 神龕額（122）
韋馱殿匾（122） 文昌殿匾（122） 春秋樓匾（122）
啟聖祠匾（127） 佛殿匾（127） 東巷門額（128）
東腰門額（128） 魁星樓匾（128） 財神殿匾（129）
天后宫匾（130） 三官閣匾（132） 七聖殿匾（132）
西巷門額（133） 西腰門額（133） 文昌宫匾（136）
吕祖閣額（138） 地藏菴匾（139） 正殿戲臺匾（140）
財神殿戲臺匾（140） 七聖殿戲臺匾（140）
文昌宫戲臺匾（141） 東廳匾（141） 東圓門額（141）
東便門額（141） 西圓門額（141） 西便門額（141）
花園額（142） 關聖殿對聯（142） 春秋樓對聯（145）
魁星樓對聯（148） 財神殿對聯（148） 天后宫對聯（149）
七聖殿對聯（150） 文昌殿對聯（152） 吕祖閣對聯（153）
泰山廟對聯（153） 地藏庵對聯（153）
正殿戲臺對聯（154） 財神殿戲臺對聯（155）
七聖殿戲臺對聯（155） 文昌殿戲臺對聯（155）
紀産續置 …………………………………………………………… 155
會館巷東地基（156） 藥王廟東邊大巷内基屋（156）
會館巷東地基（157） 會館東地基（157）
會館巷東地基（158）
紀復製水龍 ………………………………………………………… 158
水龍局掛牌式（159）

募燈油啟 …… 160
後堤外保壽延壽二橋合記 …… 161
歲入 …… 161
歲出 …… 162
重建瘞旅公所記 …… 163
山陝兩省瘞旅公所議定章程立石爲記 …… 164
山陝兩省重修瘞旅所碑記 …… 164
寄厝執照式 …… 165

光緒廿二年仲冬月

漢口山陝西會館志

板存本館誠敬堂
漢口景慶義代印

漢上山陝西會館志序

志，紀籍也，籍所有而紀之。志，郡國邑族俱有之。會館不典，志無所見。然例以義起，事紛而不犯。近失據而遠失徵，遺賨必多。其有志也，固宜。山、陝，古秦晉姻好之國，地近而人親，客遠而國親。適百里者，見鄉之人而喜；適千里者，見國之人而喜；適異域者，見似國之人而亦喜。漢上去秦晉益遠，秦晉人於漢上益親。其會而有館也，亦宜。然以兩域之衆，紛貿於繁博之地，豐獲者致力，涓注者竭情，週劃者効智，博壯瞻密，館之規制遂甲於漢上。則山陝會館之不能無志也，益宜。前事之人，因事著實，分條錯見，已紀之矣。樓閣臺殿，鱗次櫛比。陂湖近枕，橋巷曲通。隙壤外疏，園亭内織。形勢閎闊，梯棧鈎連。繁稱不能竟者，以圖紀。經始有由，落成有次。輸助有勸，捐抽有約。經理有法，修廢有時。登臨有賦，流覽有唫①。樂生有晏，郵逝有瘞。圖繪不能得者，以文紀。鎮壓有神，昭布有像。祈祝有祀，儀物有制。宴會有期，綜紀有主。分行有業，法守有規。整齊有禁，歲息有產。出入有經，支銷有總。增置有録，基畝券址有登。文言不能顯者，以質紀。楹聯額語，良楛兼收。器皿物具，淩雜並舉。零章瑣訂，紛錯交呈。經用之所繫，盈虛之所劑，典守之所責，章彩之所著，繁猥不倫，失之非信者，更復以實紀。洪纖畢致，條理週貫。兩域之貿，轄之一館。有郡國邑族之義焉。前人籍所有而詳之紀。今介休侯君培峻、平遥冀君麟書，復籍所紀而詳之志，毋散毋佚，近以之據，遠以之徵，杜弊絶賨。誠賢者使人昭昭之道也。志成，以序屬余。余晉人也，羈宦於此，歲時謁館，晏飲歡會，交親交喜，情至洽也。序烏能辭？特反覆斯志，終始本末，

① 唫：同“吟”。

昭列如覩。智者謀之，能者任之，力者成之，廉潔忠信者守之。結枌榆之誼，暢耳目之觀；修神鬼之徑，盡幽明之義。秩然以治，燦然以著，皎然以不欺，肅然以不犯，悠然以久遠。宰天下者，亦如是。胡今之謀郡國邑族者，獨不然耶？禮失而求諸野，益使余不能不臨文有餘感爾。

時光緒二十二年，歲在丙申仲夏月穀旦。

前攝通山縣事湖北候補知縣壬午科舉人
靈石何厚康吉蓀甫撰

漢口山陝西會館志目録

卷上

會館全圖
門樓圖
正殿圖
春秋樓圖
啓聖祠圖
天后宫圖
花園圖
魁星樓圖
文昌宫圖
七聖殿圖
吕祖閣圖
前巷圖
後湖圖
財神殿圖
會館总圖記二則
漢關夫子春秋樓碑記
築垣碑記
禁示
重修正殿碑記
春秋樓賦
勸樂輸文
抽捐條規

重建西會館碑記二則
經理芳名
各幫總録
布施抽捐開光費總
支銷銀總
卷下
祭器陳設圖
紀治祭品
祀儀
祝文
酌定條規
匾額楹聯
紀産續置
紀復製水龍
募燈油啓
保壽延壽二橋合記
歲入
歲出
改建瘞旅所碑記
公所議定章程
重建瘞旅公所記
寄厝執照式

卷上

西會館全圖

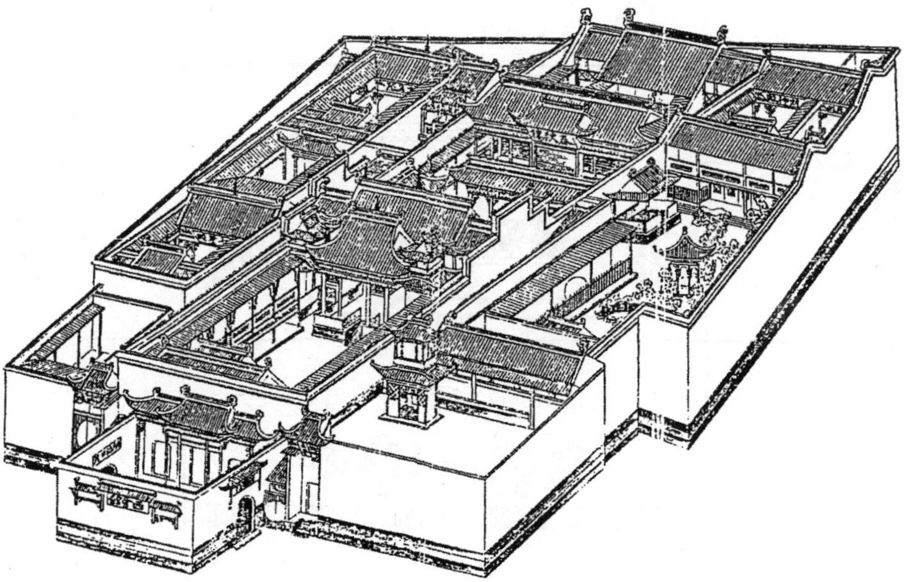

頭門

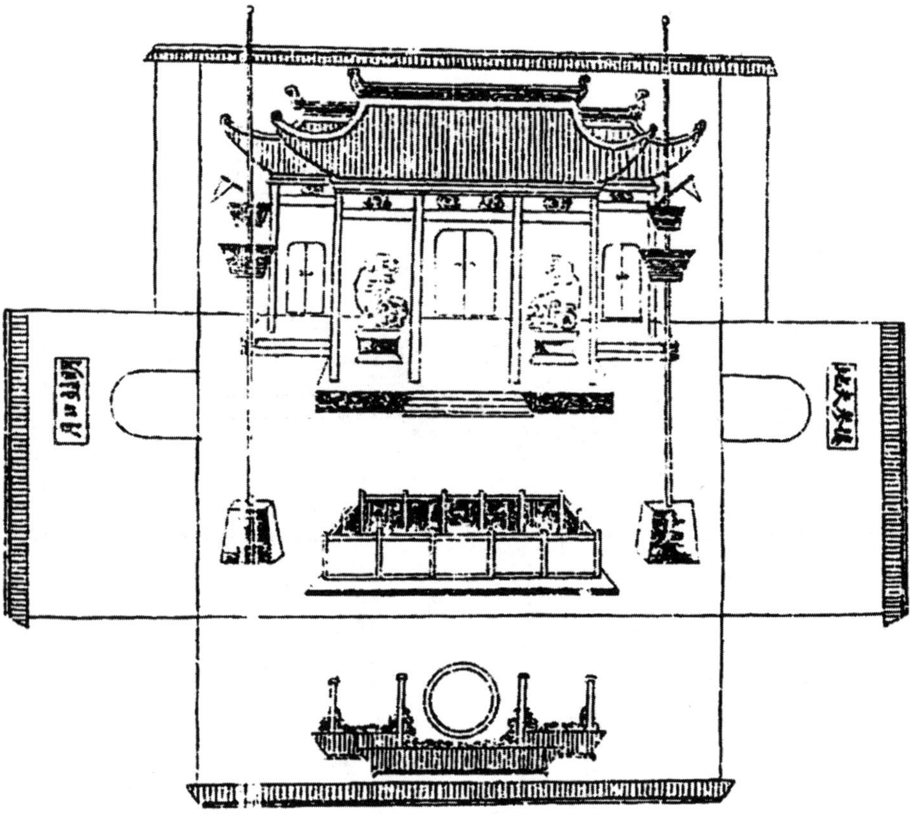

正殿

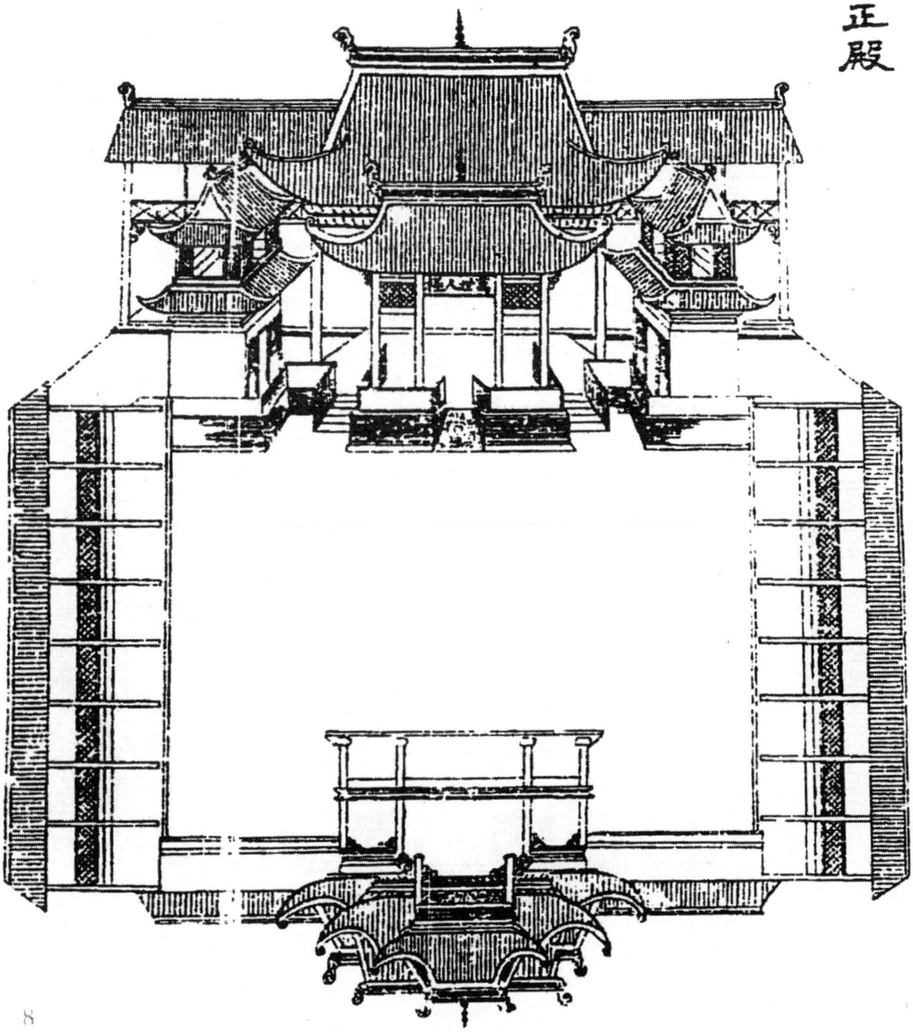

春秋樓

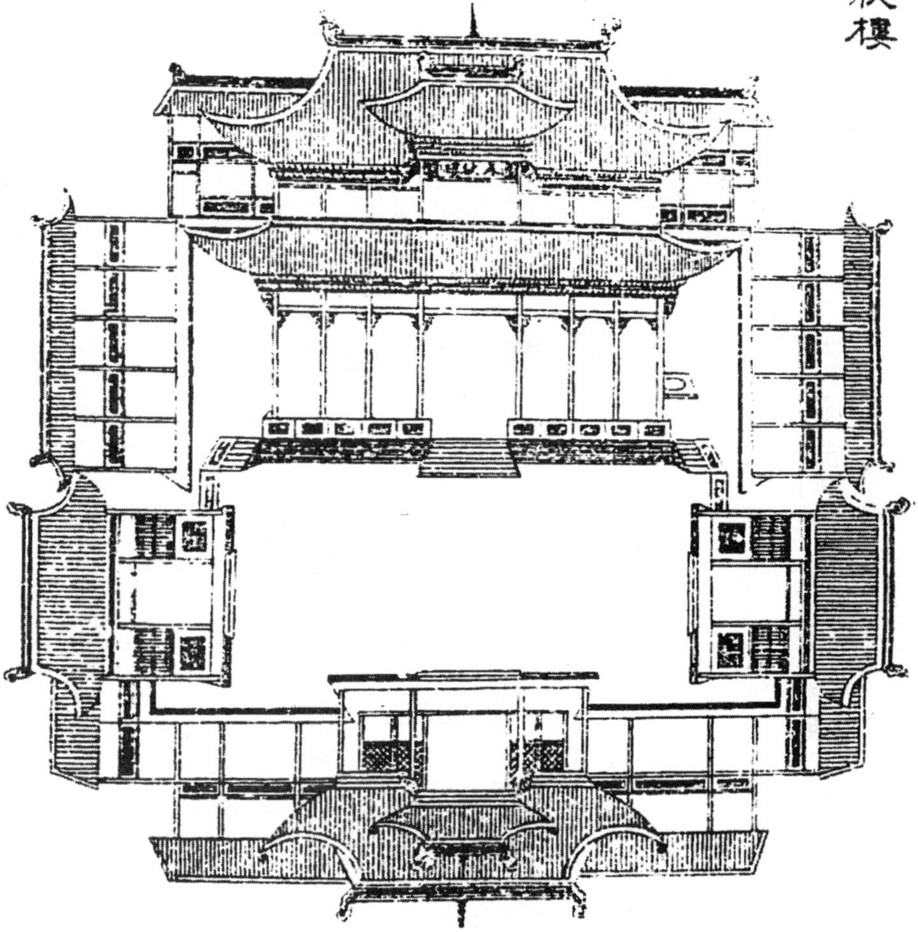

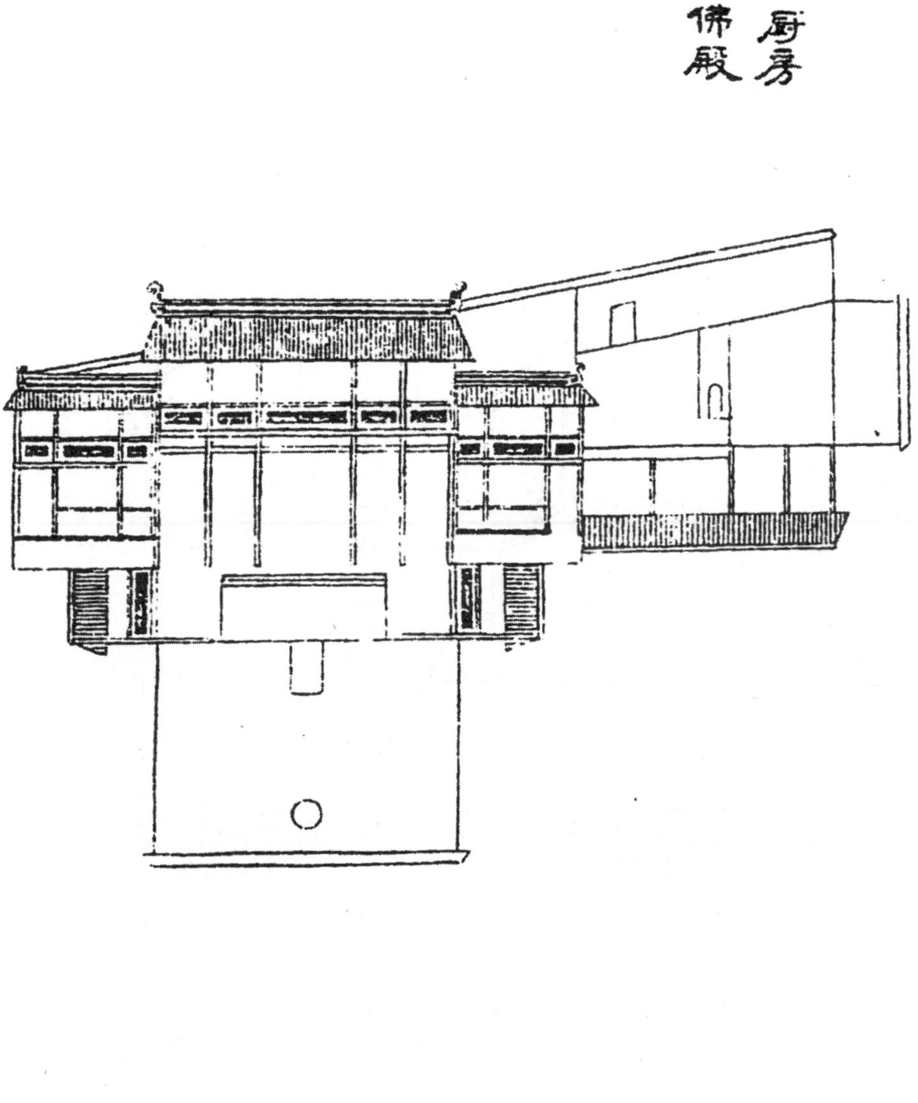
厨房
佛殿

天后殿

財神殿

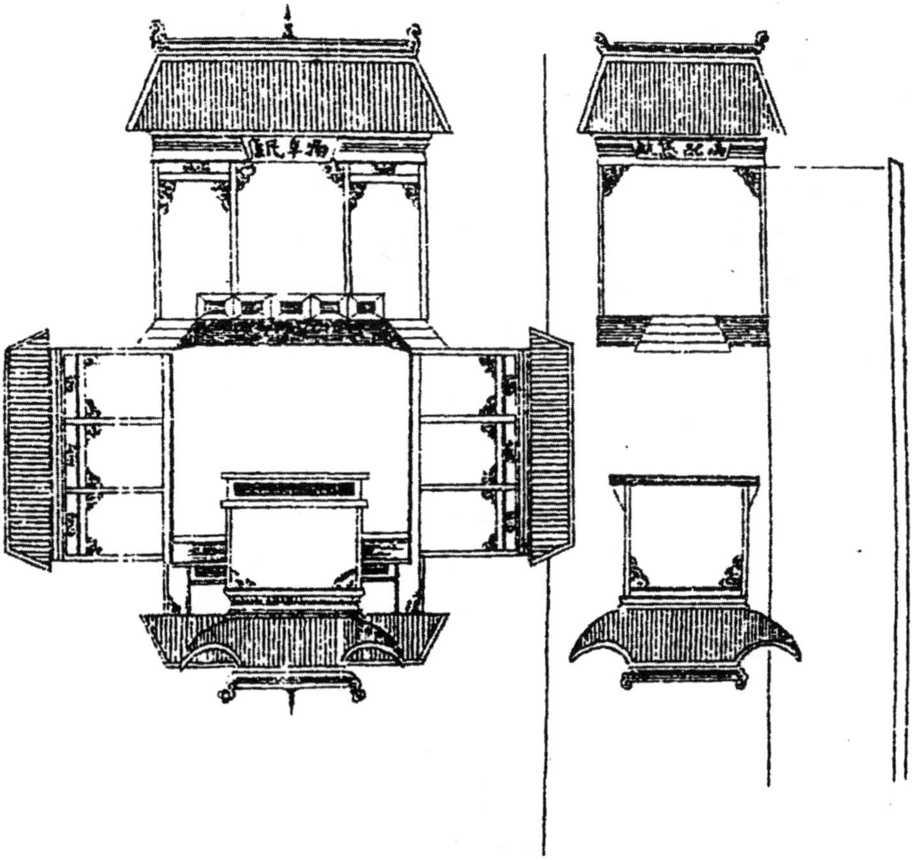

七聖殿

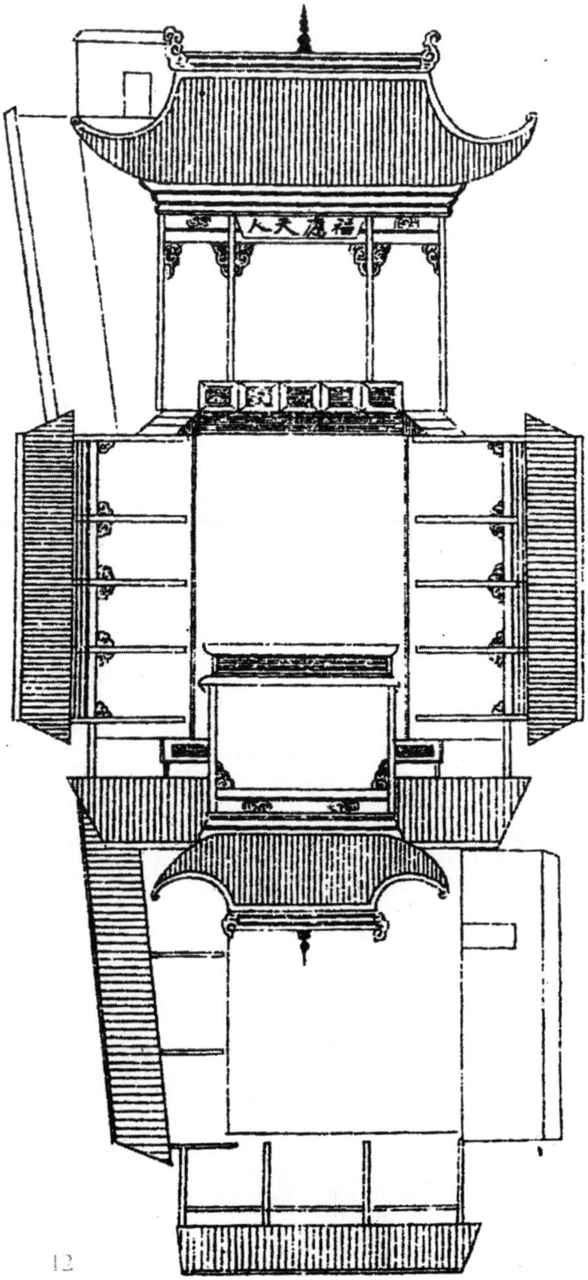

東廳　魁星閣

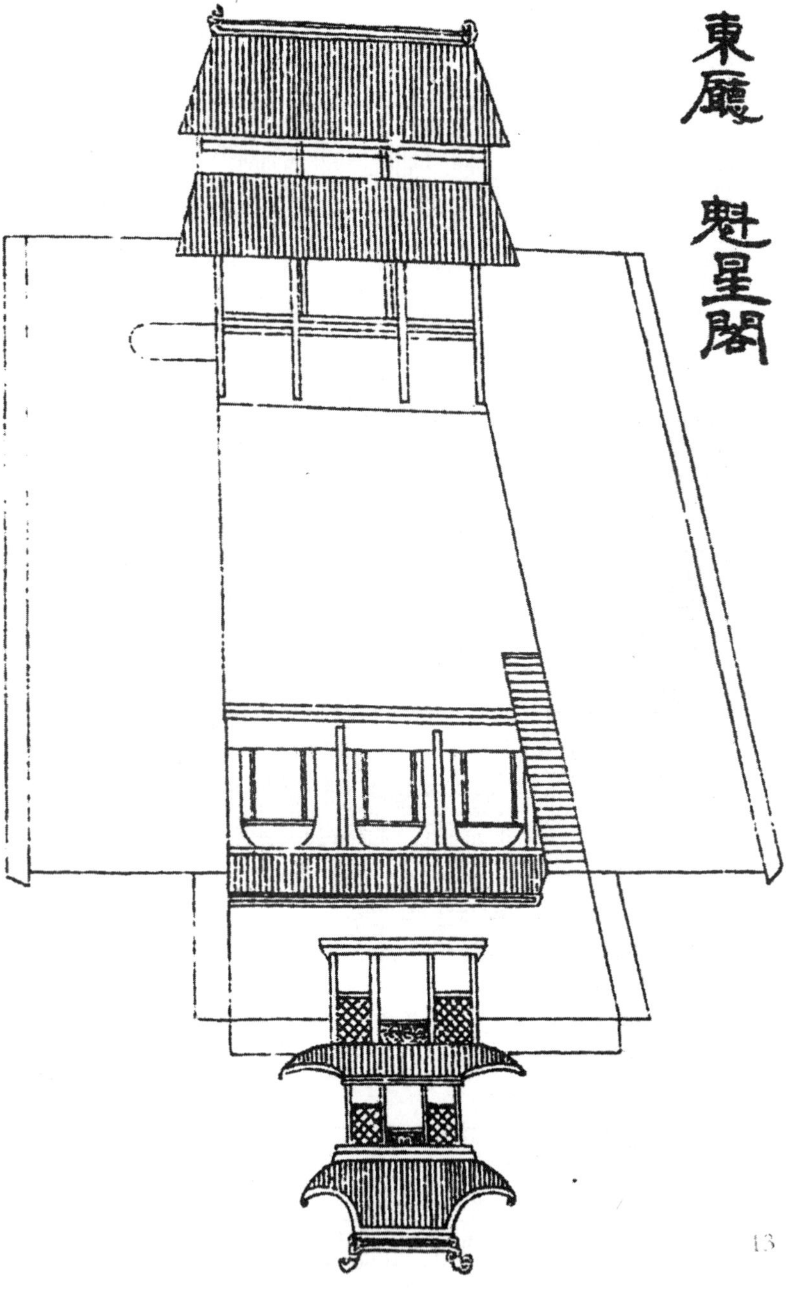

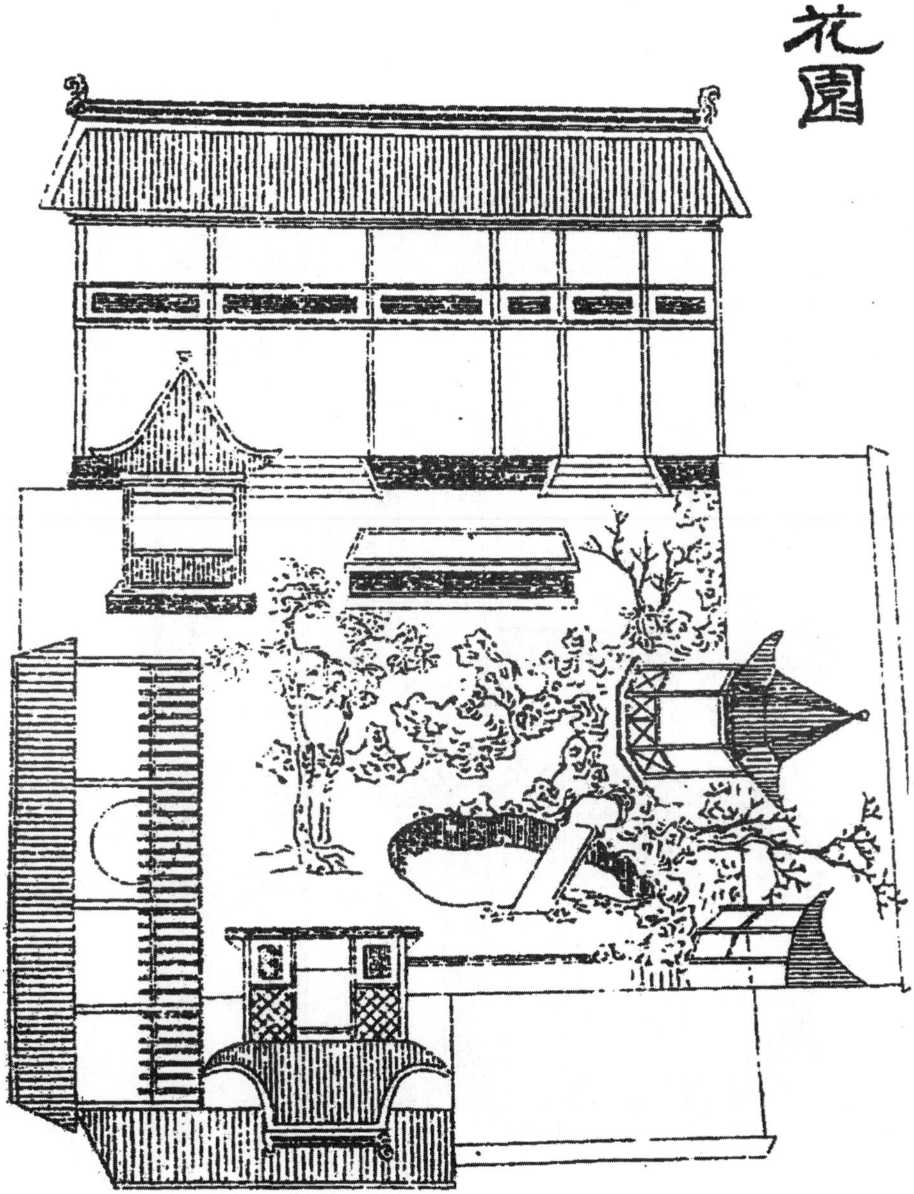
花園

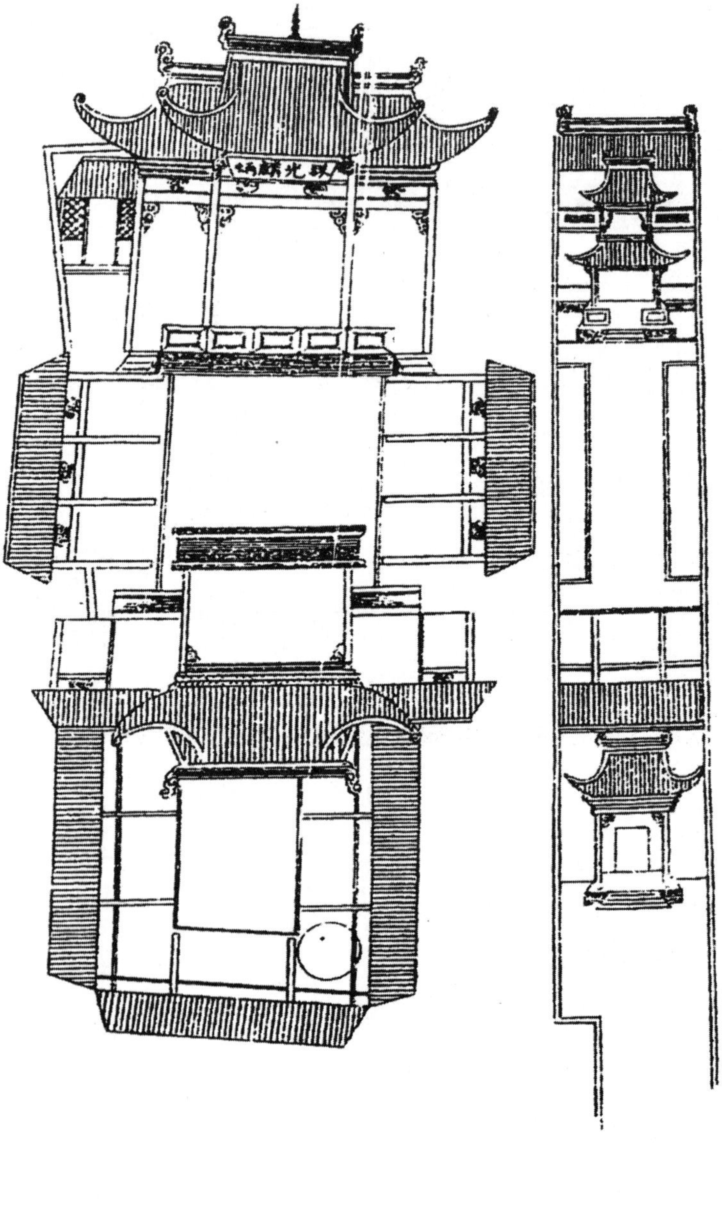

呂祖閣　文昌殿

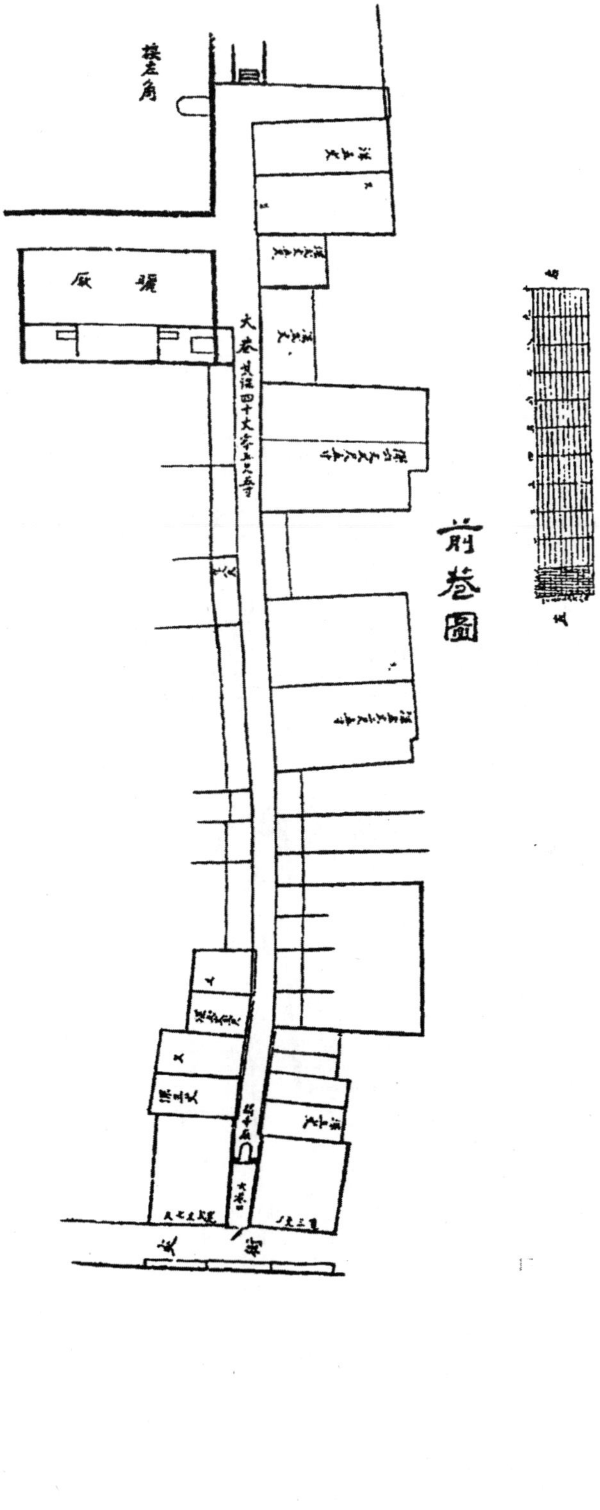

前巷圖

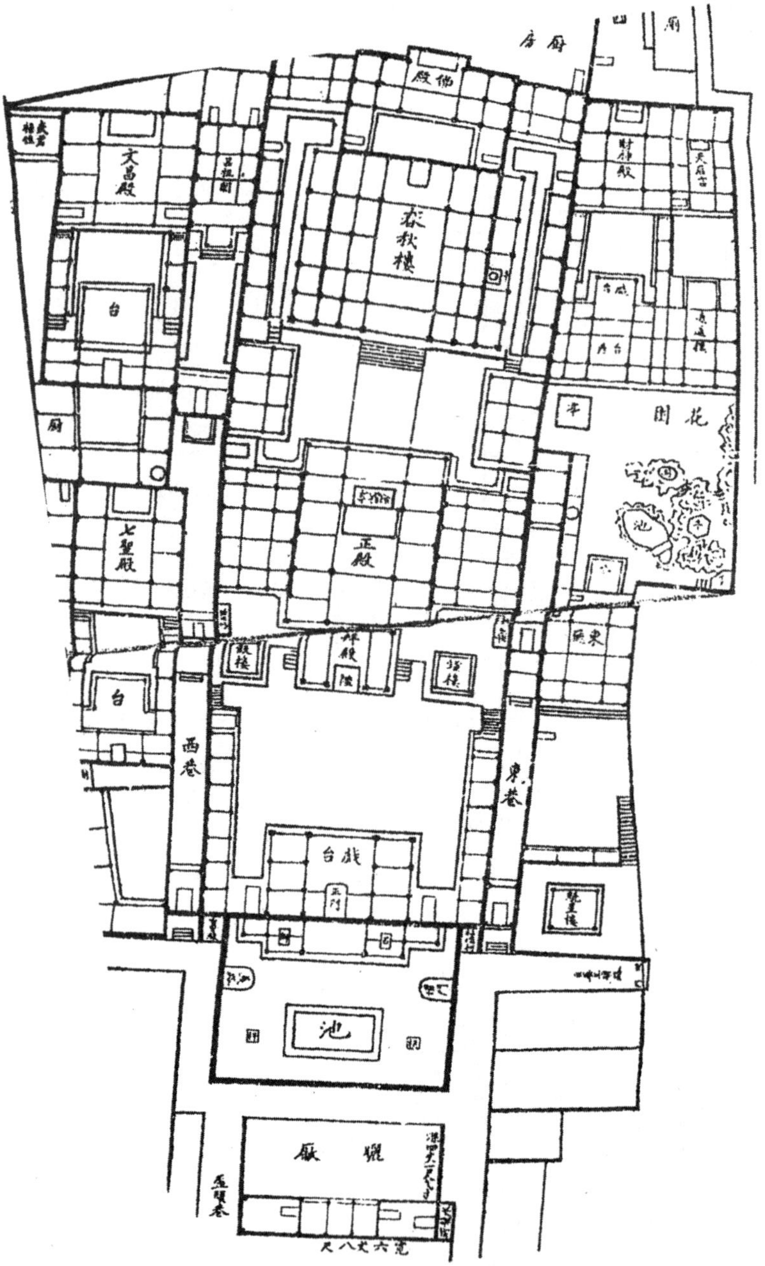

漢口西會館地盤圖

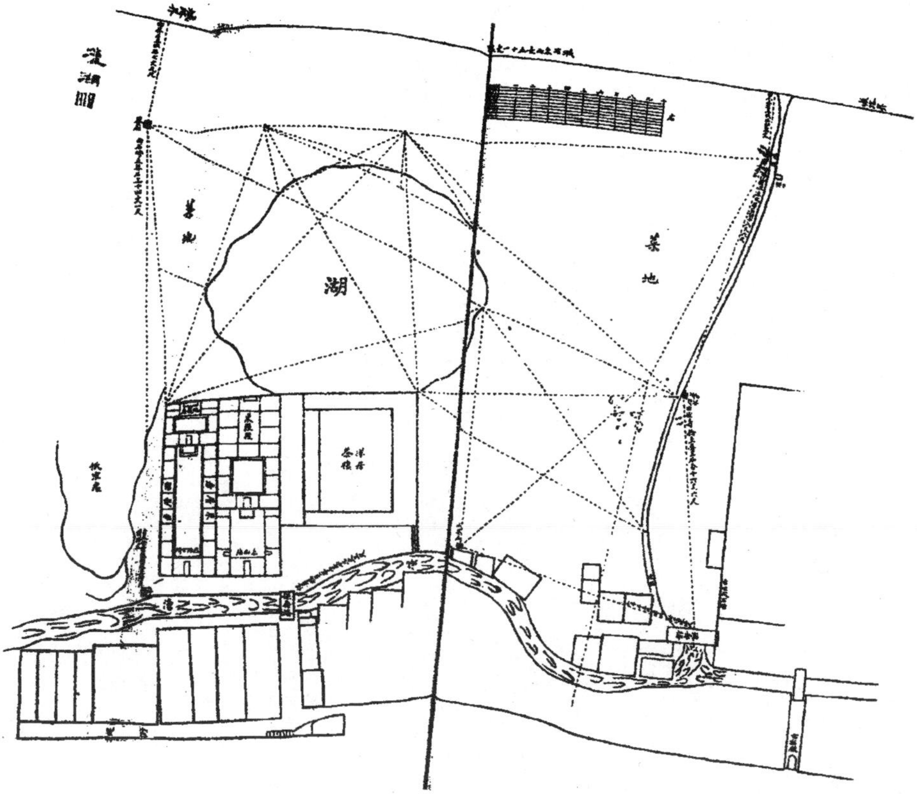

墓地
湖
墓地

比例尺

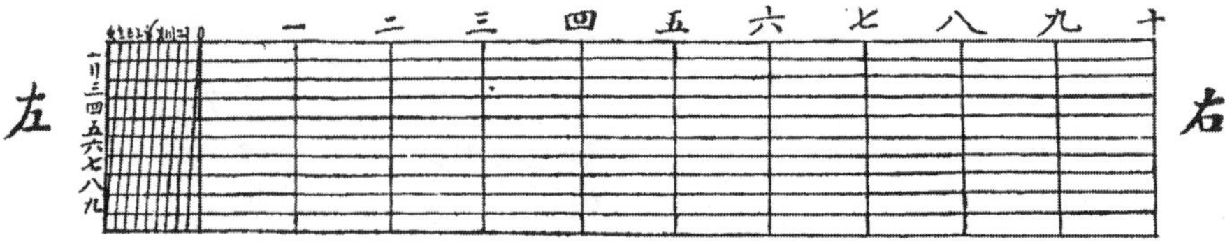

西會館地理總圖記

西會館者，爲山陝兩省士商辦公之所，坐落於漢皋循禮坊夾街後。創始於康熙癸亥[①]，被燬於咸豐甲寅[②]，復興於同治庚午[③]，工訖於光緒乙未[④]。惟恐年久失攷，特請新安汪松如茂才繪會館地圖，爰用泰西比例法，並測算後湖餘地，繪成是圖。因記其大畧於下：頭門外垣以崇墉，横寬八丈，深四丈七尺。左右兩轅門。前鑿一池，池左右立兩旗杆，以精鐵鑄成。垣内建門亭，中闢正門，東西兩角門，入則正殿在焉。正殿下堂，寬九丈三尺，深至夾室石階止，計十二丈二尺有奇。正殿三楹，左右兩夾室，寬二丈五尺，深四丈，設廳事。前爲拜殿，巍然一亭。前有螭陛，内設香案。拜殿之東西，各立一樓，内懸鐘鼓。殿前石欄曲繞，直接左右兩戲樓。再前戲臺，爲春秋兩祭演古酬神而設。正殿背面建韋馱殿，北向面春秋樓。春秋樓接正殿後下堂，寬九丈六尺。上堂寬十丈，左深十三丈零五寸，至厨門；右深十三丈二尺五寸，至後墻盡處。中庭東西建兩廂房。正中即春秋樓。樓凡五楹，合左右兩走道，共七楹。飛甍四聳，上出雲霄。樓上供奉關聖帝君神像，樓下環以石欄。東西兩階接兩樓廊，即春秋樓之左右夾室也。限於基址，就勢建造，圖亦因其斜勢而繪之。樓再後爲佛殿，凡五楹，供佛像，設鐘魚，有僧人司理香火。佛殿内寬五丈一尺五寸，兩旁深二丈八尺，中間深三丈零五寸。因佛殿後墻已至堤街，其勢左斜而後，右斜而前，就其勢而爲品字形屋。佛殿左右兩房，左通厨房，右爲客座，俱接春秋樓左右兩樓廊也。正門東西通兩深巷，以達各殿。東巷深十八丈九尺有奇，前寬一丈零二寸半，後寬九尺六寸半。巷左闢兩門，一達東廳，一達花園；右兩門，一達正殿，

---

① 康熙癸亥：康熙二十二年，公元 1683 年。

② 咸豐甲寅：咸豐四年，公元 1854 年。

③ 同治庚午：同治九年，公元 1870 年。

④ 光緒乙未：光緒二十一年，公元 1895 年。

一達春秋樓。東廳平屋三楹，寬二丈九尺五寸，深三丈三尺二寸。廳以下餘廠地一段，再下爲魁星樓。平地建石臺，臺啓三窑洞，石階二十一級，上建高閣兩層，供魁宿像。臺寬南界四丈二尺，北界三丈七尺，東界深三丈三尺四寸，西界深三丈零二寸。由東廳右後小門入，爲花園，接以回廊，文以雕欄。廊盡一亭，顏曰：怡神。園之北樓屋六楹，左三楹爲逍遥樓，右三楹爲財神殿之戲臺房。園中叠石爲山，曲折玲瓏。山下穿一石洞，以通曲徑。洞口鑿一月池，横架小石橋以達平地。山上有徑可通，上構六角亭。雜以花木蕉桐，緑陰匝地。山盡至墻隅，因勢支半亭，循墻而西，面北一亭，額曰：漱芳亭。亭倚東廳後墻之小厨房。園之後，左爲天后殿，右爲財神殿。凡四楹，中隔以墻，有門可達殿，各建一戲臺。再後即厨房也。西巷深十八丈九尺，直至吕祖閣前門，寬與東巷等。惟至七聖殿左後墻角，即折西五尺二寸，再直向至北，計上寬一丈五尺二寸。西巷内左啓三門：一達正殿戲樓下，與左邊門相對；一達正殿之鼓樓下；一達春秋樓。右啓四門：一達前面披屋，一達七聖殿正門，一達七聖左，再上一圓門達文昌殿正門外廊屋。巷盡，南向一門，前起門亭，即吕祖閣正門也。吕祖閣在春秋樓之西，樓屋一大楹，後寬前窄。前寬一丈五尺五寸，後寬二丈零五寸，深九丈二尺八寸。左右墻根植蕉竹，風聲雨聲，頗清人耳。閣前朱欄，可凴可坐。樓上供純陽祖師神位，後面即住持之方丈也。七聖殿在正殿之西，殿凡三楹，地勢亦上寬下窄。左右兩廊前一戲臺。殿右邊一斜角中作厨竈，以備宴會之用。七聖殿後，東、西、南三面建廻廊，下寬四丈一尺六寸。北面即文昌殿之正門。文昌殿凡三楹，規模與七聖殿等而寬過之。殿之右亦有一斜角，最後構一小廳，中奉武君有慶勞績牌。因兵燹後重建，武君倡首者也。會館外垣，總計：前寬十八丈六尺四寸；後寬二十三丈零九寸；右深共二十九丈七尺一寸；左垣與他屋毗連，犬牙交錯，不能以直綫計算，可按圖中比例尺量取而得，用法在後。東巷門前，南向長巷直通夾街，屋勢或偏或側，勢難取正。玆用法量其直綫，自土地祠左手大墻角起，過陳悦道書屋前一尺九寸，直至巷前門左旁舖面之第二門面中點止，爲一直綫，共長三十五丈一尺五寸，再加至巷口直綫五丈四尺，共深四十丈零五尺五寸。頭門垣墻外留一横路，寬一丈二尺。前爲曬廠，寬六丈八尺。左角與頭門左垣齊，右至盔頭巷路。廠北横以栅欄，計深四丈一尺二寸。前左右架兩小屋，左爲水龍所，置廣龍二，以備不虞。會館後垣外即横堤街。街面南向，舖屋十二間，左手對後門直路，達保壽橋。横隔濠溝，兩岸築石塝橋。北即泰山廟。倚廟之西，即瘞旅公所。廟之東爲洋房茶樓，其後一湖，中種荷花。湖左右俱菜地，左至埂路與藥王廟連界，後至城路，均有界石。橋北左手亦有小界石，東至雷祖殿右手延壽橋之半，均西會館業。計保壽橋至小界石，共長十三丈三尺。小界石至延壽橋界十七丈五尺，由延壽橋北至藥王廟界石，十六丈六尺。由藥王廟界石北至本界石，十八丈六尺。由本界石北至城路，五丈。城路東西長五十一丈五尺二寸。右邊界自本會館後墻起，至瘞旅公所右石塝角，計十丈。由石塝角至菜園中大石界，三十四丈一尺。自大石界北至城路，七丈九尺。以上各丈尺，皆由量取並測算而得。悉照比例繪於圖中，與真形無異。即柱脚之相距，墻身之厚薄，不差累黍。其餘丈尺未載明者，可於圖中量取。圖中之尺，自左至右，每大分爲一丈。自右至左，每小分爲一尺。自上至下，每斜格爲寸。用法：如欲量某處，用紙條靠於圖中某處，用筆齊兩頭畫兩黑點於紙上，乃將紙條移至圖左比例尺最上第一綫，以右手一點對尺之大分第幾分，再看左一點對第幾小分，即爲幾丈幾尺也。如其不與小分恰對，再向下移一格；再不對，再下移。每移一格爲一寸，下幾格即幾寸。觀尺旁數目字，即爲幾丈幾尺幾寸也。圖中細點作成之虚綫，係用平三角測算之法，一並繪入，以備参考。圖凡兩閲月而成，爰記數言，永垂不朽。

光緒二十二年歲次丙申秋七月

山陝兩省經理首人誌

漢口西會館總圖記

蓋會館之有誌，猶國史之爲書，必酌昔所以準今，斯闕疑方可傳信。按漢水之發源嶓冢，導漾而東，合滄浪、三澨諸流，至於大别[①]，與岷江會[②]，是爲漢口。地隸漢陽，延袤四十餘里，闤闠繡錯，帆檣林立，雄踞吳越上游。南瞰滇黔，西通秦蜀，北達晉燕，四方之食貨集焉。而去汴洛最近，蓋亦適當地利之中。云自李唐時，即已艷稱於詩。所謂“居雜商徒偏庶富，地多詞客足風流”是已。

國朝以來，繁盛稱最，廟宇隨在競勝，金碧照耀。惟西會館規模正大，雅冠衆構。創始於康熙癸亥，被燬於咸豐甲寅，復興於同治庚午，工訖於光緒乙未。漢口無縣治，有城疆，分坊爲四：曰居仁，曰由義，曰循禮，曰大智。西會館在漢口西北隅循禮坊境内，巷道不一，自沈家廟馬頭達太街焉。街北由陞基巷直達夾街，趨西數十武[③]，街北爲西關帝廟。巷深可四十餘丈，寬廣稍遜前衢，而屋列於東西，取賃資以供館用，不可廢也。巷盡，則會館照墻。適當後街通衢，而南水龍局曬廠也。東曰禮門，西曰義路，中曰石欄，水池左右曰攀龍三斗鐵旗杆。自是而石獅相對，而門樓高竪，額曰：山西一人。廻爲樂樓甬道，輔以長廊，左鐘右鼓二樓，中築月臺、捲棚，始獲登正殿焉。兩面配以耳殿，由殿後廻廳爲韋馱殿。循兩廡數級而升，是春秋樓，其高七丈。東西長廊，東隅石欄内有聖泉井一口。樓後爲佛殿，更上一層樓爲啓聖祠。祠後則厨屋、後門，其額曰：山高水長。此外，東西掖門、内巷、廳堂、園亭，自北而南，首尾相銜，廣深與廟基等。東掖門額曰：聖道崇隆。進内巷入東便門，是爲東廳。有堂有室，爲司事館役辦公之所。廳南爲魁星樓。

---

① 大别：即大别山，是今天漢陽龜山的舊稱。

② 岷江：即長江。

③ 武：半步，泛指脚步。古代以六尺爲步，半步爲武。

樓下爲誠敬堂。治窑洞三，内藏祭祀器皿。廳北隙地，治爲養花之圃，鑿養魚之池，爲亭數椽，循以廻欄。再北，天后宫。樓上供三官，閣間以周垣，對以樂廳。宫西爲財神殿。輔以兩廊，對以戲臺。西掖門内巷額曰：帝德廣運。相對木栅腰門十數武，有門樓，其顔曰：吕祖閣。二面看墻，嵌以創始老碑記。門内廻廳，左右翠竹。上爲吕祖閣，閣下有堂，閣後有房，爲和尚清静之所。閣西爲文昌宫。東西兩廊，南對戲臺。旁有一室，爲報功祠。宫南爲齋厨。厨前爲七聖殿，東西有廊，南有戲樓，又南爲轎廳。廟後是堤街通衢，街北至南岸邊，東西與會館基等。召有租户，歲收租金。堤外高築，北岼中留濠以汲水，修二橋以渡人。西曰保壽橋，正對會館之後門。東曰延壽橋，與雷祖殿之橋毗連。北岼西首，建有瘗旅公所，爲同鄉厝柩之所。所東爲泰山廟，有屋有堂，爲鄉人養病及丁艱换孝之地。又東爲茶樓，又空基，歲取租金以資館用。東界自延壽橋至北，高築火路[①]，直達城墻。後湖東西菜地，皆取有租。從湖心以至館後，皆屬會館之基，有界石可誌，漁課可証。自界石以至廟後四十丈，由廟後至照墻三十五丈之譜，由照墻至夾街四十來丈，統計廣深一百一十五丈。垂創之艱，繼成之難，經費之鉅，功程之大，亦大概可見矣。他如聖帝全書，鑾駕之隆，車服禮器，罔不一一如禮。謂非江漢地脉鍾靈有以致之與，抑蓋由我聖帝忠義聖武，仰沐聖朝崇聖敬神，而兩省鄉人向化之速，有不期然而然者也。余因經繪全圖，愧無作賦長才以紀其勝，爰爲之記，以補圖所不及云。

光緒二十二年歲次丙申孟春月　平遥冀麟書敬識

---

① 火路：救火通道。

漢關夫子春秋樓碑記

夫樓胡以春秋名也？攷《春秋》係魯史。東周以還，王綱欲墜，我孔子懼萬世君臣之大義不明，不得已而以宗魯者尊周，托《春秋》以見志。此《春秋》之所以有其書也。若漢，自靈、獻守府，無異東遷。而當是時，漢統在蜀，我關夫子欲以存蜀者存漢，志春秋之志。此春秋之所以有其人也。漢陰之西北隅，秦晉諸君子建夫子廟，面江背湖，創開鉅麗。後起危樓，宏模壯規，與晴川、黄鶴二樓，鼎峙相望。肖夫子讀《春秋》像於其上，此春秋之所以有其樓也。嗟乎！麟經一書，繫萬古綱常！當其時，筆削獨斷，非所稱游、夏之徒不能贊其辭，而公、穀、左、胡亦僅得其貌焉者也。我關夫子以布衣起戎行，蹌搶於金戈鐵馬之間，而討賊大義如揭日月。東魯心傳，若合符節，是豈必斤斤焉？取四百二十四年之事，如經生之家呫嗶窮年，皓首一室，亦祇搜遺跡於往帙，討故實於殘編也耶。則今日樓上之書，謂魯春秋也，可；直謂漢春秋也，亦可。然因之重有慨矣。凡天生聖人，必極窮其數。如當日者，周德雖衰，而魯有仲尼；漢祚雖微，而蜀有夫子。乃一則坐老洙泗而東周之志托諸空言，身既没而周亦因以漸削。一則困守彈丸而殲吳滅魏竟成遺憾，身既没而漢鼎因以漸移。豈天之所以位置聖人者，獨有此杏壇一片席荆襄一塊土也哉，亦何遭際之窮如是耶？雖然，今試登樓而望，彼武昌、夏口之間，月明星稀，横槊而賦者，猶有存焉者乎？東指吳會，彼樓船鐵鎖，擁三世之業，而據長江之險者，猶有存焉者乎？於戲！銅臺煙銷，吳宫草埋，亦知數千百年後，摩盪日月，倚仗乾坤，巍巍然與魯之東山遥峙，而有此春秋樓者乎？吾願登斯樓者，無徒咏漢陽芳草之句，與晴川黄鶴同作眺覽嬉遊之想。蓋所以作忠臣義士之準，而非以供騷人墨士之娱。此春秋樓之所以有記也。或曰：夫子之神在天下，家尸户祝。而成斯樓者，皆秦晉人，意者其有私祝乎？非也。譬之日月經天，普海同照，而扶桑崑崙之區，炙光倍近。夫子，晉人，而秦與晉親，亦猶扶桑崑崙之民，雖不求私照，而得以習睹其日月者，天下實莫能争也。我秦晉人之成斯樓也，亦若是焉云爾。

皇清康熙二十有二年歲次癸亥季夏鶉火之月穀旦
賜進士第吏部候選關西驪邑弟子劉曾薰沐叩撰
里中弟子胡豫生盥手敬書

巡撫湖廣等處地方兼提督軍務都察院右副都御史加五級關中張連登撰

余癸巳觀察三楚，丙申奉召北上。去之前數日，吾鄉里人客楚者，設晏張樂祖餞，因得登漢陰春秋閣，瞻謁漢壽亭侯關夫子。規模宏麗、棟宇連雲。俯几掀髯讀麟經，覺凛凛有生氣。觀吾友劉子曾傳記，亟爲稱善。其地，即秦晉商人行嘉會處。今歲五月，余復奉天子命，來撫兹土。越二月，秦晉商人咸手揭以重修春秋閣墻垣碑碣請。蓋以神宇當闤闠之中，雄視江漢，其閣後隙地百畝外，密邇長堤，大雨滂沱則四面衝溢，爲居民患，鼠牙雀角，滋蔓弗息。秦晉諸商集議，以爲非所以肅廟貌而妥神靈也。是以鳩工築垣，環閣數仞，貲累數千金。於是水道疏洩，崇墉屹屹。閱數月而告竣，碑記之請，欲垂永久。余因知兩省人之義舉，一人之心即千萬人之心也。關夫子之心，一於漢，志在尊王。猶孔子之心，一於周，亦志在尊王，故作《春秋》。曹操、孫權，漢賊也，即春秋之所謂亂臣賊子。夫子讀麟經，深明大義，故身雖陷賊，志百折而不回，以劉豫州分固君臣，而恩則如手足，千古君臣相得無有踰①。夫子者，所以心如皦日，氣正兩間，超絶羣倫，獨行千古。春秋大尊王之義，曉

① 踰：同“逾”。

然昭著於千萬世之下。而屬毛離裏之儔①，駢趾貫智之國②，深山窮谷之內，裙釵巾幗之流，無不知名識姓，頂禮羅拜，與闕里聖人等。夫豈强而行作而致哉？吾夫子之心，即孔子之心，而千萬衆恭敬之心，即吾夫子之心也。今秦晉商人亦既輪奂輝煌，朝夕告虔，春秋俎豆矣。而能仰體夫子之心以事君，則忠臣也；以事父，則孝子也；以敬兄，則悌弟也；以交友，則良朋也。言必忠信，行必篤敬，知尊君親上之大義而守己安分，不流於非辟，不入於回邪，則皆吾夫子之所許也。豈不與孔子之《春秋》同一與人爲善之意乎？誠如是也，則吾秦晉枌榆不負夫子，亦不負此閣矣。而他省人過而望之，庶亦有所感發而興起乎？余願敬夫子者，其以學夫子之心爲勸。遂記之，命鐫諸石。

時康熙五十七年歲次戊戌閏八月穀旦

後堤外禁碑

欽命湖北全省督糧道加四級紀録七次張，爲公籲示禁，以免侵佔以利民便事。據職員裴光明、李士蛟、郭彦廷赴道呈前事，呈稱“緣職等山陝閤鄉紳士，先年在於漢鎮循禮坊地方，捐置基地，首至夾街，後至湖中，地址寬闊，創造山陝會館公所，供奉關聖帝君，招僧住持，供奉香火，歷年久矣。其會館後堤外所存隙地，原開火路，以利民便。不料，嘉慶十五等年，接被火灾二次，被灾者在於隙地搭蓬棲身。旋經首士王泰昌等，以籲恩示禁等情，赴漢戎府，呈請示禁，逐各户遵示遷退。內有刁棍汪亨愷，蓋造房屋，延不遷退，激職等具稟漢陽縣訊明，飭保押

① 屬毛離裏：屬，連接；離，通“麗”，附着；毛，表皮，表爲陽，指父；裏，裏襯，裏爲陰，指母。比喻子女與父母關繫的密切。出自《詩經·小雅·小弁》：“靡瞻匪父，靡依匪母。不屬於毛？不離於裏？”

② 駢趾貫智之國：指的是荒蠻、未開化的地方。

限汪亨愷五日拆屋退地在案。但所存隙地寬闊，近湖與雷祖殿火路毗連，廟僧難以週查。誠恐無知之徒，在於隙地上搭蓋蓬屋，希冀侵佔，亦未可定。廟僧弱門，難以阻止。不籲憲示嚴禁有礙火路，倘有不虞，後悔莫及。只得公叩賞示嚴禁，以免侵佔，以利民便。不獨職等閤鄉頂恩，而居民戴德不淺矣。上呈。”等情。

據此，查該處基地，既係山陝紳士捐置建造，公奉關聖帝君，並與雷祖殿毗連，所有居民人等，自均宜各守各界，不得任意搭蓋蓬屋，希圖侵佔。除行漢陽縣查禁外，合併出示嚴禁。爲此示仰該處地保及廟僧人等遵照。嗣後如有無知棍徒，在於隙地搭蓋蓬屋，冀圖侵佔，並或有作踐廟宇情事，許即扭赴地方官稟究，毋得狗隱，並干拏究，各宜凛遵毋忽。特示。

右仰知悉。

嘉慶十九年十一月十九日
山陝閤省紳士商公立告示

山陝西菸幫重修西會館關聖帝君正殿記

今夫玉笛梅花懸絶古今，黄鶴樓也；芳草古柏環縈左右，晴川閣也。而我山陝西兩省建立會館於漢之皋，爲神靈所憑依，亦商賈之聚集。畫棟雕墻，遠接江城之勢；丹楹刻桷，平分漢水之光。對園圃而清幽，花明玉樹；睹香煙之縹緲，佛現金身。巍巍乎！鬱鬱乎！其與晴閣、鶴樓殆無異乎！此蓋前之君子，幾經草創，幾經修飾，幾經潤色，而後有此壯觀耳。不意咸豐之二年，髮逆下竄。芳池嘉卉，兵車蹂躪，廢而爲坵墟；高亭大樹，烟火焚燎，化而爲灰燼。嗟乎！以數十世創造之艱，而失於一炬；以數百年名勝之狀，而廢於一旦！人孰無情，能不慨哉！迨至六年，賊氛初靖。吾輩道經於此，滿目蕭然，不禁感極而悲矣。亦欲亡者興，廢者舉，以復舊業，以廸前光[①]。奈朋類寂寥，多風流而雲散；程功浩大，難月異而日新。越明年，貿易漸復，爰集同人，議抽釐金，量入以爲出，積少以成多。未始不嘆奢願之難副，而成功之無期也。何幸於同治二年秋，積有朱提若干[②]。於是卜吉，於是經始，經之營之，不數月而廟貌一新。俾虔修聖像，恭獻佛身，而自春徂秋，得矢祀事之誠焉。信乎泰山不讓土壤而能成其高，河海不擇細流而能成其大也。雖曰規模粗具，而極其告竣之速，藉非先聖在天之靈，又何能以如此耶？要之，莫爲之前，雖美不彰；莫爲之後，雖盛不傳。苟有君子接踵而起，增其式廓，彌生西北之輝；焕乎有章，重盡東南之美。是知神靈鑒觀，錫福無疆。即吾儕伊始之苦心，亦賴以不墜云。

同治二年歲次癸亥季冬月穀旦

山陝西菸幫經理首人：

景和德　清發長　公盛豐　乾盛晉

公盛中　乾盛祥　恒發常　景和陞

重修西廟春秋樓賦并序

樓以春秋名，紀實也。蓋帝君少好讀《春秋》，而一生大節默契尼山。秦漢以來，一人而已。然此樓此名，實創於康熙之時，與鄂渚之黄鶴樓、沌陽之晴川閣，鼎足並峙，誠大觀也。自髮逆蹂躪，遂成瓦礫。十餘年來，蓬蒿滿目，山陝人士，莫不愴懷。嗣逆氛肅清，黄鶴晴川巍然復舊，而春秋樓尚闕如也。迄同治九年，匯業倡議，捐集分釐，而桑梓諸君亦遂輸將恐後。逮今十易寒暑，而大功告竣，蓋神靈實默爲呵護也。坤辛巳起都[③]，泛舟東下，携眷南來，而是樓適觀

① 廸：同“迪”。

② 朱提：山名，在今雲南省昭通，盛産白銀，世稱朱提銀。亦用做銀的代稱。

③ 坤：作者湯子坤自稱。

厥成。登覽之餘，東瞻吳會，南望荆襄，西眺雲山，北顧河朔。而帝君當年遺迹，歷歷在目，想神靈應樂爲棲止，而惠我無疆之福也。因不揣謭陋，援筆而爲之賦。

今試觀淮海以南，大江而北，聽月峻嶒，浮雲斂艴，山南則星斗平臨，漢東則江山壯色。梁昭明半生著述，雅意搜羅；王仲宣四望興懷，深情反側。舉觴醉月，庾亮則逸興遄飛；把酒吟詩，太白則風流自得。省識春風燕子，幾倦吟哦；數來秋雨稻孫，羣驚崱屴。凡此徒供遊覽，高寄吟謳，迎秋捲幔，酌酒行籌。極目凌空，望斷金牛之嶺；有人搥碎，驚殘黃鶴之樓。記曾楚尾吳頭，前蹤遍數；覓得雲窗霧檻，到處勾留。風月多情，各欲千秋擅勝；河山依舊，曾經一例遨遊。而烏足擬斯樓之梗概，標其名曰春秋。夫樓胡以春秋名也？當帝君誕生之日，正漢室頹傾之時，赤精衰歇，火德凌夷①，黃巾蹂躪，青草蔓滋。劉焉則巴東竊據；袁紹則河北橫恣。僭號壽春，竟昧天王之義；稱雄荆楚，疇存天子之思。那堪陽弱陰衰，當途兇悖；况復劉輕曹重，太阿倒持。羣盜雲興，彼滔滔其皆是；九州幅裂，身悵悵以何之。蓋漢家此日之弱，一如周家之弱，而帝君所處之時，適同孔子之時者也。是以心印尼山，道宗洙泗。參功罪於列侯，嚴褒貶於一字。豈摘句以尋章，原因文而考義。乾坤無恙，千秋闕里之遺；風雨一編，三晉解梁之次。嘆繻葛興師而後中肩者，臣罪滔天；慨楚子問鼎以還觀兵者，王綱掃地②。每值看書飲酒，斫劍誅臣子之心。

竊嘗論世知人，掩卷下英雄之淚。然而昭昭大義，炳炳陳編。陋迂儒徒工呫嗶，笑腐豎空事流連。是書所以教忠，蓋有取爾；通經貴能致用，庶有濟焉。觀其與張遼書曾言不肯負漢，致陸遜語則曰不共戴天。誓此生恢復炎精，滿腔忠憤；想爾日尊襃王室③，獨紹心傳。此則道衍

① 赤精、火德：指的都是劉漢王室。

② 繻葛興師，即鄭國在繻葛擊敗周天子聯軍的繻葛之戰。楚子問鼎，即問鼎中原的典故。兩者皆是臣犯君、以下犯上，所以有“臣罪滔天”“王綱掃地”之說。

③ 襃：同“褒”。

麟經，明體達用。爰是勳臚狐史，軼後超前者也迄於今。漢水西來，長江東逝，城郭變遷，滄桑凌替。而聲靈赫濯，同日月之照臨；事蹟流傳，等山河之帶礪。留得扶輿正氣，磅礴九垓；本來嶽瀆精華，紀綱萬世。豈第祀隆北闕，榮封崇蓋，代之華享，配東山肅拜，重四時之祭。用是追維往事，景仰前賢，鴻基肇造，駿宇煇煊。構岑樓兮近市，創廟貌兮臨川。陳俎豆兮苾苾，迓福祉兮年年。俄而妖氛漫地，烽火連天，繫馬於鳳凰山外，倚弓於鸚鵡洲前。那堪荊棘叢生，銅駝見在；無奈崑岡火及，玉石都然。莫不觸目愴懷，儼王風之懷彼黍；用是圖新舍舊，恍興人之頌原田。遂乃召般輸，採杞梓，拓新圖，敞故址。浮柱岹嵽以星懸，飛梁偃蹇以虹指。周丈人灌園之里，鳥革翚飛；宋昌宗篤孝之區，螭奔鵠峙。珠簾高捲，收全楚之風煙；畫檻閒憑，控三吳之雲水。想見星明月上，如瞻秉燭於兹；每當雨晦風蕭，猶覺讀書於此。彼夫吳宮花草，魏國疆埸，姑蘇電熚，銅雀雲翔，莫不禾油麥秀，草緑煙黄。撫今思邈，弔古神傷。曷若此雕甍瓌瑋，瓊宇琳瑯，飛檻翼以軒翠，反宇巘而高驤。澔澔涆涆，煒煒煌煌。登斯樓也，東瞻會稽，南極瀟湘。西望雲山，涑水之菁英宛在；北顧河朔，范陽之日月偏長。應知式所憑依，實屬萬家生佛。從此羣叨庇蔭，祝來一瓣心香。又何必悵關河於異地，懷桑梓於他鄉！因爲之歌曰：巍峨樓閣，紛庬鴻兮。岑崟嶇嶷，駢龍嵸兮。崘囷蹝嵯，傍歁傾兮。雲覆霮䨴，極崢嶸兮。窮奇極妙，得未曾兮。於赫神威，實式憑兮。徘徊招摇，靈记迟兮[①]。華衮斧鉞，宛在兹兮。馨香式薦，敢稽首兮。福我無疆，永不朽兮。

大清光緒七年歲次重光大荒落柔兆涒灘月[②]
雍州湯子坤薰沐敬獻並書

---

① 记迟：古同“棲遲”，停留，休息。
② 歲次重光大荒落：對應干支紀年的辛巳年，即公元1881年。柔兆涒灘月：對應干支紀月的丙申月，即農曆七月。

勸樂輸文

緬維漢口鎮之舊有山陜會館也，所以聯兩省之鄉情，動四方之瞻禮。典重聖神之祀，明禋者秋報春祈；地當吳楚之衝，雲集者志同道合。會張盤敦，上國增輝。誼洽枌楡，他鄉得主。法至善也，制甚隆也。歲在辛壬①，迭經燹刼。丹楹翠桷，半蕪没於烽煙；柱棟楳梁②，遂銷沈於風雨③。即伊行路，覩之猶且興悲；矧在局中，值此何能膜視！顧衆建非一人之力，亦大厦豈獨木所支。是用布告同人，亟籌鉅款，隨緣樂助，捨舊圖新。施百萬之金錢，取資狐腋；拓三千之玉宇，大啟鴻規。將見荆有璧而秦收，臺榭焕琳琅之色；楚儲才而晉用，榱題增杞梓之光。永勒芳名，長還舊觀。仰見神靈默佑，爰徵錫福無疆。

同治九年　　月　　日

山陜兩省十幫同人公具

公同議定抽捐條規

竊惟我山陜會館，由來久矣。自遭兵燹以來，廟貌壞塌，久既目擊而衆心傷。上年秋間，兩省會議，重新建修。各幫各號，均有功德。但鳩工集木，非握粟可以告隆；種福拈金，必合絲乃能成錦。是以大衆復會議定：凡兩省字號在漢作貿者，并及過往之貨物，按貨平允抽資，共襄善舉。所有臚列，開具於後。

---

① 辛壬：辛亥（1851 年）壬子（1852 年），泛指太平天国期間。

② 楳：同“梅”。

③ 沈，通“沉”。

一、議定水菸每箱抽釐四分過載貳分。

一、議定紅花每包抽釐叁錢過載減半。

一、議定棉花每包抽釐五分過載減半。

一、議定川絲每包抽釐四錢過載減半。

一、議定白蠟每支抽釐叁錢過載減半。

一、議定雜貨每價壹兩抽釐叁厘過載減半。

一、議定藥材每價壹兩抽釐叁厘過載減半。

一、議定木菜茶桐蔴油每價壹兩抽釐叁厘過載減半。

一、議定勿論各貨，未經載明者，每價壹兩抽釐叁厘過載減半。

一、議定陸陳每價壹兩抽釐三厘過載減半。

一、議定匯兑銀票，不論收交何莊出得會費，每千兩抽釐曹平足銀貳錢。

一、議定放銀帳者，每千兩挨期抽釐壹兩，活期抽銀貳兩。放錢帳者，不論長短日期，每錢本一千文抽釐貳文。

一、議定紅茶每箱抽捐五分。

一、議定九三磚茶，每箱抽捐壹分捌厘。①

一、議定六三磚茶，每箱抽捐壹分貳厘。

一、議定七二磚茶，每箱抽捐壹分貳厘。

一、議定斤半磚茶，每箱抽捐壹分貳厘。

一、議定天貢尖茶②，每包抽捐貳分五厘。

一、議定千兩茶，每捲抽捐壹分貳厘。

一、議定百兩茶，每包抽捐壹分貳厘。

一、議定斤五貢尖茶，每包抽捐壹分貳厘。

一、議定盒茶，每串抽捐貳厘貳毫。

---

① 原文使用了蘇州碼計數，從一到十分别對應數字爲：一（〡），二（〢），三（〣），四（〤），五（〥），六（〦），七（〧），八（〨）九（〩），十（十）。後文出現的蘇州碼計數，均徑改爲標準中文數字小寫，不再述。

② 天貢尖茶：湖南安化土産名品，屬黑茶系列。

一、議定皮包茶，每包抽捐貳分貳厘。

一、議定洋莊茶[①]，每大、小箱抽捐五、叁分。

以上條規，公同議定，凡我同人，各宜遵守。爲此報聞。

同治十一年正月

山陝會館十幫首人公具

漢口重建西會館碑記

從來建造之事，創始者固難，因前者亦不易。若乃地經兵燹，一炬焦土。聯兩省之衆商，重新而建造之。名曰因前，其實較創始者更難。則董事之勤勞，誠不容没。此重修西會館之不可無碑以誌之也。攷漢口之有西會館，固山陝士商貿遷薈萃之所。創始於康熙年間，有劉君春秋樓碑文可誌。被燬於咸豐甲寅[②]，粵匪蹂躪武漢，大肆焚掠，合鎮皆成刧灰，而會館亦燼矣。同治癸亥[③]，西菸幫僅倡修正殿一座，西藥幫僅修五聖殿，其餘則工程浩大，徒喚奈何而已。庚午歲[④]，滙業諸人目睹舊址殘缺殆甚，慨然傷之。始邀兩省衆商，合謀共議，量力捐貲。而滙業武君有慶、趙君淑智等，倡首建修。自是經費漸裕，大興土木，重修正殿崇奉關聖帝君神位，並後殿之春秋樓、啟聖祠、佛殿。東隅則修財神殿、天后宫、三官殿、奎星樓。西隅則修七聖殿、文昌宫、吕祖閣。量會館之基址，凡前已有者重修之，未有者新建之，閱二十餘年而始成。總期規模之大備，堂構之鞏固，而崇德報功始無遺憾。舉凡祭祀之樂器禮文，恪遵時典，周規折矩，敬懔神威。其間，旁稽博考，惟恐隕越以貽羞。知不徒以殿宇之隆、蹐蹌之盛爲觀美計。在旁觀視之，深嘆諸董

① 洋莊茶：出口茶葉。

② 咸豐甲寅：咸豐四年，公元 1854 年。

③ 同治癸亥：同治二年，公元 1862 年。

④ 庚午歲：同治九年，公元 1871 年。

之任勞任怨，鉅細不遺。雖云有志竟成，詎知誠敬所感，即神靈亦當呵護也。此外，若後堤之太山廟、瘞旅公所之重修，漢陽義地之特設，爲同鄉安置旅櫬。雖若無與會館，而誼篤桑梓，亦當牽連並記之也。今工程告竣，董事者亦屢易其人。是記也，非徒表董事之功，更望我兩省邦人，念前輩締造之艱，交修罔替；貽後來經營之業，永念勿忘。是爲記。

候選訓導陝西西安廩貢生劉嗣烈薰沐謹撰並書。是工興於同治庚午閏十月初二日，訖於光緒乙未七月，總期二十五年，共費銀貳拾柒萬壹千六百餘兩。統此勒石，永垂不朽！

大清光緒二十一年歲次乙未小陽月穀旦

山陝兩省商號仝立

重修漢鎮西會館碑記

己丑之歲[①]，春二月朔三日爲皇帝登極之辰，詔曰："岳鎮四瀆廟宇，該地方官查有棟椽傾損、藻飾不完者，隨時脩葺，以昭誠敬。"而漢鎮之西會館，適於是焉成。董事諸公，函寄琳琅，囑揚壯麗。夫記者，誌其實也。吾鄉之建館於兹也，由來舊矣。枌榆集宴，蘩藻薦馨。所以聯兩省之懽，庶使蘋踪有託；萃十幫之衆，益教梓里增輝。意至善也。迨辛壬之際，髮逆猖獗於荆襄，大邑通都，迭經兵燹。紺垣赭户，半消滅於烽煙；獸鼎犧罇，漸沉淪於砂礫。而長江錦綉，頃成灰燼之天矣。

朝廷特命官文恭公、胡文忠公往征之[②]。二公於是奮霜厲，振雷威，師進貔貅，賊殲螻蟻，欣甲兵之雨洗，氛靖鶉田；慶舟楫之雲歸，歡騰鮫市。而南省山河半壁，乃復象睹昇平焉。迄於庚午，有武君有慶、趙

① 己丑之歲：光緒十五年，公元1889年。

② 官文恭公：即官文，王佳氏，字秀峰，滿洲正白旗人，謚號文恭。胡文正公：即胡林翼，字貺生。晚清名臣，湘軍首領之一。謚號文忠。

君淑智等出，亟思鄉誼之宜聯也，久廢之宜興也，創建之宜精也。因壤積而山成，俾日新而月異。採璆琳於漢水，宛如和璧秦收；伐杞梓於荆山，不啻楚材晋用。其翚飛鳥革，無遜於貝闕瑶池；其鬬角鈎心，備極乎婁明班巧。其關聖之尊嚴，則寶杖蜿横，焕青龍之偃月；瓊樓鵠峙，映黄鶴於對江。其春秋之報賽，則鯨鐘鼉鼓，韵諧雅管風琴；舞扇歌衫，曲和陽春白雪。金裝佛殿，潛感通乎雀界三千；丹刻后宫，祈默佑乎鵬程九萬。而文昌、吕祖、財神、藥王，罔不精修聖宇，藉妥神靈。共費銀貳拾柒萬壹仟陸佰金，而功於是竣。懿鑠哉！何其盛歟！猶憶吾客歲之宦遊兹土也，相與同鄉諸公，盤桓於養花之院，容與於議事之庭，親見夫鬬草評詩，静生逸趣，彈琴話舊，各暢幽情。紅藥青梅，點波心而絢爛；碧梧翠竹，穿石齒而玲瓏。好鳥適翱翔之性，游魚呈活潑之機。洛社商山①，當不斯過。時而憑高閣，俯雄州，送夕陽，迎素月。大江東去，盪開萬丈襟懷；爽氣西來，頓益十分豪健。儻使伯牙再到，宜譜清音；若教崔顥重登，應留雅句。而晴川歷歷、芳草萋萋，與夫黄岡赤壁、武昌漢皋諸名勝，靡不收於一望中者，皆西會館之成所助也。然則，是舉也，非惟是資宴會騁遊觀已也。隱以酬聖神之降鑒，獻享維殷；顯以遵皇帝之温綸②，欽崇罔替。爰拜手而著馨香之記。

誥授中憲大夫刑部員外郎加三級癸酉舉人③
三晋張桂林薰沐拜撰

---

① 洛社：洛陽社。有二解，其一：退隱者的居所。其二：宋歐陽修、梅堯臣等在洛陽組織的詩社。商山：山名，在今陝西商洛，地形險阻，景色幽勝，秦末漢初，四位博學望高的老者隱居於此，人稱商山四皓。

② 温綸：皇帝詔令的敬稱。

③ 癸酉：同治十二年，公元 1873 年。

山西匯業經理芳名

武有慶　趙淑智　王林章　毛宗典　彭汝珏　武尚理　閻佐廷
毛鴻舉　趙大義　劉廷棟　張恩榮　李邦棟　鄧寶琳　鞏玉琳
趙世重　侯邦彥　范　秀　吳士鰲　邢國藩　范春茂　紀崇信
武　常　高明才　王振都　張得文　楊德義　李培德　郭樹楠
孔憲琛　范樹堂　郝師隆　冀維本　孟思蘭　趙守誥　任鍾秀
閻慶隆　吕調陽　郭元文　周承業　王守邦　王爾楫　郝建良
張永禄　張紹武　董正三　毛鴻翰　王履祥　陳映臺　要從容
史泰臣　程來瀛　梁　玟　范世富　羅昌漢　范春捷　閻立忠
楊振業　楊　瑗　閻家璜　王清梅　宋聚源　常　鋭　王壯猷
高樹有　程遵起　侯　炘　王秉謙　雷啟揚　郭濟霖　雷守誠
李芝蘭　武　堃　弓茂闈　范永貴　王作梅　侯正儆　侯培峻
武百福　冀　昇　王念祖　米良相　劉永言　郭體元　藺瑞成
曹錦森　段光燦　武允文　趙　漁　理賬田樹粟

山陝兩省駐漢鎮各業

太原幫　汾州幫　紅茶幫　盒茶幫　捲茶幫　西菸幫　聞喜幫
雅　幫　花布幫　西藥幫　土菓幫　西油幫　陸陳幫　疋頭幫
皮貨幫　衆賬幫　核桃幫　京衛幫　均煙幫　紅花幫　當　幫
皮紙幫　匯票幫

重建西會館籌收釐金佈施小引

溯自咸豐年間，髮逆蹂躪漢臯，我山陝會館凋敝難言。於同治庚午冬[①]，我兩幫公議重建。擇吉閏十月初二日，鳩工庀材，重新脩築。奈佈施爲數不多，工大費拙，籌款不易。辛未，我兩省商人公議[②]，籌捐釐金，以資工築。迄今二十五年，僅共收佈施三萬四千有奇，釐金則數倍過之，共陸續捐釐銀並息二十五萬之譜。光緒七年，功築八九。聖帝開點金光，復收開光費四千七百餘兩。俟功告竣，樹碑落石，再爲詳載。乙未夏日五月止捐[③]，經理首人邀集會館，按照逐年已收佈施、釐金芳名彙總核寔，詳開於後。所有歷年懸過釐金牌單，分裱四卷，存於會館，以備查考。我兩省在此設庄者故多，而貨物必雜，籌捐平色勢難一律。起初議定，不論平色如何，統以曹平足紋定數，以歸劃一，而得寔數。各幫平色扣頭及一切開消靡費，詳録於後，以共衆鑒，以便清查。是爲引。

收各幫釐金平碼銀色扣頭規格

一、水煙幫釐規九一八兑九七扣筆資九八五平它紋銀上兑。

一、土菓幫釐規九七五，九八平九八兑銀上兑。

一、陸陳幫釐規九八五平九八五兑銀上兑。

一、藥材幫釐規九八平它紋銀上兑。

一、棉花幫釐規曹平涇布平九八五、九八六、九八二平它紋足紋銀不等。

---

① 同治庚午：同治九年，公元 1870 年。

② 辛未：同治十年，公元 1871 年。

③ 乙未：光緒二十一年，公元 1895 年。

一、紅花幫釐規九八五平足紋銀上兑。

一、油核桃幫釐規九六二兑九七扣筆資曹平它紋銀上兑。

一、均州菸葉幫釐規九八平九八兑銀上兑。

一、聞喜幫釐規九八三平九八七、九九七兑銀上兑。

一、雅幫釐規九八五平它紋足紋銀上兑。

一、紅茶幫釐規九八五平足紋銀上兑。

一、盒茶幫釐規九八五平足紋銀上兑。

一、捲茶幫釐規九八五平足紋銀上兑。

一、皮貨幫釐規曹平它紋銀上兑。

一、晋汾衆賬幫釐規九八三、九八五、九八六平它紋足紋銀上兑不一。

一、太原幫釐規曹平九八五、九八二平足紋銀上兑。

一、汾州幫釐規曹平九八六平足紋銀上兑。

一、太汾匯票幫釐規曹平足紋銀上兑。

一、雜貨疋頭幫釐規九八平九八兑銀九八五、九七平它紋足紋銀上兑不一。

經收佈施籌捐開光費總

盒茶幫 佈施銀：貳千兩正；籌捐銀：伍千壹百零玖兩壹錢捌分。

土菓幫 開光費銀：貳百捌拾伍兩壹錢捌分；佈施銀：壹千玖百零陸兩叁錢玖分；籌捐銀：伍兩肆錢肆分。

紅茶幫 佈施銀：壹千柒百肆拾肆兩柒錢正。

聞喜幫 開光費銀：貳百玖拾壹兩零柒分；佈施銀：玖百捌拾叁兩正；籌捐銀：玖千貳百陸拾叁兩玖錢玖分。

皮貨幫 開光費銀：玖拾兩正；佈施銀：玖百玖拾兩正；籌捐銀：壹千零叁拾壹兩伍錢肆分。

藥材幫 開光費銀：貳百玖拾兩零壹錢捌分；佈施銀：玖百陸拾柒

兩貳錢陸分；籌捐銀：伍千伍百陸拾捌兩壹錢正。

油核桃幫　開光費銀：壹百肆拾貳兩伍錢伍分；佈施銀：伍百貳拾玖兩貳錢肆分；籌捐銀：柒拾捌兩零伍分。

山陝陸陳幫　開光費銀：貳百捌拾玖兩柒錢陸分；籌捐銀：壹千捌百玖拾叁兩捌錢捌分。

西安白花幫　佈施銀：貳百叁拾肆兩伍錢正；籌捐銀：貳百柒拾壹兩叁錢正。

汾州幫　開光費銀：壹千兩正。

水煙幫　開光費銀：伍百兩正；籌捐銀：伍拾伍兩陸錢陸分。

太原幫　開光費銀：伍百兩正。

晉介衆帳號　開光費銀：貳百玖拾伍兩捌錢正；籌捐銀：肆千零伍拾柒兩肆錢捌分。

太汾幫衆布號　籌捐銀：壹百貳拾玖兩伍錢正。

均州煙葉幫　開光費銀：玖拾伍兩壹錢肆分；籌捐銀：壹百柒拾肆兩肆錢柒分。

疋頭號財神會　開光費銀：陸拾兩正。

西　幫　籌捐銀：叁兩柒錢陸分。

三品銜昇用道湖北安陸府知府李慶霖　佈施銀：貳百兩正。

蔚泰厚　佈施銀：叁百兩正；籌捐銀：肆千肆百叁拾捌兩陸錢正。

天成亨　佈施銀：叁百兩正；籌捐銀：肆千貳百肆拾捌兩玖錢捌分。

百川通　佈施銀：叁百兩正；籌捐銀：叁千肆百捌拾壹兩陸錢玖分。

日昇昌　佈施銀：叁百兩正；籌捐銀：叁千貳百壹拾兩零伍錢肆分。

蔚盛長　佈施銀：叁百兩正；籌捐銀：叁千貳百零玖兩陸錢壹分。

志成信　佈施銀：叁百兩正；籌捐銀：叁千叁百叁拾肆兩壹錢捌分。

新泰厚　佈施銀：叁百兩正；籌捐銀：叁千壹百玖拾陸兩陸錢柒分。

蔚長厚　佈施銀：叁百兩正；籌捐銀：叁千零陸拾肆兩叁錢壹分。

協和信　佈施銀：叁百兩正；籌捐銀：貳千捌百零伍兩伍錢玖分。

協同慶　佈施銀：叁百兩正；籌捐銀：貳千柒百伍拾肆兩壹錢叁分。

元豐玖 佈施銀：叁百兩正；籌捐銀：貳千陸百叁拾兩零壹錢伍分。

巨興和 佈施銀：叁百兩正；籌捐銀：貳千貳百貳拾兩零捌錢貳分。

蔚豐厚 佈施銀：叁百兩正；籌捐銀：貳千壹百捌拾玖兩貳錢伍分。

乾盛亨 佈施銀：叁百兩正；籌捐銀：貳千壹百零伍兩玖錢壹分。

謙吉昇 佈施銀：叁百兩正；籌捐銀：貳千壹百玖拾壹兩叁錢貳分。

三晉源 佈施銀：叁百兩正；籌捐銀：貳千零柒拾陸兩貳錢叁分。

存義公 佈施銀：叁百兩正；籌捐銀：貳千零陸拾伍兩陸錢正。

協成乾 佈施銀：叁百兩正；籌捐銀：壹千玖百肆拾玖兩陸錢玖分。

巨興隆 佈施銀：叁百兩正；籌捐銀：壹千伍百捌拾捌兩玖錢貳分。

合盛元 佈施銀：叁百兩正；籌捐銀：壹千叁百陸拾柒兩捌錢叁分。

匯源湧 佈施銀：叁百兩正；籌捐銀：壹千壹百玖拾兩零柒錢叁分。

雲豐泰 佈施銀：叁百兩正；籌捐銀：柒百壹拾陸兩叁錢肆分。

興泰魁 佈施銀：叁百兩正；籌捐銀：陸百貳拾肆兩陸錢捌分。

松盛長 佈施銀：叁百兩正；籌捐銀：陸百零玖兩陸錢壹分。

祥和貞 佈施銀：叁百兩正；籌捐銀：肆百叁拾玖兩壹錢陸分。

蔚隆和 佈施銀：叁百兩正；籌捐銀：叁百零壹兩陸錢玖分。

大德源 佈施銀：叁百兩正；籌捐銀：貳百伍拾肆兩伍錢陸分。

大德恒 佈施銀：叁百兩正；籌捐銀：柒百零肆兩壹錢伍分。

其昌德 佈施銀：壹百伍拾兩正；籌捐銀：陸百叁拾肆兩零壹分。

日昇裕 佈施銀：壹百伍拾兩正；籌捐銀：叁百零柒兩伍錢陸分。

裕厚永 佈施銀：壹百伍拾兩正；籌捐銀：貳百捌拾伍兩捌錢叁分。

義盛長 佈施銀：叁百兩正；籌捐銀：貳百陸拾叁兩叁錢玖分。

中興和 佈施銀：肆拾玖兩貳錢伍分；籌捐銀：貳百捌拾玖兩肆錢貳分。

德裕厚 佈施銀：柒拾兩正；籌捐銀：壹百陸拾兩零陸錢肆分。

乾盛晉 佈施銀：壹百伍拾兩正；籌捐銀：壹百壹拾貳兩捌錢捌分。

雙謙和 佈施銀：伍拾玖兩壹錢正；籌捐銀：玖兩玖錢正。

和盛信 佈施銀：壹百肆拾捌兩零貳分；籌捐銀：柒拾肆兩陸錢

貳分。

晉昌昇 佈施銀：壹百伍拾兩正；籌捐銀：陸拾叁兩正。

同豫恒 佈施銀：壹百伍拾兩正；籌捐銀：伍拾貳兩正。

德和永 佈施銀：壹百伍拾兩正；籌捐銀：叁拾兩正。

意順高 佈施銀：壹百肆拾玖兩捌錢叁分；籌捐銀：貳拾柒兩貳錢貳分。

大德玉 佈施銀：叁百兩正；籌捐銀：肆千叁百玖拾貳兩叁錢貳分。

天順長 籌捐銀：肆千零叁拾壹兩捌錢柒分。

寶聚公 籌捐銀：叁千肆百柒拾叁兩肆錢叁分。

大泉玉 籌捐銀：貳千捌百柒拾伍兩貳錢叁分。

獨慎玉 籌捐銀：貳千陸百伍拾陸兩貳錢正。

乾裕魁 籌捐銀：貳千貳百玖拾玖兩零壹分。

大升玉 籌捐銀：貳千肆百捌拾捌兩陸錢陸分。

祥發永 籌捐銀：貳千壹百捌拾貳兩零肆分。

裕慶成 籌捐銀：貳千壹百兩零零柒錢陸分。

興隆茂 籌捐銀：壹千玖百伍拾叁兩伍錢捌分。

大昌玉 籌捐銀：壹千捌百捌拾兩零陸錢叁分。

長盛川 籌捐銀：壹千肆百零壹兩陸錢捌分。

德巨生 籌捐銀：壹千叁百伍拾柒兩零捌分。

興泰隆 籌捐銀：壹千貳百玖拾陸兩柒錢叁分。

長裕川 籌捐銀：壹千貳百捌拾叁兩陸錢玖分。

大德興 佈施銀：叁百兩正；籌捐銀：壹千貳百貳拾捌兩柒錢貳分。

廣和興 籌捐銀：壹千壹百玖拾陸兩叁錢捌分。

大湧玉 籌捐銀：壹千壹百貳拾肆兩玖錢壹分。

大德通 佈施銀：伍拾兩正；籌捐銀：壹千零伍拾捌兩叁錢捌分。

大德常 籌捐銀：玖百玖拾柒兩壹錢壹分。

乾泰魁 佈施銀：肆拾兩正；籌捐銀：玖百肆拾壹兩壹錢貳分。

裕盛川 籌捐銀：玖百壹拾叁兩柒錢壹分。

信和隆 籌捐銀：捌百陸拾兩零壹錢捌分。

聚興順 籌捐銀：柒百玖拾玖兩叁錢叁分。

天聚和 籌捐銀：柒百陸拾捌兩肆錢捌分。

萬順興 籌捐銀：柒百陸拾壹兩叁錢叁分。

復泰謙 佈施銀：陸拾兩正；籌捐銀：陸百玖拾叁兩伍錢陸分。

義生合 籌捐銀：陸百壹拾玖兩捌錢叁分。

長順川 籌捐銀：伍百玖拾玖兩伍錢柒分。

久成慶 籌捐銀：肆百捌拾陸兩捌錢陸分。

巨貞和 籌捐銀：肆百柒拾伍兩貳錢陸分。

巨泰興 籌捐銀：肆百伍拾貳兩柒錢貳分。

恒來懋 籌捐銀：肆百兩零零貳錢捌分。

達順誠 籌捐銀：叁百陸拾捌兩貳錢肆分。

三德玉 籌捐銀：叁百貳拾叁兩玖錢貳分。

乾泰恒 佈施銀：伍拾玖兩壹錢正；籌捐銀：貳百捌拾叁兩叁錢貳分。

乾亨利 籌捐銀：貳百捌拾貳兩肆錢壹分。

巨貞義 籌捐銀：貳百捌拾壹兩肆錢陸分。

復生達 籌捐銀：叁百壹拾兩正。

日興盛 佈施銀：捌拾叁兩陸錢肆分；籌捐銀：柒百陸拾兩零柒錢壹分。

大道恒 籌捐銀：壹百肆拾壹兩壹錢捌分。

隆盛元 籌捐銀：貳百伍拾捌兩零捌分。

松茂如 籌捐銀：伍兩玖錢壹分。

三和玉 籌捐銀：貳百伍拾兩零陸錢伍分。

慶豐元 籌捐銀：貳百叁拾伍兩零叁分。

隆盛和 籌捐銀：貳百壹拾伍兩陸錢貳分。

義成集 籌捐銀：貳百貳拾肆兩壹錢陸分。

泉盛遠 籌捐銀：貳百壹拾叁兩肆錢陸分。

義泉貞　籌捐銀：貳百零陸兩玖錢叁分。
集生茂　籌捐銀：壹百捌拾伍兩捌錢叁分。
協盛義　籌捐銀：壹百肆拾貳兩貳錢柒分。
天福永　佈施銀：伍拾兩正；籌捐銀：壹百壹拾壹兩叁錢貳分。
祥泰厚　籌捐銀：壹百零柒兩叁錢柒分。
協成泉　籌捐銀：壹百零陸兩柒錢伍分。
敬泉彩　佈施銀：叁拾兩正；籌捐銀：壹百肆拾玖兩玖錢柒分。
元亨聚　籌捐銀：玖拾壹兩捌錢正。
協成遠　籌捐銀：捌拾柒兩壹錢柒分。
廣泰恒　佈施銀：壹百貳拾兩正；籌捐銀：捌拾肆兩叁錢叁分。
三同力　籌捐銀：捌拾肆兩零壹分。
咸亨興　佈施銀：陸拾兩正；籌捐銀：陸拾叁兩捌錢壹分。
裕慶承　籌捐銀：陸拾陸兩玖錢陸分。
德慎恒　籌捐銀：陸拾壹兩伍錢捌分。
東盛和　籌捐銀：陸拾壹兩柒錢陸分。
翕盛泉　籌捐銀：伍拾叁兩零陸分。
巨隆裕　籌捐銀：伍拾捌兩捌錢叁分。
順泉甡　籌捐銀：貳百叁拾貳兩零壹分。
協成公　籌捐銀：肆拾叁兩叁錢玖分。
義泉順　籌捐銀：肆拾伍兩柒錢正。
永長順　佈施銀：壹拾玖兩貳錢伍分；籌捐銀：叁拾捌兩貳錢伍分。
萬益成　籌捐銀：叁拾伍兩貳錢正。
源隆奎　籌捐銀：叁拾貳兩伍錢柒分。
順泉生　籌捐銀：叁拾貳兩貳錢貳分。
謙泰興　籌捐銀：貳拾陸兩叁錢正。
永順凝　籌捐銀：貳拾兩零零陸分。
隆盛源　籌捐銀：貳拾貳兩正。
世和昌　籌捐銀：貳拾貳兩叁錢捌分。

天春甡 籌捐銀：貳拾捌兩貳錢柒分。

隆盛公 籌捐銀：壹拾壹兩零叁分。

匯泉潤 佈施銀：壹拾貳兩正；籌捐銀：壹拾貳兩正。

義泉長 佈施銀：壹拾貳兩正；籌捐銀：壹拾貳兩壹錢叁分。

豐盛源 佈施銀：壹百肆拾陸兩伍錢陸分；籌捐銀：貳千肆百柒拾貳兩叁錢貳分。

豐盛興 佈施銀：壹百肆拾陸兩伍錢陸分；籌捐銀：貳千零貳拾陸兩叁錢捌分。

福協泰 開光費銀：肆拾捌兩叁錢陸分；佈施銀：壹百肆拾陸兩伍錢陸分；籌捐銀：貳千壹百壹拾叁兩柒錢正。

萬順桂 開光費銀：肆拾捌兩叁錢陸分；籌捐銀：壹千捌百壹拾肆兩叁錢伍分。

松甡和 開光費銀：肆拾捌兩陸錢壹分；籌捐銀：壹千叁百伍拾捌兩零叁分。

裕隆全 開光費銀：伍拾兩零貳錢伍分；佈施銀：壹百肆拾陸兩伍錢陸分；籌捐銀：壹千貳百柒拾肆兩捌錢陸分。

如松和 開光費銀：肆拾捌兩叁錢陸分；籌捐銀：壹千零陸拾伍兩柒錢柒分。

義銓益 佈施銀：壹百肆拾玖兩伍錢伍分；籌捐銀：伍百零捌兩叁錢伍分。

允升恒 籌捐銀：肆百壹拾兩零陸錢貳分。

萬慶豐 佈施銀：肆拾捌兩叁錢陸分；籌捐銀：叁百柒拾貳兩叁錢伍分。

泰來輔 佈施銀：玖拾玖兩正；籌捐銀：陸百壹拾陸兩伍錢叁分。

以義合 開光費銀：肆拾捌兩叁錢陸分；籌捐銀：肆百陸拾叁兩玖錢叁分。

萬事和 開光費銀：叁拾捌兩肆錢伍分；籌捐銀：肆百陸拾柒兩捌錢貳分。

聚源福 籌捐銀：貳百零捌兩貳錢捌分。

永順謙 佈施銀：玖拾柒兩柒錢壹分；籌捐銀：陸百伍拾伍兩肆錢捌分。

景和德 佈施銀：叁拾玖兩零捌分；籌捐銀：叁百叁拾柒兩零玖分。

德興和 籌捐銀：貳百玖拾壹兩玖錢陸分。

世順謙 籌捐銀：壹百肆拾貳兩貳錢伍分。

如松榮 籌捐銀：壹百肆拾兩零壹錢陸分。

乾盛祥 佈施銀：玖拾柒兩柒錢壹分；籌捐銀：貳百肆拾壹兩肆錢壹分。

恒裕興 籌捐銀：叁百柒拾貳兩柒錢壹分。

長泰和 籌捐銀：壹百兩零零柒錢捌分。

恒順西 佈施銀：玖拾柒兩柒錢壹分；籌捐銀：玖拾柒兩伍錢貳分。

福臨德 籌捐銀：玖拾貳兩捌錢貳分。

廣積成 佈施銀：玖拾柒兩柒錢壹分；籌捐銀：捌拾肆兩貳錢叁分。

統盛源 佈施銀：玖拾柒兩柒錢壹分；籌捐銀：叁拾陸兩零玖分。

源興順 開光費銀：肆拾捌兩叁錢陸分；籌捐銀：伍百陸拾伍兩柒錢陸分。

源興永 開光費銀：肆拾捌兩叁錢陸分；籌捐銀：肆百肆拾伍兩肆錢陸分。

萬順德 開光費銀：肆拾捌兩叁錢陸分；佈施銀：壹百肆拾陸兩伍錢陸分；籌捐銀：貳拾伍兩叁錢陸分。

悦盛公 籌捐銀：伍拾叁兩叁錢壹分。

公昌棧 佈施銀：伍兩捌錢正；籌捐銀：貳拾捌兩肆錢正。

恒豫公 佈施銀：玖兩柒錢柒分；籌捐銀：捌兩柒錢捌分。

萬順禮 籌捐銀：柒兩玖錢玖分。

福順榮 籌捐銀：捌錢叁分。

正大公 籌捐銀：玖錢壹分。

中興和 籌捐銀：壹兩貳錢玖分。

信興成　籌捐銀：伍兩伍錢陸分。
信泰成　籌捐銀：叁拾陸兩捌錢叁分。
億盛生　籌捐銀：肆拾壹兩捌錢肆分。
正泰公　籌捐銀：肆拾玖兩柒錢貳分。
正泰恭　籌捐銀：叁拾壹兩壹錢壹分。
玉興長　籌捐銀：貳拾兩零玖錢壹分。
大盛生　籌捐銀：柒分。
静香同　籌捐銀：叁分。
德生元　籌捐銀：陸兩貳錢貳分。
慶興臨　籌捐銀：叁錢。
永順昌　佈施銀：玖兩叁錢捌分；籌捐銀：肆錢壹分。
天合公　籌捐銀：貳兩陸錢肆分。
富有普　籌捐銀：貳兩貳錢正。
富有潤　籌捐銀：壹錢伍分。
廣發昌　籌捐銀：陸分。
廣泰和　籌捐銀：叁錢叁分。
中和合　籌捐銀：貳兩玖錢肆分。
五福健　籌捐銀：貳錢壹分。
義利生　籌捐銀：叁錢正。
中興永　籌捐銀：壹錢玖分。
同順合　籌捐銀：叁分。
聚豐仁　籌捐銀：壹兩零柒分。
永興義　籌捐銀：貳兩肆錢玖分。
義成和　籌捐銀：壹兩捌錢捌分。
萬成和　籌捐銀：肆拾伍兩叁錢壹分。
福茂盛　籌捐銀：貳拾壹兩玖錢壹分。
廣積隆　籌捐銀：叁兩肆錢陸分。
同盛合　籌捐銀：壹錢叁分。

永成和　籌捐銀：壹百貳拾柒兩捌錢柒分。

同昌和　籌捐銀：叁分。

恒豐兆　籌捐銀：壹兩玖錢叁分。

如松林　籌捐銀：捌錢陸分。

文義恒　籌捐銀：貳百壹拾壹兩壹錢貳分。

敬盛成　籌捐銀：叁兩肆錢捌分。

至成德　籌捐銀：肆兩陸錢貳分。

福順恒　佈施銀：玖兩捌錢正；籌捐銀：壹百捌拾柒兩玖錢伍分。

德隆貴　佈施銀：叁拾叁兩貳錢貳分；籌捐銀：陸百壹拾貳兩陸錢捌分。

源順義　籌捐銀：柒拾伍兩玖錢柒分。

順成通　佈施銀：叁拾兩正；籌捐銀：肆拾捌兩捌錢陸分。

德昌厚　籌捐銀：壹拾陸兩壹錢柒分。

永成純　籌捐銀：叁兩肆錢柒分。

文茂恒　籌捐銀：肆兩肆錢叁分。

恒順和　籌捐銀：陸拾捌兩柒錢叁分。

鴻發鎰　佈施銀：壹拾玖兩伍錢肆分；籌捐銀：伍拾陸兩零陸分。

合泰豐　佈施銀：柒兩柒錢玖分；籌捐銀：壹拾貳兩叁錢肆分。

永泰謙　籌捐銀：壹兩叁錢伍分。

益泰正　籌捐銀：壹兩壹錢肆分。

同昌棧　籌捐銀：貳拾兩零零肆分。

長春福　佈施銀：貳拾兩正；籌捐銀：玖拾壹兩肆錢捌分。

永豐合　籌捐銀：伍拾柒兩捌錢陸分。

德興永　佈施銀：壹拾陸兩正；籌捐銀：壹拾兩正。

聚順長　佈施銀：壹拾叁兩伍錢肆分；籌捐銀：貳兩捌錢肆分。

萬和昌　籌捐銀：叁兩陸錢陸分。

通興成　籌捐銀：叁拾叁兩柒錢肆分。

悦慶豐　籌捐銀：壹兩柒錢捌分。

德盛興 籌捐銀：貳兩壹錢壹分。

源順恒 佈施銀：壹拾玖兩伍錢肆分；籌捐銀：壹百零肆兩貳錢柒分。

永泰福 佈施銀：貳拾肆兩正；籌捐銀：貳拾捌兩柒錢玖分。

肆茂長 籌捐銀：貳拾壹兩零貳分。

德隆全 籌捐銀：伍百肆拾壹兩三錢肆分。

和興永 籌捐銀：陸兩玖錢肆分。

宣盛梁 籌捐銀：壹拾肆兩捌錢肆分。

德泰源 籌捐銀：叁兩零陸分。

復順興 籌捐銀：壹拾壹兩伍錢陸分。

德隆彰 籌捐銀：貳拾陸兩柒錢叁分。

月盛清 籌捐銀：貳拾玖兩肆錢叁分。

協盛全 籌捐銀：肆兩柒錢貳分。

德豐泰 籌捐銀：壹兩貳錢貳分。

增盛福 籌捐銀：壹百肆拾貳兩零陸分。

雙合源 佈施銀：玖兩柒錢貳分；籌捐銀：叁拾伍兩零玖分。

成泰峰 籌捐銀：貳兩伍錢柒分。

全成和 籌捐銀：伍兩貳錢肆分。

全盛和 籌捐銀：肆兩零壹分。

恒泰公 籌捐銀：貳兩捌錢陸分。

大興成 籌捐銀：貳拾壹兩柒錢叁分。

乾順祥 籌捐銀：壹兩陸錢壹分。

永興通 佈施銀：伍拾兩正；籌捐銀：柒兩捌錢柒分。

源盛鎰 開光費銀：肆拾捌兩肆錢陸分，籌捐銀：伍百玖拾叁兩肆錢肆分。

德貴全 籌捐銀：捌兩貳錢捌分。

聚泰明 籌捐銀：叁兩叁錢玖分。

清發陞 籌捐銀：柒兩零貳分。

元興德　佈施銀：壹拾玖兩伍錢肆分；籌捐銀：叁兩壹錢貳分。

長春豐　佈施銀：玖拾柒兩柒錢壹分；籌捐銀：壹百柒拾陸兩肆錢叁分。

長春益　佈施銀：玖拾柒兩柒錢壹分；籌捐銀：壹百零叁兩叁錢壹分。

大川盛　佈施銀：玖拾柒兩柒錢壹分；籌捐銀：柒拾伍兩叁錢柒分。

恒盛昌　籌捐銀：肆拾壹兩陸錢柒分。

永聚昌　佈施銀：壹拾捌兩零貳分；籌捐銀：壹拾柒兩零貳分。

源遠瑞　籌捐銀：壹拾肆兩貳錢陸分。

永順泰　佈施銀：肆拾捌兩捌錢伍分；籌捐銀：玖拾玖兩叁錢捌分。

合盛正　佈施銀：貳拾玖兩叁錢壹分；籌捐銀：陸兩壹錢柒分。

德順公　佈施銀：貳拾玖兩叁錢壹分；籌捐銀：柒兩陸錢正。

庭盛祥　佈施銀：貳拾叁兩肆錢正；籌捐銀：伍拾貳兩貳錢伍分。

新益和　籌捐銀：壹兩柒錢肆分。

慶盛甡　佈施銀：玖拾柒兩柒錢壹分；籌捐銀：叁拾兩零伍錢捌分。

義興成　佈施銀：壹拾玖兩伍錢肆分；籌捐銀：肆兩玖錢捌分。

祥盛述　籌捐銀：壹拾陸兩零伍分。

天佑鳳　佈施銀：玖兩柒錢柒分；籌捐銀：肆兩壹錢正。

德盛元　佈施銀：捌拾捌兩肆錢壹分；籌捐銀：肆兩伍錢貳分。

長發豐　佈施銀：壹拾玖兩伍錢肆分；籌捐銀：貳拾伍兩壹錢伍分。

同春合　佈施銀：貳拾玖兩肆錢正；籌捐銀：貳百肆拾玖兩肆錢陸分。

清發長　籌捐銀：伍兩肆錢陸分。

永盛引　佈施銀：壹百壹拾柒兩貳錢伍分；籌捐銀：捌拾玖兩陸錢玖分。

義和長　佈施銀：肆拾兩正；籌捐銀：柒兩柒錢玖分。

正興源　籌捐銀：陸兩貳錢壹分。

和興源　佈施銀：壹拾玖兩叁錢正；籌捐銀：壹百貳拾柒兩叁錢

玖分。

永盛恒 籌捐銀：肆拾叁兩陸錢伍分。

義聚秴 籌捐銀：叁拾兩零壹錢伍分。

一生興 佈施銀：壹拾壹兩柒錢貳分。籌捐銀：壹佰零貳兩貳錢叁分。

晉興魁 佈施銀：玖拾柒兩柒錢壹分；籌捐銀：肆百肆拾兩零柒錢叁分。

永豐恒 佈施銀：貳拾叁兩肆錢伍分；籌捐銀：貳拾貳兩伍錢壹分。

公盛興 籌捐銀：貳兩柒錢貳分。

協盛隆 籌捐銀：貳兩貳錢叁分。

合志永 籌捐銀：貳錢壹分。

義合生 籌捐銀：肆錢伍分。

萬福永 籌捐銀：柒錢壹分。

恒積興 籌捐銀：捌拾兩零捌錢正。

元發義 籌捐銀：壹拾玖兩叁錢陸分。

元發復 籌捐銀：貳拾叁兩壹錢玖分。

和合興 籌捐銀：壹兩壹錢壹分。

復盛成 籌捐銀：壹錢玖分。

恒聚昌 籌捐銀：壹拾肆兩貳錢陸分。

聚信隆 籌捐銀：叁拾捌兩叁錢陸分。

復德全 籌捐銀：玖錢壹分。

源遠恒 佈施銀：壹拾肆兩伍錢壹分；籌捐銀：壹拾伍兩柒錢陸分。

同葆福 籌捐銀：陸拾壹兩柒錢陸分。

天佑慶 佈施銀：貳拾叁兩伍錢貳分；籌捐銀：貳拾玖兩零陸分。

福順公 佈施銀：玖兩捌錢正；籌捐銀：壹拾叁兩壹錢柒分。

寶興張 佈施銀：壹拾貳兩正；籌捐銀：貳百伍拾捌兩玖錢正。

德盛甡 佈施銀：壹拾玖兩伍錢肆分；籌捐銀：叁百玖拾陸兩陸錢伍分。

廣興合 佈施銀：壹拾捌兩捌錢伍分；籌捐銀：玖兩玖錢捌分。

篤慶恒 佈施銀：貳拾兩正；籌捐銀：壹拾陸兩玖錢玖分。

永成義 籌捐銀：玖拾柒兩貳錢捌分。

永成億 籌捐銀：貳拾兩零玖錢肆分。

德興李 佈施銀：壹拾玖兩伍錢肆分；籌捐銀：貳百叁拾貳兩陸錢正。

益順正 佈施銀：肆拾兩零叁錢貳分；籌捐銀：叁兩零柒分。

公盛豐 佈施銀：肆拾兩零叁錢貳分；籌捐銀：叁百柒拾玖兩正。

積興聚 佈施銀：壹拾壹兩柒錢陸分；籌捐銀：叁兩零叁分。

長順統 佈施銀：貳拾叁兩肆錢伍分；籌捐銀：肆兩玖錢肆分。

全順德 佈施銀：貳拾叁兩肆錢伍分；籌捐銀：壹百柒拾伍兩陸錢肆分。

福和福 籌捐銀：壹錢壹分。

永泰恒 籌捐銀：壹拾壹兩肆錢貳分。

義生和 籌捐銀：貳兩叁錢貳分。

全興永 佈施銀：叁拾壹兩零伍分；籌捐銀：壹拾兩零伍錢肆分。

福星德 佈施銀：肆拾捌兩捌錢伍分；籌捐銀：壹拾柒兩肆錢玖分。

全興魁 佈施銀：貳拾兩零壹錢陸分；籌捐銀：壹拾捌兩零柒分。

合盛引 籌捐銀：叁兩壹錢叁分。

懷興忠 籌捐銀：陸兩貳錢正。

德成泰 籌捐銀：貳百捌拾兩零陸錢柒分。

復興茂 籌捐銀：玖兩陸錢捌分。

永泰豐 佈施銀：伍兩捌錢貳分；籌捐銀：陸兩壹錢柒分。

公盛謙 佈施銀：貳拾玖兩叁錢壹分；籌捐銀：壹百肆拾伍兩玖錢叁分。

公盛積 佈施銀：肆拾捌兩捌錢伍分；籌捐銀：叁拾壹兩肆錢貳分。

恒泰昌 佈施銀：叁兩捌錢叁分；籌捐銀：叁拾捌兩壹錢陸分。

源盛合 籌捐銀：叁兩柒錢壹分。

公盛遠　籌捐銀：柒兩肆錢陸分。

全盛德　開光費銀：伍兩捌錢伍分；籌捐銀：捌拾伍兩壹錢柒分。

天生德　佈施銀：壹兩捌錢叁分；籌捐銀：玖拾叁兩伍錢肆分。

德懋恒　籌捐銀：貳百伍拾肆兩貳錢柒分。

易興豐　籌捐銀：柒拾伍兩肆錢捌分。

源茂德　籌捐銀：貳兩肆錢玖分。

德盛玉　籌捐銀：貳拾叁兩陸錢陸分。

恒昇昌　籌捐銀：壹兩捌錢伍分。

魁興福　籌捐銀：壹拾肆兩玖錢壹分。

悦盛宗　籌捐銀：貳兩肆錢玖分。

協泰舲　籌捐銀：叁兩叁錢貳分。

通義成　籌捐銀：伍兩陸錢捌分。

公盛祥　籌捐銀：肆兩捌錢陸分。

泰森恒　開光費銀：肆拾捌兩肆錢陸分；籌捐銀：捌百零柒兩柒錢捌分。

元興長　籌捐銀：壹兩肆錢捌分。

天申泰　籌捐銀：貳兩玖錢壹分。

春意祥　籌捐銀：壹拾叁兩陸錢正。

全興美　籌捐銀：壹百肆拾叁兩肆錢陸分。

魁順湧　籌捐銀：叁百零壹兩捌錢陸分；佈施銀：玖兩陸錢伍分；開光費銀：壹拾壹兩柒錢陸分。

福興隆　籌捐銀：壹兩零柒分。

永盛謙　籌捐銀：叁兩伍錢壹分。

吉慶和　籌捐銀：壹拾叁兩陸錢陸分。

永順德　籌捐銀：壹兩零叁分。

元順興　籌捐銀：叁兩壹錢柒分。

積盛興　籌捐銀：玖兩叁錢伍分。

合盛昌　籌捐銀：貳拾兩零貳錢正。

長泰厚　籌捐銀：捌兩陸錢玖分。
祥盛和　籌捐銀：叁兩肆錢肆分。
光裕厚　籌捐銀：貳兩貳錢捌分。
天成德　籌捐銀：貳百壹拾伍兩叁錢伍分。
協成和　籌捐銀：肆兩叁錢壹分。
萬成福　籌捐銀：壹兩陸錢陸分。
萬來福　籌捐錢：壹佰叁拾叁兩肆錢壹分。
保和堂　籌捐銀：貳兩零伍分。
永順隆　籌捐銀：叁拾貳兩陸錢伍分。
德盛豐　籌捐銀：貳百零柒兩壹錢伍分。
長成福　籌捐銀：壹兩貳錢陸分。
晉興裕　籌捐銀：玖錢貳分。
聚生興　籌捐銀：肆拾陸兩玖錢玖分。
天順恒　籌捐銀：壹兩玖錢貳分。
振亨永　佈施銀：叁拾壹兩貳錢柒分；籌捐銀：伍兩伍錢肆分。
乾元泰　籌捐銀：叁拾貳兩貳錢壹分。
義元泰　籌捐銀：陸兩肆錢捌分。
童興德　籌捐銀：肆兩貳錢柒分。
天成謙　籌捐銀：叁兩叁錢正。
引和德　籌捐銀：壹兩貳錢捌分。
積慶恒　開光費銀：貳兩玖錢壹分；籌捐銀：叁拾柒兩玖錢壹分。
春和魁　籌捐銀：叁拾柒兩陸錢肆分。
泰和魁　籌捐銀：伍兩零伍分。
泰和隆　籌捐銀：玖兩零捌分。
公順全　籌捐銀：壹拾兩零貳錢肆分。
萬泰高　籌捐銀：伍拾壹兩肆錢玖分。
致中和　籌捐銀：伍兩叁錢玖分。
公生明　佈施銀：壹拾壹兩陸錢肆分；籌捐銀：貳百叁拾叁兩陸

錢正。

德合公 佈施銀：柒兩柒錢肆分；籌捐銀：壹百柒拾貳兩叁錢正。
恒茂昌 籌捐銀：貳兩玖錢伍分。
天合益 籌捐銀：貳兩柒錢肆分。
慶元堂 籌捐銀：貳拾伍兩陸錢壹分。
鼎懋德 籌捐銀：伍兩肆錢玖分。
公茂昌 籌捐銀：叁拾兩零零捌分。
永春元 籌捐銀：貳拾柒兩肆錢陸分。
永興福 籌捐銀：壹百伍拾叁兩零叁分。
仁和長 籌捐銀：伍錢貳分。
源興昌 籌捐銀：壹兩陸錢陸分。
天成通 籌捐銀：壹拾玖兩玖錢玖分。
名順堂 籌捐銀：壹拾貳兩捌錢伍分。
恒生信 籌捐銀：壹兩柒錢玖分。
永興得 籌捐銀：壹拾玖兩捌錢柒分。
德慶祥 籌捐銀：貳拾壹兩伍錢正。
永興玉 籌捐銀：捌拾柒兩伍錢柒分。
德盛源 籌捐銀：壹拾叁兩捌錢壹分。
全興昶 籌捐銀：壹拾伍兩玖錢貳分。
自新和 籌捐銀：叁兩陸錢叁分。
積盛永 籌捐銀：叁兩叁錢玖分。
義興泰 籌捐銀：壹拾叁兩叁錢貳分。
復興厚 籌捐銀：貳拾玖兩伍錢正。
茂順生 籌捐銀：壹百壹拾兩零壹錢陸分。
泰新蔚 籌捐銀：貳百叁拾伍兩伍錢正。
永豐德 籌捐銀：玖兩貳錢柒分。
魁盛隆 籌捐銀：柒錢陸分。
恒興東 籌捐銀：貳兩柒錢叁分。

益隆昌　籌捐銀：壹拾肆兩伍錢玖分。
德泰源　籌捐銀：陸兩陸錢貳分。
世興老　籌捐銀：壹拾柒兩柒錢貳分。
永盛隆　籌捐銀：叁兩零壹分。
聚福興　籌捐銀：壹兩肆錢陸分。
福順泰　籌捐銀：貳兩貳錢叁分。
天成泰　籌捐銀：捌錢肆分。
引隆恒　籌捐銀：叁兩零柒分。
通順成　籌捐銀：壹拾肆兩壹錢壹分。
恒順源　籌捐銀：肆兩陸錢叁分。
萬泰福　籌捐銀：捌兩零伍分。
協興元　籌捐銀：捌錢伍分。
益順全　籌捐銀：壹分。
德興福　籌捐銀：壹兩叁錢肆分。
億中遠　籌捐銀：貳兩伍錢伍分。
德順恒　籌捐銀：捌兩壹錢肆分。
成太福　籌捐銀：壹拾兩零零陸分。
通順泉　籌捐銀：柒兩捌錢壹分。
通順長　籌捐銀：捌兩叁錢貳分。
德生昌　籌捐銀：壹兩捌錢柒分。
德順全　籌捐銀：柒錢玖分。
裕盛棧　籌捐銀：伍分。
離照瑞　籌捐銀：肆兩肆錢肆分。
萬順聚　佈施銀：玖兩柒錢柒分；籌捐銀：貳百伍拾伍兩陸錢玖分。
聚盛恒　籌捐銀：伍兩陸錢壹分。
泉濟瑞　籌捐銀：壹拾肆兩伍錢叁分。
益隆統　籌捐銀：叁兩陸錢肆分。
振源裕　籌捐銀：貳兩壹錢玖分。

復興號 籌捐銀：壹百壹拾柒兩貳錢玖分。

晉盛長 籌捐銀：肆拾貳兩伍錢壹分。

同積德 籌捐銀：肆兩肆錢玖分。

篤信德 籌捐銀：叁拾捌兩捌錢貳分。

裕興和 籌捐銀：貳拾陸兩柒錢正。

全興泰 籌捐銀：貳拾叁兩叁錢玖分。

永聚公 籌捐銀：貳千零伍拾貳兩伍錢伍分。

永聚合 籌捐銀：玖百陸拾叁兩零伍分。

永聚源 籌捐銀：壹千叁百肆拾肆兩陸錢肆分。

恒豐益 佈施銀：壹百玖拾叁兩正；籌捐銀：柒百叁拾兩零柒錢肆分。

恒泰盛 佈施銀：玖拾捌兩貳錢正；籌捐銀：伍百叁拾兩零捌錢捌分。

世豐合 佈施銀：玖拾捌兩貳錢正；籌捐銀：貳百陸拾肆兩柒錢陸分。

永聚公

永聚合 佈施銀：壹千兩正；開光費銀：玖拾捌兩貳錢正。

永聚源

恒順益 佈施銀：玖拾捌兩貳錢正；籌捐銀：壹百叁拾壹兩壹錢貳分。

合慶永 佈施銀：捌拾兩正；籌捐銀：壹拾玖兩壹錢肆分。

德成亨 籌捐銀：伍錢陸分。

義盛合 佈施銀：壹拾玖兩柒錢正；籌捐銀：壹兩肆錢貳分。

祥盛王 籌捐銀：叁拾柒兩貳錢柒分。

春發生 籌捐銀：伍錢叁分。

德盛成 籌捐銀：壹錢貳分。

萃豫豐 佈施銀：貳拾兩正；籌捐銀：壹拾伍兩貳錢正。

寬裕永 佈施銀：貳拾兩正；籌捐銀：壹拾壹兩玖錢肆分。

天慶順 佈施銀：捌拾兩正；籌捐銀：貳拾玖兩壹錢肆分。

鴻興順 佈施銀：叁拾兩正；籌捐銀：壹百肆拾肆兩叁錢貳分。

大順誠 佈施銀：壹拾玖兩肆錢捌分；籌捐銀：柒兩陸錢捌分。

忠信禮 佈施銀：貳拾兩正；籌捐銀：貳拾柒兩壹錢正。

忠信恒 籌捐銀：柒拾叁兩叁錢壹分。

義順德 佈施銀：壹拾伍兩陸錢捌分；籌捐銀：肆拾壹兩柒錢叁分。

世順德 籌捐銀：柒兩玖錢肆分。

松鶴林 籌捐銀：捌兩柒錢壹分。

永泰和 佈施銀：壹拾肆兩陸錢陸分；開光費銀：肆兩捌錢伍分；籌捐銀：叁兩伍錢叁分。

同茂甡 籌捐銀：叁兩捌錢正。

東來生 佈施銀：貳拾玖兩伍錢伍分；籌捐銀：壹拾玖兩柒錢叁分。

裕生厚 佈施銀：壹拾伍兩叁錢貳分；籌捐銀：肆拾貳兩零貳分。

永盛公 籌捐銀：壹拾壹兩伍錢叁分。

義盛春 佈施銀：壹拾壹兩柒錢貳分；籌捐銀：陸兩零貳分。

德元亨 佈施銀：壹拾陸兩正；籌捐銀：壹百貳拾柒兩肆錢捌分。

正心永 籌捐銀：陸兩零叁分。

天成光 籌捐銀：壹兩玖錢柒分。

興盛德 佈施銀：玖兩柒錢伍分；籌捐銀：叁兩肆錢捌分。

永泰鎮 佈施銀：貳拾叁兩柒錢捌分；籌捐銀：壹兩陸錢柒分。

昌義永 籌捐銀：貳錢玖分。

合盛和 籌捐銀：壹兩肆錢玖分。

三錫鴻 佈施銀：貳拾兩正；籌捐銀：壹兩陸錢貳分。

永豐協 佈施銀：壹拾叁兩伍錢捌分；籌捐銀：壹百叁拾貳兩壹錢肆分。

義豐德 佈施銀：壹拾壹兩柒錢陸分；籌捐銀：壹拾柒兩伍錢叁分。

長發洪 佈施銀：玖兩捌錢正；籌捐銀：肆拾兩零叁錢壹分。

全興合 佈施銀：貳拾兩正；籌捐銀：柒兩貳錢正。

福生德 佈施銀：貳拾叁兩貳錢捌分；籌捐銀：壹拾玖兩玖錢肆分。

義全順 佈施銀：壹拾玖兩陸錢正；籌捐銀：壹百壹拾陸兩肆錢叁分。

和裕元 籌捐銀：壹百伍拾兩零叁錢伍分。

魁順福 佈施銀：肆拾兩正；籌捐銀：貳百零肆兩貳錢伍分。

萬盛泰 佈施銀：叁拾兩正；籌捐銀：玖兩捌錢正。

天德順 佈施銀：壹拾壹兩捌錢貳分；籌捐銀：伍兩貳錢壹分。

麗生長 籌捐銀：伍錢玖分。

公興號 佈施銀：壹拾壹兩捌錢貳分；籌捐銀：捌兩貳錢伍分。

和順永 佈施銀：壹拾壹兩陸錢玖分；籌捐銀：陸兩叁錢叁分。

全昇李 佈施銀：伍拾兩正；籌捐銀：肆百玖拾兩零貳錢捌分。

東如昇 佈施銀：伍拾兩正；籌捐銀：壹千肆百零貳兩陸錢柒分。

如昇大 佈施銀：伍拾兩正；籌捐銀：柒百壹拾叁兩零陸分。

天成合 佈施銀：玖兩捌錢正；籌捐銀：壹兩玖錢叁分。

興泰正 佈施銀：壹拾肆兩柒錢正；籌捐銀：壹兩肆錢捌分。

文興德 籌捐銀：壹兩柒錢貳分。

意生祥 籌捐銀：叁拾伍兩零肆分。

晉昇魁 籌捐銀：貳兩貳錢玖分。

永生昌 佈施銀：壹拾貳兩正；籌捐銀：伍兩陸錢玖分。

雙茂裕 佈施銀：貳拾叁兩伍錢貳分；籌捐銀：叁拾陸兩玖錢正。

祥泰正 佈施銀：玖兩柒錢正；籌捐銀：壹兩肆錢貳分。

世興涇 籌捐銀：陸錢玖分。

和盛長 佈施銀：壹拾陸兩正；籌捐銀：壹拾捌兩玖錢伍分。

洪興永 籌捐銀：壹兩零柒分。

遇魁通 佈施銀：壹拾陸兩正；籌捐銀：貳兩肆錢玖分。

裕盛德 佈施銀：壹拾叁兩伍錢捌分；籌捐銀：壹百零柒兩壹錢捌分。

義興和 佈施銀：貳拾兩零壹錢陸分；籌捐銀：柒拾貳兩捌錢捌分。

隆興鳳　籌捐銀：叁兩玖錢玖分。
永豐錫　籌捐銀：壹拾肆兩貳錢貳分。
正心誠　佈施銀：貳拾兩零壹錢陸分；籌捐銀：壹拾肆兩貳錢玖分。
世裕厚　籌捐銀：叁兩壹錢伍分。
日昇達　佈施銀：貳拾肆兩正；籌捐銀：壹拾叁兩貳錢叁分。
魁興昌　籌捐銀：伍錢陸分。
廣生和　佈施銀：玖兩伍錢柒分；籌捐銀：貳拾玖兩零玖分。
新興祥　籌捐銀：陸兩正。
謙益恒　籌捐銀：貳兩玖錢壹分。
復盛協　籌捐銀：貳拾捌兩貳錢叁分。
純和理　佈施銀：貳拾兩正；籌捐銀：貳拾壹兩柒錢叁分。
福泰順　佈施銀：壹拾陸兩正；籌捐銀：陸兩捌錢叁分。
復盛合　籌捐銀：壹兩壹錢肆分。
積盛德　籌捐銀：叁兩貳錢陸分。
廣興湧　籌捐銀：陸兩柒錢捌分。
源亨達　佈施銀：叁拾兩正；籌捐銀：伍兩柒錢正。
新盛豫　籌捐銀：貳拾貳兩貳錢貳分。
永隆公　佈施銀：肆拾兩正；籌捐銀：伍兩零伍分。
錦興裕　籌捐銀：壹兩玖錢叁分。
充盛魁　佈施銀：肆拾兩正；籌捐銀：貳拾陸兩柒錢肆分。
世泰贊　籌捐銀：壹兩貳錢柒分。
一心誠　籌捐銀：肆拾兩零捌錢捌分。
信興順　籌捐銀：叁兩柒錢伍分。
天德合　籌捐銀：貳兩柒錢伍分。
福裕寧　佈施銀：玖兩叁錢伍分；籌捐銀：壹兩陸錢壹分。
聚合永　籌捐銀：捌兩陸錢肆分。
永順公　籌捐銀：壹拾玖兩叁錢壹分。
同興順　籌捐銀：捌拾叁兩陸錢叁分。

泰和成　籌捐銀：伍拾肆兩陸錢陸分。

謙益豐　籌捐銀：壹拾伍兩貳錢柒分。

義和永　籌捐銀：壹拾伍兩肆錢陸分。

和順正　籌捐銀：壹拾玖兩零捌分。

義豐遠　籌捐銀：陸錢叁分。

五福和　佈施銀：玖兩捌錢正；籌捐銀：叁拾陸兩陸錢壹分。

五福合　籌捐銀：貳兩捌錢捌分。

泰興泉　籌捐銀：捌兩伍錢肆分。

永聚書　籌捐銀：捌錢壹分。

謙和成　籌捐銀：貳拾兩零肆錢柒分。

協順本　佈施銀：玖兩伍錢叁分；籌捐銀：壹兩玖錢壹分。

同心永　開光費銀：伍兩柒錢柒分；佈施銀：捌兩正；籌捐銀：柒拾肆兩零貳分。

集義生　佈施銀：壹拾貳兩正；籌捐銀：貳拾壹兩捌錢伍分。

瑞盛積　開光費銀：伍兩叁錢壹分；籌捐銀：貳拾肆兩捌錢柒分。

邦泰張　籌捐銀：壹兩零玖分。

兩益通　佈施銀：壹拾壹兩陸錢肆分；籌捐銀：貳錢貳分。

天運公　佈施銀：玖兩捌錢叁分；籌捐銀：伍錢肆分。

復茂長　佈施銀：叁拾捌兩捌錢壹分；籌捐銀：壹拾壹兩陸錢肆分。

公興祥　籌捐銀：陸兩正。

福盛長　佈施銀：壹拾玖兩陸錢正；籌捐銀：壹拾肆兩肆錢貳分。

忠信德　佈施銀：貳拾兩正；籌捐銀：壹百零玖兩伍錢正。

隆興西　開光費銀：伍兩捌錢伍分；佈施銀：叁拾玖兩貳錢正；籌捐銀：壹百兩零零貳錢壹分。

敬信義　開光費銀：壹拾壹兩柒錢陸分；佈施銀：玖兩伍錢貳分；籌捐銀：肆百壹拾貳兩貳錢叁分。

公順正　佈施銀：貳拾玖兩肆錢正；籌捐銀：叁百伍拾肆兩玖錢叁分。

興順甡 開光費銀：壹拾壹兩柒錢陸分；佈施銀：肆拾肆兩正；籌捐銀：肆百肆拾貳兩叁錢柒分。

慶餘成 佈施銀：柒拾貳兩柒錢叁分；籌捐銀：捌百柒拾壹兩叁錢玖分。

新泰和 開光費銀：伍兩捌錢伍分；佈施銀：叁拾捌兩捌錢正；籌捐銀：叁百伍拾伍兩捌錢叁分。

全成德 佈施銀：叁拾玖兩貳錢正；籌捐銀：叁百柒拾貳兩肆錢伍分。

義合順 佈施銀：壹拾玖兩陸錢正；籌捐銀：壹百陸拾伍兩叁錢陸分。

義合成 開光費銀：玖兩陸錢柒分；佈施銀：伍拾肆兩玖錢正；籌捐銀：壹百伍拾壹兩玖錢陸分。

晉益合 籌捐銀：叁百伍拾玖兩肆錢肆分。

永興西 佈施銀：□□柒錢伍分；籌捐銀：貳百叁拾貳兩叁錢壹分。

忠興和 籌捐銀：貳兩貳錢貳分。

泰順合 佈施銀：壹拾壹兩伍錢貳分；籌捐銀：壹拾叁兩伍錢正。

長興隆 籌捐銀：貳兩捌錢玖分。

三義魁 籌捐銀：貳錢玖分。

源興成 籌捐銀：壹拾叁兩叁錢柒分。

世盛德 佈施銀：貳拾玖兩叁錢壹分；籌捐銀：壹拾兩零伍錢玖分。

敬盛恒 佈施銀：壹拾壹兩柒錢貳分；籌捐銀：壹拾兩零柒錢正。

厚裕豐 佈施銀：壹拾壹兩陸錢肆分；籌捐銀：柒拾玖兩捌錢陸分。

長章協 籌捐銀：伍兩正。

大順昌 佈施銀：伍拾兩正；籌捐銀：貳拾捌兩伍錢捌分。

南極祥 籌捐銀：玖兩捌錢伍分。

順成泰 籌捐銀：壹拾兩零捌錢叁分。

復盛玉 籌捐銀：伍兩玖錢壹分。

通裕號 籌捐銀：肆兩叁錢叁分。

慶昌公 籌捐銀：壹拾兩零貳錢肆分。

全盛福 籌捐銀：壹兩貳錢貳分。

如松茂 佈施銀：伍拾兩正；籌捐銀：叁百陸拾陸兩捌錢捌分。

人和厚 佈施銀：伍拾兩正；籌捐銀：壹百伍拾玖兩壹錢捌分。

全泰公 佈施銀：伍拾兩正；籌捐銀：貳百零陸兩零捌分。

永裕號 佈施銀：伍拾兩正；籌捐銀：陸拾柒兩捌錢肆分。

公盛合 佈施銀：伍拾兩正；籌捐銀：陸百玖拾伍兩柒錢肆分。

同茂義 佈施銀：貳拾肆兩正；籌捐銀：柒拾壹兩陸錢肆分。

天興公 籌捐銀：壹拾柒兩柒錢壹分。

永泰清 佈施銀：捌拾兩正；籌捐銀：壹拾兩正。

永成順 佈施銀：柒拾捌兩捌錢正；籌捐銀：肆百柒拾玖兩柒錢伍分。

日新巖 佈施銀：壹百陸拾兩正；籌捐銀：捌拾伍兩零陸分。

福興和 佈施銀：捌拾兩正；籌捐銀：壹拾兩零玖錢壹分。

義成張 佈施銀：陸拾兩正；籌捐銀：肆拾兩零捌錢叁分。

集義長 佈施銀：伍拾玖兩壹錢正；籌捐銀：柒拾壹兩肆錢正。

廣泰公 籌捐銀：肆兩陸錢正。

大成裕 佈施銀：拾陸兩玖錢貳分；籌捐銀：叁兩肆錢正。

萬成太 佈施銀：肆拾捌兩捌錢伍分；籌捐銀：伍拾柒兩叁錢玖分。

合盛隆 佈施銀：陸拾兩正；籌捐銀：柒拾壹兩陸錢玖分。

公盛裕 籌捐銀：叁拾玖兩玖錢陸分。

天申恒 佈施銀：壹拾壹兩捌錢貳分；籌捐銀：壹兩捌錢捌分。

元復西 佈施銀：壹拾叁兩柒錢伍分；籌捐銀：捌兩捌錢肆分。

通泉廣 佈施銀：貳拾捌兩玖錢陸分；籌捐銀：壹拾貳兩柒錢陸分。

雙慶和 佈施銀：壹拾貳兩正；籌捐銀：壹拾叁兩柒錢正。

大順玉 佈施銀：貳拾兩正；籌捐銀：肆兩貳錢捌分。

慶來長 佈施銀：貳拾兩正；籌捐銀：肆兩叁錢陸分。

泰興和 籌捐銀：貳兩貳錢肆分。

復玉公　佈施銀：貳拾捌兩陸錢正；籌捐銀：捌兩貳錢玖分。

增盛玉　佈施銀：玖兩陸錢伍分；籌捐銀：壹拾貳兩貳錢叁分。

崇興德　籌捐銀：伍兩柒錢玖分。

生盛德　佈施銀：壹拾玖兩肆錢正；籌捐銀：貳拾柒兩伍錢壹分。

居易成　佈施銀：貳拾壹兩伍錢貳分；籌捐銀：貳百貳拾兩零柒錢捌分。

昌福祥　佈施銀：玖兩肆錢捌分；籌捐銀：貳拾伍兩柒錢捌分。

大豐和　佈施銀：壹拾柒兩柒錢叁分；籌捐銀：壹兩玖錢正。

益順興　開光費銀：伍兩捌錢叁分；佈施銀：壹拾玖兩陸錢正；籌捐銀：玖拾貳兩貳錢貳分。

恒益成　開光費銀：伍兩柒錢捌分；籌捐銀：壹百陸拾柒兩肆錢壹分。

和興仁　開光費銀：壹拾壹兩柒錢陸分；佈施銀：玖兩捌錢正；籌捐銀：貳百零捌兩正。

義和元　佈施銀：壹拾壹兩叁錢肆分；籌捐銀：陸拾貳兩陸錢叁分。

昌發祥　佈施銀：玖兩捌錢正；籌捐銀：叁百貳拾貳兩伍錢捌分。

大順魁　佈施銀：貳拾兩正；籌捐銀：壹百壹拾柒兩捌錢伍分。

同德甡　佈施銀：玖兩陸錢柒分；籌捐銀：肆兩柒錢肆分。

裕泰厚　佈施銀：玖兩伍錢伍分；籌捐銀：貳拾壹兩陸錢陸分。

新盛森　籌捐銀：貳拾捌兩零叁分。

興盛昌　佈施銀：壹拾肆兩陸錢肆分；籌捐銀：壹百兩零零陸錢伍分。

萬順福　籌捐銀：伍拾肆兩零貳分。

忠成永　開光費銀：壹拾壹兩柒錢陸分；佈施銀：壹拾兩正；籌捐銀：叁拾壹兩貳錢正。

魁順德　開光費銀：伍兩捌錢伍分；籌捐銀：肆拾貳兩叁錢柒分。

天福同　籌捐銀：玖兩肆錢捌分。

永興源　佈施銀：壹拾伍兩陸錢捌分；籌捐銀：肆拾肆兩壹錢伍分。

永慶祥 籌捐銀：貳兩捌錢玖分。

興興昌 籌捐銀：壹拾捌兩玖錢叁分。

祥順生 籌捐銀：伍兩柒錢陸分。

恒順德 開光費銀：伍兩柒錢捌分；籌捐銀：伍拾兩零叁錢捌分。

元生福 籌捐銀：捌兩叁錢叁分。

會成源 籌捐銀：陸兩叁錢捌分。

永隆益 開光費銀：伍兩柒錢肆分；籌捐銀：玖兩柒錢正。

瑞盛聯 開光費銀：伍兩捌錢叁分；佈施銀：玖兩伍錢壹分；籌捐銀：捌拾兩零捌錢叁分。

益順昌 籌捐銀：陸拾肆兩柒錢玖分。

鴻盛泰 籌捐銀：貳兩捌錢捌分。

興盛長 籌捐銀：玖錢陸分。

新慶泰 籌捐銀：伍兩柒錢陸分。

立本敬 籌捐銀：壹兩玖錢貳分。

永生敬 籌捐銀：壹拾兩零零肆分。

興順源 籌捐銀：壹拾伍兩捌錢肆分。

泰和祥 佈施銀：壹拾玖兩陸錢正；籌捐銀：捌拾貳兩壹錢正。

福源盛 籌捐銀：壹百捌拾肆兩陸錢捌分。

德泰和 籌捐銀：貳兩貳錢玖分。

振裕永 籌捐銀：壹百零叁兩肆錢正。

振玉永 籌捐銀：伍兩肆錢捌分。

浚明李 佈施銀：肆拾捌兩捌錢伍分；籌捐銀：捌拾肆兩肆錢陸分。

協和豐 籌捐銀：肆拾陸兩捌錢貳分。

復盛恒 籌捐銀：壹百零叁兩玖錢捌分。

德順昌 籌捐銀：陸兩叁錢叁分。

泰和豐 籌捐銀：陸兩柒錢柒分。

萬順亨 佈施銀：伍兩捌錢捌分；籌捐銀：壹百叁拾陸兩陸錢捌分。

天佑李 籌捐銀：叁兩壹錢陸分。

同泰德　籌捐銀：壹兩捌錢玖分。
復德玉　籌捐銀：肆兩捌錢貳分。
德盛益　籌捐銀：叁兩壹錢壹分。
福臨恒　佈施銀：肆拾捌兩捌錢伍分；籌捐銀：柒拾叁兩捌錢貳分。
天成厚　籌捐銀：貳拾玖兩陸錢捌分。
裕和永　籌捐銀：壹兩貳錢壹分。
巨發興　籌捐銀：肆拾兩零陸錢玖分。
積慶成　籌捐銀：壹拾壹兩貳錢壹分。
天益合　籌捐銀：貳兩貳錢正。
公信益　籌捐銀：壹拾壹兩柒錢捌分。
日昇玉　籌捐銀：壹兩玖錢陸分。
同義成　籌捐銀：玖兩玖錢壹分。
大信成　籌捐銀：貳兩壹錢捌分。
丈義永　籌捐銀：柒兩貳錢捌分。
益泰源　籌捐銀：貳拾柒兩陸錢壹分。
人壽豐　籌捐銀：柒兩叁錢捌分。
敬信元　籌捐銀：壹拾貳兩玖錢捌分。
巨發源　籌捐銀：叁兩壹錢柒分。
隆茂祥　籌捐銀：壹拾肆兩柒錢捌分。
泰和蓁　籌捐銀：叁兩柒錢伍分。
泰成福　籌捐銀：壹兩捌錢肆分。
天泰合　籌捐銀：壹拾壹兩柒錢玖分。
天泰和　籌捐銀：柒錢肆分。
聚成公　籌捐銀：貳拾肆兩玖錢柒分。
永興泰　籌捐銀：陸兩壹錢壹分。
泉發祥　籌捐銀：伍兩零陸分。
長順福　籌捐銀：貳拾肆兩陸錢伍分。
永順元　籌捐銀：叁拾兩零捌錢貳分。

德盛福　籌捐銀：肆兩壹錢肆分。
慎德昌　籌捐銀：捌拾柒兩捌錢壹分。
復順魁　籌捐銀：壹兩零貳分。
育順隆　籌捐銀：壹兩叁錢玖分。
通順正　籌捐銀：肆兩肆錢玖分。
世順和　籌捐銀：玖兩伍錢伍分。
德盛恒　籌捐銀：壹兩叁錢壹分。
長盛源　籌捐銀：柒錢陸分。
長順和　籌捐銀：壹拾柒兩陸錢柒分。
聚發公　籌捐銀：玖兩零叁分。
仁興榮　籌捐銀：捌錢叁分。
怡和公　籌捐銀：捌兩貳錢貳分。
恒發湧　籌捐銀：貳兩叁錢肆分。
聚生瑞　籌捐銀：叁兩陸錢正。
恒昌公　籌捐銀：叁分。
恒興永　籌捐銀：叁錢伍分。
義聚正　籌捐銀：玖兩捌錢玖分。
隆興誠　籌捐銀：肆兩伍錢肆分。
大盛公　籌捐銀：肆兩貳錢陸分。
永順德　籌捐銀：伍兩柒錢伍分。
天生公　籌捐銀：壹兩陸錢貳分。
慶餘榮　籌捐銀：陸錢柒分。
東順成　籌捐銀：壹拾兩零貳錢捌分。
益和生　籌捐銀：壹兩肆錢伍分。
月盛東　籌捐銀：壹拾貳兩玖錢玖分。
誠茂公　籌捐銀：貳拾柒兩零捌分。
豐盛德　籌捐銀：壹兩陸錢貳分。
義美豐　籌捐銀：柒兩捌錢伍分。

恒益玉 籌捐銀：捌兩柒錢正。
德合源 籌捐銀：壹拾玖兩伍錢壹分。
忠興德 籌捐銀：伍兩叁錢肆分。
義興明 籌捐銀：壹兩玖錢正。
復興德 佈施銀：玖兩捌錢正；籌捐銀：叁拾貳兩伍錢玖分。
匯豐祥 籌捐銀：壹拾叁兩柒錢叁分。
元亨正 籌捐銀：壹拾肆兩零陸分。
益隆生 籌捐銀：玖兩玖錢叁分。
永益福 籌捐銀：叁拾柒兩柒錢柒分。
永恒昌 籌捐銀：壹拾柒兩貳錢陸分。
仁興耀 籌捐銀：貳錢貳分。
誠心協 籌捐銀：捌兩柒錢肆分。
聚源益 籌捐銀：肆錢伍分。
德盛祥 籌捐銀：叁拾陸兩捌錢壹分。
萬盛德 籌捐銀：柒百貳拾叁兩捌錢陸分。
致合永 籌捐銀：壹千貳百玖拾捌兩零柒分。
永盛源 籌捐銀：陸百肆拾貳兩肆錢玖分。
永盛亨 籌捐銀：叁百貳拾伍兩捌錢肆分。
永盛順 籌捐銀：叁百壹拾肆兩柒錢伍分。
永盛久 籌捐銀：貳百壹拾叁兩玖錢叁分。
永盛利 籌捐銀：肆百柒拾叁兩零柒分。
永盛昌 籌捐銀：肆百零壹兩叁錢正。
永盛合 佈施銀：玖兩柒錢正；籌捐銀：肆百貳拾叁兩貳錢柒分。
永盛甡 籌捐銀：壹拾玖兩捌錢壹分。
三泰和 籌捐銀：壹千壹百捌拾捌兩伍錢正。
正順聲 籌捐銀：柒百柒拾捌兩陸錢玖分。
恒源永 籌捐銀：叁百陸拾柒兩壹錢壹分。
萬奎祥 籌捐銀：伍拾柒兩玖錢捌分。

九思恒　籌捐銀：陸拾肆兩零伍分。
永源德　籌捐銀：壹百伍拾陸兩零肆分。
天全乾　籌捐銀：壹拾壹兩柒錢貳分。
天佑通　籌捐銀：捌錢柒分。
鼎興仁　籌捐銀：玖兩零貳分。
昇恒全　籌捐銀：伍錢陸分。
同元州　籌捐銀：壹錢伍分。
萬興利　籌捐銀：柒錢貳分。
昇興仁　籌捐銀：玖分。
昇恒合　籌捐銀：壹錢玖分。
何金興　籌捐銀：壹錢正。
合　記　籌捐銀：壹錢壹分。
鼎恒全　籌捐銀：壹錢玖分。
和順恒　籌捐銀：叁錢壹分。
泰順貞　籌捐銀：伍兩柒錢伍分。
德興義　籌捐銀：壹兩壹錢柒分。
德興秭　籌捐銀：壹百柒拾柒兩柒錢正。
合盛永　籌捐銀：壹兩肆錢柒分。
公興和　籌捐銀：貳百叁拾兩零玖錢玖分。
劉義興　籌捐銀：捌錢貳分。
立長生　籌捐銀：貳兩肆錢玖分。
永發成　籌捐銀：玖錢捌分。
德泰永　籌捐銀：柒錢貳分。
公和盛　籌捐銀：陸錢叁分。
進豐鄭　籌捐銀：伍錢肆分。
恒裕和　籌捐銀：叁兩零貳分。
恒順永　籌捐銀：捌錢壹分。
恒順利　籌捐銀：柒錢正。

復泰金 籌捐銀：伍錢陸分。
長順興 開光費銀：伍兩柒錢柒分；籌捐銀：壹兩叁錢玖分。
鴻裕正 籌捐銀：壹兩玖錢捌分。
永興魁 籌捐銀：捌錢壹分。
正茂隆 籌捐銀：貳錢貳分。
興盛積 籌捐銀：貳錢叁分。
正泰元 籌捐銀：壹錢正。
合興元 籌捐銀：叁錢肆分。
公興永 籌捐銀：叁兩伍錢貳分。
泰順元 籌捐銀：貳兩柒錢玖分。
蔚豐昌 籌捐銀：肆兩零玖分。
天泰亨 籌捐銀：肆兩貳錢捌分。
義合亨 佈施銀：壹拾伍兩伍錢貳分；籌捐銀：陸拾貳兩伍錢柒分。
泰順亨 籌捐銀：貳百零伍兩捌錢柒分。
六合泰 籌捐銀：柒錢壹分。
和合公 籌捐銀：叁拾玖兩零叁分。
亨生茂 籌捐銀：壹兩柒錢貳分。
永聚亨 籌捐銀：壹拾兩零陸錢壹分。
恒興通 籌捐銀：壹百肆拾肆兩柒錢玖分。
萬興泰 籌捐銀：壹兩玖錢柒分。
廣慶榮 籌捐銀：陸兩陸錢伍分。
義昇和 籌捐銀：貳兩零壹分。
復生禮 籌捐銀：玖錢陸分。
義豐通 佈施銀：玖兩伍錢柒分；籌捐銀：壹兩零捌分。
德興意 籌捐銀：貳錢捌分。
萬興永 籌捐銀：捌錢玖分。
恒興和 籌捐銀：柒錢肆分。
三興成 籌捐銀：貳兩玖錢捌分。

恒興慶 籌捐銀：壹兩肆錢伍分。
正興和 籌捐銀：貳錢正。
廣盛通 籌捐銀：肆兩壹錢柒分。
恒興永 籌捐銀：貳兩肆錢柒分。
合興隆 籌捐銀：伍錢肆分。
意誠德 籌捐銀：壹兩貳錢陸分。
同義昌 籌捐銀：壹兩零叁分。
茂盛公 籌捐銀：壹百零叁兩叁錢叁分。
茂盛生 籌捐銀：叁錢伍分。
茂盛榮 籌捐銀：伍錢陸分。
茂盛永 籌捐銀：壹錢肆分。
劉萬興 籌捐銀：柒拾陸兩陸錢柒分。
萬興西 籌捐銀：陸兩肆錢叁分。
乾一和 籌捐銀：貳百伍拾肆兩叁錢貳分。
祁公興 籌捐銀：貳百壹拾玖兩壹錢正。
環泰元 佈施銀：壹拾叁兩捌錢伍分；籌捐銀：肆兩柒錢玖分。
環興公 籌捐銀：壹拾伍兩肆錢柒分。
恒玉公 籌捐銀：玖拾伍兩柒錢柒分。
恒裕公 籌捐銀：貳拾兩零柒錢壹分。
萬增牛 籌捐銀：柒分。
廣盛文 佈施銀：壹拾貳兩正；籌捐銀：壹拾壹兩伍錢肆分。
同元合 籌捐銀：叁錢捌分。
和興義 籌捐銀：叁兩捌錢伍分。
恒祥興 籌捐銀：叁錢貳分。
憶盛仁 籌捐銀：肆錢正。
順昌義 籌捐銀：壹錢玖分。
義聚永 佈施銀：壹拾玖兩伍錢正；籌捐銀：壹拾柒兩陸錢捌分。
萬盛成 佈施銀：壹拾叁兩伍錢捌分；籌捐銀：貳拾伍兩陸錢壹分。

新興德 籌捐銀：壹百玖拾壹兩陸錢肆分。

永慶生 籌捐銀：壹拾伍兩肆錢正。

忠恕東 籌捐銀：貳錢貳分。

萬興東 籌捐銀：壹百零捌兩肆錢陸分。

萬盛高 佈施銀：伍拾兩正；籌捐銀：壹拾壹兩壹錢貳分。

世興公 籌捐銀：壹兩零貳分。

永興德 籌捐銀：貳兩柒錢伍分。

義發昌 籌捐銀：貳兩壹錢肆分。

輯瑞兆 籌捐銀：肆兩零柒分。

源發昌 籌捐銀：壹兩叁錢玖分。

東來儀 籌捐銀：壹兩捌錢貳分。

協盛通 籌捐銀：壹兩柒錢肆分。

永順合 籌捐銀：壹兩捌錢捌分。

恒泰合 籌捐銀：柒錢玖分。

廣盛成 籌捐銀：叁拾肆兩貳錢玖分。

益泰昌 佈施銀：玖兩捌錢壹分；籌捐銀：壹兩零貳分。

王復生 開光費銀：壹拾玖兩壹錢壹分；佈施銀：叁拾玖兩肆錢正；籌捐銀：叁兩壹錢壹分。

恒興公 籌捐銀：壹兩捌錢肆分。

和順興 籌捐銀：壹錢叁分。

信盛生 籌捐銀：壹錢肆分。

泰茂和 籌捐銀：壹兩陸錢伍分。

裕文德 籌捐銀：捌錢捌分。

恒勝元 籌捐銀：伍兩伍錢壹分。

永盛和 籌捐銀：柒兩壹錢壹分。

正興隆 佈施銀：壹拾伍兩陸錢壹分；籌捐銀：壹拾肆兩陸錢捌分。

錦泰成 籌捐銀：貳拾叁兩叁錢正。

世源永 佈施銀：玖兩捌錢正；籌捐銀：壹拾柒兩捌錢柒分。

日興隆　籌捐銀：捌兩肆錢肆分。
裕泰泉　籌捐銀：壹拾玖兩貳錢貳分。
復全泰　籌捐銀：壹拾捌兩柒錢柒分。
協豐和　籌捐銀：壹兩叁錢捌分。
廣盛合　籌捐銀：伍兩柒錢玖分。
世順泰　籌捐銀：壹兩零叁分。
新德泰　籌捐銀：伍兩肆錢玖分。
亨茂合　籌捐銀：伍錢肆分。
世泰順　籌捐銀：伍兩玖錢叁分。
源茂恒　籌捐銀：捌錢貳分。
祥順泰　籌捐銀：叁兩伍錢叁分。
德茂源　籌捐銀：叁兩捌錢柒分。
協世茂　籌捐銀：柒分。
三興長　籌捐銀：玖分。
德泰豐　籌捐銀：壹兩玖錢玖分。
和合張　佈施銀：叁拾捌兩捌錢壹分；籌捐銀：陸錢正。
大興合　籌捐銀：壹錢捌分。
天順永　籌捐銀：壹錢陸分。
和合生　佈施銀：貳兩叁錢陸分；籌捐銀：壹拾陸兩柒錢伍分。
瑞興長　籌捐銀：叁錢捌分。
德聚成　籌捐銀：肆兩壹錢貳分。
恒發永　籌捐銀：貳兩叁錢肆分。
聚盛成　籌捐銀：壹拾肆兩柒錢肆分。
仁義興　籌捐銀：陸兩叁錢正。
萬興永　籌捐銀：壹兩玖錢柒分。
德盛昌　籌捐銀：壹兩玖錢正。
隆盛祥　籌捐銀：叁錢玖分。
泰順興　籌捐銀：陸錢玖分。

興盛和　籌捐銀：壹錢捌分。
恒益興　籌捐銀：捌兩陸錢正。
天泰合　籌捐銀：壹兩零捌分。
寶興茂　籌捐銀：伍兩玖錢正。
義盛源　籌捐銀：貳兩叁錢叁分。
恒益貞　籌捐銀：伍錢貳分。
德泰厚　籌捐銀：壹兩叁錢玖分。
恒興祥　籌捐銀：叁錢陸分。
謙六亨　籌捐銀：壹兩柒錢捌分。
寶源川　籌捐銀：陸兩壹錢肆分。
永盛興　籌捐銀：肆兩肆錢叁分。
正泰合　籌捐銀：伍錢叁分。
長泰合　籌捐銀：壹兩肆錢壹分。
恒順合　籌捐銀：壹兩陸錢陸分。
亨玉生　籌捐銀：柒錢正。
廣生玉　籌捐銀：伍錢壹分。
恒興久　籌捐銀：玖錢陸分。
世隆永　籌捐銀：貳錢肆分。
公源順　籌捐銀：貳百陸拾肆兩伍錢陸分。
晉源誠　籌捐銀：壹百陸拾壹兩零陸分。
興泰和　籌捐銀：壹百貳拾伍兩捌錢正。
聚源厚　籌捐銀：壹百零玖兩柒錢玖分。
聚和恒　籌捐銀：壹百零貳兩肆錢叁分。
天慶源　籌捐銀：捌拾肆兩壹錢正。
公源昌　籌捐銀：柒拾貳兩陸錢叁分。
聚源鎰　籌捐銀：陸拾伍兩肆錢捌分。
聚和德　籌捐銀：陸拾伍兩肆錢叁分。
天慶成　籌捐銀：陸拾肆兩壹錢肆分。

永成義 籌捐銀：貳拾肆兩零伍分。

三合興 籌捐銀：貳拾伍兩壹錢肆分。

泰和成 籌捐銀：貳拾兩零肆錢玖分。

雙慶永 籌捐銀：肆兩零壹分。

豐源鎰 籌捐銀：捌錢玖分。

義盛興 籌捐銀：捌錢玖分。

永成泰 佈施銀：貳拾肆兩陸錢肆分；籌捐銀：柒拾捌兩零玖分。

全盛玉 開光費銀：伍兩捌錢捌分；佈施銀：叁拾兩正；籌捐銀：叁拾肆兩伍錢捌分。

誠意瑞 佈施銀：壹拾玖兩陸錢陸分；籌捐銀：玖兩柒錢貳分。

公興順 佈施銀：肆拾玖兩柒錢正；籌捐銀：壹拾玖兩貳錢伍分。

晉盛魁 佈施銀：壹拾壹兩陸錢肆分；籌捐銀：陸拾捌兩壹錢貳分。

乾育昶 佈施銀：壹拾壹兩陸錢肆分；籌捐銀：壹拾壹兩伍錢正。

乾亨升 佈施銀：壹拾壹兩柒錢陸分；籌捐銀：捌兩柒錢肆分。

榮春懋 佈施銀：壹拾壹兩陸錢肆分；籌捐銀：貳兩捌錢捌分。

泰和厚 佈施銀：肆拾兩正；籌捐銀：貳拾陸兩玖錢壹分。

謙德恒 佈施銀：壹拾壹兩捌錢貳分；籌捐銀：肆兩柒錢叁分。

厚生永 佈施銀：壹拾壹兩捌錢貳分；籌捐銀：肆兩肆錢叁分。

豐裕興 佈施銀：壹拾壹兩柒錢貳分；籌捐銀：叁兩肆錢陸分。

大新益 開光費銀：伍兩柒錢柒分；籌捐銀：伍兩叁錢伍分。

泰成瑜 佈施銀：肆兩玖錢正；籌捐銀：肆拾陸兩貳錢陸分。

福源興 開光費銀：玖兩陸錢柒分；籌捐銀：貳兩玖錢貳分。

復新永 籌捐銀：壹百壹拾捌兩伍錢壹分。

玉成和 籌捐銀：伍拾肆兩柒錢伍分。

源生通 籌捐銀：貳拾伍兩零玖分。

東復昶 籌捐銀：貳拾叁兩貳錢柒分。

廣慶長 籌捐銀：貳拾叁兩陸錢貳分。

天德盛 籌捐銀：壹拾捌兩玖錢捌分。

忠信魁　籌捐銀：壹拾柒兩貳錢肆分。
信成厚　籌捐銀：壹拾柒兩伍錢叁分。
聚信恭　籌捐銀：壹拾叁兩叁錢貳分。
錦泰蔚　籌捐銀：壹拾兩零捌錢貳分。
通順昌　籌捐銀：壹拾肆兩貳錢陸分。
義協玉　籌捐銀：壹拾壹兩伍錢玖分。
中和永　籌捐銀：壹拾叁兩肆錢玖分。
長興魁　籌捐銀：壹拾伍兩玖錢叁分。
元善福　籌捐銀：壹拾貳兩伍錢壹分。
萬瑞恒　佈施銀：壹拾玖兩柒錢正；籌捐銀：壹拾肆兩貳錢貳分。
通順正　籌捐銀：柒兩捌錢壹分。
興盛通　籌捐銀：壹拾壹兩陸錢正。
世興德　籌捐銀：捌兩伍錢叁分。
廣聚源　籌捐銀：玖兩陸錢正。
興盛傑　籌捐銀：玖兩陸錢柒分。
焕興亨　籌捐銀：壹兩壹錢陸分。
恒昇永　籌捐銀：貳兩捌錢伍分。
大順恒　籌捐銀：壹兩柒錢陸分。
隆順公　籌捐銀：貳兩貳錢叁分。
永聚祥　籌捐銀：伍兩肆錢貳分。
巨興源　籌捐銀：玖錢肆分。
鼎新李　籌捐銀：貳兩壹錢伍分。
復聚洪　籌捐銀：貳兩叁錢柒分。
興盛和　籌捐銀：肆兩柒錢伍分。
永順祥　籌捐銀：柒兩柒錢正。
鳳西號　籌捐銀：貳兩叁錢正。
義盛德　籌捐銀：肆兩陸錢伍分。
慶益恒　籌捐銀：貳兩叁錢叁分。

福興魁　籌捐銀：貳兩捌錢肆分。
信成源　籌捐銀：貳兩肆錢叁分。
永聚通　籌捐銀：肆兩捌錢正。
廣順通　籌捐銀：肆兩捌錢陸分。
天成明　籌捐銀：貳兩玖錢正。
恒盛和　籌捐銀：貳兩零貳分。
祥生榮　籌捐銀：叁兩捌錢叁分。
大盛源　籌捐銀：叁兩玖錢貳分。
德茂源　籌捐銀：貳兩捌錢玖分。
長盛乾　籌捐銀：壹兩玖錢叁分。
長盛中　籌捐銀：壹兩玖錢叁分。
全興今　籌捐銀：肆兩伍錢陸分。
元亨通　籌捐銀：玖錢伍分。
和興厚　籌捐銀：捌錢伍分。
生生茂　籌捐銀：肆錢陸分。
德裕公　籌捐銀：叁錢壹分。
大茂福　籌捐銀：壹錢捌分。
晉泰昌　佈施銀：伍拾玖兩捌錢捌分；籌捐銀：壹拾捌兩捌錢陸分。
日昇慶　佈施銀：陸拾兩正。
協慶義　佈施銀：陸拾兩正。
謙益盛　佈施銀：壹百伍拾兩正。
恒順福　佈施銀：壹百肆拾陸兩伍錢陸分。
允昇恒　佈施銀：壹百肆拾玖兩伍錢伍分。
寶聚慶　佈施銀：壹百肆拾肆兩玖錢肆分。
寶源德　佈施銀：壹百兩正。
廣源川　佈施銀：壹百兩正。
閻少峰　佈施銀：壹百兩零零壹錢捌分。
泰昌建　佈施銀：柒拾捌兩壹錢柒分。

聚美增　佈施銀：壹百伍拾兩正。
利澤源　佈施銀：伍拾玖兩壹錢正。
泰和盛　佈施銀：陸拾兩正。
乾元亨　佈施銀：伍拾捌兩陸錢貳分。
大成允　佈施銀：伍拾玖兩壹錢正。
益順公　佈施銀：伍拾兩零肆錢正。
新盛蔚　佈施銀：伍拾兩正。
義成集　佈施銀：伍拾兩正。
東昇泰　佈施銀：伍拾兩正。
福盛協　佈施銀：伍拾兩正。
裕盛興　佈施銀：伍拾兩正。
郝佩珩　佈施銀：伍拾兩正。
義生成　佈施銀：伍拾兩正。
元吉生　佈施銀：肆拾玖兩伍錢正。
寬懷德　佈施銀：肆拾叁兩玖錢柒分。
李日興　佈施銀：肆拾兩正。
世盛秀　佈施銀：叁拾肆兩貳錢柒分。
元亨通　佈施銀：叁拾兩零貳錢肆分。
裕和源　佈施銀：叁拾兩正。
隆興東　佈施銀：叁拾兩正。
晋協康　佈施銀：叁拾兩正。
慶和公　佈施銀：叁拾兩正。
裕大厚　佈施銀：叁拾兩正。
德順慶　佈施銀：叁拾肆兩柒錢伍分。
信隆高　佈施銀：叁拾叁兩叁錢正。
隆昇裕　佈施銀：叁拾兩正。
大順雷　佈施銀：叁拾壹兩肆錢正。
恒昌瑞　佈施銀：叁拾兩正；籌捐銀：玖兩陸錢伍分。

元亨貞　佈施銀：貳拾玖兩陸錢肆分。
會生元　佈施銀：貳拾玖兩壹錢壹分。
通和昌　佈施銀：貳拾玖兩伍錢伍分。
恒發常　佈施銀：貳拾玖兩叁錢壹分。
益恒裕　佈施銀：貳拾陸兩貳錢壹分。
和裕源　佈施銀：貳拾捌兩正。
晉昇永　佈施銀：貳拾肆兩正。
天順隆　佈施銀：貳拾叁兩貳錢玖分。
合義興　佈施銀：貳拾肆兩正。
敬信榮　佈施銀：貳拾叁兩肆錢伍分。
九如玉　佈施銀：貳拾叁兩肆錢伍分。
廣順興　佈施銀：貳拾叁兩肆錢伍分。
翕泰純　佈施銀：貳拾叁兩肆錢伍分。
天益永　佈施銀：貳拾叁兩肆錢伍分。
隆興通　佈施銀：貳拾叁兩肆錢伍分。
天成朝　佈施銀：貳拾叁兩肆錢伍分。
義和生　佈施銀：貳拾叁兩貳錢捌分。
西川甡　佈施銀：貳拾肆兩正。
梁亦山　佈施銀：貳拾肆兩正。
永和潘　佈施銀：貳拾肆兩正。
瑞昌錦　佈施銀：貳拾肆兩正。
復興合　佈施銀：貳拾兩正。
德信永　佈施銀：貳拾壹兩玖錢伍分。
集成恒　佈施銀：貳拾兩零壹錢陸分。
大興元　佈施銀：貳拾兩零柒錢肆分。
中正德　佈施銀：貳拾叁兩肆錢正。
慶豐恒　佈施銀：貳拾兩正。
永盛原　佈施銀：貳拾兩正。

廣升聚　佈施銀：貳拾兩正。
廣慶和　佈施銀：貳拾兩正。
富有恒　佈施銀：貳拾兩正。
慶長公　佈施銀：貳拾兩正。
廣順源　佈施銀：貳拾兩正。
廣茂隆　佈施銀：貳拾兩正。
永發茂　佈施銀：貳拾兩正。
書業德　佈施銀：貳拾兩正。
鄧廣星　佈施銀：貳拾兩正。
西恒泰　佈施銀：貳拾兩正。
雙裕厚　佈施銀：貳拾兩正。
謙履亨　佈施銀：貳拾兩正。
福源盛　佈施銀：貳拾兩正。
資深慶　佈施銀：貳拾兩正。
廣順生　佈施銀：壹拾玖兩壹錢伍分。
復盛通　佈施銀：壹拾玖兩陸錢正。
李通順　佈施銀：壹拾玖兩伍錢正。
春和魁　佈施銀：壹拾玖兩伍錢肆分。
天慶雲　佈施銀：壹拾玖兩伍錢肆分。
義聚合　佈施銀：壹拾玖兩伍錢肆分。
瑞隆叙　佈施銀：壹拾玖兩伍錢肆分。
天德盛　佈施銀：壹拾玖兩陸錢正。
豐益長　佈施銀：壹拾玖兩柒錢正。
廣聚和　佈施銀：壹拾陸兩正。
泰來順　佈施銀：壹拾叁兩陸錢伍分。
成樂壽堂　佈施銀：壹拾捌兩正。
泰豐怡　佈施銀：壹拾肆兩正。
增盛明　佈施銀：壹拾伍兩正。

廣興成 佈施銀：壹拾伍兩肆錢叁分。
慶隆公 佈施銀：壹拾陸兩正。
永興德 佈施銀：壹拾伍兩陸錢正。
玉隆協 佈施銀：壹拾伍兩陸錢正。
任義興 佈施銀：壹拾伍兩伍錢貳分。
東協豐 佈施銀：壹拾伍兩伍錢貳分。
廣誠源 佈施銀：壹拾貳兩正。
興隆店 佈施銀：壹拾貳兩正。
長泰恒 佈施銀：壹拾貳兩正。
保和玉 佈施銀：壹拾貳兩正。
泰和玉 佈施銀：壹拾貳兩正。
三益泰 佈施銀：壹拾貳兩正。
同心協 佈施銀：壹拾貳兩正。
恒昌德 佈施銀：壹拾貳兩正。
義順成 佈施銀：壹拾貳兩正。
統泰正 佈施銀：壹拾貳兩正。
福盛玉 佈施銀：壹拾貳兩正。
豐盛成 佈施銀：壹拾貳兩正。
趙魯遺堂 佈施銀：壹拾貳兩正。
慶春隆 佈施銀：壹拾貳兩正。
天裕公 佈施銀：壹拾貳兩正。
廣泰福 佈施銀：壹拾貳兩正。
閻立明 佈施銀：壹拾貳兩正。
晉泰恒 佈施銀：壹拾貳兩正。
錦春發 佈施銀：壹拾貳兩正。
益昌升 佈施銀：壹拾貳兩正。
福美尊 佈施銀：壹拾壹兩陸錢柒分。
永昌瑞 佈施銀：壹拾壹兩陸錢柒分。

福來同 佈施銀：壹拾壹兩陸錢柒分。
咸益祥 佈施銀：壹拾壹兩陸錢柒分。
萃升源 佈施銀：壹拾壹兩陸錢柒分。
慶泰成 佈施銀：壹拾壹兩陸錢柒分。
長源茂 佈施銀：壹拾壹兩柒錢陸分。
源發祥 佈施銀：壹拾壹兩陸錢肆分。
聚成泰 佈施銀：壹拾壹兩陸錢伍分。
聚成協 佈施銀：壹拾壹兩陸錢伍分。
永順厚 佈施銀：壹拾壹兩肆錢叁分。
廣豐信 佈施銀：壹拾壹兩捌錢陸分。
聚興隆 佈施銀：壹拾壹兩捌錢陸分。
源豐永 佈施銀：壹拾壹兩捌錢陸分。
大誠祥 佈施銀：壹拾壹兩捌錢陸分。
恒發德 佈施銀：壹拾壹兩柒錢貳分。
凝盛遠 佈施銀：壹拾兩正。
篤慶棧 佈施銀：壹拾兩零玖錢肆分。
復興店 佈施銀：壹拾兩正。
廣益豐 佈施銀：壹拾兩正。
復全泰 佈施銀：壹拾兩正。
復興隆 佈施銀：壹拾兩正；籌捐銀：肆兩柒錢肆分。
武元勛 佈施銀：玖兩捌錢伍分。
廣盛成 佈施銀：玖兩柒錢伍分。
張有璞 佈施銀：玖兩伍錢正。
通泰懋 佈施銀：玖兩柒錢正。
雷桂堂 佈施銀：玖兩陸錢柒分。
鼎盛永 佈施銀：玖兩捌錢捌分。
恒泰豐 佈施銀：玖兩陸錢伍分。
億盛甡 佈施銀：玖兩陸錢捌分。

順泰興　佈施銀：玖兩柒錢柒分。
福甡泉　佈施銀：玖兩伍錢捌分。
泰豐裕　佈施銀：玖兩捌錢伍分。
公盛高　佈施銀：玖兩柒錢正。
廣豐裕　佈施銀：玖兩柒錢伍分。
元善昌　佈施銀：玖兩伍錢柒分。
永福祥　佈施銀：玖兩捌錢正。
永義成　佈施銀：玖兩捌錢正；籌捐銀：捌拾壹兩伍錢陸分。
同興順　佈施銀：玖兩捌錢正。
義和永　佈施銀：柒兩捌錢肆分。
慶餘貞　佈施銀：柒兩捌錢貳分。
段棟林　佈施銀：捌兩正。
四合昇　佈施銀：伍兩捌錢捌分。
禎祥泰　開光費銀：伍兩柒錢柒分。
義發昌　開光費銀：伍兩柒錢叁分。
薛致和　佈施銀：伍兩捌錢正。
柏西棧　佈施銀：肆兩捌錢正。
志成棧　佈施銀：伍兩玖錢正。
泉興棧　佈施銀：肆兩捌錢正。
天成棧　佈施銀：伍兩捌錢正。
新盛森　佈施銀：伍兩玖錢正。
忤勉之　佈施銀：叁兩玖錢肆分。
馬益齋　佈施銀：叁兩捌錢柒分。
德慶合　佈施銀：貳兩玖錢叁分。
德成公　佈施銀：叁兩捌錢捌分。
羅丹園　佈施銀：貳兩陸錢叁分。
趙廷選　佈施銀：貳兩正。
段殿英　佈施銀：貳兩正。

義盛興　佈施銀：伍兩玖錢肆分。

皮紙幫　佈施銀：壹百兩正。

鎰源永　佈施銀：肆兩玖錢正。

義合吉　佈施銀：壹拾壹兩柒錢陸分。

義合魁　佈施銀：叁兩玖錢貳分。

義合長　佈施銀：叁兩玖錢貳分。

公義成　佈施銀：肆兩玖錢正。

永生敬　佈施銀：肆兩玖錢正。

明順生　佈施銀：叁兩玖錢貳分。

新順合　佈施銀：叁兩玖錢貳分。

慶吉暢　佈施銀：玖兩捌錢正。

無名氏　佈施銀：捌拾伍兩肆錢伍分。

王在岐　佈施銀：貳拾兩正。

計壹千壹百柒拾柒宗，共收佈施銀叁萬肆千叁百壹拾伍兩捌錢叁分；共收開光費銀肆千柒百零捌兩正；共收籌捐銀貳拾壹萬零零肆拾叁兩正；三宗總共收銀貳拾肆萬玖千零陸拾陸兩捌錢叁分。

支銷銀總

一宗共出買蘇立夫、宏遠堂、范書田、凝喜堂、丁正榜、談賓清、彭玉書地基銀壹千零伍拾肆兩壹錢玖分。

一宗共出買劉興發、王三槐堂、邱有德、邱正發、李萬興、張祥華屋架等銀玖伯叁拾捌兩柒錢捌分①。

一宗共出木料、竹子並厘金、脚力銀陸萬貳千玖伯叁拾肆兩五錢捌分。

一宗共出青紅麻石銀叁萬貳千肆伯零陸兩陸錢陸分。

---

① 伯：通“佰”。原書中文數字大小寫混用，並未統一。均照舊實録，後不贅述。

一宗共出石灰並油石灰銀壹萬壹千柒伯肆拾貳兩柒錢九分。

一宗共出黄土銀捌伯捌拾壹兩壹錢柒分。

一宗共出熟鐵貨銀五千叁伯零捌兩肆錢肆分。

一宗共出琉璃瓦、甲獸、寶鼎銀壹萬叁千柒佰伍拾貳兩零壹錢貳分。

一宗共出磚瓦銀壹萬貳千六伯零捌兩貳錢壹分。

一宗共出生漆銀柒千壹佰貳拾五兩六錢五分。

一宗共出秀桐油銀伍千捌伯兩零零柒錢壹分。

一宗共出青蔴銀計貳伯壹拾五兩柒錢。

一宗共出草繩銀計捌伯玖拾貳兩陸錢壹分。

一宗共出金箔銀叁千伍伯四拾柒兩柒錢五分。

一宗共出銀箔銀計壹伯伍拾六兩壹錢柒分。

一宗共出硍硃、廣膠、石膏、顏料銀計壹千壹伯六拾捌兩零六分。

一宗共出金裝聖帝、文昌神像銀合計伍拾六兩壹錢。

一宗共出黄緞風帽、行裝、袍、斗袝、神簾、戲簾、祭器、棹衣銀壹伯捌拾叁兩零五分。

一宗出共鐵神鐘、風鈴、寶蓋、大鼎銀壹伯六拾六兩捌錢捌分。

一宗共出神鼓、銅磬、香爐銀計五拾六兩叁錢五分。

一宗共出丁同茂油漆、工料銀叁千四百貳拾捌兩捌錢九分。

一宗出共油漆用傢具，絲頭、絲棉、蔴袋、它生土子等銀貳伯零柒兩叁錢捌分。

一宗共出丁同茂油漆工銀叁千伍伯叁拾六兩四錢壹分。

一宗共出丁裕和木工銀貳萬九千五伯六拾捌兩三錢四分。

一宗共出潘萬泰木工銀叁千九百叁拾兩零捌錢五分。

一宗共出劉正發泥工銀計貳千玖伯零壹兩零捌分。

一宗共出許正興泥工銀計壹萬壹千零柒拾六兩六錢。

一宗共出李大興石工銀壹千柒百貳拾柒兩四錢九分。

一宗共出柯永興土工銀壹萬零叁百零貳兩叁錢柒分。

一宗共出李祥泰小木工銀捌百六拾四兩壹錢叁分。

一宗共出詹恒興、張義發分板割工銀叁千四百六拾兩零五錢。

一宗共出方義興雕工銀計柒百玖拾貳兩捌錢五分。

一宗共出丁裕和、李祥泰、李宏發做層拱銀叁百六拾壹兩叁錢叁分。

一宗共出陳明德、周文清刻春秋樓賦、條規、紙單銀叁拾貳兩叁錢六分。

一宗共出屢年箍桶工銀計壹伯肆拾玖兩柒錢柒分。

一宗共出劉源盛、王同發等錫器並工銀叁伯柒拾壹兩零肆分。

一宗共出朱永生化錫銀計叁伯柒拾壹兩貳錢叁分。

一宗共出張福興銅貨銀計五伯零捌兩六錢叁分。

一宗共出守夜人工銀計叁百玖拾叁兩四錢六分。

一宗共出修花園，五花太湖石、做魚池工料、各樣花草樹木銀柒伯捌拾貳兩。

一宗共出上樑、開光、請各幫酒席等銀四百五拾柒兩九錢壹分。

一宗共出開光、上樑衆匠人、公司等三節酒資銀貳千叁百拾四兩玖錢柒分。

一宗共出玻璃宫燈、斗燈並絲繐銀叁千貳伯玖拾六兩九錢捌分。

一宗共出洋絨地毯、棕毯銀計柒拾五兩又柒錢壹分。

一宗共出蕭源盛做拜墊、官墊、對佃、靠枕、椅、佃工並伊竹篾裡子銀壹百五拾壹兩玖錢壹分。

一宗共出紅呢、綢緞、羽綾、洋布、洋紗、大布、油綢、包袱等銀計壹千零零六兩貳錢六分。

一宗共出竹扇銀壹百零五兩五錢貳分。

一宗共出買永安號廣水龍、水槍銀壹百四拾兩零叁錢壹分。

一宗共出因謙吉錢店存花板、劉興發退地基、李洪福霸佔地基三案訟費、禮物銀叁伯壹拾五兩零柒分。

一宗共出謝擇吉、作賦、書畫、彈壓、執席禮物銀肆伯零六兩零四分。

一宗共出演戲銀計壹伯壹拾叁兩五錢。

一宗共出長沙山陝會館、大王廟佈施銀貳伯壹拾六兩捌錢叁分。

一宗共出本地赫山朝真觀、沈家廟誦皇經、利濟巷修街、後堤祖師殿打火醮銀壹伯壹拾兩零六錢。

一宗共出吳子英、田樹栗司帳薪水銀壹千九百叁拾兩零九錢貳分。

一宗共出裁縫針工銀伍拾叁兩貳錢四分。

一宗共出木器、傢具銀陸伯陸拾兩零貳錢壹分。

一宗共出字畫並裱工銀壹伯五拾九兩捌錢九分。

一宗共出五色玻璃並亮瓦銀貳伯六拾柒兩六錢九分。

一宗共出開光三次一切化費銀四千四伯六拾貳兩四錢六分。

一宗共出皮箱、燈籠、竹簾、花缸、煙袋、噴呼銀捌拾四兩貳錢七分。

一宗共出皂房家具、磁器銀壹伯零貳兩捌錢六分。

一宗共出抱修茶樓銀貳千九伯壹拾兩零六錢柒分。

一宗共出湖南潭義興白石碑八塊銀叁百六拾貳兩零八錢四分。

一宗共出供器、洋燈、洋鐵油壺等銀肆伯伍拾柒兩叁錢八分。

一宗共出《聖帝全書》銀壹伯肆拾柒兩柒錢五分。

一宗共出祭祀聖帝牲牢一切化費銀六千弍伯九十一兩九錢三分。

一宗共出和尚道袍、寧紬袍套[①]，李、潘、丁師祭幛銀壹伯零五兩七錢四分。

一宗共出送嶺南會館、浙寧公所、淮鹽公所開光、送禮物銀肆拾叁兩柒錢叁分。

一宗共出整理各物銀肆伯零肆兩肆錢貳分。

一宗共出源茂公、德泰裕房捐銀計柒拾貳兩叁錢六分。

一宗共出水龍救患並添換號衣銀柒伯捌拾弍兩六錢四分。

一宗共出短平毛色錯帳銀計陸兩柒錢叁分。

一宗共出茶、煙、火紙、白煤、板炭、炭巴銀壹千四伯捌拾壹兩壹

① 紬：同“綢”。

錢弍分。

一宗共出歷年雜使銀陸千壹伯玖拾柒兩捌錢柒分。

以上柒拾肆宗，共合出曹平足紋銀貳拾柒萬壹千肆伯陸拾壹兩零壹分。

卷下

大殿陳設圖

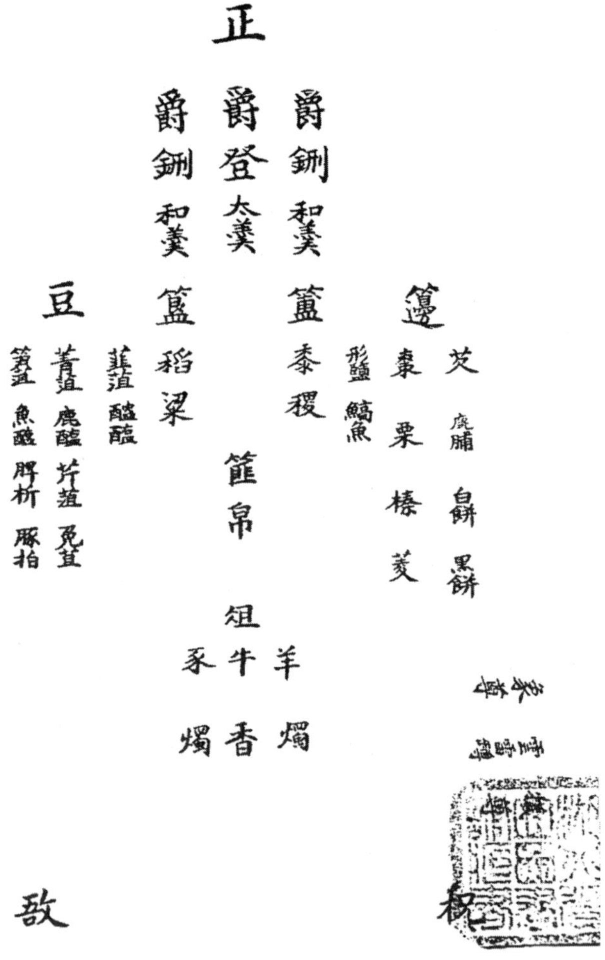
正
爵 爵 爵
鉶 登 鉶
和羹 太羹 和羹
籩 簠 簋 豆
芡 棗 形鹽
鹿脯 栗 薧魚
白餅 榛
黑餅 芡
黍稷 稻粱
韭菹 醓醢 菁菹 鹿醢 芹菹 兔醢 筍菹 魚醢 脾析 豚拍
篚 帛
俎
羊 牛 豕
燭 香 燭
柷 敔

啟聖祠陳設圖

正

爵 爵 爵

鉶 鉶

和羹 和羹

豆 簋 簠 籩

芹菹 韭菹 稻粱 黍稷 形鹽 榛

篚帛

兔醢 醓醢 鱐魚 菱

筍菹 菁菹 棗 芡

俎

豕 羊

魚醢 鹿醢 栗 鹿脯

燭香燭

燭 燭

紀治祭品

登之實

太羹　烹肉汁，不和止。

鉶之實

和羹　用豕膂肉，加五味，和而爲羹。

簠之實

黍　《禮》曰“薌合”。結穗如稻。揀擇完結者，湯撈成飯。

稷　《禮》曰“明粢”。乃粢之不黏者。揀擇圓好之顆，湯撈成飯。

簋之實

稻　《禮》曰“嘉疏”。粳米是也。擇完好者，用湯撈蒸熟成飯。

粱　似粟而大，有青、黑、白三種，擇圓好者，用湯撈蒸熟成飯。

籩之實

形鹽　刻鹽如虎形。

棗　陸菓，擇圓潔甘美者用之。

栗　陸菓，揀圓潔者，去皮用肉。

鱐魚　用白大魚，剖腹去鱗，以鹽搓之，曬乾。臨用時，用温水洗净，酒浸砌片。

鹿脯　用乾鹿肉烹熟，砌片。

榛　陸菓，擇净仁潔白者用之。顆顆堆砌，上鋭下豐。

芡　水菓，揀净實潔白者用之。如砌榛法。

菱　水菓，揀米潔白者用之。如砌榛法。

黑餅　蕎麵爲餅，以糖食爲餡，印餅如掌心大，約二十枚。

白餅　白麵爲餅，如作黑餅法。

豆之實

菁菹　蔓菁也。形如蘿葡，切小片，以湯芼之，淡用。

醓醢　用猪膂肉切作小塊，加五味，調醬油，烹香如羹。

芹菹　芹菜也。以湯芼之，切作段，淡用。

魚醢　用鮮魚去鳞，切作小塊，如治醓醢法。

韭菹　韭菜揀其細嫩者，切去本末，取中一段，淡用。

鹿醢　用鮮鹿肉切作小塊，治如前法。

笋菹　用乾笋，鹽水煮過，淘净，切作段。

兔醢　用法：兔肉切作小塊，治如前法。

豚拍　用猪肩膊肉，取方大塊，抹以油、醬、鹽、蜜、醋、酒，蒸熟。

脾析　用牛羊肚，則柏葉刷去黑皮，切作細條，沸湯焯過，加油、鹽、醋、蜜、葱、薑、酒拌匀，再炒爲度。

尊之實

酒　清酒貳拾貳罇，以香冽爲上。

祝　文

維光緒　　年五月中澣之三日[1]，主祭弟子　　等，謹以牲醴庶饈之儀，敢昭告於關聖帝君之位前，曰：惟神德隆萬古，道貫千秋，丹心與日月並明，浩氣同山河不朽。情殷在桑梓之民人，既無微而不到；默佑來江漢之羈旅，亦有感而斯通。均沾聖澤，共沐恩波。際此日炎夏之交，正當年風雲之會。恪遵祀典，聿昭明禋，神其降臨，來格來享。尚饗！

---

① 中澣：即中旬。中澣之三日，即十三日。

啟聖祠祭文

維光緒　　年五月中浣之三日，主祭弟子某等，謹以牲醴品物之儀，敢昭告於裕昌王、光昭王、成忠王之位前①，曰：惟王迪德承家，默啟神功之迹；累仁昌後，肇開聖業之基。有感斯通，無遠弗屆。著宏猷於歷代，隆享祀於熙朝②。河嶽效靈，共沐英威之丕廕；桑梓永賴，均沾仁厚之遺風。時當仲夏，人慶麥秋，謹遵典禮，用答神庥。尚饗！

祀　　儀

春秋二祭及五月十三日，爲聖帝正祭之期。我朝典禮加隆，屆期自京畿及天下郡縣，皆命職官承祭。會館如期展誠慶祝，則各事乃可先期預備。祭器爲祀典之重，平日藏於誠敬堂，昭慎重也。前祭之旬日，司事者啟櫝省視，有缺壞則補修，有不潔則瀞滌，不可稍掉以輕心，致貽簡褻之咎。如尊爵、俎豆、盤盒、爐盆，一切凡祭所陳者，俱當整飭。祭畢洗濯，什襲③，仍藏之櫃中。祭品所以奉神，當有定式。孔子以簿書正祭器，不以四方之食供簿正。非不欲美多品也，蓋一有一無者，物産之不常，而以妥以侑者，肸蠁之有則④。兹酌禮與俗之中，定爲祭品儀式，俾得永遠遵循。辦事人員、年首，及太、汾匯業之家，今定爲二十六人，俱於初六日入會館，辦理祀事。凡應辦事物、應辦祭品，皆各供其職事。五月之朔，司年令館丁徧啟同鄉諸幫，告以祭期。啟請主祭者，向議定太、汾兩幫老成輪流主之，或司年首者主之。執事人員二十

① 裕昌王：關公之祖父。光昭王：關公之曾祖。成忠王：關公之父。關公祖上三人在雍正五年封公，咸豐五年追封爲王。

② 熙朝：興盛的朝代。

③ 什襲：重重包裹，謂鄭重珍藏。

④ 肸蠁：指所謂神靈感應。

一人，令館丁徧啟諸執事之家，俾得初八日先期習禮，不致隕越。排班壹肄，登降揖讓，奉奠祝嘏，一如正祭之禮。前祭之日，滌祭器，省牲視殺，以小盤盛毛血置之殿下，爲祭時瘞埋之用。

黎明殿祭儀注

前晚三更，請主祭者、執事諸人入，先就東廳坐。茶罷消夜後，俟發鼓更衣。引贊者二人前導，立於西偏。待鼓樂參殿三周，然後排班序立。執事序立時，除引贊二人同主祭者立於門内，餘者左右各依次排班。大贊居左班之一，司罇者次之，司香者次之，司酒者次之，司帛者次之，司爵者次之，擊柷者居末。陪贊者居右班之一，司盥洗者次之，司祝者次之，奉帛者次之，奉爵者次之，瘞毛血者次之，拂敔者居末。排班畢，然後執事、通贊者二人先立通贊所，餘人及陪祭者各立其位。

儀　節

通唱序立執事者分立東西兩廡；執事者各司其事；主祭者就位；陪祭者各就位；降神引贊者揖。導主祭者詣西廡盥洗所揖。

引唱盥洗；授巾復揖。旋東廡尊爵所，揖。司彝者舉鼎酌鬯，司鬯者奉鬯，司香者奉香，司瘞者奉毛血。升殿。引贊者揖。升趨中案。

通唱詣灌獻位引贊者導；瘞毛血司事者恭捧，詣西南方瘞埋；鳴鐘；擊鼓；擊柷凡三；跪；灌茅主祭者以鬯灌地；上香；再上香；三上香；伏；興；拂敔凡二；復位降自西階。

通唱參神；擊柷。

引唱跪；叩首；再叩首；三叩首；興；跪；叩首；再叩首；六叩首；興；跪；叩首；再叩首；九叩首；興。

通唱拂敔；行初獻禮引贊者揖。導至東廡司尊所，揖。司尊者舉鼎酌酒，司帛者奉帛，司爵者奉爵，司饌者奉饌。升。引贊者揖。升。趨神座前。

引唱詣神位前。

通唱跪；進帛；獻帛；奉帛；進爵；初獻爵；奉爵；進饌；獻饌；奉

饌；俯伏；讀祝文司祝者跪於主祭者之右，恭讀，祝畢；平身；擊柷。

引唱叩首；再叩首；三叩首；興；復位降自西階。

通唱拂敔；行亞獻禮引贊者揖。導至司尊所，揖。執事酌酒奉爵奉饌。升。如前儀。

引唱詣神位前。

通唱跪；進爵；亞獻爵；奉爵；進饌；獻饌；奉饌。

通唱擊柷。

引唱叩首；再叩首；三叩首；興；復位降如前儀。

通唱拂敔；行三獻禮引贊者揖。導至司尊所。揖。執事升如前儀。

引唱詣神位前。

通唱跪；進爵；三獻爵；奉爵；進饌；獻饌；奉饌；擊柷。

引唱叩首；再叩首；三叩首；興；復位降如前儀。

通唱拂敔；飲福受胙。

引唱詣飲福位前。

通唱擊柷；跪；飲福；受胙。

引唱叩首；再叩首；三叩首；興；復位降如前儀。

通唱拂敔；謝飲福受胙；擊柷。

引唱跪；叩首；再叩首；三叩首；興；跪；叩首；再叩首；六叩首；興；跪；叩首；再叩首；九叩首；興。

通唱拂敔；辭神；擊柷。

引唱跪；叩首；再叩首；三叩首；興；跪；叩首；再叩首；六叩首；興；跪；叩首；再叩首；九叩首；興。

通唱撤饌；司帛者捧帛；讀祝者捧祝；司爵者捧爵；各詣燎所主祭者出，就燎所，祭酒。

引唱望燎；禮畢退就東廳更衣。各幫首人分獻各殿。

啓聖祠儀注樓上設祭

通唱執事者各司其事；主祭者就位；司香者焚香；跪；司帛者進帛；

獻帛；奉帛；司尊者進爵；初獻爵；奉爵；進爵；亞獻爵；奉爵；進爵；終獻爵；奉爵；俯伏；讀祝文；平身；叩首；再叩首；三叩首；興；跪；叩首；再叩首；六叩首；興；詣燎所；望燎；禮畢退就東廳更衣。

執事者二十一人，俱於十三四日在會館設席欵待。祭畢頒胙，主祭者及諸禮生並兩省各幫首人，按股派分。

六月二十三日爲聖帝誕辰，設筵席於大殿。或老成主之，或司年首者主之，行禮三獻。其餘儀物畧如正祭之禮。

九月十三日爲聖帝降辰，設祭、主祭、行禮俱如前儀。

配　祀

勅封威顯忠竭王，勅封顯忠王，勅封順忠王，勅封威靈忠勇公，勅封糾察速報威靈公，勅封輔正利濟昭忠侯，勅封助順驅魔宣義侯。①

啟聖祠祀

光昭王，裕昌王，成忠王。

佛殿祀

釋迦牟尼文佛聖誕四月初八日，琉璃光王文佛聖誕九月三十日，燃燈佛聖誕八月二十二日。

三官樓祀

上元一品九炁賜福天官曜靈元陽大帝紫微帝君，聖誕正月十五日。

中元二品七炁赦罪地官洞靈清虛大帝青靈帝君，聖誕七月十五日。

下元三品五炁解危水官金靈洞陽大帝賜谷帝君，聖誕十月十五日。

---

① 威顯忠竭王：關公長子平封號。顯忠王：關公次子興封號。順忠王：關公三子索封號。威靈忠勇公：關公部將周倉封號。糾察速報威靈公：關公部將廖化封號。輔正利濟昭忠侯：關公部將參軍王甫封號。助順驅魔宣義侯：關公部將監軍趙累封號。

七神殿①祀

敕封乾元四品火官離明大帝，聖誕六月二十三日。

上清正乙龍虎玄壇趙公元帥，聖誕三月十五日。

敕封大唐得道藥王孫公真人，聖誕四月二十八日。

敕封護國佑民金龍四大王，聖誕九月十七日。

敕封紫雲臺上楊泗鎮江王，聖誕六月初六日。

洞庭郡主楠母大王，聖誕九月二十日。

敕封誠孚普濟靈惠栗大王，聖誕八月二十日。

財神殿祀

敕封增福財神，聖誕七月二十二日。

敕封福禄財神，聖誕九月十七日。

敕封炳靈王財神，聖誕五月十二日。

吕祖閣祀

爕元運化孚佑帝君，聖誕四月十四日。

天后宫祀

敕封護國庇民妙靈昭應宏仁普濟福佑群生、衍澤孝女天上聖母元君，聖誕三月二十三日。

瘞旅公所祀

地藏王菩薩，聖誕七月三十日。

① 七神殿即七聖殿。

泰山廟供

東嶽大帝，聖誕三月二十八日。

文昌梓童帝君，聖誕二月初三日。

魁星，聖誕二月初三日。

韋馱尊天菩薩，聖誕六月初三日。

酌定條規

忠昭日月，黎元仰生成之德；義振乾坤，萬姓賴庇佑之恩。厥惟我山陝西會館崇祀關聖帝君，自昔有作，頗稱壯觀。詎意粤匪過境，第有不可勝言者矣。迨後恢復有年，士商雲集。同治庚午，始興工重建，迄今廿餘載。功程告竣，碑記既勒，條規亦當重整。前輩立法定章，故屬盡善盡美。奈年深日遠，前規漸廢。近來世風日下，人心不古。若不趁早復整舊規，難期久遠齊嚴。於是邀集兩省同人，重整規條。所有廟内房屋、地基、菜園、燈彩、傢具等件，向已造册立簿，勿再他議。其餘會館公事，無論大小，惟望值年首人，敬謹秉公承辦，挨班輪流。凡我同人，務宜協力，舉善施行，勿得徇情，中道阻議也。今將議定條規，開列於後。

一、聖餘堂新舊帳據、重修會館抽捐總册、收支帳簿、房屋、傢具、菜園、地基、一應燈彩及銀錢收支、應用人役，總歸值年經管差委。

一、會館重地，理宜潔凈，平素日期，勿許閒人入廟遊覽。

一、本會館不准外幫借館演戲，如有徇情私借情事，從重議罰。

一、館内燈彩、傢具，一概不准出借廟外。如違者，議罰。

一、本館晚間鎖門，平日以十點鐘爲度。如遇筵會、燈戲，以十二點鐘爲止。鎖門後，除水龍救患外，不得任意啟閉出入。如違者，立驅出館。

一、會館重地，燈火最宜小心。嗣後我各幫字號，如遇在館做會演戲，客散戲終，主人務將廟院、戲臺一應燈燭，親查息滅，始准回號，以昭慎重。如違議罰。

一、館内不論粗細貨物，概不准在内晾曬，以昭肅敬。

一、本館司事住持人等，内不准留客過宿，在外不准支取銀錢貨物。自議之後，倘私留客宿、私賒貨物，一經知覺，逐出會館，决不寬貸。

一、水龍有備無患，倘有不測，一時出館，夫役人等酒資一切照章施行。

一、供奉香火、長年神燈，廼[①]住持應辦之事。俟後逐日長香，務要敬謹供奉。每逢會期，奉香獻酒，自必住持侍奉。年節三天，僧人間有貪閑假手他人，殊屬不恭。自議之後，住持二人，輪流執香，在殿伺候，以昭誠敬。

一、本館司事、住持、香工人等伙食、應客煙茶並雜費，邇來耗費太甚，概無限制。今同公議定，神香、油燭、米、麵、油、酒、菜蔬、煤炭、煙、茶、火紙、撮箕等件，一併在内，每年以錢捌百千文爲率，不准額外添增。庶免耗費公費，以肅館規。

一、每逢會期，地廣殿多，香工六人，難以兼顧。請兵加人之費，歸做會者自給工資，以昭公允。

光緒二十二年正月十三日

山陝十幫同人公立

會館公同酌定議規開列於左續條

一、春秋樓爲時祀聖帝之所，理宜潔凈嚴肅。凡屬桑梓，除敬神獻戲外，不得在此設晏、演劇，以及迴廊東西兩廡，均不得堆曬貨物，庶昭誠敬。

一、凡祭祀之日，辦事諸人，理宜整肅衣冠，各盡誠敬。

---

① 廼：同“乃”。

一、凡祀産租息，司匣者按季發摺，着館丁收取。如有過期不能全清者，定於通知值年司事諸公一同坐索，否則鎖門另召。不得徇情，有誤公事。

一、凡司老匣之家，爲衆司事之統理，務宜頻至會館查察，各盡勤慎。

一、新老兩匣契墨印簿，年例於四月初八日早晨，公同查點，封固存匣。

一、凡市屋修理檢漏，司年公同估修，惟令館丁逐日照應，不得任其擅專。

一、凡每年祭典，原有成規，另牌張掛。值年諸公，臨期務宜敬謹照辦，勿得稍存懈怠，率意更張。

一、凡祭器、燈彩、陳設等物，祭畢，值年首事於四月初八日交接之期，務須公同照簿查點，當時封鎖。不得徇情私借。倘有遺失，經手賠償無辭。

一、凡仕宦假館及桑梓借寓，概不奉命，恐開雜沓之漸。薦者高明，各宜自諒。

一、凡館内各處桌椅什物，公議不借，以免遺失損壞。

一、凡館丁應辦之事件，另有條規，各宜遵行。違者即行斥革。

一、會館所設水龍兩座並器具等件，司年者務令館丁隨時查察。遇有損壞，即行修整，不得疏忽。夫役酒資，三節給發，臨場救患，隨時給付。不得預支。其餘章程，另有規條懸掛。倘有不遵約束調遣者，即斥退，另召妥役。

一、凡選用館丁，務要小心謹慎。能幹辦事者充之，不得輕舉濫進。每年額給工食外，有菊花會股俸，令其公分。館之内外門巷，每日打掃潔浄。館之祀産市屋，務聽值年者調撥催取租息，不致稍懈。館内不許容留閒人飲酒戲耍，致生事端。館外街巷，不許收荒、擺攤、賭博。館役不得徇情容隱不報。如敢不守館規，徇私偷懶，即行斥革。

一、大會值年，從前十幫輪流，每年二號會辦。今增匯業，每年四號。

以祀産漸增，館務綦繁，不如是不能董理周密也。每年以四月初八日揭清所存銀兩，一切祭器、祭物、文契，公交下首，務期明悉，周詳毋延。

一、招僧住持，原爲供奉香火。每日長香神燈，務要敬謹供奉。殿宇香案，每日打掃。會期朔望，倍加誠敬，灑掃潔净，在殿伺候，以便士商恭謁。平日，不得隨便出外遊玩。

匾額楹聯

關聖殿匾

正大光明

右 光緒七年九月

下 經理首士

任鍾秀 趙守誥 范春捷 羅昌漢 孔憲琛 張永禄
范世富 楊振業 孟懋蘭 范樹堂 冀維本 彭汝珏
劉廷棟 武有慶 王林章 邢國藩 王爾楫 要從容
楊 瑗 郭樹楠 閻家璜 史泰臣 吕朝陽 程來瀛
梁 玟 宋聚源 閻慶隆 王清梅

左 山西太汾兩府衆票號 公立

天地正氣

右 光緒七年小陽月

下 張恩榮 趙世重 趙淑智 侯邦彦 毛鴻舉 鞏玉琳
范 秀 吳士鰲 周承業 鄧寶琳 李邦棟 王守邦
高明才 郝建良 王履祥 王振都 陳映臺 王作梅
武 常 張得文 李芝蘭 紀崇信 毛鴻翰 楊德義
董正三 范春茂 張昭武 閻立忠 李培德 郝師隆
侯正緒 田樹粟

左 山西太汾兩幫衆票號仝叩

浩氣冲霄

右　光緒辛卯夏月

下　咸益祥　福來同　廣泰福　慶泰成　錦春發

　　永順厚　永昌瑞　慶春隆　源豐永　益昌升

　　天裕豐　晋泰恒　萃升源　福美尊　大元裕

左　晉介衆當幫　敬叩

春秋夫子

右　同治二年季冬月

左　誥授振威將軍光禄大夫兵部侍郎都察院右副都御史　巡撫湖北等處地方提督軍務兼理糧餉嚴敬題

英靈萬古

右　光緒辛巳小陽月

下　忠信恒　公順正　大順魁　慶餘成　永豐協　永興源

　　昌發祥　裕泰厚　興盛昌　萬順福　泰和厚　益順興

　　新泰和　恒順德　居易成　新盛森　公盛裕　恒益成

左　廣福疋頭幫　公叩

　　姑臧藍佩青敬撰並書[①]

浩氣千秋

右　光緒辛巳小陽月

下　忠信恒　公順正　大順魁　慶餘成　永豐協　永興源

　　昌發祥　裕泰厚　興盛昌　萬順福　泰和厚　益順興

　　新泰和　恒順德　居易成　新盛森　公盛裕　恒益成

左　廣福疋頭幫　公叩

　　姑臧藍佩青敬撰並書

---

①　姑臧：地名，即今甘肅武威凉州區。

直心道場

右　光緒八年冬月

下　大昌玉　大德玉　大泉玉　三德玉　保和玉

慎德玉　大升玉　三和源　大湧玉　大順玉

泰和玉　獨慎玉

左　晉榆弟子常氏衆號　敬叩

恭敬桑梓

右　光緒七年九月

下　太原幫　西菸幫　西油幫　花布幫　疋頭幫　京衛幫

汾州幫　聞喜幫　土菓幫　盒茶幫　衆賬幫　核桃幫

均煙幫　紅茶幫　陸陳幫　西藥幫　雅　幫　皮貨幫

左　山陜兩省衆幫　公立

冠裳萃會

右　光緒七年九月

下　雲豐泰　匯源涌　松盛長　和盛信　其昌德　存義公

巨興隆　協和信　蔚長厚　日昇昌　新泰厚　志成信

元豐玖　蔚豐厚　蔚盛長　蔚泰厚　協同慶　百川通

義盛長　天成亨　協成乾　謙吉昇　三晉源　合盛元

大德興　興泰魁　裕厚永　日昇裕　蔚隆和　祥和貞

乾盛亨　巨興和

左　山西太汾兩府衆票號仝立

大義參天

右　光緒七年九月

下　大德玉　裕慶成　寶聚公　大升玉　天順長　祥發永

大泉玉　乾泰魁　興泰隆　獨慎玉　達順成　久成慶

大昌玉　興隆茂　廣和興

左　山西太汾兩府紅武茶幫衆號敬叩

千古正人

右　光緒七年孟冬月

下　慶豐元　長順川　長裕川　翁盛泉　隆盛元　乾裕魁
　　大道恒　天聚和　協成泉　祥泰厚　復泰謙　大德常
　　德巨生　長盛川　興隆茂　義泉貞　大德興　聚盛泉
　　巨貞義　大湧玉　裕盛川　義生合　謙泰興

左　山西太原府盒茶幫衆號　仝叩

財神殿匾

道在聚人

右　光緒辛卯仲夏

下　益昌升　天裕豐　晉泰恒　萃升源　福美尊
　　大元裕　源豐永　慶春隆　永昌瑞　永順厚
　　錦春發　廣泰福　成益祥　福來同　慶泰成

左　晉介衆當幫　敬叩

元功繼圭

右　光緒十年孟冬月

下　祥泰厚　復泰謙　天聚和　協成公　臣貞和
　　裕盛川　集生茂　大湧玉　大德常　德慎恒
　　長裕川　德巨生　長生合　大德興　長盛川
　　乾裕魁　謙泰興　天順長　興隆茂

左　山西太原府盒幫衆號　敬叩

司衡天府

右　光緒乙酉臘月

下　達順成　乾泰魁　興泰隆　天順長　聚興順
　　大德玉　祥發永　久成慶　裕慶成　興隆茂
　　寶聚公　大昌玉　大升玉　大泉玉　獨慎玉

左　山西太汾紅茶幫　敬叩

天后宫匾

包孕萬千

右　光緒十年孟秋月

下　祥泰厚　復泰謙　天聚和　協成公　巨貞和

裕盛川　集生茂　大湧玉　乾裕魁　長盛川

大德興　義生合　德巨生　長裕川　德慎恒

大德常　謙泰興　天順長　興隆茂

左　山西太原府閣幫　敬叩

薄海神光

右　光緒乙酉年臘月

下　達順成　乾泰魁　興泰隆　天順長　聚興順

寶聚公　興隆茂　裕慶成　久成慶　祥發永

大德玉　大昌玉　大升玉　大泉玉　獨慎玉

左　山西太汾紅茶幫　敬叩

東轅門額

河嶽英靈

西轅門外額

日星炳耀

照壁額

乾坤正氣

東轅門内額

德参天地

西轅門内額

明竝日月

沙門匾

山西一人

關帝殿匾

咫　威

右　光緒七年仲秋

左　經理首士立

陟降在兹

丹心皓月

右　光緒八年仲冬

左　古陶毛履泰敬叩

與天地合德

右　光緒十五年五月

左　平邑新泰厚敬叩

乾坤正氣

右　光緒十七年端月

左　天聚和　乾盛晉　謹叩

卓絶古今

右　光緒七年仲秋

左　關中　際盛隆　大盛元　敬叩

關聖殿

義參天地

右　光緒七年無射月[1]

左　陸陳幫　仝叩

先忠神武

右　光緒七年無射月

左　陸陳幫　仝叩

萬世人極

聖神文武

右　光緒七年九月

左　西菸幫衆號仝叩

道冠二儀

右　光緒七年仲秋

左　鼎州裕隆全敬立

剛健中正

右　光緒七年十月

下　以義合　源興順　源興永　如松和　松牲和

左　西安省　仝敬叩

尊配大成

右　光緒七年小陽月

左　西藥幫衆號敬立

浩氣凌雲

右　光緒七年孟冬月

左　晉祁元豐玖敬立

---

① 無射：古十二律之一。位於戌，故亦指農曆九月。

聖齊東魯

右　光緒七年小陽月

左　其昌德

　　和盛信　　謹叩

　　日興盛

於昭於天

右　光緒七年仲夏

左　山西汾州府衆賬號仝叩

莫不尊觀

右　光緒七年孟冬月

下　泰順亨　正順聲　恒勝元

左　山西平陽府曲沃縣仝立

英風獨峻

右　光緒七年九月

左　馮翊　豐盛興　豐盛源　仝叩

天地同流

右　光緒七年九月

下　滙源湧　大德恒　長盛川　興泰隆　長順川

　　巨貞義　長裕川　百川通　存義公

左　太汾兩幫　敬叩

及其廣大

右　光緒七年孟冬月

下　致合永　永盛合　永盛源　永盛昌　永盛亨

　　永盛利　永盛久

左　山西蒲州府臨晉縣　仝立

集義所生

右　同治三年春王月①

左　湖北按察使山右武文蔚敬書

義秉春秋

右　光緒七年十月

左　晉聞　仁和長　魁盛隆　長盛通　仝叩

德媲文宣

右　光緒七年仲秋

左　核桃幫敬叩

義薄雲天

右　光緒七年十月

左　晉聞　誠意豐　誠意信　仝叩

氣壯山河

右　光緒七年仲秋

左　陝幫均煙葉衆號　仝叩

義鎮乾坤

右　光緒十八年蒲月②

左　晉介　光裕德　光裕厚　和合成　和合興　敬叩

忠義正氣

右　光緒七年嘉平③

下　晉源誠　聚和恒　公源順　源順公　聚源鎰

興泰和　天慶成　永成義　公源昌

左　山西太原府皮貨店仝叩

忠聖義賢

右　光緒十六年八月

左　晉祁　中恒　復泰謙　大德恒　大德通　大德源　敬叩

---

① 春王月：農曆正月。

② 蒲月：農曆五月。

③ 嘉平：臘月的别稱。

道配麟經

右　光緒辛巳季秋月重建

下　晉聞

世茂公　誠意豐　三合同　廣順通　元興長

魁盛隆　仁和長　長盛通　興盛通　長盛和

晉天

乾盛裕

右　山西十一號仝敬叩

日麗月華

綱紀維人

右　光緒七年小陽月

左　晉祁乾裕魁　敬叩

浩然正氣

右　光緒七年仲秋

左　菜蔴油幫　敬叩

尊同至聖

右　光緒七年九月

左　誥授通奉大夫賞戴花翎後學姚□　敬叩

道緒麟經

右　光緒七年九月

左　萬順桂　萬順德　萬順禮　仝立

漢室砥柱

右　光緒七年九月

左　源盛鎰　泰森恒　敬叩

大義參天

右　光緒七年九月

左　西商土菓社衆號　仝叩

名參東魯

右　光緒七年小陽月

左　晉平乾盛亨　敬叩

必恭敬止

右　光緒七年孟冬

左　晉平松盛長　敬叩

神龕額

聖　神

丹心貫日

浩氣凌霄

韋馱殿匾

佛門保障

文昌殿匾

亘古文宗

右　光緒十六年中秋

下　昌發祥　慶餘成　興盛昌　全成德　居易成　泰和成
泰和祥　永興源　永義成　義合吉　義合元　五福和
瑞盛聯

左　疋頭衆號　敬叩

春秋樓匾

是乃聖人

右　同治三年季冬月

左　關中正順隆記　叩

至大至剛

右　同治三年春王月

下　邢雲溪　景和陞　翟鵬魁　祁振唐

左　弟子　仝叩

丹心不二

右　同治四年仲秋月

左　關中豐盛興　敬叩

丹心萬古

右　光緒七年仲秋

左　關中乾一和　敬叩

義炳乾坤

右　同治三年季春

左　關中寶泰祥記　敬叩

正氣常臨

右　光緒七年仲秋月

左　晉平新泰厚　敬叩

仁義河岳

右　光緒七年孟冬月

左　晉祁合盛元　敬叩

英靈萬古

右　光緒七年九月

左　昭餘興泰魁　敬叩

萬古綱常

右　光緒七年仲秋

左　晉平天成亨　敬叩

德参天地

右　光緒九年十月

左　晉澤　祁公興　王復生　敬立

仁至義盡

右　光緒七年九月

左　山西太汾兩幫衆票號　敬立

乃聖乃神

右　光緒七年九月

左　敬信義　忠成永　和興仁　魁順湧　興順生　敬立

志在春秋

右　光緒七年菊月

左　關中新興德　敬叩

人倫師表

右　光緒八年仲秋月

左　晉祁隆盛元　敬叩

威震華夏

右　光緒七年孟冬月

左　晉祁寶聚公記　敬叩

乃聖乃神

右　光緒七年仲秋月

下　全昇李　如昇大　李日興　東如昇　如松茂

左　仝敬叩

道冠古今

右　同治三年正月

左　關中　王恒晉　張懷　乾盛晉號　唐棟林　閻長清　仝叩

重譯仰威

右　光緒十六年八月

左　晉祁　億中恒　復泰謙　大德恒　大德通　大德源　仝叩

護國扶商

右　同治三年仲春月

左　益盛隆記　敬立

佑我無疆

右　同治三年清和[①]

左　鼎州全成德號　仝叩

亘古一人

右　光緒七年仲秋

左　關中恒玉公　敬叩

輝連南國

右　光緒七年九月

左　關中大荔萬事和　敬叩

爽挹西山

右　光緒七年九月

左　山陝皮貨幫衆號　敬叩

氣壯山河

右　光緒辛巳小陽月

左　晉聞　元興長　致中和　仝叩

浩然正氣

右　光緒七年仲冬

左　晉祁三晉源　敬叩

人倫之至

右　辛巳九月

左　山陝兩省公立

桑梓被澤

右　光緒七年榴月

左　藍翎五品銜候選詹事府主簿閻光烈　叩

浩氣滂薄

右　同治三年季秋

左　順成通記劉廣照　敬叩

---

①　清和：農曆四月。

乾坤正氣

右　光緒七年仲秋月

左　古陶蔚豐厚　叩

浩氣凌霄

右　光緒七年七月

左　謙吉昇衆弟子　敬叩

道洽麟經

右　光緒七年仲秋月

左　裕厚永衆弟子　叩立

聖文神武

右　光緒七年孟冬月

左　晉祁大德興號　敬叩

氣塞天地

右　光緒辛巳仲秋

左　督楚使者李瀚章　敬題

正大光明

右　光緒九年季夏

左　晉榆　天順長　達順成　敬立

英風獨峻

右　光緒十五年五月

左　平邑鄧廣星敬叩

春秋樓

右　歲在戊寅夏日

左　古陶張子芬　書

英靈萬古

右　光緒辛巳年嘉平

左　晉平閻立明率男　發元　發魁　發科　敬叩

下　暨孫

清義　清仁　清禮　清智　清信　清俊

布昭聖武

右　光緒七年應鐘月[1]

下　柏西　隆盛　泉興　公昌　篤慶　天成　志成

裕盛　隆興　晉義　天成

左　西幫客棧公叩

姑臧藍佩青　書

枌社流風

集義所生

右　光緒七年仲冬

下　日昇慶　協慶義　乾泰恒　合盛隆　義成張

利澤源　泰和盛　集義長　德盛源　裕盛興

左　太汾衆布號　仝叩

啟聖祠匾

啟聖祠

右　光緒七年孟冬月

左　經理首士　敬立

佛殿匾

佛光普照

右　光緒七年孟冬月

左　晉平　李日興　李日昇　緑房叩

① 應鐘：對應農曆十月。

萬化歸宗

右　光緒十五年五月

下　蔚泰厚　蔚盛長　新泰厚　蔚豐厚　天成亨　蔚長厚

左　晉平六票號　敬叩

東巷門額

聖道崇隆

東腰門額

聖德神威

魁星樓匾

魁星樓

右　歲在庚寅夏日

左　古陶鄧廣星　書

文光射斗

右　光緒十七年仲春月

左　日昇昌　敬叩

文昭江漢

右　光緒十七年端月

下　蔚泰厚　蔚盛長　新泰厚　天成亨　蔚豐厚　蔚長厚

左　晉平六票號　敬叩

青雲直上

右　光緒十七年仲秋

左　晉谷協成乾號弟子楊瑗　敬叩

財神殿匾

富有不測

右　光緒辛卯十二月

下　致合永　永生敬　永盛昌　永盛利　永盛亨
　　永盛久　永盛甡　永盛源

左　山西臨晉縣弟子　仝叩

位尊九府

右　光緒十六年孟冬月

左　晉平 協和信 協同慶 仝叩

萬世永賴

右　光緒乙酉仲春

左　西幫均煙衆號　仝叩

蒙恩受祉

右　光緒十年季秋月

左　西菸幫衆號　仝叩

善人是富

右　光緒甲申九月

左　西藥幫衆號　敬叩

惠風普被

右　光緒癸巳九月

左　京都德和永弟子郭照侖　叩

誠至斯格

右　光緒十七年仲夏

左　晉介乾盛晉記　敬叩

物阜民康

右　光緒十年仲秋月

左　山陜兩省衆商　公立

永錫豐盈

右　光緒十一年重陽月

左　山西汾州賬幫衆號　敬叩

降福孔皆

右　光緒十年季秋月

左　陸陳幫弟子　敬叩

藏富於民

右　光緒十年季秋月

下　蔚盛長　蔚泰厚　蔚豐厚　天成亨　新泰厚　蔚長厚

左　平邑六票號　敬叩

海不揚波

右　光緒甲申年孟秋月

左　山西聞喜幫　敬叩

富國裕民

右　光緒十年七月

左　晉介光裕德　敬叩

六府修齊

右　光緒十年仲秋月

左　菜蔴油幫衆號　敬叩

惠蔭羣倫

右　光緒十年季秋月

左　西商土菓社衆號　仝叩

天后宫匾

南紀慈航

右　光緒十五年九月

下　蔚泰厚　蔚盛長　新泰厚　蔚豐厚　天成亨　蔚長厚

左　平邑六票號　敬叩

靈佑江海

右　光緒九年桃月

下　公盛合　東如昇　如昇大　全昇李　如松茂

左　汾洲雜貨幫　仝叩

惠澤旁流

右　光緒十六年孟冬日

左　晉平日昇昌　敬叩

海不揚波

右　光緒己丑年五月

左　乾盛亨
　　乾盛晉　謹叩

功被海隅

右　光緒十年季秋月

左　山西太原幫衆號　敬叩

德參造化

右　光緒十年季秋月

左　山西太原盒幫衆號　敬叩

滄海慈航

右　光緒十年季秋月

左　山西太原盒幫衆號　敬叩

蒙聖澤

右　光緒十六年孟冬月

左　晉平協同慶敬叩

沐恩波

右　光緒十六年孟冬月

左　晉平協和信　敬叩

慈航普濟

右　光緒十六年孟冬月

左　太谷　志成信　協成乾　敬叩

寰海鏡清

右　光緒十六年八月

下　億中恒　復泰謙　大德通　大德恒　大德源

左　晉祁五號　仝叩

三官閣匾

三官閣

右　光緒十六年吉月

左　經理首士　敬立

七聖殿匾

一方造福

右　光緒十七年榴月

左　闔茶幫　敬叩

眷顧宏深

右　光緒十七年九月

左　晉介　光裕德　光裕厚　敬立

神恩普濟

右　光緒十七年仲春月

左　菜蔴　襄桐　油幫衆號　敬叩

聖神文武

右　光緒十六年仲冬月

下　致合永　永盛源　永盛昌　永盛利　永盛久
　　永盛甡　永盛亨

左　山西臨晉縣弟子　敬叩

西巷門額

帝德廣運

西腰門額

浩然正氣

福應天人

右　光緒己丑仲夏

左　山陕兩省衆商　公立

神靈默佑

右　光緒十六年仲夏

左　汾州賬幫衆號　敬叩

宏開壽域

右　光緒十五年吉月

左　關中　義聚正　義聚裕　仝叩

憑依在德

右　光緒己丑仲夏

左　關中　悦盛宗　德慶祥　仝叩

威靈顯赫

右　光緒十六年桂月

下　三和源　大泉玉　大順玉　大湧玉　保和玉

大德玉　大升玉　獨慎玉　泰和玉　大昌玉

右　晉榆弟子常氏衆號　敬叩

聰明正直

右　光緒十六年九月

左　存義公　敬叩

皆古聖人

右　光緒十六年五月

左　太原幫衆商　敬叩

賢能濟治

右　光緒庚寅仲秋

下　天聚和　其昌德　乾盛晉　乾盛亨

左　太汾四號　仝叩

德施道濟

右　光緒己丑仲夏

左　關中大盛元　敬叩

醫國壽民

右　光緒十六年仲秋

左　鼎州　永盛恒　關中　魁興福　敬叩

聖德覃敷

右　光緒十六年仲秋

下　慶餘成　興盛昌　全成德　居易成　泰和成

　　泰和祥　永義成　永興源　義合吉　義和元

　　五福和　瑞盛聯　昌發祥

左　疋頭衆號　敬叩

福庇西人

右　光緒庚寅仲秋

左　馮翊公生明　敬立

神光普照

右　光緒十六年春月

左　關中際盛隆　敬叩

同德共濟

右　光緒十六年春月

左　關中　萬興永　全盛裕　協盛隆　仝叩

英氣如生

右　光緒十六年四月

左　山陝土菓幫衆號　敬叩

道統昭垂

右　光緒十六年四月

左　山陝陸陳幫衆號　敬叩

一視同仁

右　光緒十六年仲春

左　關中　廣發昌　廣泰和　中和合　仝叩

神恩浩蕩

右　光緒十六年八月

下　鼎州

永聚合　永聚公　永聚源　永豐合

左　敬叩

神保無疆

右　光緒十五年仲春月

左　西藥幫衆商　敬叩

神功阮濟

右　光緒十六年仲春

左　菜蔴油幫衆號　仝叩

道德同尊

右　光緒十六年仲春

左　鄧幫西菜蔴油衆號　仝叩

安流昭佑

右　光緒己丑孟秋月

左　晉平　東如昇　日昇昌　日昇裕　敬叩

聖德常昭

右　光緒十五年九月

下　蔚泰厚　蔚盛長　蔚泰厚　蔚豐厚　天成亨　蔚長厚

左　晉平六票號　敬叩

五聖默佑

右　光緒十六年桃月

左　核桃幫衆號　敬叩

文昌宫匾

陰騭下民

右　光緒十六年仲冬月

下　致合永　永盛源　永成昌　永盛利　永盛久

永盛亨　永盛甡

左　山西臨晉縣弟子　敬叩

天開文運

右　光緒庚寅仲秋月

下　天聚和　其昌德　乾盛亨　乾盛晉

左　仝叩

代天行化

右　光緒戊子年冬月

左　西菸幫　敬叩

天水弟子汪其昌敬撰並書

蔚然文富

右　光緒十六年仲夏月

左　汾州賬幫衆號　敬叩

誠感同昭

右　光緒己丑年吉月

左　百川通　三晉源　仝叩

大道坦然

右　光緒十六年仲春月

左　山陝兩省衆商　公立

雲漢爲章

右　光緒十六年四月

左　山陝陸陳幫衆號　仝叩

天地同流

右　光緒十六年四月

左　山陝土菓幫衆號　仝叩

珠光麟炳

右　光緒十五年仲春月

左　西藥幫衆商　敬叩

文章司命

右　光緒十六年季秋月

下　聞喜幫

誠意信　魁盛隆　宏盛長　任和長

左　敬叩

衡文天府

右　光緒十六年八月

左　晉祁　億中恒　復泰謙　大德通　大德恒　大德源　仝叩

權衡桂籍

右　光緒十六年孟冬月

左　晉平　協同慶　協和信　仝叩

文教昌明

右　光緒十七年仲春月

左　上鄧幫公議棧　菜蔴油衆號　仝叩

驚懋鴻勳

右　光緒十五年九月

下　新泰厚　蔚盛長　蔚泰厚　蔚豐厚　天成亨　蔚長厚

左　晉平六票號　敬叩

聲教四訖

右 光緒十六年五月

左 太原幫衆商 敬叩

呂祖閣額

直示心宗

证聖登賢

神耀得道

右 光緒十六年吉月

左 三晉源 百川通 仝叩

羣賢畢至

右 光緒乙未孟夏月

左 定陽侯親辰 古陶宋星瑞 謹具

道德神仙

右 光緒十六年五月

左 太原幫衆商 敬叩

濟衆爲懷

右 光緒十六年八月

左 晉祁 億中恒 復泰謙 大德源 大德通 大德恒 敬叩

派衍鍾離

右 光緒十五年九月

下 蔚泰厚 蔚盛長 新泰厚 蔚豐厚 天成亨 蔚長厚

左 平邑六票號 敬叩

事 該

理 暢

通 神

啟 運

地藏菴匾

伊人宛在

右　同治四年春月

左　西菸幫衆號　仝叩

普渡衆生

右　光緒十九年

左　山陝兩省衆商　公立

陰陽道大

右　癸巳秋月

左　山陝兩省　公立

澤徧九幽

右　光緒十九年孟秋月

下　蔚泰厚　蔚盛長　新泰厚　蔚豐厚　天成亨　蔚長厚

左　晉平六票號　敬叩

覆育同仁

右　光緒二十一年冬月

左　山陝兩省　公立

造物資元

右　光緒二十一年冬月

左　其昌德　乾盛亨　乾盛晉　仝叩

博厚高明

右　光緒二十一年冬月

下　蔚泰厚　蔚盛長　新泰厚　蔚豐厚　天成亨　蔚長厚

左　晉平六票號　仝叩

秩崇群望

右　光緒二十二年三月

左　晉平　日昇裕　日昇昌　東如昇　仝叩

正殿戲臺匾

鑒　觀

曲盡人情

右　辛巳四月

左　華陽洪錫爵書

絲竹千聲

咸英餘曲

懸　鏡

燃　犀

餘　韻

先　聲

財神殿戲臺匾

大　觀

鳴盛元音

右　光緒十年仲秋月

左　山陝兩省衆商　公立

玉　節

金　和

七聖殿戲臺匾

鈞天雅奏

右　光緒十四年秋月

左　山陝兩省衆商　公立

借　鑑

文昌宫戲臺匾

如是我聞

右　光緒十六年五月

左　山陝兩省衆商　公立

顯闡贊導

右　光緒十六年五月

左　山陝兩省衆商　公立

金　敲

玉　戛

東廳匾

蘭蕙同心

右　同治二年春月

左　山陝兩省公立

東圓門額

怡　晉

東便門額

雲中白鶴

西圓門額

白　雲

西便門額

天半朱霞

花園額

達　觀

關聖殿對聯

曰侯曰王曰帝曰聖人名光日月，
安劉安漢安蜀安天下志在春秋。

河山千古英靈在，
宇宙三分壯節懸。

忠義景桃園，亘古馨香，又恰是孫吳舊治；
敬恭聯梓里，即今讌聚，且毋忘汾渭遺風。

隰有栗，山有榛，緬故國，流風不輸江漢；
唐之遺，周之舊，最先民，矩矱共賽春秋。

義節炳綱常，合大河東西共聯鄉祀；
崇祠遍宇宙，試千古上下誰並神明。

山陝兩省公獻

高義薄雲天，威震華夏；
忠肝貫金石，志在春秋。

光緒七年桂月　山西太原府盒茶幫衆號敬叩

蒲坂顯神靈，蕩寇伏魔，本大義以存一統；
漢臯崇廟貌，裕商護國，薦馨香永祀千秋。

光緒歲次辛巳小陽月　廣福疋頭幫姑藏藍佩青敬撰並書

佐昭烈開基，手扶炎漢三分鼎；
配文宣稱聖，志在春秋一部書。

光緒七年嘉平上澣[1]　山西太原府皮貨店仝叩

惟聖乃神，輔大漢，振天聲，忠義偕河山並壽；
止戈爲武，佐當朝，銷兵氣，勳名與日月争光。

漢室賴匡扶，征魏吳，未竟戰功，三分鼎峙；
熙朝崇謚號，配聖賢，並隆享祀，萬世師尊。

光緒七年九月　鼎州　永聚公　永聚合　永聚源　仝立

至大至剛，悉本至情，青史流芳惟翼漢；
稱王稱帝，何如稱聖，丹心不易豈降曹。

光緒七年仲秋　關中　際盛隆　大盛元　敬叩

威震荆襄，溯義烈光昭，永欽聖德；
誼聯秦晉，當春秋嘉會，共荷神庥。

光緒辛巳仲秋　上虞田育民敬書　山西平遥縣蔚盛長敬立

先武穆封王，大漢千古，大宋千古；
後文宣稱聖，山東一人，山西一人。

光緒五年仲夏 禮部侍郎提督順天學政壽陽祁世長敬書

秉燭非避嫌，午夜心中惟有漢；
華容豈報德，英雄眼底實無曹。

---

① 嘉平上澣：農曆十二月上旬。

光緒辛巳秋月 古陶蔚泰厚敬立

浩氣塞兩間，盡君臣父子兄弟之倫，體用五常，千古日星河嶽；
威名齊八表，備忠恕慈悲感應之理，總持三教，萬年俎豆衣冠。

光緒七年季秋月　山西汾州府平遥縣蔚長厚敬叩

遡奔流，直接荆州，試看吴魏山河，空留片土；
感曠世，幸同梓里，願與家鄉父老，共拜靈旂。

光緒七年九月　晉祁巨興和　巨興隆敬叩

佐昭烈開基，手扶炎漢三分鼎；
配文宣稱聖，志在春秋一部書。

光緒七年九月　山西平遥縣協同慶記敬叩

鴻儀昭中天，西漢來人倫之至；
麟經秉夜燭，東魯外斯文在兹。

同治五年正月　關中弟子茂盛公號薰沐叩

王自清盥手敬書

光緒十六年仲春　劉汝炳虔敬重新

春秋大一王，拒北和東，諸葛尚非知己；
綱目存正統，崇劉抑魏，紫陽方是同心。

大道恒　興泰隆　巨貞義

光緒七年菊月　太汾　百川通　長盛川　長順川　敬叩

長裕川　存義公　匯源湧

大義據春秋，伐魏征吴，威德當年丕著；
精忠昭日月，稱王頌帝，蒸嘗亘古長欽。

光緒七年仲秋 核桃幫敬叩

枌榆盡皈依，正直聰明，心似日懸天上；
江漢隆享祀，英靈昭格，神如水在地中。

光緒七年九月 陝幫均煙葉衆號仝叩

春秋樓對聯

江漢此縱橫，通道荆襄，望天上旌旗不遠；
梓桑必恭敬，合祠秦晉，視人間俎豆爲親。

光緒七年菊月　督楚使者李瀚章敬題

正統凛春王，側身當吴魏交争，獨抒忠忱扶漢運；
高樓憑夏口，縱目望荆襄遺鎮，尚餘治澤沛江流。

光緒十七年仲春月 陝西西安府咸寧縣如松榮敬叩

會筆削微權，黜霸崇王追闕里；
是荆襄舊治，面江濱漢有高樓。

光緒二十一年十月

劉近義　王壯猷　白廷楨　趙維賢
信士弟子　李雲霖　温鴻友　錢廣德　馮世瑶　仝叩
張鵬程　任吉慶　雷正華　李毓温

麟經炳千秋，浩氣彌綸，江漢仕商欽寶訓；
鶴樓高百尺，名區輝映，晉秦桑梓肅明禋。

光緒二十二年夏月

米良相　尹來壯　趙晉濤
山西平祁弟子　敬叩
劉存本　王丕倫　苗時春

聖學衍麟經，義重尊王，共仰精忠能輔漢；
神威臨鵠渚，情殷望帝，長留隱恨欲吞吳。

光緒十六年仲夏月　陝西涇陽裕隆全鹽號敬叩

素志託麟編，緯武經文，獨爲當時申大義；
丹心依蜀漢，孤忠偉節，洵堪萬世奉明禋。

光緒二十年季春月

晉平協和信弟子　李在陽　裴增華　高樹有　田國彦　張國瑞　仝敬叩

馳驅戎馬之間，志在麟經一部；
睥睨魏吳之際，心傷漢鼎三分。

光緒八年九月　太原幫敬叩

四百載大地河山依舊，荆襄表裏；
二千里故鄉伏臘來同，江漢朝宗。

光緒九年仲春月

山西汾州弟子　合盛隆　協慶義　乾泰恒　日昇慶　泰和盛　義成張　德盛源　利澤源　高盛興　集義長　敬叩

精忠成武聖，至德配文宣，日月河山同不朽；
江漢話鄉情，春秋隆祀典，馨香俎豆報無窮。

光緒十七年　晉昌昇　同豫恒　敬立

大義懔春秋，萬古威靈鎮荆楚；
神功昭華夏，千年庇蔭永枌榆。

光緒七年仲秋月　山西太谷縣志成信　協成乾　仝叩

教定三分扶炎漢，討吳伐魏，辛苦備嘗，未了一身事業；
志存一統佐熙朝，伏魔蕩寇，威靈丕振，祇完當日精忠。

光緒七年菊月　萬順禮　萬順德　萬順桂　敬立

秉燭春秋，大節至今昭日月；
滿腔忠義，英靈亘古振綱常。

光緒七年重陽月　山西平遥縣協和信敬叩

發強剛毅足以執，未有夫子也；
進退存亡不失正，其唯聖人乎。

光緒七年孟冬月　山西平遥縣日昇昌　日昇裕　敬叩

聖以武成名，剛毅近仁，於清任時和中更增一席；
學於古有獲，春秋卒業，在詩書易禮外獨得專經。

光緒七年小陽月　其昌德　日興盛　和盛信　謹叩

大道紹麟經，憶當年耿耿精忠，那管他魏國山河吳宮花草；
小心扶漢室，看此日煌煌祀典，猶想見惠陵烟雨涿郡風雷。

光緒七年仲春月　信士劉廷楝敬叩

一部麟經，偕百煉青龍光芒萬丈；
層樓鵠峙，看對江黄鶴掩映重霄。

山西有聖人，至大至剛，合秦隴士民恭敬，毋忘桑梓；
湖北崇會館，美輪美奂，俾東南商旅神庥，共迓漢皋。

舊治接荆襄，流威德於東南，浩同江漢；

崇祀殷桑梓，聯衣冠於西北，虔奉蒸嘗。

設宴敞聖祠前，聯袂話鄉關，濟濟同人，常敦和氣；
嘉會春秋閣下，舉頭仰帝座，高高在上，時懔神威。

繼五百聞知乎麟經獨悟，
盡萬世人倫也漢鼎彌光。

山陜兩省公獻

魁星樓對聯

東郊紫氣衝霄漢，
北闕文光射斗牛。

歲在庚寅夏日　平邑新泰厚敬叩

世間科第憑毫點，
天下人才付斗量。

光緒辛卯孟春月　平邑協和信敬叩

財神殿對聯

開財之源，節財之流，悉賴神功爲主宰；
爵以馭貴，禄以馭富，多由明德薦馨香。

光緒十年仲秋月　古陶蔚泰厚記敬立

泉府荷神庥，萬寶源流江漢永；
枌鄉隆祀典，千秋强富晉秦多。

光緒甲申年仲春月　古陶蔚豐厚記敬叩

疏十餘省物華，磅礴漢江，管許人皆騎鶴；

聚億萬家寶氣，蜿蟺汾渭，何曾客或無鳩。

光緒十年孟冬月　山西太原府盒茶幫敬叩

神惠溥江漢而遥，利用厚生聚材，擬湘水波長荆門巒擁；

歡讌合鄉關之美，酬恩設薦聯袂，話晉陽迹古秦樹春深。

光緒甲申年菊月　晉平天成亨記敬叩

慕管鮑高風，出秦關，渡汾河，共浮江漢而來，千里平安，利市更添三倍息；

值春秋佳日，奏郢曲，效楚舞，兼采蘋蘩以獻，一堂禮樂，盡誠聯報十分恩。

西菸幫敬叩　制科孝廉方正福建即用直隸州劉星庚敬題

人間福禄是司，伏法力無邊，九府泉刀歸掌握；

漢上精華所萃，賴源流不竭，萬家蘋藻薦心香。

光緒十六年八月　晉祁　億中恒　復泰謙　大德通　大德恒　大德源　敬叩

富國足民，開九府財源，人歌大有；

廉泉讓水，秉千秋氣義，廟祀無疆。

光緒十年季秋月　山西太原幫衆號敬叩

掌萬民衣食之源，洋洋乎如在其上；

司九府權衡之準，赫赫然於昭于天。

光緒十六年孟冬月　太谷協成乾　志成信　仝叩

天后宫對聯

福德曜天樞，統輔弼宰衡，咸依上界；

炳靈偕帝子，合瀟湘雲夢，普渡慈航。

光緒十年季秋月　山西太原府盒茶幫敬叩

聖德齊天，頒來玉簡金函，功操海宇；

母儀稱后，睹此波恬浪静，福惠蒼生。

光緒拾年季春月　山西太原闔幫衆號敬叩

我是一片婆心，欲使萬民離苦海；

爾須多行善事，自能衆楫濟安瀾。

光緒甲申孟秋月　山西聞喜幫敬叩

靈應著滄溟，屏翳收風金樞攄轡；

明禋修漢滻，神絃按譜佐舶延鼇。

光緒甲申年　山陝兩省商號公立

莫愁巨浪横流，喜百千秋碧海驚濤，永作安瀾世界；

且看神燈飛至，俾數萬里蒼生誉運，群依寶炬光輝。

光緒乙酉年臘月　山西太汾紅茶幫敬叩

七聖殿對聯

展拜重秦中，仰方擅龍宫，財儲虎幄，星隱鶉躔，社席咸登，遐邇均蒙真聖澤；

薦馨隆漢上，看湖斂洪濤，河出滎光，江消駭浪，帆檣利涉，往來全仗大王風。

光緒庚寅仲秋月　關中悦盛宗記敬叩

考遺烈震古燿今，靈異相傳，有功於民則祀；

溯羣聖經文緯武，後先一揆，惟神降福無窮。

光緒十六年八月　晉祁　億中恒　復泰謙　大德通　大德恒　大德源　仝叩

勷同禹，威同益，德同岐伯，功濟可統，言三職司，則膺有五，萬庶沐蔭庥，異域皆歌仁且壽；

尊曰王，稱曰帝，號曰將軍，英靈威名，爲聖感格，總歸乎神，千秋隆祭典，鄉關永篤晉與秦。

光緒十六年仲春月　關中　萬興東　全盛裕　協盛隆　仝叩

捍大患，禦大災，神所憑依惟在德；

阜民財，診民瘼，仙之感應與其誠。

光緒十六年仲夏月　晉平　協同慶　協和信　敬叩

拯困救斯民，鳩居弭患，龍禁傳方，且欣異代同堂，爲帝爲王，一時共遂活人願；

赫臨昭此地，鵲渚環流，鶴樓對峙，好借晴川芳草，以享以祀，四序長存報本恩。

光緒十五年六月　西菸幫敬叩

同知銜前廣濟縣知縣秦州王祐敬題並書

游仁壽而切砭鍼，食德飲和，洵乎草木有靈，大地羣生歌再造；

出水火以登衽席，救民護國，允矣工虞媲美，中天庶績紹千秋。

光緒十五年仲春月　西藥幫衆商敬叩

感聖德之覃敷，溯神農辨草帝舜揮絃以來，仙靈繼起，看禁方親授寶藏勃興，俱向龍宫資利濟；

爲民生所永賴，念大禹疏河燧人鑽木而後，賢哲相承，喜狂焰無驚安瀾有慶，又從鄂渚薦馨香。

光緒庚寅孟冬月　太谷 志成信 協成乾 敬叩

文昌殿對聯

一十七世現身説法，統智愚賢否，悉皈化育；

萬千百年司録興文，普山陬海澨，咸沐靈光。

光緒辛卯仲夏月　晉介當幫敬叩

躔舍次薇垣，從兹炳合蕭薌引星辰而上；

奥區雄夏首，且喜莊嚴廟貌與江漢同流。

光緒十四年冬月　西菸幫敬叩　天水劉兆烈敬撰拜書

爲千萬年司文，主參天地以同流星昭河漢；

作十七世宰官，身繼帝王而永治澤沛閭閻。

光緒二十一年花月　西均菸幫衆號仝叩

陰騭善權衡，漫以甲第科名自矜福命；

文章焕奎壁，始知根源孝友上應星辰。

光緒十八年四月　西藥幫衆號敬叩

匹文宣以教化羣倫，博大光華，天上星辰昭列宿；

並武聖而馨香百世，聰明正直，人間景運卜昌期。

光緒十七年七月　晉蒲三泰和敬叩

萃圖書翰墨之精，璧合珠聯，七曲寶光森三界；

臨江漢睢漳之望，經文緯武，兩龕明祀結芳鄰。

光緒辛卯年孟夏月　汾州衆賬幫敬叩

吕祖閣對聯

雲護青龍，劍氣冲寒蓬島月；

樓臨黄鶴，笛聲吹暖漢江春。

光緒庚寅仲秋　古陶張恩榮敬叩

點石得先生，黄金布地；

飛身來上界，寶劍横秋。

光緒庚寅仲夏　晉平　協同慶　協和信　敬叩

泰山廟對聯

瀛寰浩渺，幾多人勞碌奔馳，使詐使欺，使權使力，窮奇變幻，儘憑世上作聰明；到此間，鐵面無私，一從孽鏡呈形，不免教苦海波翻，森羅獄起；

大地浮沈，億萬類遊行跋息，有生有滅，有去有來，禍福吉凶，只看眼前真境界；願爾等，回頭猛省，都向心田種德，再休問千年塵劫，六道輪廻。

光緒二十一年小陽月　山陝兩省仝立

體大物博，祖陽氣之發東方，

雲行雨施，不崇朝而徧天下。

地藏庵對聯

想藐躬渡普蒲壇，誓幽囚未空地獄，不忍成佛；

幸多士情殷梓里，建公所以館旅櫬，是謂解人。

同治四年春月　西煙幫衆號仝叩

若非是救母精誠，那得錫類推恩，同尊教主；
也還望生人覺悟，庶幾消災滅障，共入天堂。

光緒十九年　山陝兩省衆商公立

錫仗用當年，地獄内超昇不少；
金仙成此日，藏府中顯應無邊。

正殿戲臺對聯

陳迹興懷，古今人豈云不相及；
羣情畢寄，天下事當作如是觀。

唱一曲白雪陽春，大江東去；
看滿眼流丹疊翠，爽氣西來。

雅樂操南音，可還是玉笛樓中牙琴臺上；
鄉情話西土，權當着師涓餽晉公子觀秦。

且從忙裏偷閑，看盡古今來情狀；
莫道局中是戲，點破千百世機關。

地當鸚鵡洲邊，構兹玉宇瓊樓，入座渾如遊洞府；
人在枌榆社裏，對此歌衫舞扇，開尊同與話家山。

陽春白雪有新聲，聽楚客歌來，徧傳漢上；
鐵板銅琶翻古調，問鄉音操處，憶否關西。

財神殿戲臺對聯

餘韻繞江城，問玉笛誰吹，折楊柳數聲，落梅花一曲；
游蹤臨漢水，且金樽共把，集枌榆雅社，話桑梓閒情。

七聖殿戲臺對聯

且從忙裏偷閑，看盡古今來情狀；
莫道局中是戲，點破千百世機關。

山陝兩省公置

文昌殿戲臺對聯

聞所聞而來，聆遺響千秋，高山流水；
見所見而去，醒繁華一夢，御苑宮花。

光緒二十年仲春月　候選同知周承業　五品銜布理問高樹有敬叩

紀産續置

會館舊址，兵燹後半爲土人侵佔。惟同鄉老成者審之，確其契券遺失。乃公請督憲示諭，縣尊立案。於是會館復興，祀産復還。集捐重建，較前壯觀。以屋租之，所入供會館之所出，終歲沛然而有餘。創於昔，增於今，擴充於後，猶子輿氏所謂恆産也。烏可以不誌？要之，兩省之人心一，一則堅，堅則久而不懈。謹將續買浮屋六所，畧録姓名、價值。基地五段，改置市屋，照契詳録，以誌不忘。

續買無基浮屋六所：光緒三年，買劉興發瓦屋一所，價錢六百千文；買邱正發瓦屋一所，價錢叁百千文；買張祥華瓦屋一所，價錢壹百千文。十八年，買邱有德瓦屋一所，價錢貳伯五拾五千文。二十年，買三槐堂王瓦屋一所，價錢五拾五千文。廿一年，買李萬興瓦屋一所，價錢六拾千文。

會館巷東地基

立大賣房屋基地字人范書田、范海洲，今有祖遺受分基地一段，坐落漢鎮循禮坊。前抵西關廟正街，後抵盔頭巷，左抵西關廟老墻脚，右抵西關廟新買周姓房屋墻脚。前重地基，計寬一丈三尺。後重地基，計寬一丈有零。四界明白。兹因别貿乏資，親族人等，無人承買，弟兄父子，好作商議，情願請出中証，三面説合，出賣於西會館名下爲業。時值價估九八通制錢壹百串文正。當日對衆親手收訖，至若代筆折席①，照例另給。所有先手印契，實因兵燹毁失，無從呈繳。日後尋出，概作廢紙無用。此係己賣己産，不與外人相干。自賣之後，聽憑買主蓋造管業。倘有生端異説，惟賣主一身承當，全於買主無涉。恐口無憑，特立大賣基地字約爲據。

光緒十六年十二月十七日　代筆親立

藥王廟東邊大巷内基屋

立大賣地基房屋文約字人丁正榜，今有自己本業地基暨造房屋大小一連五進，坐落循禮坊二總藥王東邊大巷内。坐東朝西，前寬一丈三尺二寸，中寬一丈四尺八寸，後寬一丈五尺。前至官街，後至港心，北至魏姓地基爲界，南至吳姓地基爲界，四界明白。今因貿易缺少資本，我父子好作商議，將自己本業房屋地基出賣。先請親族人等，並無一人承受。只得央求中証説合，情願賣與西會館名下爲業，三面言定，價九八五節平它紋銀五百兩正②。其銀當日收清不欠。自賣之後，聽憑買主管業，賣主不得生端異説。倘有親族人等争論，有賣主一力承當，與買主

① 折席：用金錢抵充酒席。文中指的是代筆寫契約的費用。

② 九八五平：清末民初在武漢地區慣用銀兩平名。它紋銀：二四寶九八七兑，與錢平（九八五平）相對應的慣用銀兩。該種貨幣主要應用於鹽、蔴、豆油、菜油、皮貨等行業。

毫無干涉。恐後無憑，立此大賣字爲據，隨紅契老約一紙，更名錢糧單計納銀五分，所有屋内裝修、寸木、磚石、瓦片一併在内。

光緒十七年臘月十五日 立大賣字人丁正榜押

會館巷東地基

立大賣字約人談賓清，今有祖遺基地，坐落循禮坊西關帝廟巷内，坐東朝西。地基一塊，計寬三丈零三寸，深四丈三尺五寸。又，連此基東北角地基一塊，計寬一丈七尺三寸，深七尺五寸，東至本宅墻脚爲界，南至朱姓墻脚爲界，西至西會館地基，北至紅花幫地基爲界，四界分明。仝中言明，出賣與西會館名下永遠爲業。仝中議定九八五平它紋銀壹伯七拾兩正。其銀當日收清不欠。自賣之後，聽憑買主起造管業，永無異説。此外並無質押他人之事。倘有親族人等争論，有賣主承當，與買主無涉。恐口無憑，立此大賣字爲証。隨有老契一張。再，地基内有談姓自打就墻脚石塊，均歸西會館承管。此新契與老契所註尺寸不符，因被石姓佔去。日後會館起造房屋，如留後門，平日不得行走。設遇風火不測，許借談姓巷内借行。

光緒十七年臘月十七日　談賓清親筆

會館東地基

立大賣基地字約人彭玉書，今有祖遺基地一塊，坐落循禮坊西關帝廟大巷内，坐東朝西。地基一塊，計寬四丈七尺，計長四丈五尺八寸。東至王姓墻脚爲界，其東南角至張姓墻脚爲界，南至西會館墻脚爲界，西至西會館地基爲界，北至自己墻脚爲界，四界明白。仝中言明，出大賣與西會館名下永遠爲業。憑中議定九八五平它紋銀壹伯玖拾兩。其銀當時收清。自賣之後，聽憑買主起造管業，永無異説，並無質押等情。倘有親族人等争論，有賣主一身承當，與買主毫無干涉。恐口無憑，立此大賣契爲証。當繳出老約一紙、根約二紙、糧銀二分單一張，聽憑過户完納。倘日後再清出老約，以作廢紙無用。

光緒十八年五月初三日　賣約人彭玉書親筆

會館巷東地基

立賣地基契人凝禧堂李，今有祖遺空地基一塊，坐落循禮坊西會館正巷内東邊，寬一丈五尺，深五丈。東至王姓墻脚爲界，西至會館街爲界，北至朱姓墻脚，南至西會館墻脚爲界，四界明白。因兵燹後原契失落，日前在漢陽府補税契紙粘有契尾爲憑，情願出賣與西會館永遠作業，同中議定言明，買地基價足銀五拾兩。當日交清無欠，其地基由買主修理。如有他人出來生端異説，有賣主李錦卿、李采青一面承擔。恐後無憑，立此爲永遠之據。

光緒十九年三月初三日　李錦卿　李采青親筆

紀復製水龍

漢鎮居民稠密，不下數十萬户。火災之患常有。雖開通火道，以便行汲往來，然倉猝之頃，難於施力。以一肩之水，敵方揚之火，勢不能勝。又接續不時，指揮不及，往往連延櫛比。甚者，男女奔竄無所出，遂厄於一燼。於是，昔人濟衆爲懷，創製水龍，以備緩急。用之既久，殘缺殆甚。庚辰歲[①]，武君有慶與諸君議，以爲會館重建以來，諸凡利人之事，罔不悉舉，惟救火之器失修。因復設水龍，以防不虞，補會館之未備。而爲山陝之倡首諸君，皆爲善。從而慫恿之，乃募廣工之善製者，爲水龍二。製成，立之程式。凡用夫役四十六人，平居無事，三節

① 庚辰歲：光緒六年，公元 1880 年。

給酒資叁拾四串文，使各自治其業。有事而用之，則各衣皂衣，操水具，或挑或挽，各隨其宜而奮其力，火熄乃已。每水龍出，則給賞錢捌串文。司匣之家給之。事宜重定，聞之郡守長吏，頒示而行之。由是漢鎮有火災，水龍至，則視其高下向背，縱之横之，水勢所逮，燎應手撲滅。附近居民得以安息。其有益於人者，如此。余維五行之相勝也，有時而窮，惟人巧能操必勝之權。雖造物鬼神，亦避之而莫能與争，而五行乃得各奠其位。金之克木也，鈍則不入。木之克土也，拔則不受。制其鋭，培其根，而金與之勝固在今。夫水陽類也，火陰類也，陽之勝陰，常也。火上炎而烈，得風以助之，則陰者轉竊陽之勢以相陵。而水以柔順善下，反處於陰弱無能。是陽轉屈而陰轉勝。有良工者，逆水之性而善用之，激一綫之水，以達於至高，而出乎煙燄之上，則剛陽得位，而竊其勢者遂失其據，而不能敵其衡，而截之也如斬蛇之劍，一擊而中。分其懸而注之也，如將軍之從天而下，飛瀑之自崖而瀉。其遥而射之也，如養由基之發矢①，穿楊葉、徹七扎②，投無不中，中無不深。其猛而制之也，如錢塘之潮方怒，吴越王水犀萬弩突出齊發，弦響而濤聲息。且夫龍爲水屬，人不得而狎之。然其噓雲噴雨，水下土，汩涯谷，有神於用者矣。取其用之神，而適得乎水之分，以制乎鬱攸之威。此即古聖人所爲立成器以爲天下利，興神物以前民用之遺意也。會館之有此舉也，其利不誠普哉？昔人創之，武君繼之，其存心濟物，亦可謂有加而無已者矣。

水龍局掛牌式

本會館置備廣龍，以防不虞。今招募夫頭散役，各執各業。鳴鑼不到、臨場偷安者，革出另招。倘有不測，各安天命，毋得借此圖詐。特此預白。所派各司列後。

---

① 養由基：姬姓，養氏，名由基。《戰國策·西周策》中記載：楚有養由基者，善射，去柳葉百步而射之，百發百中。

② 七扎：七層鎧甲。扎通“札”。札，鎧甲上的葉片。養由基射穿七層鎧甲的故事可見之於《左傳·成公十六年》。

夫頭四名，每名工價貳佰捌十文。

鑼夫一名，拉龍夫十六名，座旗夫一名，拿叉夫六名，吹角夫一名，高照夫二名，拿梯夫一名，轎夫二名。以上每名工價一百四十。

挑水夫十二名，正工價每名八十文，水籌每支給錢十文。

出龍工價既定録前。端午節給酒錢每名四十文，中秋如之，年節每名額給酒資六百文。如夜聞警報火者，給錢百文，燈燭錢壹百六十文。此記。

募燈油啟

法像增明，連天涵采，寶光肆洽，匝地騰輝。某①，拙爾緇流②，渺然衲子③，拳頭不識，誰傳一脉？明燈面目空存，但對九年暗壁。蜂臺掩色④，猊座無光⑤。惟檀越之歡輸⑥，乃膏油之不乏。已識傳薪有火，無處須油；縱然明鏡非臺，還當索照。倘金錢之許錫，甯福祉以唐捐。

太原幫，歲捐燈油銀念肆兩整。汾州幫，歲捐燈油銀念肆兩整。西菸幫，歲捐燈油銀念壹兩六錢。西藥幫，歲捐燈油銀拾叁兩整。土菓幫，歲捐燈油銀捌兩整。聞喜幫，歲捐燈油銀陸兩整。油幫，歲捐燈油銀四兩捌錢整。皮貨幫，歲捐燈油銀叁兩貳錢整。衆賬幫，歲捐燈油錢貳千文。福協泰，歲捐燈油錢貳千文。萬順德，歲捐燈油錢貳千文。萬順桂，歲捐燈油錢貳千文。以上共計，歲捐燈油銀壹百零四兩六錢，錢捌千文。

---

① 某：自稱（代替“我”或名字）。
② 緇流：指和尚。
③ 衲子：即僧人。
④ 蜂臺：借指佛塔。遠望佛塔，狀如蜂房，故稱。
⑤ 猊座：佛教用語。指佛、菩薩所坐之處。
⑥ 檀越：指施主。

後堤外保壽延壽二橋合記

漢口地方，面江背湖，每當夏秋之時，水勢漲沸，一片汪洋。故築堤以禦之。大雨滂沱，内濠之水，更難疏洩。居民於此，往往隔岸相視，苦無渡船、橋樑。鄉人憫之。於是我山陝兩省商人，捐資造以石橋二孔。西曰保壽橋，正對會館之後門，係南北行；東曰延壽橋，與雷祖殿之橋毗連，係東西行。道光十四年孟秋月，西菸幫經理建修。自遭劫後，年久失修。今會館工程告竣，二橋亦隨整理。壞者補之，頽者扶之。其保壽橋長一丈八尺，寬一丈，兩翼輔以石欄。延壽橋長貳丈八尺，寬一丈貳尺，兩翼新添欄杆。二橋既修於東西火路，又築於東界，居民受益良多，行人利濟不淺。爲義舉之不可以已也。善夫！

光緒二十二年歲次丙申孟春月　經理首人謹識於漢皋旅次

歲　入

夾街路南市屋一家，歲收租錢貳拾肆仟文。

夾街路南基地一塊，歲收租銀陸兩。

夾街路南市屋並會館巷西南隅市屋一家，共歲收租銀肆拾陸兩。

會館巷東南隅市屋二家，歲收租錢壹佰壹拾柒仟貳伯文。

會館巷内路東基地五塊，共歲收租銀伍拾捌兩叁錢。

會館巷内路東市屋四家，共歲收租銀叁伯六拾捌兩。

會館巷内路東市屋六家，共歲收租錢叁百伍拾壹千六百文。

會館巷内路西市屋五家，共歲收租錢貳百貳拾捌千文。

會館巷内路西基地六塊，共歲收租銀柒拾壹兩。

會館後堤南岸橋東市屋二家，共歲收租錢拾肆千肆百文。

會館後門東隅三角屋一家，歲收租錢叁拾陸千文。

會館後堤南岸橋東基地一塊，歲收租錢叁千叁百文。

會館後堤南岸橋西市屋四所，共約收歲租銀貳百兩之譜。

會館後堤南岸橋西基地一塊七家，共歲收租錢叁拾叁千捌百文。

會館後堤北岸泰山廟東首市茶樓一座，歲收租銀貳百兩，十年後以三百收之。

會館後堤北岸茶樓東空基一塊，歲收租銀壹拾五兩。

又，茶樓東延壽橋西地基一大塊，三人共歲收租錢五千六百文。

又，湖東西兩邊菜地，共歲收租錢叁千文。

藥王廟東邊巷内地基一塊，歲收租錢拾貳千文。原十九年買丁正榜之房屋地基，不久被火災未修。

以上歲收屋地租金，共計：銀九百六十四兩三錢，錢八百二十八千九百文。

歲　出

春秋閣，均後湖漁課、歲納銀叁錢二分九釐。

關帝廟，湘肆里三甲義阡歲納漕米四升正，錢糧銀壹錢四分正。

以上錢糧漕米漁課。

關帝廟，門灘歲出銀一錢五分四厘六毫。

關帝廟，門灘歲出銀一錢五分四厘六毫。

關帝廟，門灘歲出銀一錢五分四厘六毫。

右係會館各屋門灘銀數，仍有照原業户納門灘者開後。

劉興發歲出銀一錢五分四厘六毫，關帝廟更名歲出銀三錢六分二厘，秦晉更名歲出銀六分一厘，春秋閣更名歲出銀二錢二分八厘，關聖殿更名歲出銀四錢四分一厘，山西會館更名歲出銀二錢二分五厘，西會館更名歲出銀五分。

右係會館各屋更名銀數。

五月祭祀，一切使費，約用銀三十餘兩，錢六百五十千文之譜。水龍、工食並出龍賞耗，約用錢二百千文。司事一人，每歲辛金銀捌拾兩，酬勞錢拾貳千文。和尚二人，每歲給僧帽、僧鞋等錢四十千文。守夜一人，每歲工食錢二十一千六百文。看守義塚一人，每歲給工食錢二千文。館役八人，每歲工資酒錢一百千文。年節用鼓樂八名，共給錢八千文。神香油燭、白煤炭巴、煙茶火紙、撮箕把掃、佛祖聖會、館人十三、通年伙食、三節食物，以上八項每歲共給錢八百千文。

市屋檢漏、添補器用、門差雜費，三項共約每歲用錢貳百千文。館内歲修，臨時酌估。

以上歲出，共計：銀壹伯壹拾兩，錢貳千零叁拾叁仟六百文。

重建瘞旅公所記

漢口山陝西會館建有泰山廟，廟西爲瘞旅公所，在會館後堤外循禮坊地方。其間正殿三楹，爲地藏庵。東西屋十餘間，爲厝柩之所。院中加蓋罩棚，禦風吹日曬之虞。又以入土爲安，更置義地一區，在漢陽七里廟地方。良以兩省之人，貿易於斯者，盈千累萬。疾病死亡，在所不免。有義阡以埋葬，有公所以停柩，並取費資以展時祀。既無暴露之虞，益安亡者之魄，意至善也。舊例，旅櫬以五年寄頓，俾死者之家遣人攜帶回籍，或其家無人聞問，五年後即代爲安葬義地，標名立碑。意至周也。死者入土爲安，生者益無遺憾，則曲盡鄉誼而義舉，體恤至微者也。自兵燹後，會館重建，舊制重興，合力經營，至今日而規模大備。公所亦隨重建，一切定規，皆遵向章。深望吾鄉後賢，隨時經理，不至墮昔人創始之苦心，庶可永久而不廢矣！

光緒二十二年歲次丙申孟春月穀旦

山陝兩省商人公具

山陜兩省瘞旅公所議定章程立石爲記

一議，瘞旅公所係兩省捐資公建，以備不虞。倘若存寄靈柩，須向值年首士申明，實係兩省之人，方允存寄。兼有保薦者。無論會内、會外，凡寄靈柩，先付廟資紋銀貳兩入公以備年修外，另付紋銀壹兩，係每年醮資，兼工人打掃照應之資。後來搬取費用自辦，不與公所相干。五年不搬，公所出費送葬義地。若不收取廟費，將來抬送義地葬埋等事，費從何出？

一議，兩省有寒苦者，殁後有相識之友買棺收殮，欲送公所存寄，公所不得應允。情形如此，永不能搬取。不若面求值年首士，給一埋葬票紙，送葬義地。豈不兩便！

一議，公所存寄靈柩，每年清明、中元、寒衣三節，雖無誦經之説，亦必施食超度，神鬼均安。

一議，照管義地之人，凡一切事件，均屬照應。議定每年工食錢六千文。按三節交付。棺木送義地葬埋者，打井包墳工價錢六百文。一切雜事，俱在其内。不得争論多寡，永遠以此爲例。

一議，五年後送葬義地，或有人執票來搬取者，親往義地搬取，着管義地之人開墳取棺，工價錢四百文。或抬往别處，脚錢遠近面議。均係自出，不與公所相干。

一議，公所脚夫抬棺，無論抬至河下登舟，或抬至義塜，或抬至馬王廟，每夫一名給錢叁百文，内扣錢五十文，給公所用人打掃照應之費。碼頭脚夫每一名，得錢貳百伍拾文。此係憲諭立石永遠遵行。

道光貳拾壹年歲次辛丑仲冬月吉立

山陜兩省重修瘞旅所碑記

蓋聞盈虚消長者，萬物之理；悲歡離合者，斯人之情。然生離固屬可悲，而死别尤爲最慘。我山陝之人，寄此漢江之地，不遠千里，本冀錦旋。詎料無常，忽遭魄落。雖存亡有數，爲斯世之常。然而骸骨無栖，覺此心之難忍。爰謀净地，聊作佳城①。仰叩仁人，共襄義舉。前者廟啟泰山，已叨庇蔭；此日庵興瘞旅，還望帡幪②。俾免暴露之嗟，不啻生成之德。庶兹幽壤，相安極樂之鄉；願我同人，齊登仁壽之域。是爲引。

經理西菸幫

公盛中 景和德 三盛行 怡和行

同治五年 歲次丙寅季秋月 穀旦

寄厝執照式丙申二月起給

執　　照

漢口山陝兩省瘞旅公所爲給發執照事兹據

幫　　　號寄停公所/葬義地第　　號棺木一具

亡人姓　　名　　係　　西省　　府　　縣人年　　歲

年　　月　　日歿於　　　地方今送至館挨號安厝此票給本家收執日後繳票領棺如五年不來領即代爲安葬義地標名立碑

光緒　　　年　　月　　日給

① 佳城：喻指墓地。

② 帡幪：庇蔭，庇護。

荆楚文库

漢口紫陽書院志略

〔清〕董桂敷 編

彭善德　彭忠德 點校

前　言

清代時，漢口已發展成爲全國的一個商業物流中心城鎮，各地都有許多商人到漢口經商，久而久之，大多在此安家落户。其中，徽州商人佔有相當大的比例，“漢鎮列肆萬家，而新安人居其半”。

這些徽州商人在外經商時，從來都没有忘記自己的家鄉，那些深受朱子學問影響的儒商，時刻都把朱子理學放在心上，學而優則仕的觀念也早已深入人心，更是他們對自己子弟最大的希望。有所積累之後，他們就把建設書院提上了議事日程。董桂敷在《增訂漢口紫陽書院志略序》中説：

> 蓋昔鄉先生之旅處於斯也，其心未嘗一日忘新安之教，故於鄉里聚會之餘，共敦孝、友、睦、婣、任、恤之誼，思有所託以行之永久，乃議創建書院，將待其成，與父兄子弟朋友日相講習於其中，本朱子之德行以爲儀，述其所以教人者，以爲鄉之後進式。

議定不久，即付諸行動，“自康熙甲戌歲（1694年），吴公蘊予、汪公文儀等創始之，閲十二年而成”，書院粗具規模，“乾隆乙卯歲（1794年）”，湖廣總督畢沅“以祠宇寖久，恐就傾頹，建議重修，汪君衡士等實經理之，以閲十年而後成”，方使書院“規模嚴峻，既碩且固”，加之延攬名師，南來北往官員亦獻祭朱子，書院遂鼎盛一時，成爲與蘇州、徽州、杭州、漳州等地紫陽書院齊名的著名書院。自宋元至明清，全國先後建有百餘所名爲“紫陽”的書院，漢口紫陽書院即是其中一所。因爲這些書院都以祭祀朱熹爲重要内容，故以朱熹之“紫陽”别號爲書院之名。又因徽州古稱新安，漢口徽籍人士口頭或書面上有時亦稱漢口紫陽書院爲“新安書院”。

書院啓用四五十年之後，爲傳承書院歷史，希望後來之人永遠記住建造之不易，維護好書院，書院之管理者即着手編撰書院志，“《志略》者，昔之鄉先生志其所以建書院之情，而因備及創建以後之事，以告後之君子者也”，如《志略》中之“所列《道統》《學規》諸條目，皆昔人所以創建書院之本情也”，“所列《建置》《崇祀》《禋産》《藝文》《雜志》，而兼及於書牘、禁示、呈詞，皆當年撰建以後之實事也”。七十年之後，書院管理者發現書院志稿已經或存或缺，如不及時修訂，勢必散佚殆盡，於是懇請徽籍著名學者董桂敷重新編定。董氏不負衆望，“循其節目，補其遺文，缺其散佚者”，編成《紫陽書院志略》一書。

董桂敷可謂一位典型的學而優則仕、仕而優則教的官員學者。

董桂敷（1771—1828），字宗邵，號小槎，又號筱槎，安徽婺源人。他於嘉慶五年庚申恩科鄉試時中舉，五年之後又成嘉慶十年乙丑科進士，累官至翰林院編修、國史方略館纂修官，總纂清廷國史；曾任辛未會試、癸酉順天鄉試同考官。後因病退歸，但他退而不休，到書院從事教學工作，主講豫章書院時，其講堂高懸士林所贈“文模道範”之額匾，即稱頌其學問人品；先後任漢口紫陽書院、旌德洋川毓文書院山長。除編輯《紫陽書院志略》外，董桂敷於經史子集四部皆有著作傳世，如《書序蔡傳後説》《周官辨非解》《夏小正箋注》《十三經管見》《諸史蠡測》《諸子異同得失參摩》《儒先語録匯參》《見聞贅語》《自知室文集》《自知室詩集》等。道光八年（1828 年），董桂敷病逝，享年五十七，八年之後，入祀鄉賢祠，其傳記入選《婺源縣志》。

紫陽書院爲僑居異鄉之徽籍商人所辦，與傳統的書院相比，同中有異。董桂敷在《漢口重修新安書院碑記》中指出：

> 余維書院之建，一舉而三善備焉：尊先賢以明道，立講舍以勸學，會桑梓以聯情。

董氏所言新安書院之“三善”，闡明了書院的基本功用，《紫陽書院志略》主要内容其實也是圍繞“三善”展開的：

所謂“尊先賢以明道”，是指書院是祭祀場所，主要祭祀對象是朱熹，如春黎明、春正、秋正、生日、忌日等一年數祭；其次是文昌帝君、魁星；創建書院之先賢，亦各有祭。其書卷一即有徽國文公祭祀祠堂總圖，卷四則詳載祭祀所需欵項來源、祭祀儀禮、祭器、祭品、祭文、人員及儀節程序等細節。

所謂“立講舍以勸學”，是指書院爲教育在漢徽籍子弟的義學場所。卷二叙道學淵源，認爲朱熹爲堯、舜、禹、湯、文、武、周公、孔子之道的嫡系傳人；卷五爲書院學規，諸如教條、諭條、摘訓等，皆轉載朱熹之《白鹿洞書院揭示》《玉山講義》《童蒙須知》《讀書法》及其他勸學文字。這兩卷文字是與書院聯繫最密切的文字，也是《紫陽書院志略》中的主要文字。

所謂“會桑梓以聯情”，“聯情”之一，是指書院的徽商會館功能，漢口徽商於祭祀之外時間，還有不定時的聚議。“聯情”之二，專門在書院餘基上建有“義舍”以接待過往漢口的徽籍客商，“蓋造樓屋十楹，專爲桑梓過客暫時栖息之所……盡鄉情而肅書院”。因爲畢竟以書院、祭祀爲主，這些義舍並不容許長年累月居住，或許不願意傷害鄉情，義舍“因立簿扇，議定規條，雖不過偶而暫寓，亦借面熟擔保，方敢登明容留，如期遷去”。爲預防“恃强霸住，久假不歸”，書院管理者還請地方官府發佈“義舍示禁”的官方告示。“聯情”之三，書院出面購地，設立“義塚”以安葬客死於漢口而無力入土爲安之徽籍鄉人，以增進鄉情，加强團結。紫陽書院的“會桑梓以聯情”這一善，是其他書院所没有的，應該看作是它的一大特點。

《紫陽書院志略》卷六《契墨》所載地産及其經營概況，從商業的角度反映了漢口徽商借經商之利以養書院的個性特色；卷七《藝文》、卷八《雜志》所載諸文，則從文化的角度反映了紫陽書院的本性特色，這些對中國書院産生、發展的研究都有較大的價值。

此次整理點校，以清嘉慶十一年刻本影印本（趙所生、薛正興主編之《中國歷代書院志》，江蘇教育出版社 1995 年第 1 版）爲底本，其他參校材料有《宋史·朱熹傳》《朱子語類》，湖北教育出版社 2002 年 5 月版“湖北地方古籍文獻叢書”中李經天、李珠點注之《紫陽書院志略》。

點校者

二〇一九年一月十日

目　録

增訂漢口紫陽書院志略序 …… 177

舊凡例 …… 179

增訂志略凡例 …… 182

目録 …… 184

卷之一　圖説 …… 195

新安書院全圖 …… 196

江漢形勝坊市總圖（197）　新安坊渡魁星閣圖（198）

書院全圖（199）　戟門圖（200）　尊道堂圖（201）

寢室圖（202）　文昌閣圖（203）

圖記 …… 204

漢口徽國文公祠堂總圖記（204）　圖記補遺（206）

卷之二　道統 …… 207

源流 …… 207

道學淵源（207）

事實 …… 212

宋史本傳（212）　年譜（220）　行狀（225）

題贊 …… 252

紫陽夫子遺像（252）　明英宗像贊（253）

朱子自寫照銘（253）　朱子自題警語（253）

朱子自題像詩（254）　列代名賢贊（254）

卷之三　建置 …… 257

紀書院本末（257）　祠宇（260）　樓閣（261）　廳舍（262）

門巷（263）　别建（264）

卷之四 崇祀 …… 265
聖祖仁皇帝上諭（265） 朱坤恭紀（266） 春秋祭款（266）
祀儀（267） 附載（270） 迎神告文（271） 春祭文（271）
春正祭文（271） 生日祭文（272） 秋正祭文（272）
嘏詞（272） 忌日祭文（272） 文昌祝文（273）
報功祠祝文（273） 始建祠祝文（273）
卷之五 學規 …… 274
教條 …… 274
白鹿洞書院揭示（274） 玉山講義（275） 讀書之要（279）
童蒙須知（280） 讀書法（283）
諭條 …… 288
諭學者（288） 滄洲精舍諭學者（288） 又諭學者（289）
諭諸生（290） 諭諸職事（290）
摘訓 …… 291
德業相勸（291） 過失相規（291） 禮俗相交（292）
患難相恤（295）
卷之六 禋産 …… 296
契墨 …… 296
書院基址五契（296） 無基浮屋三十一契（298）
後河麥地（300） 漢陽基屋（300） 新安巷基屋（301）
照牆前基屋（301） 循禮坊後街橋頭市屋（302）
循禮坊正街市屋（302） 熊家巷基（303） 基地房屋（303）
循禮坊後街基屋（304） 循禮坊大街基屋（304）
沈家廟後街基屋（305） 三皇殿後基屋（305）
新安街東基屋（306） 祠後基屋（307） 準提菴契約（307）
執照 …… 308
馬頭基屋照（308） 承買繳價呈（308） 受買退業呈（309）
準提菴三元殿執照（310）

紀産 ………………………………………………………… 310
紀贖市屋入祠（310） 同贖姓氏（311） 立調换墨據（311）
歲入 ………………………………………………………… 317
歲出 ………………………………………………………… 317
卷之七 藝文 ………………………………………………… 320
撰述 ………………………………………………………… 320
御書樓題詞（320） 御書樓賦（321） 尊道堂序（322）
尊道堂記（323） 義學記（324） 義學記（325）
六水講堂記（327） 兼山麗澤記（328） 半畝池記（329）
西廳記（329） 紫陽書院藏書閣序（330） 藏書閣跋（332）
讌射軒記（333） 啓秀書屋記（334） 主敬堂記（336）
願學軒記（337） 近聖居記（339） 致一齋説（340）
報功祠記（341） 始建祠記（342） 東祠附祀畢制軍述（343）
文昌閣記（344） 魁星閣記（345） 文公忌日設祭記（346）
與祭記（347） 重修紫陽書院後序（348）
漢口重修新安書院碑記（349） 新安通衢記（350）
題咏 ………………………………………………………… 351
寄題漢口紫陽書院（351） 又（351）
匾額 ………………………………………………………… 352
徽國文公祠（352） 西廳（356） 魁星閣（357）
文昌閣（357） 義埠（357）
聯句 ………………………………………………………… 357
雜聯 ………………………………………………………… 361
漢口紫陽書院志略撰述增訂 ……………………………… 363
紫陽書院志略序（363）
漢口紫陽書院志略題咏增訂 ……………………………… 365
匾額（365） 聯句（367） 文昌閣聯句（367）

卷之八　雜志 …………………………………………………………… 368
啓建書院序（368）　再勸樂輸文（369）　再勸樂輸啓（370）
募建文昌閣啓（371）　募修漢鎮新安書院序（371）
覆吴子丹書（372）　附吴子丹來書（373）　上姚太史書（374）
附太史姚華曾覆書（375）　上張太史書（375）
附張太史静齋覆書（376）　與同鄉書（376）
書院上梁記（377）　奉神主入祠祭文（378）　祀后土文（379）
紀火（379）　紀水（379）　祀后土文（380）
復新安巷碑記（380）　重修書院首事紀蹟（381）
紀水龍（383）　集會頒胙議（384）　鼎建玉皇殿碑記（385）
汪文儀傳（386）　文學汪默菴先生傳（388）
書汪文儀先生傳後（390）　公祭吴蘊予先生文（391）
始建書院姓氏（392）　開建馬頭姓氏（392）
開建新街姓氏（392）　重修書院姓氏（392）　興工示（393）
漢陽邑侯張公捐免門攤税碑（393）　捐金育嬰詞（394）
曉諭示（395）　準提菴三元殿府禁示（396）
準提菴三元殿永禁示（397）　義舍示禁（398）
重修飭禁示（398）　新街諭禁示（399）　水龍曉諭示（399）
印契録示（401）　新安義阡弁言（401）
新安義阡續置序（404）　許家灣新置義阡禁示（407）
書院公同酌遵原議舊規（408）
漢口紫陽書院志略原跋 ………………………………………… 409
跋 ………………………………………………………………………… 410

增訂漢口紫陽書院志略序

事之難成也，久矣。書院者，天下之公舉也；朱子，天下後世之所師法也；吾新安，又朱子之鄉也。以新安之人合其心力建書院奉朱子，宜若易然，然而議初起而沮撓者有之，事方集而摇撼者有之，功已成而蠶食者有之，昔人作事之難如此，吾於漢口《紫陽書院志略》一編而有感焉。

《志略》者，昔之鄉先生[①]志其所以建書院之情，而因備及創建以後之事，以告後之君子者也。蓋昔鄉先生之旅處於斯也，其心未嘗一日忘新安之教，故於鄉里聚會之餘，共敦孝、友、睦、姻、任、恤之誼[②]，思有所託以行之永久，乃議創建書院，將待其成，與父兄子弟朋友日相講習於其中，本朱子之德行以爲儀，述其所以教人者，以爲鄉之後進式[③]，若今志中所列《道統》[④]《學規》諸條目，皆昔人所以創建書院之本情也。既創之矣，則將厚其牆垣，高其閈閎[⑤]，程[⑥]物材，定法則，嚴約禁，昭文章，足財用，而後可以稱其情之所欲而無歉。今夫水之赴壑也，或遏其流，則激而怒；鳥之冲霄也，或縶其翼，則仰而號。人之趨

---

① 鄉先生：古時尊稱辭官居鄉或在鄉教學的人。

② 敦：使敦厚篤實。《周禮・地官・大司徒》："六行：孝、友、睦、姻、任、恤。"善於父母爲孝，善於兄弟爲友。睦，親於九族。姻，親於外親。任，信於友道。恤，振憂貧者。

③ 式：楷模，榜樣。

④ 道統：是儒家傳道的系統。唐代韓愈正式提出了"堯、舜、禹、湯、文、武、周公、孔孟"關於道的傳授系統説，他以繼承孟子自居。宋儒朱熹所建立的道統，則以周（敦頤）、程（顥、頤）上承孟子，自己接上了周、程，後世儒家多本朱熹一説。

⑤ 閈閎：里巷的大門。

⑥ 程：衡量；品評。

善也亦然，苟或阻之，則其剛正之氣愈不容以自抑。以書院之創而有類於此，勢不得不率籲衆戚，旁呼將伯①，多方弭釁，維持而調護之。若志中所列《建置》《崇祀》《禋産》《藝文》《雜志》，而兼及於書牘、禁示、呈詞，皆當年創建以後之實事也。夫事過則情遷，人心類然。而昔之人必志之而傳之，何也？意豈自爲表襮②哉！亦謂我書院初基，經緯未定，羣言遞起，竭力以潰③於成，中更因循，産契潛佚，又賴我友君子起而争之，用能條理始終整齊嚴密，既大以公，式奠孔固，繼自今以往，尚其永監于兹，罔有或怠，故志之以告夫後來之君子也。獨念是《志》之作，距始建之初已四五十年，乃得紀其大略，紀略之後，距今又六七十年矣，而省視其目，秩然有條，周覽其篇，或存或缺，豈作志之人未及待其成而奄逝④耶？抑遲遲以需同志之緝而後遂逡巡耶？何中間數十年竟無爲之收殘補缺者，而直至今日也。甚矣，一書之成亦如此其難也。

幸今重修書院，諸君檢閱舊藁，爲之重録。余來漢上，遂以增訂之任相屬。噫，余之譾陋何足以任昔人之所難，但以斯《志》，曾竭昔人之心，及今而尚未有成，則後此見聞日以益遠，補葺之難更甚今日，是《志》不其終泯矣乎！余故承諸君之委，循其節目⑤，補其遺文，缺其散佚者。編成，將付剞劂⑥。爲序昔人所以作是編之意，俾後之人共見當時創始之難，相與樂其成而無俾其壞也。

時嘉慶十有一年歲次丙寅夏五月

婺源後學董桂敷序

---

① 將伯：向人求助。語出《詩・小雅・正月》："將伯助予。"毛傳："將，請也；伯，長也。"孔穎達疏："請長者助我。"

② 表襮：自炫。唐韓愈《南海神廟碑》："（孔戣）治人以明，事神以誠，内外單盡，不爲表襮。"

③ 潰：通"遂"，達到。《詩・小雅・小旻》："如彼築室於道謀，是用不潰於成。"毛傳："潰，遂也。"

④ 奄逝：謂去世。

⑤ 節目：條目；項目。

⑥ 剞劂：雕板；刻印。

舊凡例十二則，照原本録

一　是編以志名者，重書院也。書院志與郡邑志別：諸志率先山水，次遺跡，次建置，次人物，而以藝文終焉。斯《志》釐爲八綱。首《圖説》《道統》，次《建置》《崇祀》《義學》①《藝文》《禋産》《雜志》，蓋成自郡人②旅處者，以不獲瞻闕里，登講席，爰建夫子祠，設義塾，以啓廸來學，非有山水遺跡可以爰據成編，覽者原之。

一　人物非經碩儒論定，不敢擅爲臧否，故但於《雜志》篇後略摭首功數人事實，以備採擇，餘則有俟後之君子。

一　江漢、大別爲山水之最著者，漢口因以得名，故繪圖必先漢口，重輿圖也。坊市樓閣，以次備列，俾按圖而索，眉目瞭然。

一　書院爲崇道之區，子朱子集漢唐宋以來諸儒之大成，又所訂經書集註爲國家造士之所特遵，故於輿圖後即載《道統》。道統③之傳，翕然④千古，然表章莫詳於先哲，崇祀莫隆於聖朝，本《志》不敢以撮土而增泰山，衹就傳譜贊列之卷次，用誌景仰。

一　《建置》首載宫牆，蓋及門、升堂、入室，乃夫子教人爲學之次第。漢口爲七省通衢、士商雲集之所，琳宫梵宇，不知凡幾，獨吾郡首建書院，尊崇正學，禮教攸關，入其門者安得不爲提撕警覺，使之循序而進乎！他如文昌閣、魁星樓、義學、義渡，皆體夫子之道以誕敷文

---

① 義學：中國舊時的一種免費私塾，經費來源主要爲地租和捐欵。

② 郡人：此處“郡人”指安徽旅鄂人士。

③ 道統：宋明理學家稱儒家學術思想授受的系統。《宋史·道學傳三·朱熹》：“嘗謂聖賢道統之傳散在方册，聖經之旨不明，而道統之傳始晦。”

④ 翕然：指一致稱頌。晉葛洪《抱樸子·道意》：“有一人，姓李名寬，到吳而蜀語，能祝水治病頗愈，於是遠近翕然。”

教，康濟生民，故並詳之，至郡人尚有開巷築堤、修橋治路，積功累行非由書院公舉者，槩不濫登。

一　始建獨祀四先生者，蓋死於勤事而功烈特超衆人之上也。書院之建，始於康熙甲戌，維時贊勷者奚止百人，四十年來，踵事增華者難更僕數，若爲一一標舉，非惟繁不勝書，且恐掛一漏百，然而簿册芳名又難聽其湮没，故於紀本末篇後，存其梗槩，用資鼓勵。

一　《報功》專紀數君子者，以其始終衛道之堅、護持之至，非有專祠無以慰輿情也，若夫創建之初，賢士大夫莫不樂聞此舉，以崇道爲己任，不惜多方獎掖，砥礪於成，厥功偉矣，要皆名標史册，勳勒鼎彝，非本《志》所能罄，惟留姓字以備参攷。

一　義學條目，悉本朱子垂教大旨，不敢别立課程，惑亂向學心志，附録摘訓，以示麗澤[①]相資之義，庶旅處者得以時加省察。

一　《藝文》卷中，凡於先達篇章，不憚郵筒搜求，冀得一言半詞，價重連城。嗣後諸公倘見往哲所作漢口紫陽書院文本志所未載者，幸爲録寄，錫等百朋[②]。至於時賢著作，亦不憚訪羅，倘有惠存，續當補入其書牘一門。創建之初，力撓計阻，層見疊出，其情詭，其事瑣碎，有難以述諸記載者，存之俾有所考，亦見先後諸君子捍衛之艱，有不容淹没也。

一　禋産[③]爲書院首重，非大書特書彰明較著，不足立綱紀而杜侵漁。每年輸國賦、春秋二祭、義學館穀、義渡祠役工食雜費等項，歲出已屬浩繁，而屋宇既多，歲修不易，若三年五年小修大整，費復不貲，苟不清釐有緒，耕九餘三，以爲久安之計，一旦經理非人，難保不前功

---

① 麗澤：語出《易·兑》："麗澤兑，君子以朋友講習。"朱熹《本義》："兩澤相麗，互相滋益，朋友講習，其象如此。"後比喻朋友互相切磋。

② 百朋：指極多的貨幣。《詩·小雅·菁菁者莪》："既見君子，錫我百朋。"高亨注："朋，古代以貝殻爲貨幣，五貝爲一串，兩串爲一朋。"

③ 禋産：用於祭祀的産業，實則資産。

盡廢。歷考四方書院，振興一時，其初非不肸蠁[①]争雄，瞬眼而遂陵夷廢弛，皆由創始未遑慮終，代遠年湮，人心懈怠，竊權柄而蠶食者有之，恃豪右而霸踞者有之，挾勞怙德而陰圖厚利者有之，假公濟私而尋事朘削[②]者有之，甚至奇衺相煽，盗賣肥家，即有負俠任道者欲起而争之，苦未能究其原委，而身處柔懦，雖明知底藴，終無憑據，未敢顯叱其非，種種弊端，莫可殫述。以此卷中自始基至告成，前後祀産契墨，併每歲出入正項，細大不遺，錙銖必載，條分縷析，井井可稽，俾後人開卷了然。稍有前項不肖，雖三尺童子皆得訟而正之。

一　事備稽考而文不可分入各卷下者，略之則無以信今而傳後，故另集一卷名曰《雜志》，庶前後事蹟瞭若指掌，至一切呈詞案宗，本非志乘之所宜載，而關係書院，不宜泯棄，亦止於必不可缺者十載一二，尚諱其名。餘從芟隱，用存厚道。

一　書院歷五十年，迄今諸事犆備，因纂輯《志略》一編，續有增添，續有捐助，當與續收，詩文或三年、或五年，計其多寡，添入《志》後，永遠爲例。

① 肸蠁：散佈、傳播。
② 朘削：剥削；縮減。

增訂志略凡例十五條

一　原《志略》成於雍正乙卯、乾隆丙辰間，當日分綱列目，秩然有條，惟卷帙未完備，且有標目數十，而卷中僅存一二者，蓋一時未暇收緝，故逮今六七十年迄無成本，其間缺略有可補者補之，其實無可考者則姑缺之。

一　原志分目，《裡産》在《藝文》之後。兹易居前，以《雜志》與《藝文》相比附，餘悉仍舊。

一　原本各卷首俱有小引數行，今仍其舊文録之。

一　《圖説》一卷，舊只存金《圖記》一篇，今皆補圖，其祠宇廳舍，只依新建格式爲之，别爲《圖記補遺》，以附於後。

一　《道統》卷内，舊只抄《宋史·道學》一傳，餘俱未備，今補全。但既有本傳，又有年譜、行狀，大要俱備，似《道學》傳，可不必複載，免致卷帙繁冗也。

一　《建置》舊目，門堂寢室皆備，今無可考，然今之制度大率依舊，故只就重修規式丈尺書之，仍書始建年號，下書某年重造，或書如舊式，其新建者則直書某年建云。

一　文昌閣、六水講堂之屬，皆昔人有規而未成者，故《藝文》卷中有記，今已補造，記仍其舊，以示不忘前志也。

一　《崇祀》卷向列御賜匾額、上諭及諸疏，此乃《闕里志》① 所載，漢口書院未及奏請恭奉匾額，則諸篇可不必存，俟將來奏請時，再

---

① 《闕里志》：明陳鎬撰。闕里爲孔子故里。該書以闕里爲主，附顔、孟諸弟子之名氏，書目爲圖像、禮樂、世家、事迹、祀典、人物、林廟、山川、古迹、恩典、弟子、撰述、藝文。内容豐富，考核精當。

以奏章及諭旨登之可也。其升配之典，亦爲文廟而設，然録之以見聖朝尊崇之盛典，似無不可，至於書院春秋祭欵，由鹽庫頒發。曾經部奏，自宜附入，今補登之外，《祀儀》各條，亦皆舊本所缺，今依春秋二祭現在所行禮儀事物，爲補成卷帙，諸祝文舊有者仍之，報功、始建二祠祝文，則今所補也，文昌、魁星二條無可附，故載於末。

一　報功祠向奉六公神主，今增入畢制軍，其餘先達姓氏不能盡悉，大略見《雜志》奉主入祠文及雍正十二年祀土文内，可以參考。

一　始建姓名自四先生外，尚數十人舊本缺録，今不能盡悉，惟就諸文稿中所有者登之，末卷附以重修姓字，其捐輸諸名號已勒於石，不復登載，一依原本體例。

一　《學規》所列條目，舊本未録全，今依《文集》及《大全》補入。

一　《禋産》照舊録，補增新置各契，其紀産舊目有數條，今僅存一條，餘俱缺，歲入歲出各條亦但有其目，今照現在入出之數書之，其不能定數者，則但約其大概或虚其數目。

一　《藝文》舊所存者照録，有未備者今皆補作，如讌射軒、啓秀書屋各記是也，亦有舊録所具而文不可存、不必存者，爲删汰其一二，其文可不必存而題不容缺者，亦仍酌存。《雜志》一卷亦然，其書牘一類，向列之《藝文》，今移入《雜志》，照原目佚其大半，兹只據現存數篇録之，可以想見當年大概。

一　《雜志》或存或佚，今録其存者，益以後來諸篇并新作若干首，其人物所缺諸傳，無從查補，訪之故老傳説，亦僅得其大略，故今不復補作傳，只作《汪傳書後》一篇，以存諸公梗概，其呈詞、告示一門，昔人所載，原欲使後人知當日創事之艱難及禁條之嚴肅。今亦略依其例，附載一二，以示將來云。

一　舊本有規則數十條，今不備，惟就所存者抄附卷末。

董桂敷識

目録

漢口紫陽書院志略第一卷目録
圖説
繪圖
江漢形勝坊市總圖
新安坊渡魁星閣圖
書院全圖
戟門圖
尊道堂圖
寢室圖
文昌閣圖
圖記
書院舊圖記
圖記補遺
漢口紫陽書院志略第二卷目録
道統
源流
道學淵源
事實
宋史列傳
年譜
行狀
題贊

子朱子像
明英宗像贊
寫照自銘
自題像警語
自題像詩
列代名賢贊
漢口紫陽書院志略第三卷目録
建置
祠宇
紀書院本末
尊道堂
寢室
戟門
照牆
崇祀先達二祠
半畝池
樓閣
御書樓
藏書閣
文昌閣
魁星閣
廳舍
讌射軒
近聖居
啓秀書屋
六水講堂
主敬堂

願學軒
致一齋
兼山麗澤
厨房
門巷
禮門
義路
東巷
西内巷
新安街
紫陽坊
西水巷
東水巷
新安馬頭
别建
準提庵
三元殿
玉皇殿
義舍
義阡

漢口紫陽書院志略第四卷目録

崇祀
紀思
升配十哲
上諭
朱坤恭紀
春秋祭欵

祀儀
祭期
祭器
祭品
辦事人員
啓期
執事人員
演儀
省牲視濯
陳設
迎神儀則
黎明設奠
堂祭儀注
二祠儀注
欵主祭者
欵執事
頒胙
聯會頒胙
忌日設奠
宦官拈香
交盤事宜二條
祠役規約
祭文昌附
祭魁星附
迎神告文
春黎明祭文
春正祭文

秋黎明祭文
秋正祭文
祼詞
忌日祭文
文昌祝文
二祠祝文
漢口紫陽書院志略第五卷目録
學規
教條
白鹿洞揭示
玉山講義
讀書之要
童蒙須知
讀書法
諭條
諭學者三條
諭諸生
諭諸執事
摘訓
德業相勸
過失相規
禮俗相交
患難相恤
漢口紫陽書院志略第六卷目録
禋産
契墨
書院基址五契

無基浮屋三十一契
又增無基浮屋九契
後湖麥地一契
漢陽基屋一契
照牆前基屋一契
新安巷基屋一契
循禮坊後街市屋一契
循禮坊正街市屋一契
熊家巷基地一契
循禮坊下岸基屋一契
循禮坊後街基屋一契
循禮坊大街基屋一契
沈家廟後街基屋一契
三皇殿後基屋一契
新安街東基屋一契
祠後基屋一契
準提庵契約一紙
執照
馬頭基屋照
承買繳價呈
受買退業呈
準提庵三元殿執照
調換浙寧公所執照
紀産
紀贖市屋入祠
調換墨據老契一紙又加杜契一紙
義阡

玉二里又五甲三契
懷三里又一甲三契
玉二里又五甲一契
許家灣一契
玉皇殿水田一契
歲入
新馬頭市屋
新安街東市屋
新安街西市屋
太平里巷號屋
利濟通津市屋
書院西巷南隅市屋
後街西首至沈家廟市屋
陞基巷後街市屋
後湖地租
歲出
文公祠各户錢糧
各市屋門攤
春秋二祭
文昌會
魁星會
義阡糧米
水龍工食
門差雜費
三元殿香炷

漢口紫陽書院志略第七卷目録

藝文

撰述

御書樓題詞

御書樓賦

尊道堂序

尊道堂記

義學記

又義學記

六水講堂記

兼山麗澤記

半畝池記

西廳記

藏書閣序

藏書閣跋

讌射軒記

啓秀書屋記

主敬堂記

願學軒記

近聖居記

致一齋説

報功祠記

始建祠記

東祠附祀畢制軍述

文昌閣記

魁星閣記

忌日設祭記

與祭記

重修書院後序

重修書院碑記
新安通衢記
題咏
詩二首
匾對

漢口紫陽書院志略第八卷目録

雜志
緣起
啓建書院序
再勸樂輸文
又再勸樂輸啓
募建文昌閣啓
募修書院序
書牘
覆吳子丹書
吳子丹來書
上姚太史書
姚太史來書
上張太史書
張太史復書
與同鄉書
雜著
書院上樑記
奉神主入祠文
祀后土文
紀火
紀水

又祀后土文
復新安巷碑記
紀水龍
重修書院紀蹟
建玉皇殿碑記
集會頒胙議
人物
汪默庵先生傳
汪文儀傳
書汪文儀先生傳後
公祭吳蘊予先生文
始建書院姓氏
開建馬頭姓氏
開建新街姓氏
重修書院姓氏
禁示
興工示
免門攤碑
捐金育嬰詞
曉諭示
準提菴三元殿府禁示
準提庵三元殿縣禁示
義舍禁示
新街諭禁示
重修飭禁示
印契録示
水龍曉諭示

義阡禁碑
　弁言一首
　府縣二示
　義阡續置序
　府縣二示
　新置許家灣禁示
規則
　舊規十六條
題跋
　舊跋一首
　跋尾

卷之一　圖説

日星天圖，川岳地繪，布景傳神，文字之外，大工既成，規制具備，不有描摹，誰悉梗槩。首揭示人，有粉本①在。

凡志必有圖，圖必有説。有圖，則已到者如溯舊遊，山川亭榭，歷歷可指，未到者想像規模，輒神往焉。漢江書院自始建訖今垂五十餘年始告成功，事經創造，尤不可無圖以昭近遠，而即附以總圖記於後，原委彰彰具在，閲者詳之。

① 粉本：畫稿。古人作畫，先施粉上樣，然後依樣落筆，故稱畫稿爲粉本。

新安書院全圖

江漢形勝坊市總圖

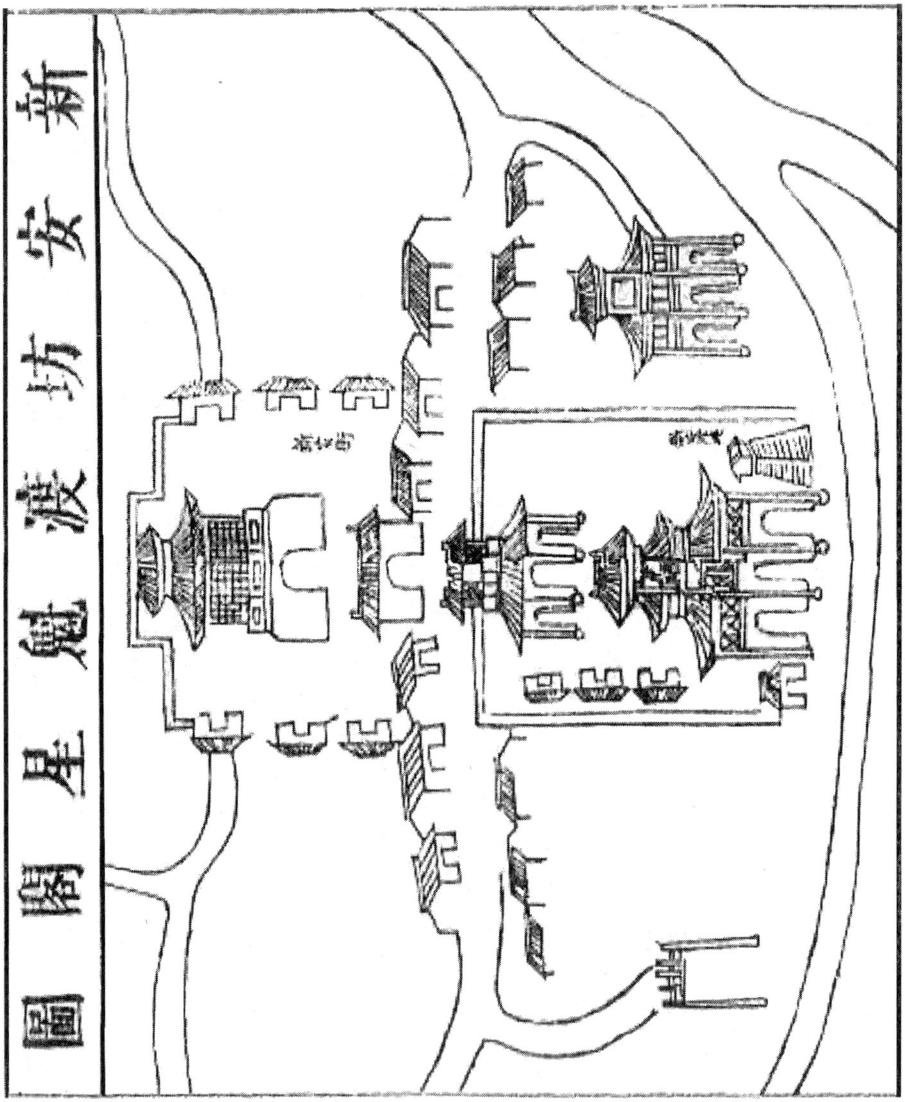
新安坊渡魁星閣圖

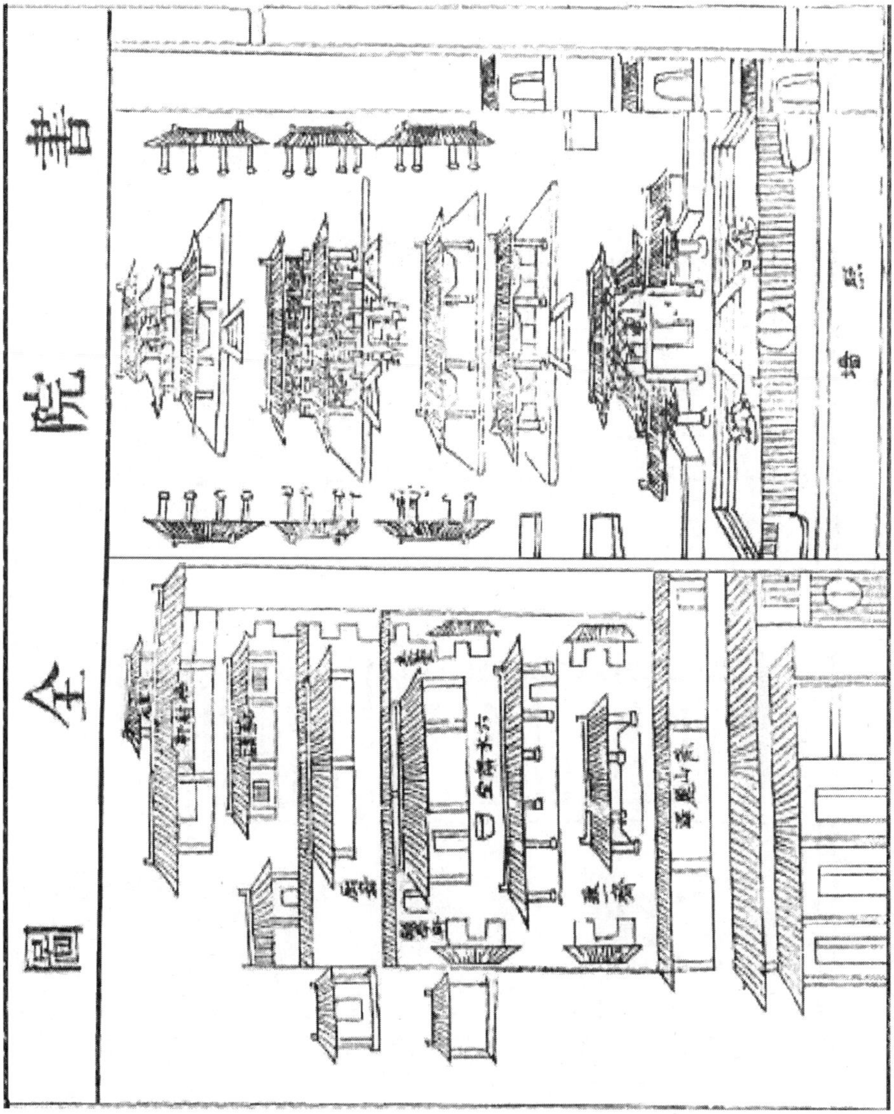
書院全圖

戟門圖

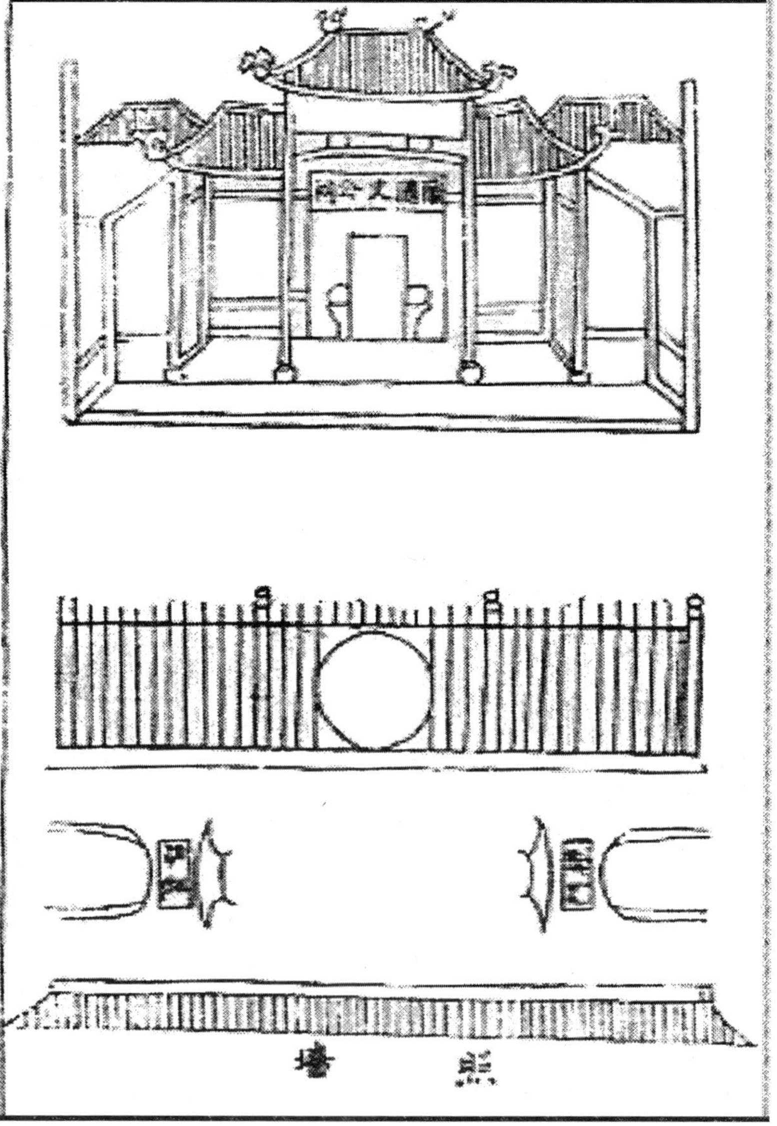

尊道堂圖

寢室圖

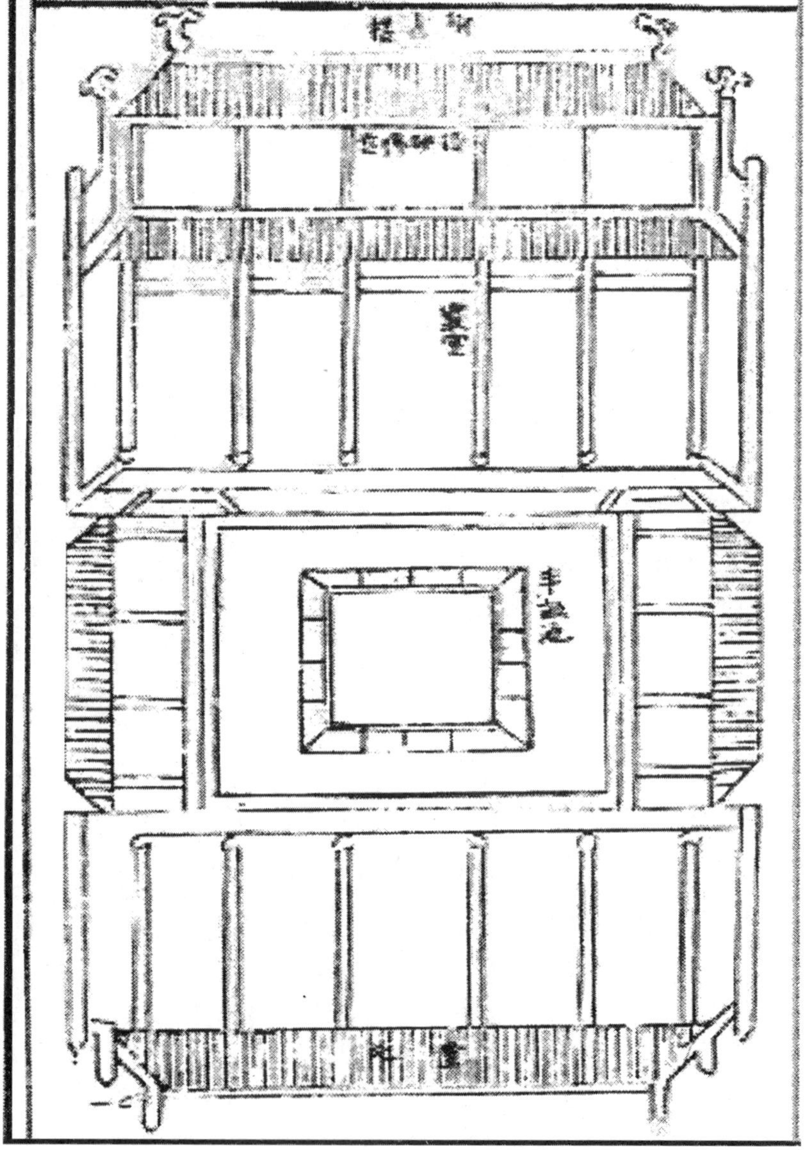

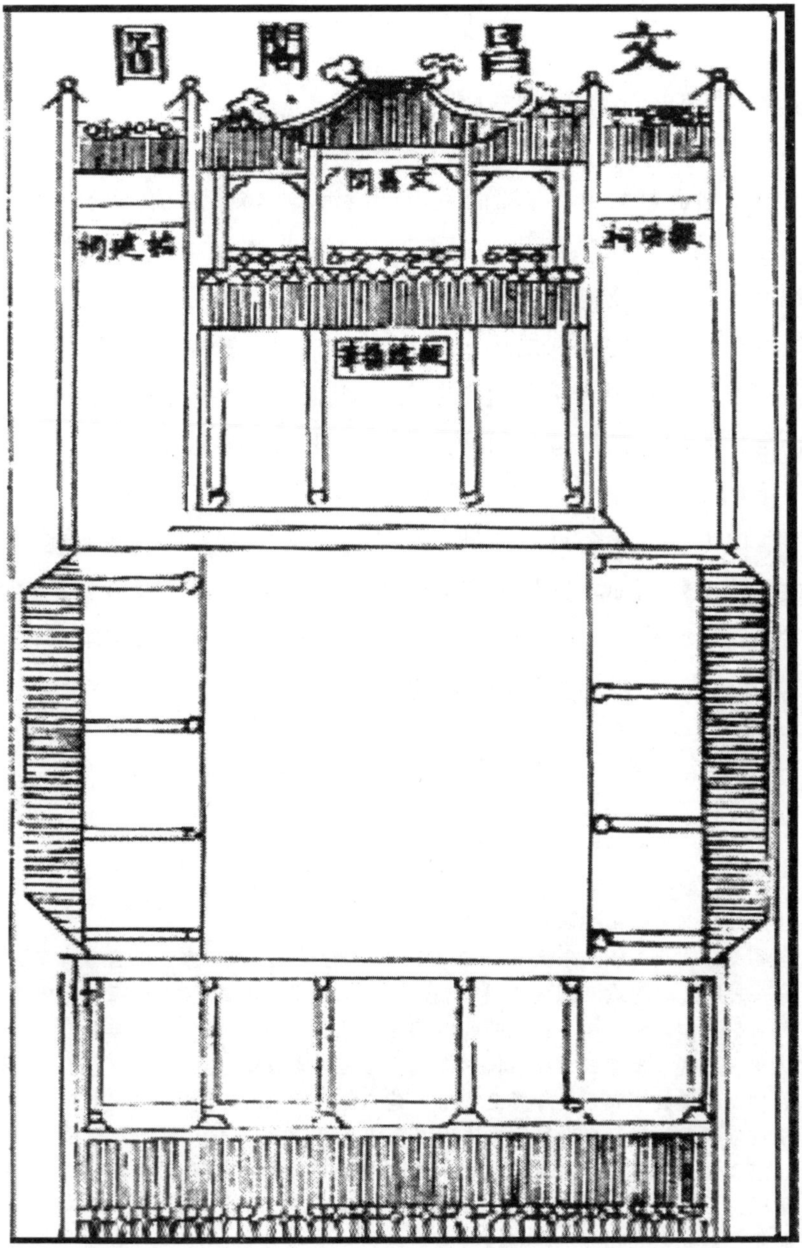
文昌閣圖
文昌閣

圖　記

漢口徽國文公祠堂總圖記

按漢水發源嶓塚①，導漾而東，合滄浪、三澨②諸流至於大別，與岷江會，是爲漢口。地隸漢陽，延袤四十餘里，闤闠繡錯，帆檣林立，雄踞吳越上游，南瞰滇黔，西通秦蜀，北達幽燕，四方之食貨集焉，而去汴洛最近，蓋亦適當地利之中云。自李唐時即已艷稱於詩，所謂“居雜商徒偏富庶，地多詞客足風流”是已。國朝以來，繁盛稱最，祠廟隨在競勝，金碧照耀，惟徽國文公③祠堂規模正大，雅冠衆構，議者以尊賢與尊神不同，非標異也。漢口無縣治城郭，分坊四：曰居仁，曰由義，曰循禮，曰大智。文公祠堂在循禮坊境内，巋然中立焉。通河巷道不一，自江之下游逆數而前，其最著名者爲四官殿、龍王廟、大馬頭、接駕嘴。接駕嘴者，勝國④時，迎立世廟過此，因名，俗訛呼爲薛家嘴。康熙間，前參議姑蘇金公祖誠始建禹王閣，開遵義巷以禦火災，居民德之。再上

---

① 嶓塚：山名。在今甘肅省天水與禮縣之間。古人誤以爲是漢水上游的源頭。

② 滄浪：古水名。有漢水、漢水之别流、漢水之下流、夏水諸説。《書・禹貢》：“嶓塚導漾，東流爲漢。又東爲滄浪之水。”北魏酈道元《水經注・夏水》：“劉澄之著《永初山川記》云：‘夏水，古文以爲滄浪，漁父所歌也。’”三澨：源出於今湖北省京山縣西，東南流入漢水。

③ 徽國文公：指南宋人朱熹（1130—1200）。他是南宋哲學家、教育家。字元晦，一字仲晦，號晦庵，别稱紫陽。徽州婺源人。曾任秘閣修撰等職。主張抗金。曾師事李侗，是程顥、程頤的四傳弟子。朱熹博極羣書，廣注典籍，對經學、史學、文學、樂律以至自然科學都有不同程度的貢獻。在哲學上發展了二程關於理氣關係的學説，集理學之大成，建立了完整的客觀唯心主義的理學體系，稱程朱學派。朱熹去世後，在宋寧宗嘉定元年（1208 年）被謚爲“文”。在宋理宗寶慶三年（1227 年）贈太師，追封信國公，後改徽國公。理宗淳祐年間從祀孔廟。清朝康熙年間朝廷下旨在孔廟中升位於十哲之次。

④ 勝國：被滅亡的國家。亡國謂已亡之國，爲今國所勝，故稱“勝國”。後因以指前朝，文中指明朝。

爲新安馬頭，即祠前近日所建魁星閣是也。爲石級四十有一，飛簷高啄，上干青雲，登臨眺覽，恍置身斗牛宫矣。溯流而上，如沈家廟、永寧巷、老官廟、五顯廟、關聖祠、宗三廟等處，名稱甚衆，要皆不及魁星閣之大觀也。閣下出入門洞有三，閣背顔曰"安土敦仁"，巷路寬坦，東割汲道以石凳閾之，西起樓房鱗列成市，直行八十武爲紫陽坊，達大街焉。街北爲新安巷，深可三十餘丈，寬廣稍遜前衢而市屋皆列於東，歲取賃息以供祠用，不可廢也。巷盡則祠屏牆，適當後街通衢，東曰禮門，西曰義路，自是而木柵，而門樓，間以周垣，而儀門，而甬道，輔以長廊，始獲登尊道堂焉。由堂後迴廳循兩廡拾級而升，是爲文公寢室，石欄天池，儼具方塘一鑑之致。樓上供奉聖祖仁皇帝御書朱子詩，爲前太史陽羡潘公宗洛督學楚江時蒙恩頒賜，不敢褻瀆，因講學祠中，特命石工敬勒供奉，是爲御書樓。祠後擬爲文昌閣，左報功、右始建二祠參立如翼，折而西，則園亭、炊舍、旁廳、義學、六水講堂自北而南，首尾相銜，廣深與祠基等，惟祠東一巷深邃，直達後堤，巷南額曰"康衢"，接武禮門、義路，扃日居多，出入祠事咸從是巷焉。自祠後至屏牆計長五十丈，由屏牆至大街三十二丈，由紫陽坊至魁星閣二十三丈，統計廣深一百五丈，垂創之艱，經費之鉅，亦大概可見矣。他如藏書之富，舍菜之隆，車服禮器罔不一一如禮，謂非江漢地脈鐘靈有以致之與，抑蓋良由我文公之德之學，仰沐聖朝崇儒重道，而鄉人向化之速，有不期然而然者也。余因披覽全圖，愧無作賦長才以紀其勝，爰爲之記，以補圖所不及云。

乾隆元年歲次丙辰季秋月下澣①

海陽後學金承統謹識

① 下澣：指農曆每月的下旬。

圖記補遺

金圖記於漢江坊渡原流及書院規制已備，但重建後規式有拓於前者，如新安巷，舊記云稍遜前衢，今則巷易爲街，寬廣與前衢等，而街東又增一太平里水巷矣。街西本有水巷，甚窄，舊記所未及。舊記云祠後擬爲文昌閣，今則閣巍然峙於寢室之北，並閣下報功、始建二祠棼橑塗塈[①]，煥然皆新矣。其西園亭、學舍、庖湢[②]之屬，舊記頗不詳悉，蓋當時建置有已成者，有未就者，有待新者，故作記時只得述其大概，今既已完備，依式作圖矣。其文昌閣西序由闈門達者曰讌射軒，軒北小廳曰近聖居，其上爲藏書之閣，又北隙地治爲花圃，爲亭數椽，循以回廊，自軒以南曰啓秀書屋，有堂，有室，有房，爲生徒肄業之地，前有小衖[③]，西出爲閎，衖南爲齋厨，厨當主敬堂之北，由厨以達於堂，其西則願學軒，軒堂相並而軒廣稍殺，又南曰六水講堂，祠西廳堂宏敞，以此爲冠，又南小廳則祭時更衣之所，曰致一齋，齋之前曰兼山麗澤，又南有屋數間，舊義學處也，今移學舍於内，遂改爲市屋，餘悉如舊圖云。

嘉慶丙寅年夏五月

董桂敷記

---

① 橑：屋椽，檐前木。棼橑：樓閣的棟和椽。塗塈：用泥涂抹屋頂或牆壁。文中泛指涂飾修繕。

② 湢：浴室。

③ 衖：同“巷”，胡衕。

卷之二　道統

天地誕生，宥啓①羣蒙，尼鐸嶧燈，響朗天中。新安嗣脈，學有統宗。羣山聯絡，百川會同。繼孔紹孟，徽國文公。

道統之在朱子，先儒言之詳矣。至我朝升配十哲，直省操觚家有不遵朱註者顯斥之。尊其人，則其人之本末不可不詳也。羹牆夢見，亦聖人景仰之誠使然。爲志道統。

源　　流

道學淵源

堯舜禹湯文武周公之道，得孔子而傳。自生民以來，有孔子而爲萬世道德之宗。

周靈王二十一年庚戌，魯勷公二十二年。冬十月庚子，孔子生。周建子，十月即夏之八月，今行夏時，以八月二十七日申時孔子生。敬王四十一年，魯哀公十六年。夏四月十八日乙丑，孔子卒，年七十三。今二月十八日忌辰。

孔子名丘，字仲尼，魯昌平鄉陬邑人，仕魯爲大司寇，攝相事。卒時魯哀公誄②之曰“尼父”。至唐太宗貞觀二年，升爲先聖。元宗③開元二十七年，贈文宣王。宋真宗大中祥符元年，加封玄聖文宣王；五年，改爲至聖文宣王。元成宗大德十一年，加封大成至聖文宣王。明世宗嘉靖九年，尊爲至聖先師孔子。以師之尊同於親，君不得而臣之意。

---

① 宥啓：寬厚地開導啓廸。

② 誄：古代列述死者德行，表示哀悼並以之定謚（多用於上對下）。《禮記・曾子問》：“賤不誄貴，幼不誄長，禮也。”

③ 元宗：指唐玄宗。玄字，清人避康熙皇帝諱改玄字爲元。

孔子傳之顔子、曾子。

顔子名回，字子淵，魯曲阜人。唐太宗貞觀二年，升配享；元宗開元二十七年，贈兖國公。元文宗至順元年，加贈兖國復聖公。明世宗嘉靖九年，改稱復聖顔子。

曾子名參，字子輿，魯南武城人。唐元宗開元二十七年，贈郕伯。宋度宗咸淳三年，封郕國公，升配享。元文宗至順元年，加贈郕國宗聖公。明世宗嘉靖九年，改稱宗聖曾子。

曾子傳之子思子。

子思子名伋，字子思，孔子之孫。宋徽宗崇寧元年，封沂水侯；度宗咸淳三年，封沂國公，升配享。元文宗至順元年，加贈沂國述聖公。明世宗嘉靖九年，改稱述聖子思子。

子思子傳之孟子。

孟子名軻，字子輿，鄒人。宋神宗元豐六年，封鄒國公；八年，升配享。元文宗至順元年，加贈鄒國亞聖公。明世宗嘉靖九年，改稱亞聖孟子。

宋濂溪周子得孟子不傳之統。

周子名敦頤，字茂叔，道州營道縣人。宋真宗天禧元年丁巳生，以其舅龍圖學士鄭向蔭補①分寧簿。有疑獄久不決，敦頤至，一訊立辨，邑人驚以爲神。部使者薦之。調南安司理參軍，移桂陽令，治績尤著，徙知南昌，歷合州判官。時趙抃行部，惑讒口，臨之甚威，及通判虔州，而抃復守虔，因熟視其所爲，乃大悟。執其手曰："吾幾失君，今而後始知周茂叔也。"神宗熙寧初爲廣東轉運判官，提點刑獄，因病求知南康軍，遂家廬山蓮花峯下。前有溪合於湓江，乃取營道所居濂溪名之，世稱濂溪先生。六年癸丑六月七日卒，年五十七。敦頤得聖賢絶學②，發

---

① 蔭補：因祖先功勳而補官。

② 絶學：失傳的學問。

明微言[①]，爲有宋大儒之冠。宋寧宗賜謚元。理宗淳祐元年，追封汝南伯，從祀孔子；元仁宗加封道國公。

周子傳之二程子。

程子名顥，字伯淳，河南洛陽人，五世而上，居中山之博野。宋仁宗明道元年壬申生，嘉祐二年丁酉舉進士，調鄠及上元主簿，因吕公著薦爲中允監察御史裏行。神宗素知其名，數召見，一日從容諮訪，報正午始趨出。中人曰："御史不知上未食乎？"前後進説甚多，嘗勸帝防未萌之欲，及勿輕天下士。帝俯躬曰："當爲卿戒之。"王安石議更法令，言者攻之甚力。顥被旨赴中堂議事，安石方怒，顥徐曰："天下事非一家私議，願平氣以聽。"安石爲之媿屈。出知扶溝，除判武學究，爲論新法不合，罷歸。哲宗立，召用，未行而卒，時神宗元豐八年乙丑六月十五日也，是年三月哲宗立，明年丙寅方改元元祐。年五十四。顥自十五六歲時與弟頤師事周敦頤，倡明正學[②]，以真儒命世。文彦博采衆論，題其墓曰"明道先生"。寧宗嘉定十三年，賜謚純。理宗淳祐元年，追封河南伯，從祀孔子。元文宗至順元年，加封豫國公。

程子名頤，字正叔，明道先生之弟，宋仁宗明道二年癸酉生。年十四，與兄顥同受學周敦頤。皇祐二年，年十八，上書勸仁宗以王道爲心，生靈爲念，乞召對，不報。神宗元豐間，大臣屢薦，不起。哲宗嗣位，司馬光、吕公著共疏其行誼曰："竊見河南處士程頤力學好古，安貧守節，言必忠信，動遵禮義，年踰五十，不求仕進，真儒者之高蹈[③]，聖世之逸民，望擢不次，使士類有所矜式。"召爲校書郎，及入對，改崇政殿説書。每進講，色甚莊，繼以諷諫，然以禮法自持。蘇軾謂其不近人情，遂不合，罷崇政殿説書，主管勾西京國子監。元祐七年，服除，擬

① 發明：證明、揭示。微言：精深微妙的言論。

② 正學：謂合乎正道的學説。西漢武帝時，排斥百家，獨尊儒術，始以儒學爲正學。清黄宗羲《宋元學案·泰山學案》："宋興八十年，安定胡先生、泰山孫先生、徂徠石先生，始以師道明正學，繼而濂洛興矣。"

③ 高蹈：指超脱的隱士。

除判。蘇轍進曰："頤入朝，必不肯静。"太皇太后納之，遂差管勾崇福宫。紹聖間，以元祐黨坐竄涪州。徽宗立，移峽州，尋以赦復宣德郎，仍便居住還洛。崇寧二年，言者希蔡京意，論頤學術頗僻，素行譎誕，乃毀頤出身文字[1]，其所著書，令監司嚴加覺察。頤自是遷居龍門之南，止四方學者曰："尊所聞，行所知，可矣，不必及吾門也。"五年丙戌，復宣義郎。大觀元年丁亥九月庚午，卒於家，年七十五，世稱伊川先生。高宗贈直龍圖閣，寧宗賜謚正，理宗淳祐元年追封伊陽伯，從祀孔子。元文宗至順元年，加封洛國公。

二程子傳之楊子。

楊子名時，字中立，南劍州將樂人，宋仁宗皇祐五年癸巳十一月二十五日巳時生。幼穎異，潛心經史，神宗熙寧九年丙辰登進士。值河南二程講孔孟絶學，時調官不赴，以師禮見顥於潁昌，相得甚懽。其歸也，顥目送之曰："吾道南矣。"顥卒後，又見頤於洛，年已四十，事頤愈恭。一日值頤瞑坐，時與游酢[2]侍立不敢去。頤既覺，則門外雪深一尺矣。杜門不仕者十年，久之。歷知瀏陽、餘杭、蕭山三縣，皆有惠政，轉荆州教授，德望日重，四方之士千里從遊，稱龜山先生。會有使高麗者，國王問龜山先生安在？使回以聞。徽宗召爲著作郎。面對陳時政甚切，除邇英殿説書，進諫議兼侍講。金兵圍京城，時條陳戰守機宜甚悉。欽宗朝，兼國子祭酒，首請黜王安石從祀，使邪説淫辭不使學者爲之惑。諫官馬澥力主王氏，上疏詆時，遂罷祭酒，除徽猷閣直學士，提舉崇福宫。高宗立，擢工部侍郎，繼除侍讀。累丐外，以龍圖閣直學士提舉杭州洞霄宫。已而從其請，致仕，卒紹興五年乙卯四月二十四日，年八十三。十二年，加贈少師，謚文靖。明孝宗弘治八年，封將樂伯，從祀孔子。

楊子傳之羅子。

---

① 出身文字：有關科舉考試中選者的身分、資格的文件。

② 游酢：北宋學者。與楊時、吕大臨、謝良佐稱程門四大弟子。

羅子名從彦，字仲素。先世自豫章避難，家劍浦，後住沙縣。宋神宗熙寧五年壬子生，少從吳儀受業，聞同郡楊時得河南二程氏學，慨然慕之。及時爲蕭山令，遂徒步從學焉。初見三日，驚汗浹背，曰："吾不至是，幾虚過一生。"時亦熟察之，曰："惟斯人可與言道。"一日與論《易》，至《乾》九四爻，時云："伊川説得甚善。"從彦即走洛，見伊川問之。既而築室山中，絶意仕進。嘗采祖宗故事爲《遵堯録》。靖康中，擬獻闕下，會國難，不果。高宗紹興二年壬子，以特奏名授惠州博羅主簿。五年乙卯，卒於官，年六十四，學者稱之曰豫章先生。理宗淳祐七年，謚文質。明神宗萬歷四十二年，從祀孔子。

羅子傳之李子。

李子名侗，字愿中，南劍州劍浦人，宋哲宗元祐八年癸酉生。少遊鄉校，有聲聞。郡人羅從彦得河洛之學於楊時之門，侗遂往學焉，從之累年，盡得其所傳之藴，於是退而屏居山田，結茅水竹之間，謝絶世故四十餘年，簞瓢屢空，怡然自適。朱松與侗爲同門友，雅敬重焉。嘗與沙縣鄧廸語及侗，廸曰："愿中如冰壺、秋月，瑩徹無瑕，非吾曹所及。"松以爲知言，亟稱道之。松子熹從侗遊，執經門下者十年。侗晚年，閩帥汪度辰來迎，將相與講所疑。侗往見之，至福唐，疾作，遂卒於府治之館舍，時孝宗隆興元年癸未十月十五日也，年七十一，世稱延平先生。理宗淳祐七年，賜謚文靖。元順帝至正二十八年，追封越國公。明萬歷四十二年，從祀孔子。

李子傳之朱子。

孔子生周東遷之庚戌，文公生宋南渡之庚戌。孔子之門人父子皆賢，則有曾參、曾皙，文公之門人父子皆賢，則有季通、仲默。孔子嘗望顔子傳道之統，文公已勉直卿傳道之責。孔子集羣聖之大成，文公集諸儒之大成。孔子卒年七十三，葬於九龍山後，謂之孔林，文公卒年七十一，葬於九峯山下，目爲朱林。孔子父今稱爲啓聖公，文公父今稱爲啓賢公。

孔子私淑[1]之徒有孟子輿，文公私淑之徒有真希元。孔子之洙泗，詔稱“東魯闕里”，文公之考亭，坊表“南閩闕里”。信乎，若合符節，豈揆[2]其道之一而已哉！先聖後賢，一動一静，亦自無有不同者矣。蔡松莊先生曰：“夫子行在《孝經》，志在《春秋》，慷慨在《毛詩》；文公行在《小學》，志在《綱目》，慷慨在《離騷》云。”

事　實

宋史本傳[3]宏簡録

朱熹字元晦，一字仲晦，徽州婺源人。父松卒，遺命依其友劉子羽，寓建州之崇安。松字喬年，第進士，胡世將、謝克家薦除秘書正字。趙鼎爲相，進校書著作郎。常同又薦陞度支員外郎，史舘校勘，歷司勳、吏部郎中，以論和議忤秦檜，風御史言松懷異自賢，出知饒州，未上，卒。

熹幼穎悟，甫能言，父指天示之曰“天也”。熹問：“天之上何物？”父異之。授以《孝經》，題其端曰：“不如是，非人也。”甞從羣兒戲沙上，端坐以指畫八卦。年十八，貢於鄉，登紹興十八年進士，主同安簿，選秀民充弟子員，日與講論聖賢脩己治人之道，禁女婦出家爲僧道，旋請祠，監潭州南嶽廟。

孝宗即位，三上書，首言帝王之學，不可不熟講，陛下毓德之初，親御簡策，不過諷誦文辭，吟咏情性，又頗留意老、釋。夫記誦詞藻，

① 私淑：私自敬仰而未得到直接的傳授。《孟子·離婁下》：“予未得爲孔子徒也，予私淑諸人也。”趙岐注：“淑，善也。我私善之於賢人耳，蓋恨其不得學於大聖也。”

② 揆：揣度。

③ 宋史本傳：録文與《宋史·列傳·道學三·朱熹》有出入。

非所以探淵源而出治道，虛無寂滅，非所以貫本末而立大中①，必先格物致知，使義理所存纖悉畢照，則自然意誠心正而可應天下之務矣。次言脩攘之計不可以不早定，今乃以講和之説誤之，願斷以義理之公，閉關絶約，任賢使能，立紀綱，厲風俗。數年之後國富兵强，視吾力之强弱，觀彼釁之淺深，徐起而圖之。再次言監司、守令本原之地在朝廷，不可以不加意。今乃姦贓狼籍，肆虐以病民者，莫非宰執、臺諫之親舊賓客，其已失勢者，既按見其交私之狀，則夫尚在勢者，豈無其人乎。隆興元年入對，又言陛下雖有生知之資、高世之行，而未嘗隨事以觀理，即理以應事，是以舉措之間，動涉疑貳，聽納之際，未免蔽欺，平治之效所以未著。次言君父之讎不共戴天，今所當爲者，非戰無以復讎，非守無以制勝，因陳古先聖王强本折衝威制遠人之道。除武學博士。既而與洪適論和，不合，丐祠歸。

乾道三年，陳俊卿、劉珙薦爲樞密院編脩，内艱，免喪，梁克家特申前命，又辭。詔獎：熹安貧守道，廉退可嘉，改主管台州崇道觀。熹自以求退得進，於義未安，再辭。淳熙元年，始拜命。龔茂良薦授秘書郎，力辭，復主管武夷山冲佑觀。五年，史浩起，知南康軍。至郡，興利除害，值歲旱，講求荒政，勸人出粟，多所全活。訖事，奏乞依格推賞。間詣郡學，引進士子與之講論，奏復白鹿洞書院，創立學規，人皆遵守。明年大旱，應詔條具民間利病。熹上疏略曰：人君恤民之本，在正心術以立紀綱②，然而天下之紀綱不能以自立，必人主之心術公平正大，無偏無黨，然後有所繫而立。君心亦不能自正，必親賢臣，遠小人，講明義理③之歸，閉塞私邪之路，然後乃可得而正。今宰相、臺省、師

① 本末：原意是指樹木的下部與上部。儒家認爲治國要以仁義爲根本，仁義是法制的基礎，故本末指仁義和法制。大中：《易·大有》：“《大有》，柔得尊位大中，而上下應之，曰《大有》。”王弼注：“處尊以柔，居中以大。”後以“大中”指無過與不及的中正之道。

② 紀綱：網罟的綱繩。引申爲綱領、法度。

③ 義理：合於一定的倫理道德的行事準則，文中指符合儒家經義的道德法則。

傅、賓友、諫諍之臣皆失其職，陛下獨與一二近習之臣朝夕謀議，上以蠱惑心志，使陛下不信先王之大道而悦於功利之卑説，不樂莊士之讜言[①]，而安於私暬之鄙態，下則招集天下之嗜利無恥者，文武彙分，各私其人，所喜則陰爲引援，擢寘清顯，所惡則密行訾毁，公肆排擠。交通貨賂，盜弄威福。所謂宰、傅、賓、諫反出其門牆，承望其風旨，其幸能自立者，亦不過齷齪自守，未敢一言斥之，其甚畏公論者，略警逐其徒黨，既不能深有所傷，亦不敢正言以擣其囊橐窟穴之所在，勢成威立，使號令黜陟不復出於朝廷，而出於一二人之門，名爲陛下獨斷，而實此輩陰執其柄。上讀之怒曰："是以我爲亡也。"熹引疾請祠。

陳俊卿薦之甚力，趙雄爲帝言："士多好名，陛下疾之愈甚，則人譽之愈多，無乃適所以高之，不若因用其長，使漸當事任，能否自見。"上以爲然，除提舉江西常平茶鹽公事。録前救荒之勞，加直秘閣。辭以所奏出粟人未推賞，俟賞行，始受職。入對，首陳災異之由與脩德任人之説，言陛下初嘗選拔英豪，任以政事，不幸其間不能盡得其人，又不復廣取賢哲，而姑取軟熟易制者以充其位。於是左右私褻使令之賤，始得以奉燕閒、備驅使，而宰相之權日輕。陛下又慮其勢有所偏重，因以壅己，復時聽外廷之論，將以陰察此輩之負犯而操切之。陛下既未能循天理、公聖心，以正朝廷之大體，而又欲兼聽士大夫之言以爲駕馭之術，不知士大夫之進見有時，其禮貌既莊而難親，其議論又苦而難入，孰若近習從容無間，其便嬖側媚既足以蠱心志，而狡猾附會又足以眩聰明，是以雖欲微抑此輩，而内勢日重，雖欲兼采公論，而外勢日輕。重者既挾以滿其所欲，輕者又借以恣其浸淫，惟陛下了無所得，獨受其弊。何怪德業日隳，紀綱日壞，邪佞充塞，貨賂公行，兵愁民怨，盜賊間作，災異數見，饑饉薦臻乎？上爲動容。

會近郊大饑，宰相王淮奏改浙東提舉，即日單車就道，移書他郡，募米商，蠲其征，比至，則米舟麕集矣。熹又日鉤民隱，按行郡縣，官

① 讜言：正直之言，直言。

吏憚其風采，多自引去，所部肅然。釐革丁錢、和買、役法、榷酤，政有不便於民者，隨事處畫，必爲經久之計。上語王淮曰："熹之政事，却有可觀。"

時蝗旱相仍，前後奏請稽緩後時，熹不勝憂憤，復奏：爲今之計，獨有斷自聖心，沛然發號，責躬求言，其次盡出内庫之錢，以供大禮之費，爲收糴之本，詔户部免徵舊負，漕臣依條檢放，宰職沙汰被災路分州軍監司守臣之無狀者，各選賢能，責以荒政[1]，庶幾猶足以結人心，消其乘時作亂之意。不然，臣恐所憂者不止於饑殍[2]，而將在於盜賊，蒙害者不止於郡縣，而上及於國家也。熹行部至台州，台民訟知州唐仲友者以百數。熹訊得其實，連上章劾之。上令浙西提刑委清强官究實。王淮與仲友同里且姻家，不得已，奪仲友江西提刑新命，轉以授熹，辭不肯拜，乞奉祠。

適陳賈除御史，偕鄭丙力詆程氏之學，且以沮熹，指言近日有所謂道學者，大率假名以濟僞，願考察其人，擯棄勿用，遂奉崇道祠者五年。淮罷，周必大相，除熹提點江西刑獄。入奏言：近年刑獄失當，經總制錢病民，及江西諸州科罰積弊。而其末言：陛下即位二十七年，因循荏苒，無尺寸之效，何以仰酬聖志。嘗反覆思之，無乃陛下天理有所未純，人欲有所未盡，爲善不能充其量，除惡不能去其根，公私邪正、是非得失之機交戰於中，故體貌大臣非不厚，而便嬖側媚反居腹心痞痳；英豪非不切，而柔邪庸繆反叨政柄；非不樂公議正論，而有時不容；非不堲讒説殄行，而未免誤聽；非不欲報復仇恥，而未免畏怯苟安；非不欲愛養生靈，而未免歎息愁怨。願陛下自今以往，一念之頃，必謹而察之，果天理耶？敬以克之，不使少有壅閼；果人欲耶？敬以克之，不使少有凝滯。聖心洞然，中外融微，無一毫之私慾得以介乎其間，而後天下之事將惟所欲爲，無不如志矣。初，熹赴召，或勸以正心誠意之論，上所

① 荒政：賑濟饑荒的政令或措施。

② 饑殍：極其飢餓而死之人。

厭聞，願勿爲言。答曰：吾平生所學，惟此四字，豈可隱默以欺吾君乎！及奏，上諭久不見卿。今當處以清要，不復以州縣爲煩也。除兵部郎官，以足疾辭，丐依舊職，改直寶文閣，主管嵩山崇福宫。又上封事，言天下大本者一，今日急務者六。古先聖王兢兢業業，持守此心，凡飲食衣服器用財賄與夫宦官宫妾之政，無一不領於總宰，使其左右前後、一動一静無不制以有司之法，而不得隱其毫髮之私。陛下果有如此之功乎？宫省事禁，臣固不得而知，至於左右近習前所面陳者，雖蒙聖慈開諭，然自王抃既逐之後，諸將差除，多出此人之手，陛下竭民膏血以奉軍儲士，顧未嘗得一温飽，皆將帥巧爲名色，奪取其糧，以圖進用，至使宰相不得議制置得失，給諫不得論除授是非，則陛下所以正心以正朝廷者，未能如古聖王也。至於輔翼太子，惟王十朋、陳良翰號能稱職，此後不過邪佞儇薄庸妄之輩，所講所讀，姑以應文備數，未聞有箴規之效。師傅賓客既不復置，詹事庶子有名無實，其左右春坊，直以宦官數輩，從容朝夕陪侍遊燕，既無以發其隆師親友、尊德樂義之心，又無以防其戲慢媟狎、奇衺雜進之害，非所以嚴豫教也。至選任大臣，必得剛明公正之人而後可任天下之事，陛下豈不知之，直以左右便嬖，恐妨己事，多方排擯，惟取疲懦軟熟、平日不敢直言正色、臨事决可保其不至妨己然後任之，是以除書[①]未出，物色先定，姓名未顯，中外逆知，必非天下第一流人物矣。至於振肅紀綱，變化風俗，則今日宫省之間、禁密之地，天下不公之道、不正之人反皆得以窟穴盤據於其間，其所以熏蒸銷鑠，使陛下目見耳聞無非不公不正之事，好善之心不著，疾惡之意不深，雖有作奸犯法，未能深割私愛，勇付外廷，是以紀綱隳於上，風俗弊於下。甚者金珠爲脯醢，宰相可啗則啗，宰相近習可通則通。近習惟得之求，無復廉恥。有一剛毅正直守道循禮之士，羣議衆排，指爲道學，加以矯激之罪，必使無所容身而後已。此豈治世之事哉！若夫愛養民力，脩明

① 除書：拜官授職的文書。

軍政，則自虞允文爲相，盡取版曹[1]歲入窠名之必可指擬者，號爲歲終羨餘[2]之數，輸之内帑，顧以有名無實、積累挂欠、不可催理者，撥還版曹，使經費闕乏，督促日峻，中外承風，競爲苛急，而内帑之積，二十餘年以來認爲私貯，典以私人，宰相不得節其出入，版曹不得考其存亡，日銷月耗，以奉燕私之費，此民力之所以重困也。凡諸將求進，必先掊尅士卒以自結於權倖，而後姓名達於貴將。貴將以付之軍中，使自什伍而上節次保明，稱其材武，然後具奏陛下，但見等級推先，案牘具備，誠以爲公薦，豈知其論價輸錢爲債帥哉！彼有智勇材略之人，孰肯抑心下氣於宦官宮妾之門，而陛下所得以爲將帥者，皆庸夫走卒，而猶望其修明軍政、激勸士卒以彊國勢，豈不誤哉！凡此六事，皆不可緩，而本在於陛下之一心。一心正，則六事無有不正，否則徒爲文具而天下事愈不可爲矣。

疏入，夜漏下七刻，上已就寢，亟起秉燭讀之終篇。明日，除主管中太乙宫，兼崇政殿説書。力辭，改秘閣修撰，奉外祠。

光宗即位，降詔獎諭，擢知漳州。奏罷屬縣無名之賦七百萬，減經總制錢四百萬。俗未知禮，揭[3]古喪葬嫁娶之儀以示，禁男女傳經聚僧廬爲會，及女不嫁而庵居者。會朝議欲行泉、汀、漳三州經界，熹乃訪事宜、擇人物，及弓量之法上之，後不果行。子喪，請祠，復主管南京鴻慶宫。翊善黄裳自言學不及熹，與彭龜年奏乞召爲宫僚。留正謂非不知熹，恐其性剛不合，反爲累耳。乃差知潭州，申勅屬郡，令嚴武備，遣人諭洞獠以禍福，戢姦吏、抑豪民，所至興學明教，四方學者羣至。

寧宗即位，趙汝愚首薦赴行在。因奏太皇太后躬定大策，陛下寅紹丕圖，前日未嘗有求位之心，今日未嘗忘思親之念，願充未嘗求位之心，以盡負罪引慝之意，充未嘗忘親之心，以致温凊定省之禮。會趙彦逾按

---

① 版曹：宋代户部左曹的别稱。因職掌版籍，故稱。亦借指户部。

② 羨餘：各地盈餘之賦税，上交天子。

③ 揭：指公佈；發表。

視山陵，言會稽土肉淺薄，下有水石。孫逢吉覆按，别求吉兆。有旨集議，上言：壽皇極德，衣冠之藏，當博訪名山，不宜偏信臺史，委之水泉沙礫之中。不報。有旨脩葺東宫，欲徙居之。熹奏：此必左右近習倡爲邪説，以誤陛下，而欲因以遂其姦心。臣恐不惟無以感格太上皇帝之心，亦恐壽皇在殯，興作土木，神靈或有未安。又聞太上皇后懼忤太上聖意，不欲其聞太上之稱，又不欲聞内禪之説，此又慮之過者。父子大倫，三綱所繫，久而不圖，將有借其名以造謗生事者，此又臣所大懼。願陛下明詔大臣，首罷脩葺，回就慈福、重華之間，草創寢殿，使麤可居。又願下詔自責，減省輿衛，過宫之日，暫變服色，如唐肅宗改服紫袍，執控馬前，以伸負罪引慝之誠，則太上雖有忿怒之情，亦且霍然消散。至若朝廷紀綱，則願嚴詔左右勿預，其實有勳庸而褒賞未愜者，並詔大臣公議其事，稽考令典，厚報其勞。凡號令之弛張、人才之進退，一以委之大臣，使反覆較量，酌取公道，繳駁論難，擇其善者，稱制臨決，則不惟近習不得干預朝權，大臣不得專任己私，而陛下亦得以明習天下之事，而無所疑於得失之算矣。疏入，不報。又勉上進德疏，言：願陛下於日用之間，以求放心爲之本，玩經史，近儒學，數召大臣，切劘治道，羣臣進對，賜以温顔，反覆詢訪，以求政事之得失、民情之休戚，而因以察其人才之邪正短長，庶於天下之事各得其理。又奏：禮經與勑令，子爲父，嫡孫爲祖父，皆斬衰三年。嫡子爲其父後，不能襲位執喪，則嫡孫繼統代之執喪。自漢文之後，獨我壽聖皇帝超出萬古，陛下以世嫡承重，服制宜遵壽皇，一時倉卒，不及詳議，遂用漆紗淺黄之服，不惟上違禮律，且使先志之美舉而復墜，臣竊痛之。然既往之失不及追，將來啓殯發引，禮當復用初喪之服。會孝廟升祔[①]，復議迭毀之制。孫逢吉曾三復請併祧僖、宣二祖，奉太祖居第一室，祫祭[②]則正東

① 升祔：古代帝王在宗廟内將死者神位附於其先祖旁而祭祀。

② 祫祭：古代帝王所舉行的集合遠近祖先神主於太祖廟的合祭。

向之位。熹以爲藏之夾室[①]，則是以祖宗之主下藏於子孫之室，神宗既奉僖廟以爲始祖，所謂有舉之而莫敢廢者，不聽。除爲國史實録院同修撰，辭，不允。上疏論劾韓侂胄居中用事，防微杜漸，間[②]不可忽。御批“憫卿耆艾，恐難立講，可除宫觀”，以爲寶文閣待制，固辭。州郡差遣，依舊提舉鴻慶宫。沈繼祖誣以十罪，落職罷祠。慶元五年致仕，六年三月卒，年七十一。

臨没，正坐整衣冠，遺書囑其子在[③]及門人范念德、黄榦，拳拳以勉學及脩正遺書爲言。家故貧，非其道義，一介不取。徙建陽考亭，簞瓢屢空，晏如也。諸生遠至，與共豆飯藜羹。登第五十年，仕祇九考，立朝纔四十日。黨禁嚴錮，猶日與諸生講學不休，或勸其謝遣，笑而不答。其爲學，必務窮理以致其知，反躬以踐其實，而以居敬爲主。嘗謂聖賢道統之傳，散在方策。聖經之旨不明，而道統之傳始晦。乃竭其精力以研窮聖賢之經訓，所著《易本義》《啓蒙》《蓍卦考誤》《詩集傳》《學庸章句》《或問語孟集注》[④]《太極圖》《通書》《西銘解》《楚辭集注》《辨证》《韓文考異》，所編次《論孟集義》《孟子指要》《中庸輯略》《孝經刊誤》《小學書》《通鑑綱目》《宋名臣言行録》《家禮》《近思録》《程氏遺書》《伊洛淵源》及《儀禮經傳通解》未脱稿，皆行於世。及將窆[⑤]，復有言其徒送僞師之葬，四方會聚，非妄談時人短長，則謬議時政得失，下令隨處守臣約束。嘉泰初，學禁稍弛，詔復華文閣待制與致仕恩澤。侂胄死，復遺表恩賜[⑥]，謚曰文。嘉定二年，贈中大夫、寶謨閣直學士。寶慶三年，贈太師，追封信國公。紹定三年，改徽國公。淳

① 夾室：古代宗廟内堂東西厢的後部，藏五世祖以上遠祖神主的地方。

② 間：《宋史·朱熹傳》作“謹”。

③ 在：即朱在，朱熹之子，紹定年間爲吏部侍郎。

④ 《或問語孟集注》：朱熹有《論孟集注·或問》一書，《或問》爲其中一部分，此處云《或問語孟集注》，即此書之異名。

⑤ 窆：將棺木葬入壙穴。

⑥ 復遺表恩賜：《宋史·朱熹傳》作“詔賜熹遺表恩賜”。指恢復皇上對朱熹臨死之前所上表章的恩賜。

祐初，從祀孔子廟廷，以其學、庸、語、孟訓説立於學宫。有文集百卷，生徒問答八十卷，别録十卷，黄榦稱“道之正統，待人而後傳”，語載宏道録。世以爲知言。子在，紹定中爲吏部侍郎。

年　譜

宋高宗建炎四年庚戌九月甲寅，朱子生。朱子本歙州人。世居州之婺源永平鄉松巖里。宣和末，厥考吏部韋齋先生松爲政和尉，遭父承事府君喪，以方臘亂睦不能歸，遂葬其親於其邑護國寺之側。嘗僑寓建劍二州，是歲館於尤溪之鄭氏，而朱子生焉。

紹興元年辛亥，朱子二歲。

二年壬子，朱子三歲。

三年癸丑，朱子四歲。按行狀云：先生能言，韋齋指天示之曰：“天也。”問曰：“天之上何物?”韋齋異之。

四年甲寅，朱子五歲。始入小學。

五年乙卯，朱子六歲。

六年丙辰，朱子七歲。

七年丁巳，朱子八歲。通《孝經》大義，書其上曰：“若不如此，便不成人。”間從羣兒嬉遊，獨以沙列八卦，端坐默視。

八年戊午，朱子九歲。

九年己未，朱子十歲。按《語録》云：十數歲時，讀《孟子》至聖人與我同類者，喜不可言，以爲聖人亦易做。

十年庚申，朱子十一歲。受學於家庭。

十一年辛酉，朱子十二歲。

十二年壬戌，朱子十三歲。

十三年癸亥，朱子十四歲。三月，丁父韋齋先生憂，初稟學於胡藉溪、劉草堂、劉屏山三君子之門。韋齋卒於建之水南，享年四十七。當疾革時，手自爲書，以家事囑少傅劉公子羽，而訣於藉溪胡憲原仲、白水劉勉之致中、屏山劉子翬彦冲，且顧謂朱子曰：“此三人者，吾友也。其學皆有淵源，吾所敬畏。吾即死，汝往父事之，而惟其言之聽。”韋齋没，少傅爲築室於其里第之旁。朱子遂奉母夫人遷而歸焉。乃遵遺訓，稟學於三君子之門，三君子撫教如子姪。白水劉公因以其女妻之。三劉尋下世，獨事藉溪最久。

十四年甲子，朱子十五歲。葬韋齋先生。墓在崇安縣五夫里之西塔山。

十五年乙丑，朱子十六歲。

十六年丙寅，朱子十七歲。按《語録》云：某年十六七時，喫了多少辛苦讀書。

十七年丁卯，朱子十八歲。秋舉建州鄉貢。考官蔡兹謂人曰："吾取中一後生，三篇策皆欲爲朝廷措置大事，他日必非常人。"

十八年戊辰，朱子十九歲。春登王佐榜進士。

十九年己巳，朱子二十歲。

二十年庚午，朱子二十一歲。春如婺源展墓。

二十一年辛未，朱子二十二歲。春銓試中等，授左廸功郎，泉州同安縣主簿。

二十二年壬申，朱子二十三歲。

二十三年癸酉，朱子二十四歲。夏始受學於延平李先生之門。初，朱子學靡常師，出入經傳，泛濫釋、老有年，及見延平，洞明道要，頓覺異學之非。由是專情致志，剖微窮源，晝夜不懈，至忘寢食，而道統之傳，蓋有所歸矣。秋七月，至同安。長子塾生。

二十四年甲戌，朱子二十五歲，是歲仲子埜生。

二十五年乙亥，朱子二十六歲。建經史閣，立故相蘇公祠於學宫。蘇公名頌，以學術名節爲可師也。

二十六年丙子，朱子二十七歲。七月秩滿，冬奉檄走旁郡。

二十七年丁丑，朱子二十八歲。春還同安候代①，不至，罷歸。士思其教，民懷其惠，相與立祠於學。

二十八年戊寅，朱子二十九歲。以養親請祠，十二月，差監潭州南嶽廟。

二十九年己卯，朱子三十歲。八月，召赴行在，辭。

---

① 代：指前任卸去職務，由新官接任。

三十年庚辰，朱子三十一歲。冬，再見李先生於延平。

三十一年辛巳，朱子三十二歲。貽書黄樞密，論恢復。

三十二年壬午，朱子三十三歲。春，迎謁李先生於建安，遂與俱歸。八月，應詔上封事。是月復予祠。

孝宗隆興元年癸未，朱子三十四歲。三月，再召，辭。有旨趣行，十月，至行在。辛巳入對垂拱殿。十一月，除武學博士，拜命未歸。是歲，《論語要義》《論語訓蒙口義》成。

二年甲申，朱子三十五歲。正月，《困學恐聞》成。之延平，哭李先生。

乾道元年乙酉，朱子三十六歲。四月，請祠。五月，復差監南嶽廟。作《讜議序》。

二年丙戌，朱子三十七歲。

三年丁亥，朱子三十八歲。八月，訪南軒張公敬夫於潭州。道經昭武，謁黄端明。十二月，至自長沙。除樞密院編修。用執政陳俊卿、劉珙薦也。

四年戊子，朱子三十九歲。四月，崇安饑，貸粟於府以賑之。《程氏遺書》成。七月，大水，奉府檄行視水災。省札屢趣就職，固辭。

五年己丑，朱子四十歲。是歲子在生，作《太極通書後序》。九月戊午，丁母孺人祝氏憂。

六年庚寅，朱子四十一歲。正月，葬祝孺人。墓在建陽縣崇泰里後山天湖之陽，名曰寒泉塢，自作壙記。《家禮》成。七月，遷韋齋先生墓。十二月，召赴行在，以喪制未終辭。

七年辛卯，朱子四十二歲。剏立社倉於所居之里。

八年壬辰，朱子四十三歲。《論孟精義》成。四月，有旨疾速起發，再辭。是歲《資治通鑑綱目》成。綱倣《春秋》，而兼羣史之長，目倣《左氏》而稽諸儒之粹。《八朝名臣言行録》成。《西銘解義》成。

九年癸巳，朱子四十四歲。省札再趣行，又辭，就乞差監嶽廟。《太極圖傳》《通書解》成。五月，有旨特與改秩宫觀，辭。《程氏外書》成。

淳熙元年甲午，朱子四十五歲。六月始拜改秩之命。

二年乙未，朱子四十六歲。五月，東萊吕公伯恭來訪。《近思録》成。

偕東萊及梭山陸公子壽、象山陸公子静會於鵝湖。江西陸九齡子壽、九淵子静，清江劉清之子澄皆來會相講其所聞，二陸俱執己見，不合而罷。六月，作晦庵。庵在蘆峯之雪谷，自爲記。

三年丙申，朱子四十七歲。二月，如婺源省墓。六月，除秘書省秘書郎，辭。八月，再辭，許之，遂復與祠。仍差主管武夷山坤祐觀。十一月，令人劉氏卒。次年二月，葬於建陽縣之唐石大林谷。

四年丁酉，朱子四十八歲。六月，《論孟集注或問》成。十月，《周易本義》《詩集傳》成。

五年戊戌，朱子四十九歲。八月，差知南康軍，辭，不允，仍令疾速之任。

六年己亥，朱子五十歲。三月，省札再趣行，是月晦赴上。立三先生祠，祀周子以二程子配。及五賢堂。以祠陶靖節、劉西澗父子、李公擇、陳了齋也。六月，奏乞蠲減星子縣税錢。十月，重建白鹿洞書院。

七年庚子，朱子五十一歲。正月，請祠，不報。三月，復請祠，不允。南軒張公訃至，哭之。四月，申減屬縣科紐木炭錢歲二十緡。應詔上封事。大修荒政。十一月，作卧龍庵。

八年辛丑，朱子五十二歲。正月，開場濟糶。二月，陸象山來訪。朱子與俱至白鹿洞書院，請升講席。子静以君子小人喻義利章發論，朱子以爲切中學者隱微深錮之病。三月，差提舉江西常平茶鹽待次。閏三月，去郡東歸。七月，除直秘閣，辭。東萊吕公訃至，爲位哭之。八月，差提舉調東常平茶鹽。十一月己亥，奏事延和殿。十二月，視事於西興。有短先生者，謂其疏於爲政。上謂宰相淮曰："朱某政事，却有可觀。"

九年壬寅，朱子五十三歲。正月條奏救荒事宜。有詔捕蝗，復上疏言事。詔行社倉法於諸郡。條奏諸州利病。劾奏前知台州唐仲友不法。毁秦檜祠。永嘉學有秦檜祠，移文毁之。八月，除直徽猷閣，辭。差江西提點刑獄，辭。與江東提刑梁總兩易其任，再辭。十一月，始受職名，仍力辭新任，請祠。

十年癸卯，朱子五十四歲。正月，差主管台州崇道觀。四月，武夷精舍成。四方士友來者甚衆。

十一年甲辰，朱子五十五歲。力辨浙學之非。

十二年乙巳，朱子五十六歲。二月，崇道秩滿，復請祠。差主管華州雲臺觀。

十三年丙午，朱子五十七歲。三月，《易學啓蒙》成。八月，《孝經刊誤》成。

十四年丁未，朱子五十八歲。三月，《小學》成。差主管南京鴻慶宫。七月，差江西提點刑獄，辭。

十五年戊申，朱子五十九歲。正月，趣奏事之任，復以疾再辭，不允，且趣入對。六月壬申，奏事延和殿。除兵部郎官。以足疾請祠，詔依舊職名提刑江西。七月，除直寶文閣。主管西京崇福宫。九月，復召，辭。十一月，趣入對，再辭，遂上封事。除主管西太乙宫，兼崇政殿説書，辭。始出《太極通書》《西銘解義》以授學者。

十六年己酉，朱子六十歲。正月，除秘閣修撰，辭。是歲序《大學中庸章句》。四月，再辭職名，許之，仍舊直寶文閣，降詔奬諭。閏五月，更化覃恩，轉朝散郎，賜緋魚。八月，除江東轉運副使，又辭。十一月，改知漳州，再辭，不允，始拜命。

光宗紹熙元年庚戌，朱子六十一歲。四月，到部，首頒禮教。十月，以地震及足疾，不能赴錫宴，自劾，仍請祠，不允。刻四書五經於郡。

二年辛亥，朱子六十二歲。復除秘閣修撰，主管南京鴻慶宫，任便居住。正月，長子塾卒。四月，去郡，再辭職名。七月，再辭職名，不允。詔諭撰之職，以□名儒，乃不敢辭。九月，除湖南轉運副史，辭。十二月，仍以漳州經略不行自劾。

三年壬子，朱子六十三歲。始築室於建陽之考亭。陳同甫來訪。十二月，除知静江府廣西經略，辭。

四年癸丑，朱子六十四歲。正月，再辭。十二月，除知潭州湖南安撫，辭，不允。

五年甲寅，朱子六十五歲。正月，再辭，詔疾速之任。洞獠侵擾郡境，遣使諭降之。改建嶽麓書院。本樞密劉公南軒舊規。七月，寧宗即位，召赴行在奏事。上在藩邸聞朱子名德，傾心已久，至是首加召用。八月，除焕章閣待制兼侍講，再辭，不允，仍趣令疾速供職。九月晦日，至自長沙，次於郭外。十月朔，乞且帶舊職奏事。次日入國門，越日奏事行宫便殿。辭新除職名，不允。上孝宗山陵議狀。辛丑，授詔進講《大學》，差兼實録院同修撰，再辭，不允。更化覃恩，授朝講郎，賜紫金魚袋。乙巳晚講乞，令後省看詳封事。庚戌講筵留身奏四事。閏月朔，編次講章以進。請修嫡孫承重之服。上廟祧議。準告封婺源縣開國男，食邑三百户。戊辰入史院。丙戌詔除寶文閣待制，知江陵府湖北安撫，辭。十一月，還考亭，復辭前命，仍乞追還新舊職名。十二月，詔依舊焕章閣待制，提舉南京鴻慶宫。竹林精舍成。後更名滄洲。

寧宗慶元元年乙卯，朱子六十六歲。正月，辭舊職名，三月，又辭，並不允，轉朝奉大夫。五月，復辭職名，並乞致仕，不允。十二月，屢辭職名，詔依舊充秘閣修撰，宫祠如故。是歲《楚辭集注》成。

二年丙辰，朱子六十七歲。二月申乞改正恩數。十二月褫職罷祠。先是，臺臣擊僞學，既榜朝堂，胡纮、沈繼祖之徒争以朱子爲奇貨，纮草疏將上，不果，以稿授繼祖，遂奏褫職。是歲始修禮書。

三年丁巳，朱子六十八歲。别蔡元定於寒泉精舍。《韓文考異》成。

四年戊午，朱子六十九歲。作《書傳》。十二月，引年乞休。

五年己未，朱子七十歲。四月，有旨令守朝奉大夫致仕。始用野服。

六年庚申，朱子七十一歲。三月辛酉，改《大學》誠意章。甲子，朱子卒。三月初九日也。十一月壬申，葬於建陽縣唐石里之大林谷。會葬者幾千人。

行　　狀[1]

宋故朝奉大夫、華文閣待制、贈寶謨閣直學士、通議大夫，謚文，

---

① 行狀：文體名。專指記述死者世系、籍貫、生卒年月和生平概略的文章。也稱狀、行述。

朱先生行狀。

曾祖絢故，不仕，妣汪氏。

祖森故，贈承事郎，妣程氏，贈孺人。

父松故，任左承議郎，守尚書吏部員外郎，兼史館校勘，累贈通議大夫，妣孺人祝氏，贈碩人。

本貫徽州婺源縣永平鄉松巖里。

先生姓朱氏，諱熹，字仲晦。父朱氏爲婺源著姓，以儒名家，世有偉人。吏部公甫冠，擢進士第，入館爲尚書郎兼史事，以不附和議去國，文章、行義爲學者師，號韋齋先生，有文集行於世。吏部公因仕入閩，至先生始寓建之崇安五夫里，今居建陽之考亭。

先生以建炎四年九月十五日午時，生南劍尤溪之寓舍。幼穎悟，莊重能言。韋齋指示曰："此天也。"問曰："天之上何物?"韋齋異之，就傅，授以《孝經》，一閲封之，題其上曰："不若是，非人也。"嘗從羣兒戲沙上，獨端坐以指畫沙，視之，八卦也。

少長，厲志聖賢之學，於舉子業①初不經意。年十八，貢於鄉，登紹興十八年進士第，以左廸功郎主泉州同安簿，莅職勤敏，纖悉必親，郡縣長吏事倚以决，苟利於民，雖勞無憚。職兼學事，選邑之秀民充弟子員，訪求名士以爲表率。日與講説聖賢脩己治人之道。年方踰冠，聞其風者，已知學之有師而尊慕之。歷四考，罷歸，以奉親講學爲急。二十八年，請奉祠，監潭州南岳廟。明年，詔赴行在，言路有託抑奔競以沮之者，遂以疾辭。三十二年，祠秩滿，再請。

孝宗即位，復因其任。會有詔求直言。因上封事②，其略言聖躬雖未有闕失，而帝王之學不可以不熟講，朝政雖未有闕遺，而脩攘之計不可以不早定，利害休慼雖不可徧以疏舉，然本原之地不可以不加意。陛下毓德之初，親御簡策，不過諷誦文辭，吟咏性情，比年以來欲求大道

① 舉子業：讀經書，參加科舉考試。

② 封事：古時臣下上書奏事，防有洩漏，用袋封緘，稱爲封事。

之要，又頗留意於老子、釋氏之書，記誦詞藻，非所以探淵源而出治道，虚無寂滅，非所以貫本末而立大中。帝王之學，必先格物致知以極夫事物之變，使義理所存，纖悉畢照，則自然意誠心正，而可以應天下之務。次言今日之計，不過修政事、攘夷狄，然計不時定者，講和之説疑之也。今敵於我有不共戴天之仇，則不可和也，義理明矣。知義理之不可爲而猶爲之，以有利而無害也。以臣策之，所謂和者，有百害而無一利，何苦而必爲之。願疇咨大臣，總攬羣策，鑒失之之由，求應之之術，斷以義理之公，參以利害之實，閉關絶約，任賢使能，立紀綱，厲風俗，使吾修政攘夷之外，了然無一毫可恃爲遷延中已之資，而不敢懷頃刻自安之意，然後將相軍民無不曉然知陛下之志，更相激厲、以圖事功，數年之外，志定氣飽，國富兵强，視吾力之强弱，觀彼釁之淺深，徐起而圖之，中原故地不爲吾有而將焉往？次言四海利病係斯民之休慼，斯民休慼係守令之賢否。監司者守令之綱，朝廷者監司之本，欲四民之得其所，本原之地，亦在朝廷而已。今之監司[1]，姦贓狼藉肆虐以病民者，莫非宰執臺諫之親舊賓客，其已失勢者，既按見其交私之狀而斥去之。尚在勢者，豈無其人，顧陛下無自而知之耳。

明年改元隆興，復召，辭，不許，即入對。其一，言大學之道，在乎格物以致其知，蓋有是物必有是理，然理無形而難知，物有迹而易覩。故因是物以求之，使是理瞭然於心目之間，而無毫髮之差，則應乎事者，自無毫髮之謬。陛下雖有生知之性、高世之行，而未嘗隨事以觀理，故天下之事多所未察，未嘗即理以應事，故天下之事多所未明，是以舉措之間，動涉疑貳[2]，聽納之際，未免蔽欺，平治之效，所以未著，由不講乎大學之道，而溺心於淺近虚無之過。其二，言君父之仇不與共戴天，乃天之所覆，地之所載，凡有君臣父子之性者，發於至痛不能自已之同情，而非專出於一己之私，然則今日所當爲者，非戰無以復仇，非守無

---

① 監司：負有監察之責的官吏。

② 疑貳：疑惑不定。

以制勝，是皆天理之同然，非人欲之私念也。末言古先聖王制御敵人之道，其本不在乎威强，而在乎德業，其備不在乎邊境，而在乎朝廷，其具不在乎兵食，而在乎紀綱。今日諫諍之塗尚壅，佞臣之勢方張，爵賞易致而威罰不行，民力已殫而國用未節，則德業未可謂脩，朝廷未可謂正，紀綱未可謂立，凡古先聖王所以强本折衝、威制敵人之道，皆未可謂備。三劄所陳，不出封事之意，而加剀切[①]焉。先生以爲制治之原，莫急於講學，經世之務，莫大於復仇，至於德業成敗，則决於君子、小人之用舍，故於奏對復申言之，蓋學有定見，事有定理，而措之於言者如此。除武學博士待次[②]。乾道改元，促就職。既至，以時相方主和議，請監南嶽廟以歸。

三年，差充樞密院編脩官待次。五年，三促就職，會魏掞之以布衣召爲國子録，因論曾覿而去，遂力辭。先生嘗兩進絶和議、抑佞幸之戒，言既不行，雖擢用狎至[③]不敢就，出處之義，凜然有不可易者。尋丁内艱，六年，復召，以未終喪辭。七年，既免喪復召，以禄不及養辭。四年之間，辭者六。九年，有旨，安貧守道，廉退可嘉，特改合入官主管台州崇道觀。先生以改秩畀祠皆進賢賞功、優德報勤之典，今無故驟得之，求退得進，於義未安，再辭。淳熙元年，又再辭，上意愈堅，始拜命，改宣教郎奉祠。二年，除秘書郎，先生以改官之命，正以嘉其廉退，今乃冒進擢之寵，是左右望而罔市利，力辭。時上諭大臣，欲奬用廉退。執政以先生爲言，故有是命。會有言虚名之士不可用者，以故再辭，即從其請，主管武夷山冲佑觀。

五年，差權發遣南康軍事，辭者四，始之任。先生自同安歸奉祠，家居幾二十年，間關貧困，不以屬心，涵養充積，理明義精，見之行事，

① 剀切：切實，懇切；切中事理。

② 待次：舊時官吏授職後，依次按照資歷補缺。

③ 狎至：接連而來。宋王安石《辭僕射表》之二："恩言狎至，鄙守難移，敢冒德威，更陳私義。"

益霈然[①]矣。至郡，懇惻愛民，如己隱憂，興利除害，惟恐不及。屬邑星子土瘠税重，乞從蠲減，章凡五六上。歲值不雨，講求荒政，凡請於朝，言無不盡，官物之檢放倚閣，蠲減豁滯納，如秋苗夏税、木炭月椿、經總制錢之屬，各視其色目爲之條奏，或至二四，不得，請不已，並奏請截留綱運，乞轉運、常平兩司，撥錢米充軍糧，備賑濟，申嚴鄰路斷港遏糴之禁，選官吏授以方略，俾視境内，具知荒歉分數、户口多寡、蓄積虚實，通商勸分，多所全活。其設施次第，人争傳録以爲法。訖事奏乞，依格推賞納粟人者，凡數四。郡濱大江，舟艤岸者遇大風輒沉溺，因募饑民築堤捍舟，民脱於饑，舟患亦息。先生視民如傷，至姦豪侵擾細民、撓法害政者，懲之不少貸，由是豪强斂戢，里閭安靖。數詣郡學，引進士子，與之講論。訪白鹿洞書院遺址，奏復其舊。又奏乞賜書院勅額，及高宗御書石經板本、《九經注疏》等書者至再。每休沐[②]，輒一至書院質疑問難，誨誘不倦，退則相與徜徉泉石間，竟日乃反。又求栗里陶靖節之居、西澗劉屯田之墓、孝子熊仁瞻之閭旌顯之，猶以不得悉行其志爲恨。明年，詔監司郡守條具民間利病，遂上疏言：天下之大務，莫大於恤民，恤民之本，又在人君正心術以立紀綱。今日民間特以税重爲苦，正緣二税之入朝廷盡取以供軍，而州縣無復贏餘，則不免於二税之外别作名色，巧取於民。今民貧賦重，若不計理軍實，去其浮冗，則民力决不可寬，惟有選將吏、核兵籍，可以節軍貲，開廣屯田，可以實軍儲，練習民兵，可以益邊備。今日將帥之選，率皆膏粱子弟，厮役凡流，所得差遣，縻費已是不貲，到軍之日，惟望裒斂刻剥，以償債負。總餽餉之任者，亦皆倚負幽陰，交通貨賂其所驅催，東南數十州之脂膏骨髓，名爲供軍，而輦載以輸權倖[③]之門者不可以數計，然則欲計軍實以紓民力，必盡反前之所爲，然後乃可冀也。授將印、委利權一出於朝

① 霈然：謂綽有餘裕，應付裕如。

② 休沐：休息洗沐，猶休假。

③ 權倖：指有權勢而得到帝王寵愛的姦佞之人。

廷之公議，則可以絶苞苴請託之私，而刻剥之風可革。務求忠勇沉毅、實經行陣之人，則可以革輕授非才之弊，而軍士畏愛搜閲以時竄名冗食者，不得容於其間，又擇老成忠實、通曉兵農之務者，使領屯田之事，付以重權，責其久任，則可以漸省列屯坐食之兵，稍損州郡供軍之數。軍籍既核，屯田既成，民兵既練，州縣事力既紓，然後可以禁其苛斂，責其寬恤，庶幾困窮之民得保生業，無復流移漂蕩之患矣。所謂其本在於正心術以立紀綱者，蓋天下之紀綱不能以自立，必人主之心術公平正大，無偏黨反側之私，然後紀綱有所繫而立。君心不能以自正，必親賢臣、遠小人，講明義利之歸，閉塞私邪之路，然後方可得而正。今宰相臺省、師傅賓友、諫諍之臣皆失其職，而陛下所與親密謀議者不過一二近習之臣，此一二小人者，上則蠱惑陛下之心志，使陛下不信先王之大道而説於功利之卑説，不樂莊士之讜言，而安於私褻之鄙態，下則招集士大夫之嗜利無恥者，文武彙分，各入其門。所喜則陰爲引援擢置清顯[1]，所惡則密行訾毁公肆擠排。交通貨賂，則所盗者皆陛下之財，命卿置將，則所竊者皆陛下之柄，陛下所謂宰相師傅、賓友諫諍之臣，或反出入其門牆，承望其風旨，其幸能自立者亦不過齱齪自守，而未嘗敢一言以斥之，其甚畏公論者乃略能驚逐其徒黨之一二，既不能深有所傷，而終亦不敢明言以搗其囊槖窟穴之所在。勢成威立，中外靡然向之，使陛下之號令黜陟不復出於朝廷，而出於此一二人之門，名爲陛下之獨斷，而實此一二人者陰執其柄。蓋其所壞非獨壞陛下之紀綱，乃併與陛下所以立紀綱者而壞之，民又安可得，而恤財又安可得，而理軍政何自而修，士宇何自而復，宗廟之讎恥又何時而可雪耶？

先生在任嘗用劄子奏事，後因臺諫言用劄子非舊制，遂奏乞罷黜，又以致人户逃移自劾者再，以疾請奉祠者五，將滿，除江西提舉常平茶鹽事待次。初，廟堂議遣先生使蜀，上意不欲其遠去，故有是命，詔以脩舉荒政，民無流殍，除直秘閣凡三辭，皆以前所奏納粟人未推賞，難

① 清顯：清要顯達的官位。

以先被恩命。

會浙東大饑，易提舉浙東常平茶鹽事，時民已艱食，即日單車就道，復以南康納粟人未推賞，辭職名，具乞奏事之任，納粟賞行，遂受職名。入對，其一，言陛下臨御二十年間，水旱盜賊略無寧歲。意者，德之崇未至於天與？業之廣未及於地與？政之大者有未舉而小者無所繫與？刑之遠者或不當而近者或幸免與？君子有未用而小人有未去與？大臣失其職而賤者竊其柄與？直諒[①]之言罕聞而諂諛者衆與？德義之風未著而汙賤者騁與？貨賂或上流而恩澤不下究[②]與？責人或已詳而反躬有未至與？夫必有是數者，然後足以召災而致異。其二，言陛下即政之初，蓋將選建英豪任以政事，不幸其間不能盡得其人，是以不復廣求賢哲而姑取軟熟易制之人以充其位，於是左右私褻使令之賤始得以奉燕閒、備驅使，而宰相之權日輕。又慮其勢有所偏，而因重以壅已也，則時聽外廷之論，將以陰察此輩之負犯而操切之。陛下既未能循天理、公聖心以正朝廷之大體，則固已失其本矣，而又欲兼聽士大夫之公言以爲駕馭之術，則士大夫之進見有時，而近習之從容無間，士大夫之禮貌既莊而難親，其議論又苦而難入，近習便嬖側媚之態既足以蠱心志，其胥吏狡獪之術又足以眩聰明，此其生熟甘苦既有所分，恐陛下未及施其駕馭之術而先墮其數中矣。是以雖欲微抑此輩而此輩之勢日重，雖欲兼采公論而士大夫之勢日輕。重者既挾其重，以竊陛下之權，輕者又借力於所重，以爲竊位固寵之計，中外相應，更濟其私，日往月來，浸淫耗蝕，使陛下之德業日隳，紀綱日壞，邪佞充塞，貨賂公行，兵愁民怨，盜賊間作，災異數見，饑饉薦臻，羣小相挺，人人皆得滿其所欲，惟有陛下了無所得，而國家顧乃獨受其弊。其三，言救荒利害，如州縣旱傷，早行檢放，從實蠲減，勸諭人户賑糶，務得其平，納粟之人，早行推賞，所納米數，仍

---

① 直諒：正直誠信。語出《論語・季氏》："益者三友……友直，友諒，友多聞，益矣。"

② 下究：猶下達。《淮南子・主術訓》："是故號令能下究，而臣情得上聞。"

減其半。乞撥豐儲倉米三十餘萬石以備濟糶，州縣新舊官物并且住催紹興丁身等錢，預行蠲放，及免米商力勝稅錢，量立賞格，官吏違慢者奏劾，昏病者别與差遣，仍差選得替待闕宫廟、持服官員時暫管幹。其四，言水旱，三分以上第五等户免檢，並放五分以上第四等户依此施行，乞行著令及請頒行社倉①條約於諸路。其五，言紹興和買②，乞議革其弊。其六，言南康嘗乞蠲減星子租税，有司拒以對補，吝細鄙狹，不達大體。其七，言白鹿書院請賜書額。

先生所對奏劄凡七，其一二皆自書以防宣洩。又以南康所上封事繕寫成册，用袋重封，於閤門投進。後五札亦有非一時救荒之急者，當倥偬不暇給之際，而憂深慮遠，從容整暇，蓋急於救民罄竭，忠悃不敢有所隱也。

先生所居之鄉，每歲春秋之交，豪户閉糶牟利，細民發廩强奪，動相賊殺，幾至挺變。先生嘗帥鄉人立社倉以賑貸之，米價不登，人得安業。至是乞推行之。白鹿書院事，本不暇及，前期執政使人諭以且宜勿言，先生因念主上未必有鄙薄儒生之意，而大臣先爲此言不可，及對，卒言之。上委曲訪問，悉從其請。先生初拜命，即移書他郡募米商蠲其征，及至，客舟之米已輻輳③。復以入奏荒政數事推廣條上，情詞懇惻，條目詳密。日與僚屬寓公鉤訪民隱，至廢寢食，分晝既定，按行所部，窮山長谷，靡所不到，拊問存恤，所活不可勝計。每出，皆乘單車，屏徒從，所歷雖廣，而人不知。郡縣官吏憚其風采，倉皇驚懼，常若使者壓其境，至有自引去者，由是所部肅然，而尤以戢盗捕蝗興水利爲急。大抵措畫悉如南康時，而用心尤至也。奏紹興和買之弊，至是，乞先與痛減歲額，然後用貫頭科紐，惟恐真下户受其弊，則請參用高下等第均

---

① 社倉：即義倉。古代爲防荒年而在鄉社設置的糧倉。

② 和買：宋代，政府於春季貸款給農民，至夏秋時令農民以絹償還，謂之和買。北宋末至南宋初，和買成爲重賦，諸路先後按比例或全部折納現錢，折價屢增。

③ 輻輳：集中；聚集。

敷及減免下户丁錢以優之。又乞免台州丁錢，至於差役利害，亦嘗條具數千言，申省義役之法，則乞令均出義田[①]，罷去役首，免排役，次官差保正副長輸收義田，仍令上户兼充户長。又乞取會福建下四州見行産鹽法，行於本路沿海四州。又乞依處州見行之法，改諸郡酒坊爲萬户，於救荒之餘，猶悉及他事，以爲經久之計。先生猶以徒費大農數十萬緡，無以全活一道饑民自劾。又以前後奏請多見抑却，幸而從者又率稽緩後時，無益於事。蝗旱相仍，不勝憂憤。復奏言：爲今之計，獨有斷自聖心，沛然發號，責躬求言，然後君臣相戒，痛自省改。其次惟有盡出内庫之錢，以供大禮之費，爲收糴之本，詔户部無得催理舊欠，詔諸路漕臣遵依條限，檢放租税，詔宰臣沙汰被災路分州軍監司守臣之無狀者，遴選賢能，責以荒政，庶幾猶足以下結人心，消其乘時作亂之意。不然，臣恐所憂者不止於餓殍而在於盜賊，蒙其害者不止於官吏，而上及於國家也。復上時宰書云：朝廷愛民之心不如惜費之甚，是以不肯爲極力救民之事；明公憂國之念不如愛身之切，是以但務爲阿諛順旨之計，然民之與財孰輕孰重？身之與國孰大孰小？財散猶可復聚，民心一失則不可復收，身危猶可復安，國勢一傾則不可復正。至於民散國危，而措身無所，則其所聚有不爲大盜積者耶？

九年，以賑濟有勞，進直徽猷閣，辭，知台州。唐仲友與時相王淮同里，爲姻家，遷江西提刑，未行，先生行部，訟者紛然，得其姦贓、僞造楮幣[②]等事，劾之。時久旱而雨。奏上，淮匿不以聞，仲友亦自辯，且言弟婦王氏驚悸病篤，論愈力，章至十上。事下紹興府鞫之，獄具情得，乃奪其新命授先生。先生以爲是蹊田而奪之牛，辭，不拜，遂歸。尋令兩易江東，辭，及辭職名，且言唐仲友雖寢新命，已具之獄竟釋不治，則是所按不實，難以復需恩賞。並不許。受職名。再辭新命，且乞

① 義田：泛稱爲贍養族人或貧困者而置的田産。

② 楮幣：指宋、金、元時發行的“會子”“寶券”等紙幣。因其多用楮皮紙制成，故名。

奉祠。言所劾贜吏黨與衆多，竝當要路，大者宰制，斡旋於上，小者馳騖，經營於下，若其加害於臣，不遺餘力，則遠至師友淵源之所自亦復無，故横肆觝排[①]，爲臣之計，惟有乞身就閒，或可少紓患害。時從臣有奉時相意，上疏毁程氏之學，以陰詆先生者，故有是言。

十年，差主管台州崇道觀。先生守南康使，浙東始得行其所學，已試之效卓然，而卒不果用，退而奉崇道、雲臺、鴻慶之祠者五年，自是海内學者尊信益衆。

十四年，除提點江西刑獄公事，待次，以疾辭，不許，遂拜命。

十五年，促奏事，又以疾辭，不許，遂行。又以疾請奉祠者再。淮罷相，遂力疾入奏。首言：近年以來，刑獄不當，輕重失宜，甚至涉於人倫風化之重者，有司議刑亦從流宥之法，則天理民彝[②]，幾何不至於泯滅。又言：州郡獄官乞注有舉主關陞[③]，及任滿銓試第二等以上人，常調關陞，及省部胥吏，並不得注擬，若縣獄則專委之令，或不得人，則無所不至，亦望令縣丞或主簿同行推訊。又言：提刑司管催經總制錢，起於宣和末年，倉卒用兵，權宜措畫，其始亦但計其出納之實數，而随以取之，及紹興經界民間投印違限契約所入，倍於常歲，自今遂以是年爲額，而立爲比較之説，甚至災傷檢放倚閣[④]錢米已無所入，而經總制錢獨不豁除，州縣之煎熬何日而少紓，斯民之愁歎何時而少息。又言：江西諸州科罰之弊，至其末篇，乃言陛下即位二十有七年，而因循荏苒無尺寸之效可以仰酬聖志，嘗反復而思之，無乃燕閒蠖濩[⑤]之中，虚明應物之地，天理有未純，人欲有未盡與？天理未純，是以爲善不能充其

① 觝排：抵拒排斥。

② 民彝：民衆遵從的一成不變的法度。《詩·大雅·烝民》："民之秉彝，好是懿德。"毛傳："彝，常。"朱熹集傳："是乃民所執之常性，故其情無不好此美德者。"

③ 舉主：即薦舉人。關陞：宋制，按一定資歷經核准升官。

④ 災傷：由天災人禍所招致的傷害。檢放：指驗灾放賑。倚閣：擱置暫停。

⑤ 燕閒蠖濩：公餘閒暇時散步。

量；人欲未盡，是以爲惡不能去其根。一念之頃，公私邪正，是非得失之機，朋分角立，交戰於其中，故禮貌大臣非不厚，而便嬖側媚得以深被腹心之寄；寤寐英豪非不切，而柔邪庸謬得以久竊廟廊之權，非不樂聞公議正論，而有時不容；非不堲讒説殄行，而未免誤聽；非不欲報復陵廟讎恥，而不免畏怯苟安；非不欲愛養生靈財力，而未免歎息愁怨，凡若此類，不一而足。願陛下自今以往，一念之發，則必謹而察之。此爲天理耶？爲人欲耶？果天理也，則敬以充之，而不使其少有壅閼；果人欲也，則敬以克之，而不使其少有凝滯，推而至於言語動作之間，用人處事之際，無不以是裁之，則聖心洞然，中外融徹，無一毫之私慾得以介乎其間，而天下之事將惟陛下之所欲爲無不如志矣。

是行也，有要①之於路，以正心誠意爲上所厭聞，戒以勿言者。先生曰："吾平生所學，只有此四字，豈可回互②而欺吾君乎！"及奏，上未嘗不稱善，曰："久不見卿，浙東之事，朕自知之，今當處卿清要，不復勞卿州縣。"除兵部郎，以足疾丐祠，未供職。本部侍郎林栗前數日與先生論《易》《西銘》不合，至是遣部吏抱印迫以供職，先生以疾告，遂疏先生欺慢。時上意方嚮先生，欲易以他部郎，時相竟請援以前江西之命，仍舊職名，又令吏部給還改官，以後不曾陳乞磨勘③。蓋先生改秩既出特恩，其後累任祠官，無績可考，以故不曾陳乞磨勘者十有四年。先生行，且辭曰："論者謂臣事君無禮，爲人臣子有此名，罪當誅戮，豈可復任外臺耳目之寄？"章再上，除直寶文閣，主管西京嵩山崇福宫。栗亦罷，辭磨勘及職名，不許，轉朝奉郎。未逾月，再召。時廟堂知上眷厚，憚先生復入，故爲兩罷之策。上悟，復召先生受職名。辭，召命以爲遷官進職，皆爲許其間退，方竊難進易退之褒，復爲彈冠結綬之計，則其爲世觀笑，不但往來屑屑之譏。又促召。

① 要：攔阻。
② 回互：曲折宛轉而不直言。
③ 磨勘：官員升遷時的考績制度。

初，先生入奏事，迫於疾作，嘗面奏，以爲口陳之説，有所未盡，乞具封事以聞。至是再辭，遂並具封事，投匭以進。其略曰：今天下大勢，如人有重病，内自心腹，外達四支，無一毛一髮不受病者，臣不暇言，且以天下之大本與今日之急務爲陛下言之。蓋大本者，陛下之心，急務則輔翼太子、選任大臣、振舉綱維、變化風俗、愛養民力、修明軍政六者是也。古先聖王兢兢業業，持守此心，雖在紛華波蕩之中、幽獨得肆之地，而所以精之、一之、克之、復之，如對神明，如臨淵谷，猶恐隱微之間或有差失，而不自知，是以建師保之官，列諫諍之職，凡飲食酒漿衣服次舍器用財賄，與夫宦官宫妾之政，無一不領於冢宰，使其左右前後、一動一静，無不制以有司之法，而無纖芥之隙、瞬息之頃，得以隱其毫髮之私。陛下之所以精一克復而持守其心，果有如此之功乎？所以脩身齊家而正其左右，果有如此之效乎？宫省事禁，臣固不得而知，然爵賞之濫，貨賂之流，閭巷竊言，久已不勝其籍籍[①]，則陛下所以脩之家者，恐其未有以及古之聖王也。至於左右便嬖之私，恩遇過當，往者淵覘説抃[②]之徒，勢焰熏灼，傾動一時，今已無可言矣，獨有前日臣所面陳者，雖蒙聖慈委曲開譬，然臣之愚，竊以爲此輩但當使之守門傳命，供掃除之役，不當假借崇長，使得逞邪媚、作淫巧於内，以蕩上心，立門庭、招權勢於外，以累聖政。臣竊聞之道路，自王抃既逐之後，諸將差除多出此人之手，陛下竭生靈膏血以奉軍旅，而軍士顧乃未嘗得一温飽，是皆將帥巧爲名色奪取其糧，肆行貨賂於近習以圖進用，出入禁闥腹心之臣，外交將帥，共爲欺蔽，以至於此，而陛下不悟，反寵暱之，以是爲我之私人，至使宰相不得議其制置之得失，臺諫不得論其除授之是非，則陛下所以正其左右者，未能及古之聖王，又明矣。至於輔翼太子，則自王十朋、陳良翰之後，宫寮之選，號爲得人，而能稱其職者，蓋已鮮矣。而又時使邪佞儇薄闒冗庸妄之輩，或得參錯於其間，所謂講

① 籍籍：衆口諠騰議論的樣子。
② 淵覘説抃：察言觀色踴躍附和。淵覘：深刻觀察。抃：鼓掌；拍手表示歡欣。

讀，亦姑以應文備數，而未聞其有箴規之效，至於從容朝夕，陪侍遊燕者，又不過使臣宦者數輩而已。唐之六典，東宫之官，師傅賓客既職輔導，而詹事府[1]、兩春坊實擬天子之三省，故以詹事庶子領之，今則師傅賓客既不復置，而詹事庶子有名無實，其左右春坊遂直以使臣掌之，何其輕且褻之甚耶！夫立太子而不置師傅賓客，則無以發其隆師親友、尊德樂義之心，獨使春坊使臣得侍左右，則無以防其戲慢媟狎，奇衺雜進之害，宜討論前典，置師傅賓客之官，罷去春坊使臣，而使詹事庶子各復其職。至於選任大臣，則以陛下之聰明，豈不知天下之事必得剛明公正之人而後可任哉！其所以常不得如此之人，而反容鄙夫之竊位者，直以一念之間未能撤其私邪之蔽，而燕私之好、便嬖之流不能盡由於法度，若用剛明公正之人以爲輔相，則恐其有以妨吾之事，害吾之人，而不得肆，是以選掄之際，常先排擯此等，寘之度外，而後取凡疲懦軟熟、平日不敢直言正色之人而揣摩之，又於其中得其至庸極陋，决可保其不至於有所妨者，然後舉而加之於位，是以除書未出，而物色先定，姓名未顯，而中外已逆知[2]，其决非天下之第一流矣。至於振肅紀綱、變化風俗，則今日宫省之間、禁密之地，而天下不公之道、不正之人顧乃得以窟穴盤據於其間，而陛下目見耳聞，無非不公不正之事，則其所以熏蒸銷鑠，使陛下好善之心不著，嫉惡之意不深，其害已有不可勝言者矣。及其作姦犯法，則陛下又未能深割私愛，而付諸外廷之議，論以有司之法，是以紀綱不能無所撓敗，紀綱不正於上，是以風俗頹敝於下。蓋其爲患之日久矣。而浙中爲尤甚，大率習爲軟靡之態、依阿之言，以不分是非、不辯曲直爲得計，下之事上，固不敢少忤其意，上之御下，亦不敢少拂其情，惟其私意之所在，則千塗萬轍，經營計較，必得而後已，甚者以金珠爲脯醢，以契券爲詩文，宰相可啗，則啗宰相，近習可通，則通近習，惟得之求，無復廉恥，一有剛毅正直、守道循理之士出乎其

① 詹事府：掌皇后、太子家事。

② 逆知：預知，逆料。

間，則羣議衆排，指爲道學，而加以矯激[①]之罪。十數年來，以此二字禁錮天下之賢人君子，復如崇宣之間所謂元祐學術者，排擯詆辱，必使無所容其身而後已。嗚呼！此豈治世之事，而尚復忍言之哉！至於愛養民力、脩明軍政，則自虞允文之爲相也，盡取版曹歲入窠名之必可指擬者，號爲歲終羡餘之數，而輸之内帑，顧以其有名無實，積累挂欠，空載簿籍不可催理者，撥還版曹，以爲内帑之積，將以備他日用兵進取不時之需，然自是以來二十餘年，内帑歲入不知幾何，而認爲私貯，典以私人，宰相不得以式貢均節其出入，版曹不得以簿書勾考其存亡，其日銷月耗，以奉燕私[②]之費者，蓋不知其幾何矣，而曷嘗聞其能用此錢以易敵人之首，如太祖皇帝之言哉。徒使版曹經費闕乏日甚，督趣日峻，以至廢去祖宗以來破分良法，而必以十分登足爲限，以爲未足，則又造爲比較監司、郡守殿最[③]之法，以誘脅之，於是中外承風，競爲苛急，此民力之所以重困也。諸將之求進也，必先掊克士卒，以殖私財，然後以此自結於陛下之私人，而祈以姓名達於陛下之貴將，貴將得其姓名，即以付之軍中，使自什伍以上節次保明，稱其材武，堪任將帥，然後具爲奏牘而言之陛下之前。陛下但見其等級推先，案牘具備，則誠以爲公薦而可以得人矣，而豈知其論價輸錢，已若晚唐之債帥哉！夫將者，三軍之司命，而其選置之方，乖剌[④]如此，則彼智勇材略之人，孰肯抑心下首於宦官宫妾之門？而陛下之所得以爲將帥者，皆庸夫走卒，而猶望其修明軍政、激勸士卒以强國勢，豈不誤哉！凡此六事，皆不可緩，而本在於陛下之一心，一心正，則六事無不正，一有人心私慾以介乎其間，則雖欲憊精勞力以求正，夫六事者亦將徒爲文具，而天下之事愈至於不可爲矣。

---

① 矯激：猶詭激。奇異偏激，違逆常情。

② 燕私：指平日；平時。

③ 殿最：古代考核政績，上等者爲最，下等者爲殿。

④ 乖剌：悖謬失當。宋陸游《南唐書·歐陽廣傳》："措置乖剌，大失人心。"

疏入，夜漏下七刻，上已就寢，亟起秉燭讀之終篇。明日，除主管太乙宫，兼崇政殿説書。時上已有倦勤之意，蓋將以爲燕翼之謀。先生嚐草奏疏，言講學以正心，修身以齊家，遠便嬖以近忠直，抑私恩以抗公道，明義理以絶神姦，擇師傅以輔皇儲，精選任以明體統，振綱紀以厲風俗，節財用以固邦本，修政事以攘夷狄。凡十事，欲以爲新政之助。會執政有指道學爲邪氣者，力辭新命，除秘閣脩撰，仍奉外祠，遂不果上。先生當孝宗朝陛對者三，上封事者三，其初固以講學窮理爲出治之大原，其後則直指天理人欲之分，精一克復之義；其初固以當世急務一二爲言，其後封事之上，則心術、宫禁、時政、風俗，披肝瀝膽，極其忠鯁。蓋所望於君父愈深，而其言愈切，故於封事之末有曰：日月逾邁，如川之流，一往而不復，不惟臣之蒼顔白髮已迫遲暮，而竊仰天顔亦覺非昔時矣。忠誠懇惻，至今讀者猶爲之涕下。

先生進疏雖切，孝宗亦開懷容納，武博編修秘省郎曹之除，蓋將引以自近，守南康、持浙東江西之節，又知其不可强留而授之，至是復有經幃之命。先生之盡忠，孝宗之受盡言亦未爲不遇也。然先生進言，皆痛詆大臣近習，孝宗之眷愈厚，而疾者愈深，是以不能一日安其身於朝廷之上，而孝宗内禪矣。

光宗即位，再辭職名，仍舊直寶文閣。降詔獎諭，除江東轉運副使，以疾辭者再。覃恩[①]轉朝散郎，賜緋衣銀魚，改知漳州，又再以疾辭，不許。時光宗初政，再被除命，遂以紹熙元年之任。奏除屬縣無名之賦七百萬，減經總制錢四百萬，加意學校，教誘諸生，如南康時。又以習俗未知禮，採古喪葬嫁娶之儀，揭以示之，命父老解説，以教子弟。釋氏之教，南方爲盛，男女聚僧廬爲傳經會，女不嫁者，私爲庵舍以居。悉爲之禁，俗大變。郡有故廸功郎高登忤秦檜，貶死。爲奏請昭雪，褒其直。會朝論欲行泉、漳、汀三州經界，先生初仕同安，已知經界不行

① 覃恩：廣施恩澤。多用以稱帝王對臣民的封賞、赦免等。《舊唐書·趙宗儒傳》："今覃恩既畢，庶政惟新。"

之害，至於訪事宜、擇人物，以至弓量之法，洞見本末，遂疏其事上之，且言必可行之説三，將必至於不能行之説一。蓋謂經界法行，息争止訟，大爲民利，而占田隱税、侵漁貧弱者所不便，及具宣德意，榜之通衢，則邦民鼓舞而寓公豪右果爲異議以沮之，遂因地震及足疾不赴錫宴自劾。其冬，有旨先行漳州經界，南方春旱，事已無及。明年，屬有嗣子之喪，再請奉祠，除秘閣修撰，主管南京鴻慶宫。先生以當上初政，嘗辭前件職名，已降褒詔從其請，難以復受，辭者再。詔論撰之職以寵名儒，乃拜命，除荆湖南路轉運副使，再辭。漳州經界竟報罷，遂以前言經界可行自劾。三年，再以病辭，乞補滿宫觀，從之。又數月，差知静江府廣南西路經略安撫，辭。四年，又辭主管南京鴻慶宫。未幾，差知潭州荆湖南路安撫，以辭遠就近，不爲無嫌，力辭。五年，再辭。有旨，長沙巨屏得賢爲重，會洞獠[1]擾屬郡，遂拜命赴鎮，至則遣人諭以禍福，皆降之。申教令、嚴武備、戢姦吏、抑豪民，先生所至，必興學校、明教化，湖湘士子素知學，日伺公退，則請質所疑，先生爲之講説不倦，四方之學者畢至。又以南康、漳州所申改正釋奠儀式爲請，録故死節五人爲之立廟。孝宗升遐，先生哀慟不能自勝，又聞上以疾不能執喪，中外洶洶，益憂懼，遂申省乞歸田里。言天下國家所以長久安寧，惟賴朝廷三綱五常之教建立修明於上，然後守藩述職之臣有以稟承宣布於下，所以内外相維，大小順序，雖有强猾姦宄，無所逞志，不然，以一介書生置諸數千里軍民之上，亦何所憑恃而能服其衆哉？又草封事，極言父子天性，不應以小嫌廢彝倫，言頗直切。會今上即位，不果上。上在潛邸，聞先生名，每恨不得先生爲本宫講官。至是首召奏事。先生行且辭。除焕章閣待制侍講，辭。不許，又再辭。且言："陛下嗣位之初，方將一新庶政，所宜安惜名器，若使幸門一開，其弊豈可復塞。至於博延儒臣，專意講學，蓋將求所以深得親懽者，爲建極導民之本，思所以大振朝綱者，爲防微慮遠之圖，顧問之臣，實資輔養，用人或謬，所繫非輕。"蓋

① 洞獠：古代對我國南方仡佬族等少數民族的蔑稱。

先生在道，聞南内朝禮尚闕，近習已有用事者，故預有是言。又不許，遂奏乞且依元降指揮帶元官職奏事者再。及入對，首言：乃者天運艱難，國有大咎，所謂天下之大變而不可以常理處者，太皇太后躬定大策，陛下寅紹[1]丕圖，可謂處之以權，而庶幾不失其正矣。然自頃至今，亦既三月，或反不能無疑於逆順名實之際，禍亂之本，又已伏於冥冥之中，竊爲陛下憂之。尚猶有可諉者，亦曰陛下之心，前日未嘗有求位之計，今日未嘗忘思親之懷，此則道心微妙之全體，天理發用之本然，所以行權而不失其正之根本也。誠即是心而克之，則所謂求仁得仁而無怨，終身欣然，樂而忘天下者，臣有以知陛下之不難矣。借曰天命神器不可無傳，宗廟社稷不可無奉，則轉禍爲福，易危爲安，亦可以舍此而他求哉！充吾未嘗求位之心，則可以盡吾負罪引慝之誠，充吾未嘗忘親之心，則可以致吾温凊定省之禮，始終不越乎此，而大倫正、大本立矣。次言：爲學莫先於窮理，窮理必在於讀書，讀書之法，莫貴於循序而致精，致精之本，又在於居敬而持志。又三札言：湖南歲計，入少出多不可支吾，乞裁減差，到諸班换授歸正雜色，補官員數，郡州邊防，全無指畫，以致猺人侵犯，乞移置寨栅，增撥戍兵。潭州城壁，乞行計度修築。既對，面辭待制侍讀，不許。翌日，又辭待制職名，乞改作説書差遣，以爲未得進説，而先受厚恩，萬一異時未效涓埃而疾病不支，遂竊侍從職名而去，則臣死有餘罪。上手札：“卿經術淵源，正資勸講，次對之職，勿復牢辭，以副朕崇儒重道之意。”遂拜命。

會趙彦逾按視孝宗山陵，以爲土肉淺薄，掘深五尺，下有水石，旋改新穴，比舊僅高尺餘。孫逢吉覆按，亦乞少寬月日，别求吉兆。有旨集議，臺史憚之，議遂中寢。先生竟上議狀，言：“壽皇聖德神功，宜得吉土，以奉衣冠之藏，當廣求術士，博訪名山，不宜偏信臺史罔上誤國之言，固執紹興坐南向北之説，委之水泉砂礫之中、殘破浮淺之地。”不報。覃恩轉朝請郎，贈紫章服，兼實録院同修撰。再辭，不許。拜命受

① 寅紹：敬承。

詔，進講《大學》。先生以平日論著敷陳開析，務積誠意以感上心，遂奏乞除朔望旬休及過宫日分，不以寒暑雙隻月日諸假故，并令早晚進講。又乞置局看詳四方封事，瑞慶節免稱賀，皆從之。復因有旨脩葺舊東宫爲屋三數百間，遂具四事奏言：當上帝震怒，災異數出，畿甸百姓，饑饉流離，太上皇帝未獲進見，壽皇因山未卜，太皇太后、皇太后皆以尊老之年煢然憂苦，不宜大興土木，以就安便壽康定省之禮，所宜下詔自責。頻日繼往，顧乃逶迤舒緩，無異尋常，太上皇帝必以爲此徒備禮而來，其深閉固拒而不得見，亦宜矣。朝廷紀綱，尤所當嚴，上自人主，下至百執①，各有職業，不可相侵，今進退宰執，移易臺諫，皆出陛下之獨斷，大臣不與謀，給舍不及議，正使其事悉當於理，亦非爲治之體，况中外傳聞，皆謂左右或竊其柄，而其所行又未能盡允於公議乎！此弊不革，臣恐名爲獨斷，而主威未免於下移，欲以求治，而反不免於致亂。末復申言，殯宫②之卜，不宜偏聽臺史膠固繆妄之言，墮其交結眩惑之計。皆不報。先生進講，每及數次，復以前所講者編次成帙以進。上亦開懷容納，且面諭："以求放心之説甚善，所進册子，宫中嘗讀之，今後更爲點來。"

先生知上有意於學，遂以劄子勉上進德。其略言：陛下日用之間，語默動静必求放心以爲之本，而於玩經觀史、親近儒臣，已用力處益用力焉。數召大臣切劘治道，俾陳今日要務，略如仁祖開天章閣故事，至於羣臣進對，亦賜温顔，反覆詢訪，以求政事之得失、民情之休慼，而又因以察其人情之邪正短長，庶於天下之事各得其理。又奏：禮經勅令子爲父、嫡孫承重爲祖父，皆斬衰③三年，嫡子當爲父後，不能襲位執喪，則嫡孫繼統而代之執喪，自漢文短喪，歷代因之，天子遂無三年之

① 百執：猶百官。《書·盤庚下》："邦伯、師長、百執事之人，尚皆隱哉。"
② 殯宫：停放靈柩的房舍。
③ 斬衰：舊時五種喪服中最重的一種。用粗麻布製成，左右和下邊不縫。服制三年。子及未嫁女爲父母，媳爲公婆，承重孫爲祖父母，妻妾爲夫，均服斬衰。

喪，爲父且然，則嫡孫承重可知。人紀[1]廢壞，三綱不明，千有餘年，莫能釐正。壽皇、聖帝，至性自天，孝誠内發，易月之外，猶執通喪，朝衣朝冠，皆以大布，所宜著在方册，爲世法程。間者遺詔初頒，太上皇帝偶違康豫，不能躬就喪次，陛下以世嫡承大統，則承重之服，著在禮律，所宜遵壽皇已行之法，一時倉卒，不及詳議，遂用漆紗淺黄之服，不惟上違禮律，且使壽皇已行之禮舉而復墜，臣竊痛之。然既往之失，不及追改，惟有將來啓殯發引，禮當復用初喪之服，則其變除之節，尚有可議，欲望明詔禮官，稽考禮律，預行指定。會孝宗祔廟，議宗廟迭毁之次，有請併祧僖、宣二祖，奉太祖居第一室，祫祭則正東嚮之位者。有旨集議僖、順、翼、宣四祖[2]祧主宜有所歸，自太祖皇帝首尊四祖之廟，以僖祖爲四祖之首。治平間，議者以世數浸遠，請遷僖祖於夾室。未及數年，王安石等奏僖祖有廟，與稷契無異，請復其舊。詔從之。時相雅不以熙寧復祀僖祖爲是。先生度難以口舌争，遂移疾上議狀，條其不可者四。以爲藏之夾室，則是以祖宗之主下藏於子孫之夾室，至於祫祭設幄於夾室之前，則亦不得謂之祫，欲别立一廟，則喪事即遠有毁無立，欲藏之天興殿，則宗廟原廟不可相雜。議者皆知其不安，特以其心急，欲尊奉太祖，三年一祫時暫東嚮之故，不知其實無益於太祖之尊，而徒使僖祖、太祖兩廟威靈相與争校强弱於冥冥之中，並使四祖之神疑於受擯，徬徨躑躅，不知所歸，令人傷痛不能自已。今但以太祖當日追尊帝號之心而默推之，則知太祖今日在天之靈於此必有所不忍，又况僖祖祧主遷於治平不過數年，神宗皇帝復奉以爲始祖，已爲得禮之正而合於人心，所謂有其舉之而莫敢廢者乎！又擬爲廟制以辯議者一旦併遷僖宣二祖、析太祖太宗爲二之失，復引元祐大儒程頤之説，以爲物豈有無

---

① 人紀：人之綱紀，指立身處世的道德規範。《書·伊訓》："先王肇修人紀。"孔傳："言湯始修爲人綱紀。"

② 四祖：僖、順、翼、宣四祖，依次爲宋太祖趙匡胤的高祖父、曾祖父、祖父和父親。

本[①]而生者，今日天下基本蓋出僖祖，安得謂無功業。議狀既上，廟堂持之不以聞，即毁撤僖宣廟室，更創别廟以奉四祖。宰相既有所偏主，樓鑰、陳傅良又復牽合裝綴以附其説。先生所議，頗達上聽，忽有旨召赴内殿奏事，因節略狀文及爲劄子畫圖以進。上然之，且曰："僖祖，國家始祖，高宗、孝宗、太上皇帝不曾遷，今日豈敢輕議。"欲令先生於榻前撰數語，以御批直罷其事。先生方懲内批之弊，因言乞降出劄子，再令臣寮集議。既退，復以上意諭廟堂，而事竟不行。經生學士知禮者，皆是[②]先生。一時異議之徒，忌其軋己權姦，遂從而乘之。上之立也，丞相趙汝愚密與知閤門事韓侂胄謀之。侂胄於太皇太后爲親屬，因得通中外之言。侂胄自謂有定策功，居中用事。先生自長沙辭免待制侍講，已微寓其意，及進對復嘗再三面言，又約吏部侍郎彭龜年共攻之。龜年出護使客，侂胄益得志。先生又於所奏四事疏中，斥言左右竊柄之失。後因講筵留身，復申言前疏，乞賜施行。既退，即降御批云："憫卿耆艾，方此隆冬，恐難立講，已除卿宫觀。"宰相執奏不行。明日，徑以御批付下臺諫給舍亦争留不可。除寶文閣待制與州郡差遣，力辭，尋除知江陵府，又力辭，仍乞追還新舊職名。詔依舊焕章閣待制，提舉南京鴻慶宫。慶元元年，又乞追還舊職，不許。趙丞相亦罷，誣以不軌[③]，謫永州。丞相既當大任，收召四方知名之士，中外引領以觀新政，先生獨惕然以侂胄用事爲慮，既屢爲上言，又數以手書遣生徒密白丞相，當以厚賞酬其勞，勿使得預朝政，且有分界限、立紀綱，防微杜漸、謹不可忽之意。丞相方謂其易制，所倚以爲腹心謀事之人，又皆持禄苟安，無復遠慮。丞相既逐，而朝廷大權悉歸侂胄。先生自念身雖間退，尚得侍

① 本：草木的根。引申指事物的根基或主體。
② 是：認爲……是正確的。
③ 不軌：越出常軌，不合法度。《左傳·隱公五年》："不軌不物，謂之亂政。"楊伯峻注："不軌謂舉事不合禮制法度。"

從職名，不敢自嘿[1]，遂草書萬言，極言姦邪蔽主之禍，因以明其冤，詞旨痛切，諸生更諫以筮決之，遇《遯》之《同人》，先生默然，退取諫稾焚之，自號遯翁，以廟議不合，乞收還職名，又以疾乞休致，不許。先是，吏部取會磨勘，至是轉朝奉大夫。又辭職名，乞休致。又以嘗妄議山陵自劾。又言：已罷講官，不敢復帶侍從職名。詔依舊秘閣脩撰。二年，又言：昨來疏封錫服封贈蔭補磨勘轉官，皆爲已受從官恩數，乞改正。沈繼祖爲監察御史，上章誣詆，落職罷祠。四年十二月，以來歲年及七十，申乞致仕[2]。五年，依所請。六年三月甲子，終於正寢。十一月壬申，葬建陽縣唐石里之大林谷。嘉泰二年。除華文閣待制與致仕恩澤。傅伯壽故家子，嘗執弟子禮，恨不薦己。先生辭次對除脩撰也，伯壽行祠有僞慢等語，及先生没，伯壽守建寧，又不以聞，故復職之命猶生存也。自先生去國，侂胄勢益張，鄙夫憸人[3]迎合其意，以學爲僞，謂貪黷放肆乃人真情，廉潔好禮者皆僞也。科舉取士，稍涉經訓者，悉見排黜。文章議論，根於理義者，並行除毁。六經、語、孟，悉爲世之大禁。猾胥賤隸、頑鈍無耻之徒，往往引用以至卿相，繩趨尺步[4]，稍以儒名者，無所容其身，從遊之士，特立不顧者，屏伏丘壑，依阿巽懦[5]者，更名他師，過門不入，甚至變易衣冠，狎游市肆，以自别其非黨。先生日與諸生講學竹林精舍，有勸以謝遣生徒者，笑而不答。

先生既没，善類悉已排擯，羣小之勢已成，侂胄志氣驕溢，遂至擅開邊釁，幾危宗社而生靈涂炭矣。開禧三年，侂胄伏誅。兇徒憸黨，根株斥戮。嘉定元年，詔賜謚與遺表恩澤。明年，賜謚曰文。又明年，贈

---

① 嘿：用同“默”。不説話；不出聲。《晏子春秋·諫上十二》：“臣聞之，近臣嘿，遠臣瘖，衆口鑠金。”

② 致仕：辭去官職。《公羊傳·宣公元年》：“退而致仕。”何休注：“致仕，還禄位於君。”

③ 憸人：小人，姦佞的人。《書·冏命》：“爾無昵於憸人，充耳目之官。”

④ 繩趨尺步：猶言循規蹈矩。

⑤ 依阿：曲從附順。巽懦：卑順；怯懦。

中大夫，特贈寶謨閣直學士。後以明堂恩累贈通議大夫。先生平居，倦倦無一念不在於國，聞時政之闕失，則戚然有不豫之色，語及國勢之未振，則感慨以至泣下，然謹難進之禮，則一官之拜，必抗章而力辭，厲易退之節，則一語不合必奉身而亟去。

其事君也，不貶道以求售；其愛民也，不狗俗以苟安，故其與世動輒齟齬，自筮仕以至屬纊，五十年間，歷事四朝，仕於外者僅九考，立於朝者四十日，道之難行也如此。然紹道統、立人極，爲萬世宗師，則不以用舍爲加損也。自韋齋先生得中原文獻之傳，聞河洛之學，推明聖賢遺意，日誦《大學》《中庸》以用力於致知誠意之地。先生蚤歲已知其説而心好之。韋齋病且亟，囑曰："籍溪胡原仲、白水劉致中、屏山劉彦冲三人，吾友也，學有淵源，吾所敬畏。吾即死，汝往事之而惟其言之聽，則吾死不恨矣。"

先生既孤，則奉以告三君子而稟學焉。時年十有四，慨然有求道之心，博求之經傳，徧交當世有識之士，雖釋老之學亦必究其歸趣[①]，訂其是非。延平李先生學於豫章羅先生，羅先生學於龜山楊先生。延平於韋齋爲同門友，先生歸自同安，不遠數百里徒步往從之。延平稱之曰："樂善好義，鮮與倫比。"又曰："穎悟絶人，力行可畏，其所論難，體認切至。"自是從遊累年，精思實體，而學之所造[②]者益深矣。

其爲學也，窮理以致其知，反躬以踐其實。居敬者，所以成始成終也。謂致知不以敬，則昏惑紛擾無以察義理之歸，躬行不以敬，則怠惰放肆無以致義理之實。持敬之方，莫先主一。既爲之箴以自警，又筆之書，以爲小學大學皆本於此。終日儼然端坐一室，討論典訓，未嘗少輟。自吾一心一身，以至萬事萬物，莫不有理存此心於齊莊[③]静一之中。窮

① 歸趣：指歸；意向。晉杜預《〈春秋經傳集解〉序》："其經無義例，因行事而言，則傳直言其歸趣而已。"

② 造：學業等達到某種程度或境界。《孟子·離婁下》："君子深造之以道，欲其自得之也。"宋陸游《老學庵筆記》卷二："吾力學三十年，今乃能造此地。"

③ 齊莊：嚴肅誠敬。

此理於學問思辨之際，皆有以見其所當然，而不容已與其所以然而不可易然，充其知而見於行者，未嘗不反之於身也，不覩不聞之前，所以戒懼者愈嚴愈敬，隱微幽獨之際，所以省察者愈精愈密，思慮未萌而知覺不昧，事物既接而品節不差，無所容乎人欲之私而有以全乎天理之正，不安於偏見，不急於小成，而道之正統在是矣。

其爲道也，有太極而陰陽分，有陰陽而五行具，稟陰陽五行之氣以生，則太極之理各具於其中，天所賦爲命，人所受爲性，感於物爲情，統性情爲心，根於性則爲仁義禮智之德，發於情則爲惻隱羞惡辭讓是非之端，形於身則爲手足耳目口鼻之用，見於事則爲君臣父子夫婦兄弟朋友之常，求諸人則人之理不異於己，參諸物則物之理不異於人，貫徹古今，充塞宇宙，無一息之間斷，無一毫之空闕，莫不析之，極其精而不亂，然後合之，盡其大而無餘。先生之於道，可謂建諸天地而不悖，質諸鬼神而無疑矣。故其得於己而爲德也，以一心而窮造化之原，盡性情之妙，達聖賢之蘊，以一身而體天地之運，備事物之理，任綱常之責，明足以察其微，剛足以任其重，宏足以致其廣，毅足以極其常。其存之也虛而静，其發之也果而確，其用之也應事接物而不窮，其守之也歷變履險而不易，本末精粗不見其或遺，表裏初終不見其或異，至其養深積厚，矜持者純熟，嚴厲者和平，心不待操而存，義不待索而精，猶以爲義理無窮，歲月有限，常歉然有不足之意，蓋有日新又新不能自已者，而非後學之所可擬議也。

其可見之行，則修諸身者其色莊、其言厲、其行舒而恭，其坐端而直。其閒居也，未明而起，深衣幅巾方履拜於家廟以及先聖，退坐書室，几案必正，書籍器用必整。其飲食也，羹食行列有定位，匕箸舉措有定所，倦而休也，瞑目端坐，休而起也，整步徐行。中夜而寢，既寢而寤，則擁衾而坐，或至達旦。威儀容止之則，自少至老，祁寒[1]盛暑，造次

① 祁寒：嚴寒。《書・君牙》："冬祁寒，小民亦惟曰怨咨。"蔡沈《集傳》："祁，大也。"

顛沛[①]未嘗有須臾之離也。行於家者，奉親極其孝，撫下極其慈，閨庭之間，内外斬斬，恩義之篤，怡怡如也。其祭祀也，事無纖鉅，必誠必敬，小不如儀，則終日不樂，已祭無違禮，則油然而喜，死喪之際，哀慼備至。飲食衰絰，各稱其情，賓客往來，無不延遇，稱家有無常盡其懽於親故，雖疏遠必致其愛於鄉閭，雖微賤必致其恭，吉凶慶弔，禮無所遺，賙恤問遺，恩無所闕。其自奉則衣取蔽體，食取充腹，居止取足以障風雨，人不能堪而處之裕如[②]也。

若其措諸事業，則州縣之設施、立朝之言論，經綸規畫正大宏偉亦可概見，雖達而行道不能施之一時，然退而明道足以傳之萬代，謂聖賢道統之傳，散在方册，聖經之旨不明，則道統之傳始晦，於是竭其精力，以研窮聖賢之經訓，於《大學》《中庸》則補其闕遺，别其次第，綱領條目，粲然復明，於《論語》《孟子》則深原當時答問之意，使讀而味之者如親見聖賢而面命之，於《易》與《詩》則求其本義，攻其末失，深得古人遺意於數千載之上。凡數經者，見之傳注。其關於天命之微、人心之奥、入德之門、造道之域者，既已極深研幾，探賾索隱，發其旨趣而無所遺矣。至於一字未安，一詞未備，亦必沉潛反覆，或達旦不寐，或累日不倦，必求至當而後已。故章旨、字義至微至細，莫不理明詞順，易知易行。於《書》則疑今文之難澀，反不若古文之平易，於《春秋》則疑聖心之正大，决不類傳注之穿鑿，於《禮》則病王安石廢罷《儀禮》而傳記獨存，於《樂》則憫後世律尺既亡而清濁無據。是數經者，亦嘗討論本末，雖未能著爲成書，然其大旨固已獨得之矣。若歷代史記，則又考論西周以來至於五代，取司馬温公編年之書，繩以《春秋》紀事之法，綱舉而不繁，目張而不紊，國家之理亂，君臣之得失，如指諸掌。周、程、張、邵之書，所以繼孔孟道統之傳，歷時未久，微言大義鬱而

① 造次：倉猝；匆忙。顛沛：困頓挫折。《論語·里仁》："君子無終食之間違仁，造次必於是，顛沛必於是。"

② 裕如：自如，鎮定自然。

不彰，先生爲之裒集發明①，而後得以盛行於世。太極先天二圖，精微廣博，不可涯涘，爲之解剥條畫，而後天地本原、聖賢蘊奥，不至於泯没。程、張門人，祖述其學，所得有淺深，所見有疏密，先生既爲之區别，以悉取其所長，至或識見小偏，流於異端者，亦必研窮剖析，而不没其所短。南軒張公、東萊吕公，同出其時，先生以其志同道合，樂與之友，至或識見少異，亦必講磨辯難，以一其歸，至若求道而過者，病傳註誦習之煩，以爲不立文字可以識心見性，不假修爲可以造道入德，守虚靈之識而昧天理之真，借儒者之言以文老佛之説。學者利其簡便，詆訾聖賢，捐棄經典，猖狂叫呶，側僻固陋，自以爲悟。立論愈下者，則又崇獎漢唐，比附三代，以便其計功謀利之私。二説並立，高者陷於空無，下者溺於卑陋，其害豈淺淺哉！先生力排之，俾不至亂吾道以惑天下，於是學者靡然向之。

先生教人以《大學》《語》《孟》《中庸》爲入道之序，而後及諸經。以爲不先乎《大學》，則無以提綱挈領而盡《語》《孟》之精微；不參之以《語》《孟》，則無以融會貫通而極《中庸》之旨趣；然不會其極於《中庸》，則又何以建立大本、經綸大經，而讀天下之書、論天下之事哉！

其於讀書也，必使之辯其音釋，正其章句，玩②其辭，求其義，研精覃思，以究其所難知，平心易氣以聽其所自得。然爲己務實，辯别義利，毋自欺，謹其獨之戒，未嘗不三致意焉。蓋亦欲學者窮理及身，而持之以敬也。從遊之士，迭誦所習，以質其疑。意有未喻，則委曲告之，而未嘗倦。問有未切，則反覆戒之，而未嘗隱。務學篤則喜見於言，進道難則憂形於色，講論經典，商略古今，率至夜半，雖疾病支離，至諸生問辨，則脱然沉疴之去體。一日不講學，則惕然以爲憂。摳衣而來，遠自川蜀，文詞之傳，流及海外。至於四夷，亦知慕其道，竊問其起居。

① 發明：印证，闡發。

② 玩：研討；反復體會。《易·繫辭上》："是故君子居則觀其象而玩其辭，動則觀其變而玩其占。"

窮鄉晚出，家蓄其書，私淑諸人者，不可勝數。先生既没，學者傳其書、信其道者益衆，亦足以見義理之感於人者深矣。繼往聖將微之緒，啓前賢未發之機，辨諸儒之得失，闢異端之訛謬，明天理、正人心，事業之大，又孰有加於此者。

至若天文、地志、律歷、兵機，亦皆洞究淵微。文詞字畫，騷人才士，疲精竭神，常病其難，至先生未嘗用意，而亦皆動中規繩，可爲世法，是非資稟之異、學行之篤，安能事事物物各當其理，各造其極哉！學修而道立，德成而行尊，見之事業者又如此。秦漢以來迂儒曲學[1]，既皆不足以望其藩牆，而近代諸儒有志乎孔孟周程之學者，亦豈能以造其閫域哉！嗚呼！是殆天所以相斯文[2]，篤生哲人以大斯道之傳也。

先生疾且革[3]，手爲書囑其子在與門人范念德、黄榦，尤拳拳以勉學及脩正遺書爲言。翌旦，門人侍疾者請教，先生曰："堅苦。"問温公《喪禮》，曰："疏略。"問《儀禮》，頷之。已而正坐整衣冠，有頃而逝。

門人治喪者，既一以儀禮從事，而訃告所至，從遊之士與夫聞風慕義者，莫不相與爲位而聚哭焉，禁錮雖嚴，有所不避也。嗚呼！天又胡不憖遺以永斯道之傳，而遽使後學失所依歸哉！

先生所著書，有《易本義》《啓蒙》《蓍卦考誤》《詩集傳》《大學中庸章句》《或問》《論語孟子集注》《太極圖》《通書》《西銘解》《楚詞集注》《辨證》《韓文考異》，所編次有《語孟集義》《孟子指要》《中庸集略》《孝經刊誤》《小學書》《通鑑綱目》《本朝名臣言行録》《古今家祭禮》《近思録》《河南程氏遺書》《伊洛淵源録》皆行於世。先生著述雖多，於《語》《孟》《中庸》《大學》尤所加意，若《大學》《論語》，則更

---

① 曲學：猶邪説。明王守仁《傳習録》卷中："雖千經萬典，無不昭合，異端曲學，一勘盡破矣。"

② 斯文：指禮樂教化、典章制度。《論語·子罕》："天之將喪斯文也，後死者不得與於斯文也。"

③ 革：危急。《禮記·檀弓上》："夫子之病革矣，不可以變。"鄭玄注："革，急也。"

定數四，以至垂没。《大學》“誠意”一章，乃其絶筆也。其明道垂教，拳拳深切如此。《楚詞集註》亦晚年所作，其愛君憂國，雖老不忘。《通鑑綱目》僅能成篇，每以未及修補爲恨。又嘗編次《禮書》，用工尤苦，竟亦未能脱稿。所輯《家禮》，世多用之，然其後亦多損益，未暇更定。平生爲文，則季子在類次之矣。生徒問答，則後學李道傳嘗裒輯，鋟版未備也。

娶劉氏，追封碩人，白水草堂先生之女。草堂即韋齋所囑以從學者也。其卒以淳熙丙申，其葬以祔穴。原本誤以令人卒於乾道丁酉，坊刻悉從之，今改正。子三人：長塾，先十年卒；次埜，廸功郎、監湖州德清縣户部新市犒賞酒庫，後十年亦卒；季在，承議郎、提舉兩浙西路常平茶鹽公事。女五人，婿：儒林郎、静江府臨桂縣令劉學古，奉議郎、主管亳州明道宫黄榦，進士范元裕，仲季二人亦早卒。孫男七人：鉅、銓、鑑、鐸、銍、鉉、鑄。鉅，從政郎、新差監行在雜買務雜賣場門。銓，從事郎、融州司法參軍。鑑，廸功郎、新辟差充廣西經略安撫司準備差遣。餘業進士。女九人，婿：承議郎、主管華州雲臺觀趙師夏，進士葉韜甫、周巽亨、鄭宗亮、黄輅，從政郎、紹興府會稽縣丞趙師都，黄慶臣、李公玉。曾孫男六人：淵、洽、潛、濟、濬、澄。女七人。

先生没有年矣，狀其行者，未有所屬筆。在以榦從學日久，俾任其責。先生既不假是而著，榦之識見淺陋，言語卑弱，又不足模仿萬一，追思平日步趨謦欬，則悲愴哽咽不忍書，亦不忍忘也。竊聞道之正統，待人而後傳。自周以來，任傳道之責、得統之正者，不過數人，而能使斯道章章較著[①]者，一二人而止耳。由孔子而後，曾子、子思繼其微，至孟子而始著。由孟子而後，周、程、張子繼其絶，至先生而始著。蓋千有餘年之間，孔孟之徒所以推明是道者，既已煨燼殘闕，離析穿鑿，而微言幾絶矣。周、程、張子崛起於斯文湮塞之餘、人心蠹壞之後，扶

① 章章：鮮明美好貌。《荀子・法行》：“故雖有珉之雕雕，不若玉之章章。”較著：明顯；顯著。《史記・伯夷列傳》：“此其尤大彰明較著者也。”

持植立，厥功偉然，未及百年，踳駁尤甚。先生出，而自周以來聖賢相傳之道，一旦豁然如大明中天，昭晰呈露，則摭其言行又可略歟？輒採同志之議，敬述世系、爵里、出處、言論，與夫學問、道德、行業人所共知者，而又私竊以道統之著者終之，以俟知德者考焉。謹狀。

嘉定十四年辛巳正月　日

門人奉議郎、主管亳州明道宮黄榦狀

題　　贊①

① 底本無標題，依原目録加。

明英宗像贊

德威仁熟理明義精

佈諸方策啟我後人

朱子自寫照銘

乾道九年癸巳，時年四十四歲，而容髪凋悴，遽已如此，然將修身以畢此生而已，無他念也。唐福元爲予寫照，因銘其上，以自戒云。

端爾躬，肅爾容，檢於外，一其中，力於始，遂其終，操有要，保無窮。

朱子自題警語

紹熙元年孟春，時六十一歲，對鏡寫真，題以自警。

從容乎禮法之場，沉潛①乎仁義之府，是予蓋將有意焉，而力莫能與也。佩先師之格言，奉前烈②之遺矩，惟闇然而日修，或庶幾乎斯語。

---

① 沉潛：沉浸其中。謂深入探究。

② 前烈：猶前賢。

朱子自題像詩

慶元庚申二月八日，南城吳氏社倉書樓爲予寫真，因題其上云。

蒼顔已是十年前，把鏡回看一悵然。履薄臨深①量無幾，且將餘日付殘編。

列代名賢贊②

像　贊

宋門人陳亮

體備陽剛之純，氣合喜怒之正。睟面盎背③，吾不知其何樂。端居深念，吾不知其何病。置之釣臺捺不住，寫之雲臺提不定。天下之生久矣，以聽上帝之正令。

又

宋門人陳淳

德稟純陽，清明剛健，篤學真知，全體實踐，集儒之粹，會聖之真，金聲玉振，紹古作程。

又

宋門人陳宓

貌温而嚴，德剛而粹，春融秋肅，淵澄嶽峙，道光二程，識高百氏，生遇明時，難進易退，天假之間，斯文大備，偉哉夫子，垂孝萬世。

---

① 履薄臨深：《詩・小雅・小旻》："戰戰兢兢，如臨深淵，如履薄冰。"謂面臨深淵，脚踏薄冰。後因以"臨深履薄"喻謹慎戒懼。

② 底本無標題，依原目録加。

③ 睟面盎背：謂德性表現於外，而有温潤之貌，敦厚之態。指有德者的儀態。語本《孟子・盡心上》："君子所性，仁義利智根於心。其生色也，睟然見於面，盎於背，施於四體，四體不言而喻。"

又

宋門人趙汝騰

理明義精，德盛仁熟，折衷羣言，如射中鵠，末學梯航，斯文菽粟，在慶元初，中行獨復。

又

宋門人林興祖

自甲子來凡幾庚戌，不有二庚戌，安有今日？前庚作，後庚續，日月行天，照人心目。

又

宋後學熊禾

周東遷，宋南渡，夫子生，文公出。元氣之會，應期而興，筆削千古，闡明六經，精其知聞，力其踐行，玉振金聲，集厥大成。在一郡必達，在一道必達，亦足以發。在天下必達，在後世必達，必來取法。

又

元後學吳澄

義理精微，蠶絲牛毛，心胸恢廓，海闊天高，豪傑之才，聖賢之學，景星[①]慶雲，泰山喬嶽。

又

元後學王柏

龍門遺韻，冰壺酌源，理一分殊，折衷羣言，潮吞百川，雷開萬户，

① 景星：大星；瑞星。古謂現於有道之國。《文子・精誠》："故精誠内形氣動於天，景星見，黃龍下，鳳凰至，醴泉出，嘉穀生，河不滿溢，海不波涌。"

灑落荷珠，霈然教雨。

又

明後學丘濬

全體大用之學，繼往開來之儒，析之極其精而不亂，合之盡其大而無遺。

又

明後學楊四知

道衍濂洛，統承洙泗，集諸儒之大成，闡六經之精義，遺像清高，報祀無匱。

卷之三　建置

千秋垂範，一日肇基①，簣②土方覆，積漸而恢，規模宏遠，制度整齊，餘力備舉，罔有或遺，鬱葱③具瞻，漢水之湄。

流覽者，樂其崇閎；心計者，歎其美備。衣裳在笥，千絲萬縷，不知紅女之勞；蒼廬盡麔，夕耨朝耕，莫悉農夫之瘁。書院之締造，至於如是，後之繼今，亦可以息肩矣。然而創之難，守之者亦難，高門大厦，疇非祖宗之遺，而肯堂構者，必待其人，愈崇閎則必無失其爲崇閎而後可，愈美備則必無失其爲美備而後可，是有待於我新安後來之秀。

紀書院本末原

漢鎮固非通都鉅邑，然襟江帶湖，綿亘大别之陰，占籍④編户者踵相接。人衆則情涣，涣則必思所以聯結之；居安則志隳⑤，隳則必思所以振勵之。顧俗尚神宇，未有書院。有之，自紫陽書院始，所以尊先賢、正人心、厚風俗，亦仰承國家振興教化、風勵末俗之盛心也。康熙甲戌歲，余姓以基地求售，適當漢脈中區，吾徽人士甫有成議，然慮彈丸不足以展崇祀事。會接壤業主知其議，紛紛衒價以俟。遂謀諸同志，槩厚其值而收之，縱横得地若干丈。於時協議者二十四人，乃公舉吴君藴予、汪君文儀、余君南宜執牛耳以董率厥任。於是上其議於督撫兩院，報曰可。復請之漢陽守令，然後敬謹奉行。圭測形勝，宜負癸抱丁，以迓文明。不敢越理，僭擬學宫，不得徇俗，比類神廟。

---

① 肇基：謂始創基業。

② 簣：盛土的筐。

③ 鬱葱：氣勢盛大的樣子。宋吴琚《酹江月·觀潮應制》詞："白馬凌空，瓊鰲駕水，日夜朝天闕。飛龍舞鳳，鬱葱環拱吴越。"

④ 占籍：上報户口，入籍定居。

⑤ 隳：毁壞；廢棄。

爰募徽地工師，一遵吾郡世族祠堂規制，庀材蠲吉，百役齊興，不虞一二亡賴忽爾操戈要挾，佈棘環攻，好事者從中萋菲，幸賢有司特加懲創，始爲斂跡。

經始於乙亥仲春，越明年正月庚申日爲上樑期，時太史祁邑張公瑗典試西蜀告竣，取道漢江，適遇是期，與漢陽太守戴公夢熊迭爲主賓，酌酒爲文以祭焉。嗣雲南主考太史廬江宋公衡、粤西主考太史全椒吳公昺，其先皆徽人，慕書院之舉，維舟諮訪，冠蓋相望，一時傳爲盛事。無何，蜩螗復沸，欲赴部訐告。已而通籍諸先達覺其謀，事尋寢。又一年，門樓成，擇嘉平月庚申日修釋菜禮①，奉安朱子神主。與其事者，則有四川學使江公皐，内閣中書孫公皐，吏部候補主政程公崔嶷，荆州府别駕吳公榮苑，署夔州府參戎事金公章，兵部主事李公其式。當是時，規模已巍然大觀，執事者經營五載，亦既手胼足胝矣。然塗塈丹雘，所需尚繁，將伯之呼，四顧莫應，以故新置公産旋購旋質，而吳君藴予亦焦勞成疾，嘔血酸辛，未幾下世。繼其志者，則又羣推余君本立，公爾忘私，先後一轍，前此未竟事功，不數載，與南宜、文儀兩先生艱貞砥礪，克底於成，洵爲書院始終之大願力、大護持也。

嗟乎，吾鄉山峻水清，固不乏慷慨激昂奇男子，然往往出於衣食粗給之人，至擁大業、稱素封者，雖不乏好義之士，亦間有以爲迂闊好語仁義而無實濟者，視四君挺七尺軀，成千秋業，寧不汗頰！建祠配饗，僉議允宜，雖然踵事增華，莫謂無人。歲丁酉而戴子良玉、江子箴極、陳子漢先、汪子次山等又以西廳客舍落成於書院之偏矣。或曰書院之崇美，固不遺餘力，第聞大厦之傾支非一木，不葺將隳壞，於是汪子天澤憂之而無佐理之者。辛丑冬，會吳藴予族姪，明經任文，創建之始，與有勳勞，因詣書院，集衆僉議，乃與江子箴極、汪子兆瑜元長二三老成爲之倡，區畫聯會贖産之策。一時赴約者四十人，得金三百兩焉。於時

① 釋菜禮：古代入學時祭祀先聖先師的一種典禮。《禮記·月令》："（仲春之月）上丁，命樂正習舞，釋菜。"鄭玄注："將舞，必釋菜於先師以禮之。"

汪子貞佑、葉子廉臣、陳子漢先、戴子良玉、楊子雲士，汪子長公、次山等復以其朋儕舊置市屋輸入爲助，原有羡息五十六兩并聯會共成三百餘金，贖回市屋大小若干間，歲入租税百餘兩。三年之内，吴子獨肩厥責，一一如數相償，經理度支，洪纖畢載。尋議修葺、議續置，日新月盛，漸有可觀，所急者惟河路未通，祀産[1]未立，義學未成，强弩之末，殆不能破縞劄。

雍正甲寅，以文公之靈，天假湖南觀察許公登瀛考績鄂城，爰齋沐過漢江，瞻謁書院，毅然以成就鉅舉爲己任，購基址，辟津衢，便民水火，於是六邑士商，無不踴躍用命。時領袖程子輯瑞等十一人，則更以烝嘗無託，歲箕斂以從事，非禮也。因窮溯新安巷屋原委，始知昔年有朶頤經管之人，遷沿隱没，漸致失傳，至是羣起理争，猶弗予會。大中丞勳平楊公馝來撫楚，初下車[2]，六邑士民往愬之，飭觀察邗江朱公濡廉得其實，追浮冒歸還祠屋事始明，而祀費有助。明年，魁星閣及紫陽坊成，一切經費甚不貲，然工以次竣，六邑僑居咸誦中丞、觀察之德，而樂爲勷事也。是歲，楊大中丞已移節西蜀，少司馬吴興吴公應棻繼其任，比入楚，即造書院，謁朱子，宣講聖諭，黄童白叟，皆拱聽歡呼，稱僅見盛事。爰仿朱子白鹿洞遺規，捐金慫恿，以風同郡，於是義學講堂不日告成，實補書院之闕典。回視期月之間，向之所急三事，天作之合，靡不綱舉目張，積願畢伸。常以爲落落難合，乃有志者事竟成。吾徽郡占籍漢口者之幸，亦聖朝崇儒重道，化流江漢，浸淫漸漬，中於人心，故或先或後，贊勷匡佐，以迄於成，豈不休哉。至若主持名教，翊道右文[3]，前此諸名公鉅卿如大學士某暨先後講學其中，諸薦紳先生如大中丞某以及創始要終，或輸資効力，或捍敵勤勞，或奔走翊贊，或設法善後，不避怨嫌，不辭艱險，前後諸君子稽其姓氏如某某等，是皆有功

① 祀産：收租以入供祭祀用的産業。

② 下車：官員初到任稱“下車”。

③ 翊道右文：輔佐教化。崇尚文治，護衛文教禮樂。

於書院，誠不可泯，例得附書，並垂不朽。嗚呼，盛哉！

祠　宇依重修規式

尊道堂，康熙甲戌建，嘉慶丁巳重造，棟高二丈八尺八寸，東西廣五丈七尺。前堂深四丈四尺，達於簷，簷高一丈八尺。堂後深一丈五尺，達簷，簷高一丈六尺。東西廊深各八尺，南北廣各六丈。儀門内廊簷深一丈，廣與堂等，儀門脊高二丈二尺四寸，外深一丈有六寸，東西四丈，各割八尺五寸以爲門塾，門簷高一丈七尺有二寸，門堂寬廣如舊式，地視前培高二尺有四寸。

寢室，康熙甲戌建，嘉慶丙辰重造，棟高三丈八尺有五寸，樓下高一丈七尺有八寸，東西廣五丈七尺，深三丈一尺，簷高一丈九尺有五寸，樓上簷高一丈二尺，東西廊深各八尺，廣各三丈一尺有八寸，式如舊，地培高二尺有四寸。

戟門，康熙甲戌建，嘉慶丁巳重造，脊高三丈二尺五寸，地廣與堂等，兩旁有房，東房西牆、西房東牆相距三丈三尺有七寸，門高一丈四尺，廣六尺有六寸，深九尺，簷高二丈四尺。

戟門内向爲平臺，春秋二祭演劇，則以直木承板爲臺，平時拆去。其板木中廣一丈六尺，原一丈四尺，今增。兩邊廣各一丈一尺五寸，原一丈，今增。深一丈六尺，原一丈四尺。脊高三丈三尺，中簷口二丈四尺，兩邊簷口一丈九尺有五寸。門旁兩房，廣各一丈有五寸，深各一丈九尺。自戟門至儀門兩簷間，相距五丈四尺，自戟門簷至照牆，四丈八尺五寸，如舊式。

照牆高二丈三尺，廣五丈六尺，如舊式。

崇祀先達、報功始建二祠，在文昌閣[①]下，乾隆乙卯建，深各二丈

① 文昌閣：祭祀文昌帝君的祠閣。文昌帝君爲道教神名。相傳名張亞子，居蜀中七曲山，仕晉戰死，後人立廟祀之。唐宋時封王，元時封爲帝君。掌人間功名禄位事。

七尺，廣各一丈三尺，簷高二丈一尺二寸。

半畝池，康熙甲戌建，嘉慶丙辰重造，在寢室之階下，周以石欄兩層，池面縱廣一丈四尺六寸，橫廣一丈七尺五寸，深一丈二尺，受水三千餘石。

樓　閣

御書樓，在寢室之上，康熙甲戌建，嘉慶丙辰重造，樓高一丈七尺八寸，深廣與寢室等，中奉聖祖仁皇帝御書朱子六言詩一首，二十四字，康熙四十一年十二月二十四日賜，前湖北學政臣潘宗洛四十五年三月初一日敬摹勒石，庋奉於樓上。碑高四尺有五寸，廣一尺有七寸，載《湖北通志》。

附録六言詩：春曉雲山煙樹，炎天雨壑風林。江閣月臨静夜，溪橋雪擁寒襟。

藏書閣，舊在主敬堂，嘉慶癸亥重建，在近聖居之樓上，脊高二丈五尺，廣一丈四尺有八寸，深一丈七尺有五寸。

文昌閣，乾隆乙卯建，在寢室之後，棟高三丈八尺有八寸，閣下高一丈七尺有五寸，東西至二祠之牆，廣二丈九尺，深三丈七尺有五寸，前簷高一丈八尺有五寸，閣上簷高一丈，東西廊深各九尺，廣各二丈八尺二寸，東西簷高一丈六尺。

對廳，中廣一丈六尺有五寸，兩邊廣各二丈，深一丈四尺有五寸。

附經造事略

後簷牆脚，自東至西掘土深八九尺，然後入松樁，自一丈四五尺至二丈三四尺者止。

西首牆脚亦同後簷。即閣西大門一帶牆。

東祠西牆、西祠東牆，掘土深如前，惟樁稍短數尺，脚石窄尺許。以上共用松樁一千一百餘根，與掘下土平，以大石周圍填築，再用紅條石鋪蓋三層，每闊七尺，橫直相錯，上漸收窄，以次收至面，仍有四尺餘闊。總計砌石共十三層，用紅條石四千六百餘塊，乃以漕河白石鋪面爲脚，内外兩層，參差排砌，計闊一尺六寸。文昌閣三層直抵寢樓後牆。

西首牆脚，同前。

東首牆脚，自下至上，計十三層，一眠一竪，參錯布列，外係白石，内填紅石。

閣下前簷柱脚及東西祠前牆，則就昔年所築，磡岸竪立，因舊而造，約闊三尺。

閣下礎脚，填築與正牆相仿。

牆垣俱屬頭城甎，每塊十七斤至十八斤止。錯綜兩行，眠砌直至樓板，方繼以二城甎至頂，俱是眠甎。下廣約一尺五寸，上廣約一尺三寸，然後結脊。識此，以見創造之不苟，其餘大概可以類推。

魁星閣，雍正甲寅年建，在新安渡口。自渡口登岸，爲石級四十有一，又北行十餘步，始至閣下。閣負木蘭，面大别，爲漢口登覽之勝地。閣高四丈一尺二寸，深三丈二尺四寸，廣二丈八尺五寸。閣下南北門洞軒敞，南曰“新安津樑”，北曰“安土敦仁”，自閣下至紫陽坊，長二十三丈。

廳　舍

讌射軒，在文昌閣之西偏，嘉慶癸亥年建，爲公私燕會之所，乃前人有規而未造者。軒高二丈二尺，廣二丈九尺二寸，深三丈三尺五寸，南北東西各四楹四分之，前堂有其三，後室有其一。室北達近聖居，前庭羅石爲小阜，雜植花木，從簷至垣一丈八尺。西序之西有小軒，地不盈丈，南有對廊，達啓秀書屋，東簷下爲小回廊，出西内巷，直抵夾街焉。

近聖居，在讌射軒北，嘉慶甲子建，深廣各得軒之半，高踰之，地最幽静，宜誦讀，上有藏書閣。

啓秀書屋，在讌射軒南，嘉慶癸亥建，廣與軒相稱，深稍殺，南北五分之，以三爲堂，二爲室；東西四分之，以二爲堂，二爲房。房分南北，有樓，樓上前後左右皆房，以便諸生徒肄業焉。

六水講堂，嘉慶己未建，亦前人有規而未成者。棟高二丈八尺，堂廣三丈一尺六寸，堂深四丈，堂北五尺，東西四楹，南北五楹，簷高一丈六尺，簷廣一丈二尺，至牆。

主敬堂，在六水講堂之北，舊建，嘉慶己未重造，視舊基增廓，脊高二丈五尺八寸，廣二丈一尺，深三丈三尺。堂分三之一以爲室，室簷口闊六尺二寸，堂簷八尺三寸，對廳深一丈一尺，樓下高一丈三尺，樓以庋祭器，與西軒通。

願學軒，在主敬堂之西，舊建，嘉慶己未重造，舊基在今六水講堂之西南隅，廣深僅逾丈許，今移建於此，深與主敬堂齊，廣一丈五尺六寸，亦分三之一以爲室，簷徑八尺三寸，對廳深如主敬堂，樓與堂相連。

致一齋，在六水講堂之前，嘉慶庚申建，廣一丈四尺四寸，深一丈二尺，爲祭時更衣之所。

兼山麗澤，康熙丁酉建，嘉慶丁巳重造，在致一齋之東南，即舊所謂西廳也。脊高二丈有八寸，廣二丈四尺有五寸，深二丈五尺，簷高一丈四尺，廣九尺，對廊深九尺。

厨房，在主敬堂之北。縱廣一丈七尺有五寸，横廣三丈六尺。

門　巷

義路，在西牆之南，東與禮門相對，門廣七尺有二寸，高一丈一尺。

禮門，在祠東牆之南，西與義路門對，門位高廣同。

東巷，在祠牆之東，南至夾街，榜曰“康衢接武”，寬廣八尺，深直達後堤。

西内巷，在祠牆之西，諸廳舍之東，北抵讌射軒，南出夾街，寬廣四尺有五寸，深二十九丈有三尺。

新安街，在書院照牆之前，原名新安巷，地頗狹，乾隆乙未始闢而成康衢，廣一丈餘，深自夾街至大街，長三十二丈，兩旁市屋皆書院基業，歲收其租以入祠，街南榜曰“道啓賢關”。

紫陽坊，在大街之南，與新安街斜對，南出魁星閣，至新安馬頭，坊北榜曰“紫陽遺澤”，自坊至魁星閣，長二十三丈。

西水巷，舊有，在新安街西，長與街等，廣僅二尺有四寸，近又增設東巷，以便行汲往來焉。

東水巷，名太平里，在新安街之東。嘉慶甲子買宅重闢，深與新安街等，北出夾街，與祠東巷相直，廣四尺餘。

義埠，即新安馬頭也，雍正甲寅創開，廣二丈九尺，爲石級四十有一，上建魁星閣。

别　建

準提庵，在書院牆外西北隅，堂有兩進，東有廳舍，西有隙地，初未有書院時，始建此庵，以爲同鄉公事聚會之地，此吾郡會館之初基也。南北東西四至詳契墨，曾因僧人盗賣基地，勒碑永禁焉。

三元殿，在準提庵之西，爲殿兩進，殿後有大廳，旁有客廳，室舍備具，外有隙地，比準提庵更廣。初吾郡之來漢上者謀建一公所，始於準提庵，繼之以三元殿，此皆書院之嚆矢也。四至詳契據。

玉皇殿，在十里鋪，乾隆乙巳造，正殿兩進，東偏有餘屋，地基寬廣，有碑記。

義舍，舊在三元殿之旁。因同鄉遊宦往來無處下榻，留住書院，又恐啓冗雜之漸，故建屋數椽以爲仕宦暫寓之所。今室屋坍塌，擬續修理完備，以補前賢遺制焉。

義阡，有數處，一在十里鋪紫霞觀下首，乾隆己未契買劉姓麥地，東西十六丈，南北十八丈，有三契，辛酉、壬申續買，丈尺詳契。

一在十里鋪玉皇殿對過，乾隆丙戌契買胡姓業地，名懷三里又一甲，東西三十四丈五尺，南北二十七丈五尺。

一在潘家廟，土名陶家山。

一在十里鋪紫霞觀面前西首，乾隆乙巳契買朱家林麥地，丈尺詳契據。有三契。

一在許家壿，嘉慶甲子契買許家壿山地一段，東至西寬十一丈二尺，南至北長二十六丈二尺，與乾隆壬申所買劉姓山地毗連。

卷之四　崇祀

道尊德貴，俎豆[1]馨香，祠宇展成[2]，寤寐羹牆，祀綿風遠，異地同疆，褒封升配，國有典常，鄉人祗恪，百禩允昌。

紫陽夫子生當宋季，歷官九考，在朝才四十日，一二憸人排擠之，幾同伐檀削迹，詎知絀於一時，而信於百代，累朝優恤，奕世尊崇，至我聖祖仁皇帝命升配十哲，復頒御書扁額於婺源書院。漢口雖非朱子生長之地，而某等皆生居闕里，因僑寓而建書院，虔奉烝嘗，敢不摹勒御書，懸之書院，用紀聖代之恩榮，並志從前之恤賚，其享祀儀文規則，亦附載於後。

聖祖仁皇帝上諭

朕自冲齡[3]，即好讀書，亦好寫字，一切經史，靡不徧閲成誦。在昔賢哲所著之書，間或字句與中正之理稍有未符，或稍有疵瑕者，後儒即加指摘，以爲理宜更正。惟宋之朱子註明經史，闡發載籍之理，今五百餘年，其一句一字，莫有論其可更正者，觀此，則孔孟之後，朱子可謂有益於斯文，厥功偉矣。朕既深知之而不言，其誰言之？特諭集議優崇之典，今以朱子向祀孔廟東廡之列，應如所議，移於大成殿十哲之次，配享先聖，以昭表章先賢之意。其以六月十五日丁卯木主升配祭告。特諭。

康熙五十一年五月二十日

---

① 俎豆：俎和豆。古代祭祀、宴饗時盛食物用的兩種禮器。指祭祀，奉祀。

② 展成：指古代市場管理者促使貨物買賣雙方訂立合同成交。文中指書院地基及其上建築物等建成。

③ 冲齡：幼年。

朱坤恭紀[①]

欽惟我皇上睿資天縱[②]，聖學日新，郅治時雍[③]，化邁堯、舜、禹、湯、文、武之上。經筵恒御，道契《詩》《書》《易》《禮》《春秋》之全，直追洙泗心源。深晰經傳奥旨，乃乘萬幾之暇，獨勤乙夜之觀。謂先臣朱熹者，本誠正之學，殫注釋之勤，講道以格致爲先，空寂非流二氏；爲學以性天爲要，精微獨闡千秋，洵爲孔孟功臣，實過漢唐學者。特申上諭，通酌追崇，自廡廊以躋昇，居殿堂而配享，揖讓顔、曾、思、孟之下，儼如躬侍門牆，追陪閔、冉、游、夏之中，恍若親承几席。

允俞廷議，特舉隆儀，更傳命於九區，俱造主於十哲，肅申祭奠，虔告升堂，此真萬古未有之洪恩，實著百世不刊之盛典。臣坤世承俎豆，分列草茅，曩蒙御扁褒崇，久仰天章雲漢，兹奉隆儀升配，益窺聖學淵源，爰望闕以叩首，并闔族以鏤心。世祝聖治彌隆，儒風丕著，行見虹井雲騰五色，叨異數而逾光；紫陽山聳千層，志隆恩於不朽。

翰林院五經博士臣朱坤恭紀

春秋祭欵

先賢祠廟，舊有額編祭欵，多寡不一。乾隆五年，奉旨各祠廟每歲一體給予祭銀四十兩，故婺源闕里向祇一十八兩，自五年以後有二十二兩之增，其銀在於本省地丁銀[④]内動支，誠聖朝褒崇之盛典也。漢口創立書院，自乾隆二十九年，亦蒙前道憲朱詳鹽院題明文公祠，春秋祭費，每祭給銀一百五十兩，由部奏請，其銀自鹽運使庫解，湖北省道庫給發，

---

① 底本無標題，依原目録加。

② 天縱：天所放任，意謂上天賦予。後常用以諛美帝王。

③ 時雍：和熙、和諧。《書·堯典》："百姓昭明，協和萬邦，黎民於變時雍。"孔傳："時，是；雍，和也。"

④ 地丁銀：土地税和勞役税的合稱。舊制田賦分夏税、秋糧，丁賦有市民、鄉民、富民、佃民、客民等，又細分爲上中下，清代合而爲一。

每年二祭，共給祭銀三百兩。司鹽首事者，届期承領付書院，爲辦祭分胙之用。奏請以來，於今已四十餘年矣。書之以志恩榮之所自云。

祀　儀

春秋祭期[①]定以三、九月十五日，蓋九月十五乃文公之誕辰，故春祀[②]亦以季月之望。祀期有定，則各事乃可先期預備，不必拘拘於仲月及二丁也。

祭器爲祀典之重，平日藏於主敬堂，昭慎重也。前祭之旬日，司事者啓櫝省視，有缺壞則修補，有不潔則澣滌，不可稍掉以輕心，致貽簡褻之咎。如尊爵、碗箸、盤盒、爐盆、壺勺、瓶盎、巾帨[③]，以及琴劍、書硯、圖畫，一切凡祭所陳者，俱當整飭。祭畢，洗濯什襲，仍藏之櫝中。

祭品所以奉神，當有定式。孔子以簿書正祭器，不以四方之食供簿正，非不欲美多品也，蓋一有一無者，物産之不常，而以妥以侑者，肸蠁之有則，兹酌禮與俗之中，定爲祭品儀式，俾得永遠遵循。

迎神，神位前設筵席、湯點二事，茶酒獻用嘉果十五盤，皆棗、栗、榛、柿常用之品，檀速降香大燭。

正祭，設筵席殽核、庶饈醴酒、嘉果黍稷，獻用三爵三饌，鷄、魚、肉。牲用少牢，羊、豕。楮帛檀速降香蕒茅燭，各物俱先事預備。

辦事人員，年首今定爲二十人，并上年年首共四十人，俱於初八日入書院辦理祀事。凡應辦事物、應辦祭品皆各供其職事，不到者有罰。

三、九月之朔，司年令祠役徧啓諸同鄉，告以祭期。初八日啓請主祭者，或同鄉仕宦道此經過，或同鄉有官湖北者，皆可主之。啓交鹽司月之家，送以此事，由鹽務專辦故也。書院另具啓二十八副，令祠役徧

---

① 祭期：祭：祀神，供祖或以儀式追悼死者的通稱。祭期：確定祭祀的日期。

② 春祀：此處定每年分春秋二祭，以三月十五日爲春祀之日。則秋祀爲九月十五日。

③ 巾帨：手巾。

啓諸執事之家，俾得先期習禮，無致隕越。

執事人員，凡二十有八人，外奉祀生四人，以小童爲之。

祭之前三日，執事者二十八人俱入祠，演儀西廳，備茶果四席待之，排班壹肄，登降揖讓，奉奠祝嘏①，一如正祭之禮。

前祭之夕，滌祭器，省牲視殺，以小盤盛毛血置之堂下，爲祭時瘞埋之用。

陳設，設尊爵於東廡，設盥盤、巾帨於西廡，設爐瓶、祭品、香燭於堂上，設香案於中堂，諸物各隨其所宜設之。

前夕，迎神，執事者六人同司年首者入寢室，二人執燭立於前，一人捧香，二人引導，一人告祝，司年者俯伏四拜，奉主登堂，就座安神，俯伏四拜。

黎明，司年者設奠行禮，執事贊祝如堂祭，祭畢，入祭先達二祠。

堂祭儀注：是日早復啓請主祭者，司事者待於門内，主祭者入，先就西廳致一齋坐茶罷，俟發鼓更衣，引贊者二人前導，立於儀門内西偏，待鼓樂參堂三周，然後排班序立。

執事序立時，除引贊二人同主祭者立於門内，餘二十六人左右各依次排班，班各十三人，大贊居左班之一，司罇者二人次之，司香者次之，司酒者次之，司帛者次之，司爵者次之，司饌者次之，亞獻司爵、司饌者二人又次之，終獻司爵、司饌者二人又次之，司茶者居末；陪贊居右班之一，司盥者二人次之，司祝者次之，司果盒者次之，司茶壺者次之，司酒壺者次之，引嘏詞者二人次之，讀嘏者次之，撤饌者三人居末。排班畢，然後執事。

通贊者二人先立通贊所，奉祀生四人立神座兩旁，餘人各立其位。

儀節：通唱②。序立。執事者分立東西兩廡。執事者各司其事，主祭者就

① 祝嘏：祭祀時致祝禱之辭和傳達神言的執事人。《孔子家語·禮運》："諸侯祭社稷宗廟，上下皆奉其典，而祝嘏莫敢易其常法，是謂大嘉。"

② 通唱：連同唱念行禮的幾個動作。

位。引贊二人揖導。降神。引贊者揖導主祭者詣西廡盥洗所，揖。引唱①。盥洗。授巾。復揖，旋詣東廡尊爵所揖司彝者，舉鼎酌鬯，司鬯者奉鬯，司香者奉香，升堂，引贊者揖升趨中案。詣灌獻位。揖。跪。灌茅。主祭者以鬯灌地。上香。凡三上。伏。興。復位。降自西階，有揖。通唱。參神鞠躬、拜。四拜平身。奠帛行初獻禮。引贊者揖導至東廡司尊所，揖司尊者舉鼎酌酒，司帛者奉帛，司爵者奉爵，司饌者奉饌，升，引贊揖升，趨神座前。引唱。詣神位前。揖。跪。奠帛。獻爵。獻饌。伏。興。揖降自西階，由西廡，旋至東廡，司祝者捧祝，升，引贊揖，升趨中案。詣讀祝位。跪。告祝。司祝者跪於主祭者之右，讀祝畢。興。復位。降揖如前。通唱。鞠躬拜。二拜平身。行亞獻禮。引贊揖導至司尊所，揖執事酌酒奉爵奉饌，升，如前儀。引唱。詣神位前。跪。獻爵。獻饌。伏。興。復位。如前。通唱。鞠躬拜。二拜平身。行三獻禮。導升，儀同亞獻禮。引唱。詣神位前。跪。獻爵。獻饌。伏。興。復位。如前。通唱。鞠躬拜。二拜平身。行侑食禮。引導至司尊所，司壺者奉壺，司果者奉果，升揖如前。引唱。詣神位前。跪。侑酒。獻果。伏。興。通唱。飲福受胙。引唱。詣飲福位。降由西廡，旋至東，司嘏者奉嘏詞②升，引導升趨中案。跪。宣嘏。司嘏者立於左，宣畢。飲福。受胙。伏。興。引唱。鞠躬。四拜平身。伏位。通唱。辭神鞠躬拜。四拜平身。徹饌。司帛者捧帛，讀祝者奉祝，司爵者奉爵，各詣燎所。望燎。主祭者出就燎所，祭酒復入。送神登位。引導升堂，奉主入寢室，四拜平身，出復位。禮畢。退就西廳更衣。

二祠儀注。行一獻禮，先設饌於筵，主祭者就位，跪，上香，奠酒奠帛，司祝者讀祝畢，行禮鞠躬，四拜，焚帛，禮畢。

主祭官正祭畢，更衣，即送歸寓，另擇日欵待，迎送欵禮俱鹽司月之家承辦，以頒賜祭欵係司鹽處承領也。

執事者二十八人，俱於十六日在書院設席欵待。

祭畢，頒胙主祭及諸禮生者，俱係鹽務司月之家辦理。

---

① 引唱：長聲唱念行禮的某個動作。

② 嘏詞：古代祭祀時，執事人爲受祭者致福於主人之辭。

新開水巷後聯會者復議頒胙，每股春秋二祭各給胙肉二斤、餅四對，此項由書院出支。

三月初九日爲文公夢奠之辰，設筵席祭於寢室，或同鄉官主之，或老成主之，或司年首者主之，禮行三獻，祝嘏楮帛儀物，略如正祭之禮。

仕宦往來官長莅任，必謁書院，司年不盡能應酬，公舉老成練達之士十人，凡遇往來恭謁者，司年先期知會，答應迎送。

司年，從前只十二人，後增至十四人，今增至二十人，以祀産漸增，祠務蓁繁，不如是不能董理周密也。每年秋祭後廿六日，揭清所存銀兩，一切祭器、祭物、文契公交下首，務期明悉周詳，毋得延舛。

歲入正項，除一切支用外，有餘項在，司年公舉妥處生殖，不必希圖多利，致有虧欠，俱於祭後交盤之期歸齊。現銀公交下首，遇有業産公商即置司總，不得私行挪移、假名借領，如有存匣者，公設三鎖三鑰，司總互相稽察，庶覬覦之心不生，而侵漁之弊永杜矣。

祠役四人，分事值月，務擇同郡小心謹慎、勤勞辦公者充之，每年額給工食外，有市屋小禮，令其公分，祠之内外門巷，每日打掃，朔望倍加誠敬，灑掃潔净，早開中門，以便紳士恭謁。祠之祀産市屋，務聽司年者調撥，催取租息，不致稍懈。祠之堂廡樓房，不許聽人囤積貨物，以及容留閒人飲酒戲耍，致生事端。祠之街巷，屢有示諭嚴禁，不許收荒擺攤，祠役不得徇畀、容隱不報。如敢不守祠規、徇私偷懶，即行斥革。以上二條，俱舊規約，附録。

附　　載

文昌之祭，以二月初三日設奠於閣上，書院司年者行禮，獻用果品、三牲、酒醴、香燭，禮行一跪四叩首，贊者讀祝焚楮帛，三揖禮畢。

按文昌之名，取諸星象，其神於經史無可攷，世所傳陰騭文，皆是教人爲善之詞，則其奉爲明神，列之祀典也允宜。書院於寢室後新建文昌閣，既奉其神，例當有祭，然不可以常禮褻之，又不當以祭先賢之禮混用之，記曰“大禮必簡”。今以簡爲敬，既用以示尊嚴之意，且於書院春秋正祀，有以昭其别云。

魁星之祭，以八月初三日設果茗於閣上，司年者行禮，略如祭文昌之禮，不用祝。

迎神告文

維年月日，後學某等敢昭告於太師徽國文公朱夫子之神位，兹值奠楹、嶽降之辰，恭迎神主出就饗筵，惟神歆格①，敢告。

春祭文黎明用此

在天日星，行地江河。日星在天，遠耀高羅②；江河行地，浩無津涯。夫子道統，遠紹洙泗，唐宋元明，諸儒振起，道集大成，位十哲次。頖宫③升配，典祀優隆，聖居生近，教澤素蒙，雖在僑寓，與闕里同。今當春月，祀典虔舉。少長咸集，升階列序，蹡蹡鏘鏘，拜啓跪俯。夫子靈爽，陟降在兹，顧我鄉人，獻俎捧巵，神怡情悦，食飲庶幾。尚饗。

春正祭文

於惟夫子百世之師，後孔而聖，淑程於私，綱常日麗，經教雲垂，地維鎮定，天柱扶持，緬南渡際，似東遷時，黄裳既奏，丹詔新披，忤韓見斥，暨蔡是嗤。四十六日，五百年期，參同論難，騷屈唔咿，乃彰問學，毋俾昏迷，道未墜地，文實在兹。澤流奕葉，功鑄鐘彝，桑梓誌慕，俎豆攸宜，吴山崒嵂，楚水漣漪，在漢之陽，用建厥祠。當此嘉會，敬獻春巵，秧針裊裊，麥浪離離，雨催蔬甲，風卷茗旗，於惟夫子，尚來格思。尚饗。

---

① 歆格：神靈享受供物。

② 高羅：高高覆蓋。羅，原意爲網。

③ 頖宫：西周諸侯所設的學宫。後泛指學宫。

生日祭文十五日黎明用

維我夫子，日照月臨，扶道統於將絶；金聲玉振，集諸儒之大成。今幸瞻仰有依，羹牆如在。一年降誕稱觴，同存日之躋堂；每歲季秋延首，冀在天之來享。借馨香之上達，誠格重霄；綿教澤於後生，福垂千祀。矢切精虔，伏惟昭格。尚饗。

秋正祭文

於惟夫子，仁熟義精，繼道統於千聖；金聲玉振，集大成於諸儒。大小在人，遺澤未墜，矧羹牆實切，而瞻仰有依。兹當嶽降之期，敬修稱壽之典，通古今於一息，與天地而無窮。伏願陟降於昭，佑啓後哲，蒸嘗歆享，示我周行。尚饗。

嘏　詞

文公命工祝，承致多福無疆，於汝後賢，來汝後賢，使汝受禄於天，希聖希賢①，眉壽②永年，勿替引之。

忌日祭文

夫子之生，爲千秋之道統而篤其生；夫子之歿，形雖離而自有不歿者歷萬古而常存。今幸門牆式廓，靈爽攸憑。對春露而神傷，猶憶山頽之日；望講堂而肅拜，敢弛神在之忱。矢祭奠之不渝，企神靈之俯鑒。尚饗。

---

① 希聖希賢：仰慕賢人、聖人；傚法賢人、聖人。

② 眉壽：長壽。語本《詩·豳風·七月》："爲此春酒，以介眉壽。"毛傳："眉壽，豪眉也。"孔穎達疏："人年老者必有豪眉秀出者。"

文昌祝文

詹　鈞

伏以桂殿宏開，大地壯江山之色；薇垣高聳，同文瞻日月之輝。故聯軫翼於南維，市廛[①]交會；而燦斗牛於東壁，桑梓分光。仰維帝君探陰騭之本原，司下方之禄籍，轉洪鈞於一氣，朗列宿於三臺，神宜宅乎紫陽之宫，彩特絢乎朱衣之筆。式瞻高閣，同晉升階。筮穀旦以告虔，展葵忱以將事。伏願鑒兹誠悃，錫以帡幪，焕六邑之文星，昭如雲漢；麗九霄之卿月，朗徹天都。降福孔多，依光曷罄。尚饗。

報功祠祝文

於維羣公，尊德樂義，扶正抑邪。先賢道契，護衛功多。俶初卜築，首靖紛拏。中更差忒，刮垢爬羅。垣墉既奠，康衢載歌。通津利涉，建閣嵯峨。煌煌大功，百禩不磨。重修倡首，梓誼攸加。理宜合祀，用答幽遐。春秋時享，廟貌静嘉。几筵式潔，籩豆則那。思成綏賚，靈旂降過。於兹歲歲，虔報無涯。尚饗。

始建祠祝文

惟我列公，係出名家，學宗先哲。鄉邑之型[②]，四方之傑。旅寓漢臯，崇祠肇設。教奉紫陽，以端學術。羣邪嫉正，鼓簧弄舌。力辟榛蕪，志堅於鐵。弗恤其私，惟公之切。堂構克成，規模宏徹。合郡歡聲，羣公熱血。既明若仁，兼以勇决。身歿百年，芬馨彌烈。專祠虔報，典禮無闕。有醪在樽，嘉肴成列。庶用顧歆，鑒兹蠲潔。尚饗。

---

① 市廛：市中店鋪。

② 型：澆鑄器物用的模子。引申爲法式，楷模。

卷之五　學規

鱣堂①講席，聖學相承。菁莪棫樸②，髦士烝烝。盡性致命，各有知能。下學上達，循理而登。後生小儒，戒懼戰兢。

記曰："學以聚之。"書院之設，尊朱子、聯梓誼也。今聚其人而不學，則所以奉朱子之意云何？亦失所以爲聚之義矣。然而學非弋取功名之具，聖賢之緒言具在，將以體諸躬而見諸行，非嚴之於蒙養之先，非積之以涵濡之久不爲功。此眉菴中丞創舉義學之説也。今建學舍，延明師，與弟子約：先器識而後文章，先學問而後功名；一遵吾紫陽夫子分年讀書法，浸淫乎經史，而納躬於軌物；藏焉、修焉、息焉、游焉，或以道德，或以文章，務爲有用之學；坐而言，起而行，經知守變，亦知極。《書》曰："惟學，遜志務時敏"，於以希聖希賢，未必不由此基也。

教　　條③

白鹿洞書院揭示

父子有親，君臣有義，夫婦有别，長幼有序，朋友有信。

右五教之目，堯舜使契爲司徒，敬敷五教，即此是也。學者學此而已，而其所以學之之序，亦有五焉，其别如左：

博學之，審問之，慎思之，明辨之，篤行之。

右爲學之序，學、問、思、辨四者，所以窮理也。若夫篤行之事，

---

① 鱣堂：講學的處所。典出《後漢書·楊震傳》："有冠雀銜三鱣魚，飛集講堂前，都講取魚進曰：'蛇鱣者，卿大夫服之象也。數三者，法三臺也。先生自此升矣。'"後因稱講堂爲"鱣堂"。

② 棫樸：兩種樹木，即白桵和枹木。詩文中用以比喻賢才衆多。

③ 教條：官署或學塾中所頒佈的勸諭性的法令或規章。

則自修身以至於處事、接物，亦各有要，其別如左：

言忠信，行篤敬，懲忿窒欲，遷善改過。

右修身之要。

正其義，不謀其利；明其道，不計其功。

右處事之要。

己所不欲，勿施於人。行有不得，反求諸己。

右接物之要。

某竊觀古昔聖賢所以教人爲學之意，莫非使之講明義理，以修其身，然後推以及人，非徒欲其務記覽、爲詞章，以釣聲名、取利禄而已也。今人之爲學者，既反是矣，然聖賢所以教人之法，具存於經，有志之士，固當熟讀深思而問辨之，苟知其理之當然，而責其身以必然，則夫規矩禁防之具，豈待他人設之而後有所持循哉！近世於學有規，其待學者爲已淺矣，而其爲法又未必古人之意也，故今不復以施於此堂，而特取凡聖賢所以教人爲學之大端條列如右，而揭之楣間，諸君其相與講明遵守而責之於身焉，則夫思慮云爲之際，其所以戒謹而恐懼者，必有嚴於彼者矣。其有不然，而或出於此言之所棄，則彼所謂規者，必將取之，固不得而略也。諸君其亦念之哉！

玉山講義

先生曰："某此來得觀學校鼎新[①]，又有靈芝之瑞，足見賢宰承流宣化、興學誨人之美意，不勝慰喜。又承特設講座，俾爲諸君誦説，雖不敢當，然區區所聞，亦不得不爲諸君言之。蓋聞古之學者爲己，今之學者爲人，故聖賢教人爲學，非是使人綴緝言語、造作文辭，但爲科名爵禄之計，須是格物、致知、誠意、正心、脩身而推之以至於齊家、治國，可以平治天下，方是正當學問。諸君肄業於此，朝夕講明於此，必已深有所得，不然亦須有疑，今日幸得相會，正好商量，彼此之間，皆得有

① 鼎新：更新；革新。

益。”時有程珙起而請曰：“《論語》多是説仁，《孟子》却兼説仁義，意者夫子説元氣，孟子説陰陽，仁恐是體，義恐是用。”先生曰：“孔孟之言，有同有異，固所當講。然今且理會何者爲仁？何者爲義？曉此兩字，義理分明，方於自己分上有用力處，然後孔孟之言有同異處，可得而論。如其不曉，自己分上元無工夫，説得雖工，何益於事？且道如何説個仁義二字底道理。大凡天之生物，各賦一性。性非有物，只是一個道理之在我者耳。故性之所以爲體，只是仁義禮智信五字，天下道理，不出於此。韓文公云：人之所以爲性者五。其説最爲得之，却爲後世之言性者多雜佛老而言，所以將性字作知覺心意看之，非聖賢所説性字本旨也。五者之中，所謂性者，是箇真實无妄底道理，如仁義禮智皆真實而无妄者也，故信字更不須説，只仁義禮智四字於中各有分别，不可不辨。蓋仁則是箇温和慈愛底道理，義則是箇斷制裁割底道理，禮則是箇恭敬撙節底道理，智則是箇分明是非底道理。凡此四者具於人心，乃是性之本體，方其未發，漠然無形象之可目，及其發而爲用，則仁者爲惻隱，義者爲羞惡，禮者爲恭敬，智者爲是非，隨事發見，各有苗脈，不相殽亂，所謂情也。故孟子曰：惻隱之心，仁之端也；羞惡之心，義之端也；恭敬之心，禮之端也；是非之心，智之端也。謂之端者，猶有物在中而不可見，必因端緒發見於外，然後可得而尋也。蓋一心之中，仁義禮智各有界限，而其性情體用，又自各有分别，須是見得分明。然後就此四者之中，又自見得仁義兩字是箇大界限，如天地造化，四序流行，而其實不過於一陰一陽而已。於此見得分明，然後就此又自見得仁字是箇生底意思，通貫周流於四者之中。仁固仁之本體也，義則仁之斷制也，禮則仁之節文也，智則仁之分别也。正如春之生氣貫徹四時，春則生之生也，夏則生之長也，秋則生之收也，冬則生之藏也。故程子謂四德之元，猶五常之仁，偏言則一事，專言則包四者，正謂此也。孔子只言仁，以其專言者言之也。故但言仁，而仁義禮智皆在其中。孟子兼言義，以其偏言者言之也，然亦不是孔子所言之外添入一箇義字，但於一理之中分别出來耳。其又兼言禮智，亦是如此。蓋禮又是仁之著，智又是仁之藏，而仁之一字，未嘗不流行乎四者之中也。若論體用，亦有兩説。蓋以仁存於心而義形於外言之，則曰：仁，人心也；義，人路也。而以仁義相爲體用。若以仁對惻隱、義對羞惡而言，則就其一理之中，又以未發、已發相爲體用，若認得熟，看得透，則玲瓏穿穴，縱横顛倒，無處不通，而日用之間，行著習察，無不是著功夫處矣。”

珙又請曰：“三代以前只是説中説極，至孔門答問，説著便是仁，何也?”先生曰：“説中説極，今人多錯會了他文義，今亦未暇一一詳説。但至孔門方説仁字，則是列聖相傳，到此方漸次説親切處爾。夫子所以賢於堯舜，於此亦可見其一端也。然仁之一字，須更於自己分上實下功夫始得，若只如此草草説過，無益於事也。”先生因舉《孟子》“道性善，言必稱堯舜”一章而遂言曰：“所謂性者，適固已言之矣。今復以一事譬之：天之生此人，如朝廷之命此官，人之有此性，如官之有此職。朝廷所命之職，無非使之行法治民，豈有不善？天之生此人，無不與之以仁義禮智之理，亦何嘗有不善？但欲生此物，必須有氣，然後此物有以聚而成質。而氣之爲物，有清濁昏明之不同，稟其清明之氣，而無物慾之累，則爲聖；稟其清明而未純全，則未免微有物慾之累，而能克以去之，則爲賢；稟其昏濁之氣，又爲物慾之所蔽，而不能去，則爲愚、爲不肖①。是皆氣稟物慾之所爲，而性之善未嘗不同也。堯舜之生，所受之性亦如是耳，但以其氣稟清明，自無物慾之蔽，故爲堯舜，初非有所增益於性分之外也。故學者知性善，則知堯舜之聖，非是强爲，識得堯舜做處，則便識得性善底規模樣子。而凡吾日用之間所以去人慾、復天理者，皆吾分内當然之事，其勢至順而無難，此孟子所以首爲文公言之，而又稱堯舜以實之也。但當戰國之時，聖學不明，天下之人但知功利之可求，而不知己性之本善，聖賢之可學，聞是説者，非惟不信，往往亦

① 不肖：原意謂子不似父。《禮記・雜記下》：“諸侯出夫人，夫人比至於其國……主人對曰：‘某之子不肖，不敢辟誅。’”鄭玄注：“肖，似也。不似，言不如人。”後引申指不成材；不正派。《禮記・射義》：“發而不失正鵠者，其唯賢者乎？若夫不肖之人，則彼將安能以中。”

不復致疑於其間。若文公則雖未能盡信，而已能有所疑矣。是其可以進善之萌芽也。孟子故於其去而復來，迎而謂之曰：世子疑吾言乎？而又告之曰：夫道一而已矣。蓋古今聖愚同此一性，則天下固不容有二道，但在篤信力行，則天下之理雖有至難，猶必可至，况善乃人之所本有，而爲之不難乎！然或氣稟昏愚，而物慾深錮，則其勢雖順且易，亦須勇猛著力，痛切加功，然後可以復於其初。故孟子又引《商書》之言曰：若藥弗瞑眩，厥疾弗瘳。若但悠悠似做不做，則雖本甚易而反爲至難矣。此章之言，雖甚簡約，然其反復曲折，開曉學者最爲深切。諸君更宜熟讀深思、反復玩味，就日用間便著實下功夫，始得《中庸》所謂尊德性者，正謂此也。然聖賢教人，始終本末，循循有序，精粗巨細，無有或遺，故纔尊德性，便有箇道問學一段事，雖當各自加功，然亦不是判然兩事也。《中庸》曰：大哉，聖人之道！洋洋乎發育萬物，峻極於天，優優大哉！禮儀三百，威儀三千，待其人而後行，故曰苟不至德，至道不凝焉。是故君子尊德性而道問學，致廣大而盡精微，極高明而道中庸，温故而知新，敦厚以崇禮。蓋道之爲體，其大無外，其小無内，無一物之不在焉。故君子之學，既能尊德性以全其大，便須道問學以盡其小。其曰致廣大，極高明，温故而敦厚，則皆尊德性之功也。其曰盡精微，道中庸，知新而崇禮，則皆道問學之事也。學者於此固當以尊德性爲主，然於道問學亦不可不盡其力，要當時之有以交相滋益，互相發明，則自然該貫通達，而於道體之全無欠闕處矣。今時學者心量窄狹，不耐持久，故其爲學略有些少影響見聞。便自主張，以爲至是，不能徧觀博考、反復參驗，其務爲簡約者，既蕩而爲異學之空虚，其急於功利者，又溺而爲流俗之卑近，此爲今日之大弊，學者尤不可以不戒。某又記得昔日曾參見端明汪公①，見其自少即以文章冠多士、致通顯，而未嘗少有自滿之色，日以師友前輩多識前言往行爲事，及其晚年德成行尊，則自近世

① 端明汪公：汪勃，字彦及。紹興進士。累官僉書樞密院，與秦檜不合，求外出，以端明殿學士領外祠。

名卿鮮有能及之者，乃是此邦之人，諸君視之丈人行耳，其遺風餘烈尚未遠也。又知縣大夫當代名家，自其先正温國文正公以盛德大業爲百世師，所著《資治通鑑》等書尤有補於學者，至忠潔公①扈從北狩，固守臣節，不污僞命，又以忠義聞於當世，諸君蓋亦讀其書而聞其風矣。自今以往，儻能深察愚言，於聖賢大學有用力處，則凡所見聞、寸長片善，皆可師法，而况於鄉之先達與當世賢人君子之道義風節乎！《詩》曰：高山仰止，景行行止。願諸君留意，以副賢大夫教誨作成之意，毋使今日之講，徒爲空言，則區區之望也。”

讀書之要

或問：“程子通論聖賢氣象②之别者數條，子既著之精義之首而不列於集注之端，何也？”曰：“聖賢氣象高且遠矣，非造道之深、知德之至、鄰於其域者，不能識而辨之，固非始學之士所得驟而語也。鄉吾著之書首，所以尊聖賢，今不列於篇端，所以嚴科級，亦各有當焉爾。且吾於程子之論讀是二書之法，則既掇其要而表之於前矣。學者誠能深考而用力焉，盡此二書，然後乃可與議於彼耳。”曰：“然則其用力也奈何?”曰：“循序而漸進，熟讀而精思，可也。”曰：“然則請問循序漸進之説。”曰：“以二書言之，則先《論》而後《孟》，通一書而後及一書。以一書言之，則其篇章文句、首尾次第亦各有序而不可亂也。量力所至，約其程課而謹守之，字求其訓，句索其旨，未得乎前，則不敢求其後；未通乎此，則不敢志乎彼。如是循序而漸進焉，則意定理明而無疏易凌躐之患矣。是不惟讀書之法，是乃操心之要，尤始學者之不可不知也。”曰：“其熟讀精思者何耶?”曰：“《論語》一章不過數句，易以成誦。成誦之

① 忠潔公：司馬樸，司馬光族孫。靖康之役，金人挾之北去。徽宗崩，樸斬衰朝夕哭，金主義而不問。金人嘗授樸行臺左丞，朴辭不應命。後卒於真定。贈兵部尚書，謚忠潔。

② 氣象：氣度，氣局。《新唐書·王丘傳》：“（王丘）氣象清古，行修潔，於詞賦尤高。”

後，反復玩味，於燕間静一之中，以須其浹洽可也。《孟子》每章或千百言，反復論辨，雖若不可涯者，然其條理疏通、語意明潔，徐讀而以意隨之，出入往來以十百數，則其不可涯者，將可有以得之於指掌之間矣。大抵觀書先須熟讀，使其言皆若出於吾之口，繼以精思，使其意皆若出於吾之心，然後可以有得爾。至於文義有疑，衆説紛錯，則亦虚心静慮，勿遽取舍於其間，先使一説自爲一説，而隨其意之所之，以驗其通塞，則其尤無義理者，不待觀其他説而先自屈矣。復以衆説互相詰難，而求其理之所安，以考其是非，則似是而非者，亦將奪於公論而無以立矣。大抵徐行却立，處静觀動，如攻堅木先其易者而後其節目，如解亂繩，有所不通，則姑置而徐理之，此讀書之法也。"

童蒙①須知

夫童蒙之學，始於衣服冠履，次及語言步趨，次及灑掃涓潔，次及讀書寫文字，及有雜細事宜，皆所當知。今逐目條列，名曰"童蒙須知"，若其修身治心、事親接物，與夫窮理盡性之要，自有聖賢典訓昭然可考，當次第曉達，兹不復詳著云。

衣服冠屨第一

大抵爲人先要身體端整，自冠巾、衣服、鞋襪，皆須收拾愛護，常令潔净整齊。我先人常訓子弟云：男子有三緊，謂頭緊、腰緊、脚緊。頭謂頭巾，未冠者總髻。腰謂以縧或帶束腰。脚謂鞋襪。此三者要緊束，不可寬慢。寬慢則身體放肆不端嚴，爲人所輕賤矣。

凡着衣服，必先提整衿領，結兩衽紐帶，不可令有闕落，飲食照管，勿令污壞，行路看顧，勿令泥漬。

凡脱衣服，必齊整摺疊箱篋中，勿散亂頓放，則不爲塵埃雜穢所污，仍易於尋取，不致散失。著衣既久，則不免垢膩，須要勤勤洗澣。破綻

① 童蒙：幼稚愚昧。《易・蒙》："匪我求童蒙，童蒙求我。"朱熹："童蒙，幼稚而蒙昧。"此指年幼的學童。

則補綴之，盡補綴無害，只用完潔。

凡盥面，必以巾帨遮護衣領，捲束兩袖，勿令有所濕。

凡就勞役，必去上籠衣服，只著短便，愛護勿使損污。

凡日中所著衣服，夜卧必更，則不藏蚤虱，且免敝壞，苟能如此，則不但威儀可法，又可不費衣服。晏子一狐裘三十年，雖意在以儉化俗，亦其愛惜有道也。此最飭身①之要，毋忽。

語言步趨第二

凡爲人子弟，須是常低聲下氣，語言詳緩，不可高言諠哄，浮言戲笑。父兄長上有所教督，但當低首聽受，不可妄大議論。長上檢責或有過誤，不可便自分解，姑且隱嘿，久却徐徐細意條陳，云此事恐是如此，向者當是偶爾遺忘，或曰當是偶爾思省未至。若爾，則無傷忤，事理自明。至於朋友分上，亦當如此。

凡聞人所爲不善，下至婢僕違過，宜且包藏，不應便爾聲言，當相告語，使其知改。

凡行步趨蹌，須是端正，不可疾走跳躑。若父母長上有所唤召，却疾走而前，不可緩舒。

灑掃涓潔第三

凡爲人子弟，當灑掃居處之地，拂拭几案，常令潔净。文字筆硯，凡百器用，皆當嚴肅整齊，頓放有常處，取用既畢，復置元所。父兄長上坐起處，文字紙劄之屬，或有散亂，當加意整齊，不可輒自取用。凡借人文字，皆置簿鈔録主名，及時取還。窗壁几案文字間，不可書字。前輩云："壞筆污墨，瘝子弟職。書几書硯，自黥其面。"此爲最不雅潔，切宜深戒。

讀書寫文字第四

凡讀書，須整頓几案，令潔净端正，將書册整齊頓放，正身體，對書册，詳緩看字，子細分明。讀之須要讀得逐字響亮，不可誤一字，不

① 飭身：警飭己身，使自己的思想言行謹嚴合禮。飭：整治。

可少一字，不可多一字，不可倒一字，不可牽强暗記，只是要多誦徧數，自然上口，久遠不忘。古人云："讀書千徧，其義自見。"謂讀熟則不待解説，自曉其義也。余嘗謂讀書有三到，謂心到、眼到、口到。心不在此，則眼不看子細，心眼既不專一，却只漫浪誦讀，决不能記，記亦不能久也。三到之法，心到最急，心既到矣，眼口豈不到乎？

凡書册須要愛護，不可損污縐摺。濟陽江禄，書讀未完，雖有急速，必待掩束整齊，然後起。此最爲可法。

凡寫文字，須高執墨錠，端正研磨，勿使墨汁汙手。高執筆，雙鈎端楷，書字，不得令手楷著毫。

凡寫字，未問寫得工拙如何，且要一筆一畫，嚴正分明，不可潦草。

凡寫文字，須要仔細看本，不可差誤。

雜細事宜第五

凡子弟須要早起晏眠，凡諠閧鬭争之處，不可近，無益之事，不可爲，謂如賭博、籠養、打毬、踢毬、放風禽等事。凡飲食，有則食之，無則不可思索，但粥飯充飢不可闕。凡向火，勿迫近火傍，不惟舉止不佳，且防焚爇衣服。凡相揖，必折腰。凡對父母長上朋友，必稱名。凡稱呼長上，不可以字，必云某丈，如弟行者，則云某姓某丈。凡出外及歸，必於長上前作揖，雖暫出亦然。凡飲食於長上之前，必輕嚼緩咽，不可聞飲食之聲。凡飲食之物，勿争較多少美惡。凡侍長者之側，必正立拱手，有所問，則必誠實對言，不可妄誕。凡開門揭簾，徐徐輕手，不可令震驚響。凡衆坐，必斂身，勿廣占坐席。凡隨長上出行，必居路之右，住必居左。凡飲酒，不可令至醉。凡□處①，必去外衣，下必浣手。凡夜行，必以燈燭，無燭則止。凡待婢僕，必端嚴，勿得與之嘻笑。執器皿，必端嚴，惟恐有失。凡危險，不可近。凡道路遇長者，必正立，拱手疾趨而揖。凡夜卧，必用枕，勿以寢衣伏首。凡飲食，舉匙必置箸，舉箸必置匙，食已，則置匙箸於案。

---

① 凡□處："凡"下原稿有一字墨釘。

雜細事宜，品目甚多，姑舉其略，然大概具矣。凡此五篇，若能遵守不違，自不失爲謹愿之士，必又能讀聖賢之書，恢大此心，進德修業，入於大賢君子之域，無不可者，汝曹宜勉之。

讀書法

今讀書，緊要是要看聖人教人做工夫[①]處是如何。

讀書將以求道，不然讀作何用？今人不去這上理會道理，皆以涉獵該博爲能，所以有道學、俗學之别。

開卷便有與聖賢不相似處，豈可不自鞭策。

聖賢之言，須常將來眼頭過、口頭轉、心頭運。

立志不定，如何讀書？

學須做自家底看，便見切己。今人讀書，只要科舉用，已及第，則爲雜文。學古人態，不爲自己受用，而反做外面事看，有何益哉！人常讀書，庶幾可以管攝此心常存。横渠[②]有言：書所以維持此心，一時放下，則一時德性有懈，其何可廢耶？

世間凡事須臾變滅，皆不足以置胸中，惟窮理修身是究竟法耳，可記，可記！

讀書理會道理，只是將勤苦睚將去，不解得，不成就。今世上有一般議論成就後生懶惰。如云不敢輕議前輩、不敢妄立論之類，皆中怠惰者之意。前輩固不敢妄議，然論涉行事之是非何害？固不可鑿空立論，然讀書有疑、有所見，自不容不立論。其不立論者，只是讀書不到疑處耳。將精義諸家説相比並求之，亦便自有合辯處。

某之爲學，乃銖積寸累而成。

---

① 工夫：理學家稱積功累行、涵蓄存養心性爲工夫。《朱子語類》卷六九："謹信存誠是裏面工夫，無迹。"

② 横渠：即北宋理學家張載（1020—1077），字子厚，鳳翔郿縣（今陝西眉縣）横渠鎮人。世稱横渠先生，理學創始人之一。著名的"民吾同胞，物吾與也"的論斷即由他提出。

誦數以貫之。古人讀書亦必是，記徧數所以貫通也。

書須熟讀。所謂書只是一般，然讀十徧時與讀一徧時終别，讀百徧時與讀十徧又自不同也。今人未嘗讀得十徧，便道我已曉。可戒，可戒!

既識得了，須更讀百十徧，使與自家相乳入，便説得也響。

今學者，本文尚且未熟，如何會有益。

因言讀書之法，曰：且先讀十數徧過了，已得文義四五分，然後看解，又得二三分矣，却讀正文，又得□□□□□□□□□□子以其章長故也，因如此讀，元來他章雖長，意味却自首尾相貫①。

嘗看横渠"讀書多徧成誦"之説，最爲捷徑。

學以静爲本，讀書閒暇且静坐，教他心平氣定，見得道理漸次分明。昔伊川②見人静坐，便歎其善學。門人問何謂也？伊川曰：這個却是一身總要處，他日長進，亦只是在這裏。人只是一個心做本，須存得在這裏，識得道義，條理脈絡自有貫通處。

讀書須是有精力。楊至之云"亦須是聰明"。曰：須是聰明，亦須是静。静方運得精神。蓋静則心虚，道理方看得出。

讀書須將心貼在書册上，逐句逐字各有著落，方始好商量。大凡學者須是收拾此心，令專静純一，日用動静間都無馳走散亂，方始得。其看文字，精審俱如此，方是有本原之學。

讀書看文字，多是以昏忽了事，所以不仔細。今學者且於静處收拾，教意思在裏，然後盡心去看，則其義理未有不明者也。

讀書須静著心，寬著意思，沉潛反復，將久，自會曉得去。

讀書覺得困倦時，即瞑目静坐，使神逸氣定。□□□□□覺得閒思

---

① 因言讀書之法曰……意味却自首尾相貫：原稿"得"下有墨釘，約占十字位，以致文句不通。兹據《四庫全書·朱子語類（卷十一）》補足其文："因言讀書法曰：且先讀十數過，已得文義四五分，然後看解又得三二分，又却讀正文，又得一二分。向時不理會得《孟子》，以其章長故也。"

② 伊川：宋理學家程頤的别號。頤字正叔，宅於河南嵩縣東北耙耬山下，地處伊川，故稱。

雜慮起來纏繞[1]，即當掃除静定，使其心收斂，不容一物，則思慮自息矣。

昔陳烈先生苦無記性，一日讀《孟子》“學問之道無他，求其放心而已矣”，忽悟曰：我心不曾收得，如何記得書。遂閉門静坐，不讀書百餘日，以收放心，却去讀書，遂一覽無遺。

章子厚欲問康節先生[2]傳數學。康節曰：必相從林下二十年，而後可與語數學。既能静坐二十年，則數學不待傳。静坐之久，而虚靈不昧[3]，凡事自可知之。昔延平先生説羅先生解《春秋》也淺，不似胡文定。後來隨人入廣，在羅浮山住兩三年，去那裏心静，須看得較透。二三年者尚得如此受用，而况二十年静乎？

讀書須是要身心都入在這裏面一段，更不問外面有何事，方見得一段道理出。今人却一邊去看文字，一邊去思量外事，只是枉費了工夫，不如放下文字，待打疊教意思静了去看方好。

書須成誦，惟精思多在夜間，或静坐得之。

讀書看義理，須是胸次放開，磊落明快恁地去。第一不可先責效，纔責效便有憂愁底意，只管如此，胸中便結聚一併子不散。今且放置閒事，不要閒思量，只專心去玩味義理，便會心精，心精，便會熟。

學者讀書，多緣心不在，故不見道理。聖賢言語本自分曉，只略略加意，自見得，若是專心，如何不見。

心不定，故見理不得。今學者讀書須先定其心，使之如止水、如明鏡，暗鏡如何照得物。

只合看自家底，留心去看，不是自家，枉了思量。

讀書須且虚心静慮，依傍文義，推尋句脈，看定此句指意是説何事，

---

① “使神逸氣定”下，原稿有占五字位墨釘。

② 康節先生：北宋理學家邵雍（1011—1077），字堯夫，河北范陽人。學者稱其爲康節先生。

③ 虚靈不昧：心靈通徹堅貞。

略用今人言語襯貼，替換一兩字，説得古人意思出來。先教自家心裏分明歷落，如與古人對面説話，彼此對答，無一言一字不相肯可，此外都無閑雜説話，方是得個入處。

學者讀書，須要斂身正坐，緩視微吟，虛心涵泳，切己省察。又云：讀一句書，須體察這一句，我將來甚處用得。又云：文字是底，固當看不是底也，當看精底，固當看粗底也。當看讀書有箇法，只是刷刮净了那心垢去看，若不曉得，又且放下，待他意思好時，又將來看，而今却説要虛心，心如何解虛得，而今正要將心在那上面。

今人讀書，看未到這裏，心已在後面，才看到這裏，便慾舍去了，如此只是不求自家曉解，須是徘徊顧戀，如不慾去，方會認得。

讀書不可有慾了底心，才有此心，便心只在背後白紙處，了無益。

人做功課若不專一，東看西看，則此心先已散没了，如何看得道理出。須是看《論語》專只看《論語》，看《孟子》專只看《孟子》，讀這一章，更不得看後章，讀這一句，更不得看後句，這一字理會不得，更不得看下字。如此，則專一而功可成。若所看不一，汎濫無統，雖卒歲窮年，無有透徹之期。某舊時看文字，只是守此拙法，以至於今思之，只有此法，更無别法。

讀書固收心之一助，然今於讀書時收得心，到不讀書時便爲事所奪，則是心之存也常少，而其放也常多，何益？胡爲而不移此讀書工夫向不讀書處用力，使動静兩得，而此心無時不存乎！况有即讀書時亦收不得心者，深爲可戒。

初學於敬不能無間斷，只是纔覺間斷，便提起此心，那知覺處便是接續。某要得人，只就讀書上體認義理①，日間常讀書，則此心不走作②。

今有聖賢言語有許多文字，却不去做，而師友只是發明得道理，人

① 義理：指講求儒家經義的學問。

② 走作：越規；放逸。

若不自向前用工，師友如何著得力。

讀書不可不先立程限，政如農功，如農之有畔，爲學亦然。

今之始學不知此理，初時却説用著心去，終至都不理會了，此是當初不立程限之故。

觀書須從頭循序而進，不以淺深難易有所取舍，自然意味詳密，至於浹洽[1]貫通，則無緊要處所下工夫，亦不落空矣。今人多是揀難底好底看，非惟聖賢之言不可如此問别，且是只此心意便不定疊，縱然用心探索得到，亦與自家這裏不相干，突兀聱牙，無田地可安頓，此病不可不知也。

讀書之法，當循序而有常，致一而不懈，從容乎句讀文義之間，而體驗乎操存踐履之實，然後心静理明，漸見意味。不然，則雖廣求博取，日誦五車，亦奚益於學哉！故程子曰：善學者，求言必自近，易於近者，非知言者也。此言殊有味。

讀書須是徧佈周滿。某嘗以爲寧詳毋略，寧下無高，寧拙毋巧，寧近毋遠。

學者當以聖賢之言反求諸身，一一體察，須是曉然無疑，積日既久，當自有見。但恐因循怠惰，或貪多務廣，或得少爲足，皆無由明耳。

山谷與李機仲帖云：大率學者喜博，而常病不精。泛濫百書，不若精於一也。有餘力，然後及諸書，則涉獵諸篇亦得其精。蓋以我觀書，則處處得益，以書博我，則釋卷而茫然。某深喜之，以爲有補於學者。

學者只是觀書，都不知有四邊，方始有味。

讀書須是虚心切己，虚心方得聖賢意，切己則聖賢之言不爲虚説。

讀書法悉載《性理大全》，此乃家訓中勉勵初學數十條，餘不盡録。

---

① 浹洽：融合。

諭　　條

諭學者

朱子曰：學如不及，猶恐失之。此君子所以孜孜焉愛日不倦，而競尺寸之陰也。今或聞諸生晨起入學，未及日中而各已散去，此豈愛日之意也哉！夫學者所以爲已。而士者或患貧賤，勢不得學，與無所於學而已。勢得學，又不爲，無所於學，而猶不勉，是亦未嘗有志於學而已矣。然此非士之罪也，教不素明，而學不素講也。今之世父所以詔其子，兄所以勉其弟，師所以教其弟子，弟子之所以學，舍科舉之業，則無爲也。使古人之學止於如此，則凡可以得志於科舉斯已爾，所以孜孜焉愛日不倦，以至乎死而後已者，果何爲而然哉？今之士唯不知此，以爲苟足以應有司之求矣，則無事乎汲汲爲也，是以至於惰游而不知反，終身不能有志於學，而君子以爲非士之罪也。使教素明於上，而學素講於下，則士者固將有以用其力，而豈有不勉之患哉！某是以於諸君之事，不欲舉以有司之法，而姑以文告焉。諸君苟能致思於科舉之外，而知古人之所以爲學，則將有欲罷而不能者。某所企而望也①。

滄洲精舍諭學者

老蘇②自言其初學爲文時，取《論語》《孟子》《韓子》及其他聖賢之文，而兀然端坐終日以讀之者七八年，方其始也，入其中而惶然以博，觀於其外而駭然以驚，又其久也③，讀之益精，而其胸中豁然以明，若

---

① 企而望也：企望，盼望。企：踮起脚。

② 老蘇：即蘇洵（1009—1066）字明允，眉州眉山（今屬四川）人，北宋散文家，以文章著名於世。語言明暢，筆力雄健。與其子軾、轍合稱三蘇，俱被列入唐宋八大家。

③ 又其久也：《四庫全書》本宋張洪《朱子讀書法》“又”字作“及”。

人之言固當然者，然猶未敢自出其言也。歷時既久，胸中之言日益多不能自制，試出而書之，已而再三讀之，渾渾乎覺其來之易矣。予謂老蘇但爲欲學古人説話聲響，極爲細事，乃肯用功如此，故其所就，亦非常人所及，如韓退之、柳子厚輩，亦是如此。其答禮翊章中立之書，可見其用力處矣。然皆只是要作好文章，令人稱賞而已。究竟何預己事，却用了許多歲月、費了許多精神，其可惜也！今人説要學道，乃是天下第一至大至難之事，却全然不曾著力，蓋未有能用旬月功夫熟讀一人書者，及至見人泛然發問，臨時凑合，不曾舉得一兩行經傳成文，不曾照得一兩處首尾相貫，其能言者，不過以己私意敷演立説，與聖賢本意、義理實處了無干涉，何况望其更能反求諸己，真實見得、真實行得耶？如此求師，徒費脚力，不如歸家杜門依老蘇法，以二三年爲期，正襟危坐，將《大學》《論語》《中庸》《孟子》及《詩》《書》《禮記》，程、張諸書，分明易曉處，反復讀之，更就自己身心上存養玩索，著實行履，有個入處，方好求師证其所得，而訂其謬誤，是乃所謂就有道而正焉者，而學之成也可冀矣。如其不然，未見其可，故書其説以示來者云。

又諭學者

書不記，熟讀可記；義不精，細思可精。唯有志不立，直是無著力處。只如而今貪利禄而不貪道義，要作貴人而不要作好人，皆是志不立之病，直須反復思量，究見病痛起處，勇猛奮躍，不復作此等人。一躍躍出，見得聖賢所説千言萬語，都無一事不是實語，方始立得此志，就此積累功夫，迤邐向上去，大有事在。諸君勉旃[①]，不是小事。

---

① 勉旃：即勉之。旃，之，焉。《詩·魏風·陟岵》："上慎旃哉，猶來無止。"馬瑞辰："之、旃一聲之轉，又爲'之焉'之合聲，故旃訓'之'，又訓'焉'。"

諭諸生

朱子曰：古之學者，八歲而入小學，學六甲、五方、書計之事①，十五而入大學，學先聖之禮樂焉。非獨教之，固將有以養之也。蓋禮義以養其心，聲音以養其耳，采色以養其目，舞蹈降登、疾徐俯仰以養其血脈，以至於左右起居盤盂几杖有銘有戒，其所以養之之具，可謂備至爾矣。夫如是，故學者有成材而庠序有實用，此先王之教所以爲盛也。自學絶而道喪，至今千有餘年，學校之官有教養之名，而無教之養之之實，學者挾策②而相與嬉其間，其傑然者乃知以干禄蹈利爲事，至於語聖賢之餘旨，究學問之本原，則罔乎莫知所以用其心者，其規爲動息，舉無以異於凡民而有甚者焉。嗚呼！此教者過也，而豈學者之罪哉？然君子以爲是亦有罪焉爾，何則？今所以異於古者，特聲音采色之盛、舞蹈降登疾徐俯仰之容、左右起居盤盂几杖之戒有所不及，爲至推其本，則理義之所以養其心者故在也。諸君日相與誦而傳之，顧不察耳。然則此之不爲，而彼之久爲，又豈非學者之罪哉？僕以吏事得與諸君游，今期年矣。諸君之業不加進，而行誼無自著於州里之間，僕心愧焉。今既增修講問之法，蓋古者禮義養心之術，諸君子不欲爲君子耶？則誰能以是强諸君者？苟有志焉，是未可以舍此而他求也。幸願留意毋忽。

諭諸職事③

嘗謂學校之政，不患法制之不立，而患禮義之不足以悦其心。夫禮義不足以悦其心，而區區於法制之末以防之，是猶決湍水注之千仞之壑，

---

① 六甲：用天干地支相配計算時日，其中有甲子、甲戌、甲申、甲午、甲辰、甲寅，故稱。五方：東、南、西、北和中央。亦泛指各方。學五方：即學習地理知識。書記：書寫；記載。

② 挾策：手拿書本。

③ 職事：書院、學宫（學校）管理人員。

而徐翳[①]蕭葦以捍其衝流也，亦必不勝矣。諸生蒙被教養之日久矣，而行誼不能有以信於人，豈專法制之不善哉？亦諸君子未嘗以禮義教告之也。夫教告之而不從，則學者之罪。苟爲未嘗有以開導教率之，則彼亦何所趨而興於行哉？故今增修講問之法，諸君子其專心致思，務有以漸摩之，無牽於章句，無滯於舊聞，要使之知所以正心誠意於飲食起居之間而由之，以入於聖賢之域，不但爲舉子而已，豈不美哉！然法制之不可後者，亦既議而起之矣。惟諸君子相與堅守而力持之，使義理有以博其心，規矩有以約其外，如是而學者猶有不率、風俗猶有不厚，則非有司之罪。惟諸君留意。

摘　　訓

德業相勸

朱子曰：德謂見善必行、聞過必改，能治其身、能治其家、能事父母、能教子弟、能御童僕、能肅政教、能事長上、能睦親故、能擇交遊、能守廉介、能廣恩惠、能受寄託、能救患難、能導人爲善、能規人過失、能爲人謀事、能爲衆集事、能解鬥争、能决是非、能興利除害、能居官舉職。

業謂居家則事父母、教子弟、待妻妾，在外則事長上、接朋友、教後生、御童僕，至於讀書、治田、營家、濟物、畏法令、謹租賦、好禮樂射御書數之類，皆可爲之，非此之類，皆爲無益。

過失相規

過失謂犯義之過六、犯約之過四、不修之過五。

犯義之過：一曰酗博鬥訟。酗謂縱酒諠競，博謂賭博財物，鬥謂鬥毆駡詈，

---

① 翳：遮蔽，掩蓋。徐翳：緩慢地堵塞。

訟謂告人罪惡。意在害人，誣賴争訴，得已不已者。若事干負累，及爲人侵損而訴之者非。二曰行止踰違。踰禮違法，衆惡皆是。三曰行不恭遜。侮慢齒德者，持人短長者，恃强凌人者，知過不改、聞諫愈甚者。四曰言不忠信。或爲人謀事，陷人於惡；或與人要約，退則背之；或妄説事端、熒惑衆聽者。五曰造言誣毁。誣人過惡，以無爲有，以小作大，面是背非。或作嘲咏匿名文書，及發揚人私隱，無狀可求，及善談人之舊過者。六曰營私太甚。與人交易，傷於掊克者；專務進取，不恤餘事者；無故而好干求借貸者，受人寄託而有所欺者。

犯約之過：一曰德業不相勸[①]。二曰過失不相規。三曰禮俗不相成。四曰患難不相恤。

不修之過：一曰交非其人。所交不限士庶，但兇惡及遊惰無行、衆所不齒者，而己朝夕與之遊處，則爲交非其人。若不得已而暫往還者，非。二曰游戲怠惰。游謂無故出入，及謁見人正務閒適者。戲謂戲笑無度，及意在侵侮，或馳馬擊鞠而不賭財物者。怠惰謂不修事業，及家事不治、門庭不潔者。三曰動作無儀。謂進退太疏野及不恭者，不當言而言、當言而不言者，衣冠太華飾及全不完整者，不衣冠而入街市者。四曰臨事不恪[②]。主事廢忘，期會後時，臨事怠慢者。五曰用度不節。謂不計有無，過爲多費者，及不能安貧，非道營求者。

禮俗相交

禮俗之交，一曰尊幼輩行，二曰造請拜揖，三曰請召送迎，四曰慶吊贈遺。

尊幼輩行凡五等：曰尊者。謂長於己三十歲以上，在父行者。曰長者。謂長於己十歲以上，在兄行者。曰敵者。謂年上下不滿十歲者，長者謂稍長，少者謂稍少。曰少者。謂少於己十歲以下者。曰幼者。謂少於己二十歲以下者。

造請拜揖凡三條：曰凡少者、幼者，於尊者、長者，歲首冬至、四孟月朔、辭見賀謝，皆爲禮見。皆具門狀、公服。若當行禮而有故，皆先使人白之。或遇雨雪，則尊長先使人諭止來者。此外候問起居、質疑白事，及赴請召，

① 勸：勸導，鼓勵。
② 恪：恭謹。

皆爲燕見[①]，尊者受謁不報。歲首、冬至，具已名牓子，令子弟報之，如其服。長者歲首、冬至具牓子報之，如其服，餘令子弟以已名牓子代行。凡敵者歲首、冬至辭見賀謝相往還，門狀名紙同上，唯止服帽子。凡尊者、長者無事而至少者、幼者之家，唯所服。深衣凉衫道服背子可也。敵者燕見亦然。曰凡見尊者、長者，下馬俟於外次[②]，乃通名。凡往見，入門，必問主人食否，有他客否，有他幹否？有妨，則少俟，或且退。後皆仿此。主人使將命者先出迎客，客趨入至廡間，主人出，降階，客趨進，主人揖之，升堂禮見，四拜而後坐，燕見不拜。旅見則旅拜。少者、幼者自爲一列，幼者拜則跪而扶之，少者拜則跪扶而答其半。若尊者、長者齒德殊絶，則少者堅納拜請，尊者許則立而受之，長者許則跪而扶之。拜訖則揖而退。主人命之坐，則致謝訖，揖而坐。退，凡相見，語終不更端，則告退。或主人有倦色，或方幹事而有所俟者，皆告退，可也。後皆仿此。則主人送於廡下，若命之上馬，則三辭，許，則揖而退，出大門，乃上馬；不許，則從其命。凡見敵者，門外下馬，使人通名，俟於廡下或廳側，禮見，則再拜。稍少者先拜，旅見則特拜。退，則主人請就階上馬。徒行，則主人送於門外。凡少者以下，則先遣人通名，主人具衣冠以俟客入門，下馬，則趨出迎，揖升堂，來報禮，則再拜謝。客止之，則止。退，則就階上馬。客徒行，則迎於大門之外，送亦如之。仍隨其行數步，揖之則止，望其行遠，乃入。凡遇尊長於道，皆徒行，則趨進，揖。尊長與之言，則對；否，則立於道側，以俟尊長已過，乃揖而行。或皆乘馬，於尊者則廻避之，於長者則立馬道側，揖之，俟過，乃揖而行。若已徒行，而尊者乘馬，則廻避之。若已乘馬而尊長徒行，望見，則下馬，前揖，已避亦然。過既遠，乃上馬。若尊長令上馬，則固辭。遇敵者，皆乘馬，則分道相揖而過。彼徒行而不及廻避，則下馬揖之，過則上馬。遇少者以下，皆乘馬，彼不及避，則揖之而過。彼徒行不及避，則下馬揖之。於幼者則不必下，可也。

---

① 燕見：（尊長）閑居時召見或接見。
② 外次：次指近旁、旁邊；外次指門外近旁。

請召迎送凡四條：凡請尊長飲食，親往投書。禮薄則不必書。專召他客，則不可兼召尊長。既來赴，明日親往謝之。召敵者以書簡，明日交使相謝。召少者用客目，明日客請往謝。曰凡聚會皆鄉人，則亦以齒。非士類則否。若有親，則必叙。若有他客，有爵者則坐以爵。不相妨者坐以齒。若有異爵者，雖鄉人亦不以齒。異爵謂命士大夫以上，今升朝官是。若特請召，或迎勞出餞，皆以專召者爲上客。如昏禮，則婣家爲上客，皆不以齒、爵爲序。曰凡燕集，初坐別設桌子於兩楹間，置大杯於其上，主人降席，立於桌東，西向；上客亦降席，立於桌西，東向。主人取杯親洗，上客辭，主人置杯桌子上，親執酒斟之。以器授執事者，遂執杯以獻上客，上客受之，復置桌子上，主人西向再拜，上客東向再拜，興，取酒東向跪祭，遂飲，以杯授贊者，遂拜，主人答拜。上客酢主人，如前儀。主人乃獻衆賓，如前儀，唯獻酒不拜。若衆賓中有齒爵者，則特獻如上客之儀，不酢也。若婚會婣家爲上客，則雖少亦答其拜。曰凡有遠出遠歸者，則迎送之。少者、幼者不過五里，敵者不過三里，各期會於一處，拜揖如禮，有飲食則就飲食之。少者以下，俟其既歸，又至其家省之。

慶弔贈遺凡四條：曰凡同約有吉事，則慶之。冠子、生子、預薦、登科、進官之屬，皆可賀。婚禮雖曰不賀，然禮亦曰賀娶妻者，蓋相以物助其賓客之費而已。有凶事則弔之。喪葬水火之類。每家只家長一人與同約者俱往，其書問亦如之。若家長有故，或與所慶弔者不相接，則其次者當之。曰凡慶禮，如常儀有贈物，或其家有不足，則同約爲之借助器用，及爲營幹。凡弔禮，聞其初喪未易服，則率同約者深衣而往哭弔之。此弔尊者，則爲首者致辭而旅拜，敵以下則不拜。主人拜，則答之。少者以下，則扶之。不識死者則不弔①，不識死者則不哭。且助其凡百經營之事。主人既成服，則相率素幞頭、素服、素帶，具酒果食物而往奠之。死者是敵以上，則拜而奠；以下，則奠而不拜。主人不易服，則亦不易服。主人不哭，則亦不哭。情重，則雖主人不變不哭，亦變而哭之。賻禮用錢帛，衆議其數，如慶禮。及葬，又相率致賵，俟發引，則素服

① 不識死者則不弔：《吕氏鄉約》原文爲“不識生者則不弔”。

而送之。賵如賻禮，或以酒食犒其役夫，及爲之幹事。及卒哭，及小祥，及大祥①，皆常服弔之。曰凡喪家不可具酒食衣服以待弔客，而客亦不可受。曰凡聞所知之喪，或遠不能往，則遣使致奠，就外次衣弔服，再拜，哭而送之。唯至親篤友爲然。過期年，則不哭；情重，則哭其墓。

患難相恤

患難之事，一曰水火，小則遣人救之，甚則親往，多率人救且弔之。二曰盜賊，近則同力追捕，有力者爲告之官司。其家貧則爲之助，出募賞之。三曰疾病，小則遣人問之，甚則爲訪醫藥，貧則助其養疾之費。四曰死喪，缺人，則助其幹辦。乏財，則賻贈借貸。五曰孤弱，孤遺無依者，若能自贍，則爲之區處，稽其出內。或聞於官司，或擇人教之，及爲求婚姻。貧者協力濟之，無令失所。若有侵欺之者，衆人力爲之辦理。若稍長而放逸不檢，亦防察約束之，毋令陷於不義。六曰誣枉，有爲人誣枉過惡不能自伸者，勢可以聞於官府，則爲言之有方，備可以救解，則爲解之。或其家因而失所者，衆共以財濟之。七曰貧乏。有安貧守分而生計大不足者，衆以財濟之，或爲之借貸置産，以歲月償之。

右《吕氏鄉約》訓條，朱子摘以誡學者，兹於義學廳壁表而揭之，使後生小子知勸善規過、交友事長、睦婣任恤之道，詎可以其淺近而忽諸。

---

① 小祥：古時父母喪後週年的祭名。祭後可稍改善生活及解除喪服的一部分。《儀禮・士虞禮》："朞而小祥。"鄭玄注："小祥，祭名。祥，吉也。"大祥：古時父母喪後兩週年的祭禮。

卷之六　禋産[1]

薪傳統緒，德馨弗替。肅雍駿奔，蘋藻釜筥。崇德報功，慎厥終始。仰止高山，溯洄漢水。恒産恒心，永腆禋祀。

禋産者何？市屋也。市屋曷云祠産也？曰：以屋之所入，供祠之所出，終歲沛然而有餘。創於昔，增於今，擴充於後，猶子輿氏所謂恒産也，烏可以不誌？初，鄉之善士醵金購東隅之屋改置市房若干椽，續又贖還西廛改置若干椽。今復辟基展地，達巷開津，總計較舊置加倍。要之，六邑之人心一，一則堅，堅則久而不懈，故綜其歲入歲出之規，著之於册。繩繩相續，自今已往，以歲息之盈裒而益産，無論市廛田畝，歲月遞增，即黍稷馨香、粢盛豐潔，以及膏火[2]修葺，均有所出，可百祀相仍也，寧僅目睫之見哉！

契　　墨

書院基址五契

立大賣基地文契人劉仁菴、劉咸有，同姪以韶、聲玉，有祖遺分受基地一段，計寬六丈，坐落漢鎮循禮坊四總後街，前至街南本基港心，北至塘坡港心，東至本基大巷余鄧牆脚，西至劉乾吉基地，四至明白，立有水程，先儘親族典主並無承買，復請牙中[3]説合，出賣與新安文會爲業。當日三面議定，時值正價紋九銀三百兩，外親族答賀表勸□[4]席銀三十兩，仁等兄弟同姪當日眼同收足，並無貨□□[5]折逼勒等情。自

---

① 禋産：維持祭祀費用的産業。

② 膏火：指供學習用的津貼。

③ 牙中：舊時居於買賣雙方之間，從中撮合，以獲取傭金的人。

④ “賀表勸”下原稿脱一字，據後契墨同類文字，當脱“折”字。

⑤ “並無貨”下原稿脱二字，據後契墨同類文字，當脱“物抬”二字。

賣之後，聽從買主填基蓋造，劉門不得生端異説。其基地係承祖遺業，倘存字跡，日後刷出無用，所有質典，與受分不明等情，俱係仁等承管，地課地糧，買主照册完納。今欲有憑，立此文契存照。

康熙三十三年六月　日

立大賣基地文契人劉仁庵、劉咸有同姪以韶、聲玉押

立大賣基地房屋文契人余大靄，承父百圭先年價買族人應菲兄弟基地一段，計寬三丈六尺，坐落漢口循禮坊四總後街，東至李楊屋地，西至買主巷地，南至官街，北至鄧宅牆脚，四至明白。身父蓋造鋪面樓房三間，後層土庫樓房三間，四圍牆垣板壁俱全，併後餘地至鄧牆止。該身分法一半，今因父柩久停在屋，無力搬回，立有水程，先儘親族，原業俱不承買，復請牙中説合，情願出賣與新安文會名下爲業，當日三面議定，時值紋九價銀一百三十五兩，滿門親族答賀表勸折席銀十三兩五錢，其銀當日一併收足。此係二比情願，並無私債准折貨物、抬算逼勒成交等情，自賣之後，聽從買主蓋造管業，内外人等不得異説。基地錢糧，照册完納。來脚地契，俱已繳付。今恐無憑，立此文契存照。

康熙三十三年七月　日

立大賣基地房屋契人余大靄押

立大賣基地房屋文契人余大震，承父百圭先年價買族人應菲兄弟基地一段，計寬三丈六尺，坐落漢口循禮坊四總後街，東至李楊屋地，西至買主巷地，南至官街，北至鄧宅牆脚，四至明白。身父蓋造鋪面樓房三間，後層土庫樓房三間，四圍牆垣板壁俱全，併後餘地至鄧牆止。該身分法一半，今因父柩久停在屋，無力搬回，立有水程，先儘親族，原業俱不承買，復請牙中説合，情願出賣與新安文會名下爲業，當日三面議定，時值紋九價銀一百三十五兩，滿門親族答賀表勸折席銀十三兩五錢，其銀當日一併收足。此係二比情願，並無私債准折貨物、抬算逼勒成交等情，自賣之後，聽從買主蓋造管業，内外人等不得異説。基地錢

糧，照册完納。來脚地契，俱已繳付。今恐無憑，立此文契存照。

康熙三十三年七月　日

立大賣基地房屋契人余大震押

立大賣基地文契人翟鳴霄，今將自己價置基地一段，坐落循禮坊四總後街地尾，前至鄧宅牆脚，後至塘邊，左至楊宅基地，右至買主基地。今因出路不便，請憑中牙説合，情願出賣與新安文會名下爲業，當日三面時值估價紋九銀四十二兩，其有答賀表勸一併在内，係翟親手收訖。此係二比情願，並非勒逼等情。自賣之後，聽從買主蓋造，倘前業首尾不明，俱係翟人承管，外有老契一紙，當時繳付，恐後無憑，立此文契存照。

康熙三十三年七月　日

立大賣基地文契人翟鳴霄押

立大賣基地房屋文契人鄧聚芝，今因不便管業，所遺兄弟基地房屋一所，坐落循禮坊四總塘後土庫平房三進，厢房披厦四間，屋内裝修門扇牕櫺板壁，四圍牆垣石岸俱全，四至俱以本宅牆脚爲界，憑中牙議明，情願出賣與新安文會名下爲業。當日得受時值紋九價銀四百六十兩，表勸雜項在内，係聚親手收訖。自賣之後，其基屋悉聽拆卸改造永遠爲業，鄧氏内外人等倘有藉端生説，俱係聚承管。今欲有憑，立此文契存照。其契内價銀係聚一併親收，倘日後聚兄昇如異説，在聚承管。此批。

康熙三十四年六月　日

立大賣基地房屋文契人鄧聚芝押

無基浮屋三十一契

三十五年十月契買楊士美瓦屋一所，價銀一百十三兩。

三十五年四月契買謝惟賢、趙黄甲瓦屋一所，價銀七十兩。

三十五年　月契買羅自明瓦屋一所，價銀七十兩。

三十四年十二月契買魯傳禮瓦屋一所，價銀一百四十兩。

三十三年十二月契買吳定民瓦屋一所，價銀二百兩。

三十三年十二月契買余永祥瓦屋一所，價銀三十七兩。

三十四年三月契買熊翼六瓦屋一所，價銀三十五兩。

三十三年十二月契買王伯華土窨一所，價銀十八兩。

三十三年十一月契買李士尤竹屋一所，價銀六兩。

三十三年七月契買翟鳴霄竹屋一所，價銀二十八兩。

三十五年八月契買楊秀卿、顧顯卿竹屋一所，價銀十八兩。

三十四年四月契買秦特起竹屋一所，價銀十一兩五錢。

三十四年四月契買汪廷爵竹屋一所，價銀十一兩五錢。

三十四年四月契買周文卿竹屋一所，價銀三十五兩。

三十四年四月契買蕭明寰、彭君美竹屋一所，價銀五兩。

三十四年四月契買楊繼美竹屋一所，價銀十六兩。

三十四年四月契買李正賢竹屋一所，價銀十一兩五錢。

三十四年四月契買周元卿、周一臣草屋一所，價銀六兩。

三十四年四月契買羅卿明草屋一所，價銀四兩六錢。

三十四年四月契買萬世文草屋一所，價銀六兩。

三十四年四月契買胡明甫草屋一所，價銀十三兩。

三十四年四月契買張瑞林草屋一所，價銀二兩。

三十四年四月契買陳伯吉草屋一所，價銀一兩八錢。

三十四年四月契買熊以公、王公化草屋一所，價銀二兩六錢。

三十三年十一月契買任源澤竹屋一所，價銀四兩。

三十七年十二月契買周門黃氏鋪樓二間，價銀三十三兩。

以上所買各屋，俱爲拆造書院基地之用。

三十八年正月契買馬凌寰竹屋一間，價銀四十四兩。

三十九年五月契買劉文遠、劉脩遠瓦屋二間，價銀五十兩。原該書院地租，扣清補此數。

四十一年十二月契買羅自明土屋一進，價銀二十七兩。

乾隆七年十月契買朱黄氏瓦屋一進，價銀一百二十兩。在劉順五基地内。

乾隆七年十月契買袁祖耀瓦屋二間，價銀一百二十兩。同前。

乾隆七年十一月契買劉文進瓦屋一所，價銀三十六兩。同前。

乾隆七年十一月契買劉克成住屋一所，價銀三十六兩。同前。

二十七年三月契拚陳斌店屋一所，價銀二十四兩。沈家廟橋頭書院地。

後河麥地

立大賣麥地文契人蕭位極、蕭俊極，今將祖遺受分漢口循禮坊堤外湖岸麥地一大段，東至本塹路邊，西至曾純甫麥地，南至王祥宇麥地，北至己地塹溝。今因移業就業，請憑牙中，情願出賣與新安文會名下爲業，當日得受時值價紋九銀三十三兩，外答賀表勸等項銀三兩五錢，一併收訖。其地有應納湖岸麥課，憑中議定，買主幫認平戥銀八錢，交付蕭茂户内承領完納。自賣之後，聽從更佃招種，永遠管業，蕭門親族不致異説，如有重複來歷不明等情，俱係位極承管。今恐無憑，立此文契存照。

康熙三十四年五月　日

立大賣麥地文契人蕭位極、蕭俊極押

漢陽基屋

立大賣基地房屋文契人廖仲崑仝男鋐等，今將父遺自己受分基地一段，自蓋竹瓦草房二重、竹披二間，屋内虎皮牕格門扇裝修俱全，坐落鼓樓前集賢坊，前至官街，後至郎官湖溝，左至萬宅牆界，右以本宅牆脚爲界，四至明白。今因移業就業，請憑牙中説合，情願絶賣與新安文會名下爲業，當日得受時價紋九銀一十五兩整，答賀表勸一併在内，係仲崑父子親手收訖。自賣之後，其基房聽從買主移舊換新，永遠爲業，廖門親族不得藉端異説，以及重複典當不明等情，俱係賣人承管。今欲有憑，立此文契，永遠爲照。

康熙三十四年十月　日

立大賣文契人廖仲崑，男銓、鋐代筆，胞弟廖叔崑、廖素峯押

新安巷基屋

立杜賣基房文契人鄧聚芝，自置漢鎮土庫基地房屋一所，計七進廻披樓，及門扇、板壁、牕欞、鼓皮俱全，水呈開載明白，坐落循禮坊頭總上岸，前至官街，後抵巷心，左至謝宅，右至水巷牆垣，四至明白。今因住居寫遠，管業不便，先發水呈，請憑中牙吳藴宇、汪天澤等説合，出賣與新安文會名下爲業，當日得受時值紋九正價銀一千二百兩，外滿門答賀表勸起神畫字等項銀一百二十兩，係聚芝一併親手收訖。彼即契明價足，並非貨物准折，此係自售自分房，族人等毋得異説。上首老契總付買主收執，聽從移舊造新，永遠爲業，其基地錢糧聽即過户完納。今欲有憑，立此杜賣文契，永遠存照。

康熙四十年三月　日

立杜賣基地文契人鄧聚芝押

照牆前基屋

立大賣基房文契人余楚玉，今有父遺漢鎮循禮坊四總基地鋪面樓房三間，併後披屋内裝修板壁、門扇、間板、樓梯俱全，左右牆垣牆脚俱係本宅造就，北至官街，南至謝宅牆脚。今因年邁回籍，父子商議，先儘親族，並無承買，請憑官牙中親友説合，情願賣與徽國文公祠内雜貨店名下爲業，當日得受衆店已捐紋九正價銀一百八十兩正，外滿門答賀表勸起神折席小禮雜項銀二十兩正，係楚玉父子親手收訖，並非債利准折其業，亦無分受不明等情。自賣之後，一杜一絶，聽從衆雜貨店移舊造新，永遠爲業。楚玉家庭親族不致藉端異説，如有等情，俱在賣主父子承當，不涉買主之事。今欲有憑，立此絶賣基屋文契，永遠存照。

康熙四十六年四月　日

立大賣基房人余楚玉同男大海、大源押

循禮坊後街橋頭市屋

立杜賣基房文契人朱坤林仝姪清泉，有自置土庫樓房一所，并邊厢平屋一間，四圍牆垣、石脚基地、鼓皮門窓及一切浮裝俱全，坐落循禮坊四總，前至街心，後至本宅牆脚，左至街心，右至本宅牆脚，四至清白。今因移業就業，伯姪好作商量，先儘親族，並無承買，請憑牙中説合，情願賣與文公書院爲業，當日得受時值價銀足紋二百五兩正，答賀表勸起神下匾折席小禮一并在内，係伯姪眼同親手收訖。此係自賣自業，遵奉新例，永遠杜絶，自賣之後，聽從書院移舊造新，倘有原業藉端及不明等情，盡是賣人承當。其門攤地糧，聽憑更名完納。今欲有憑，立此文契存照。

雍正八年八月　日

立大賣文契人朱坤林同姪清泉押

循禮坊正街市屋

立大賣房屋基地契約人金峻階同嫂彭氏，今情願將祖遺基地鋪面土庫樓房兩進，坐落循禮坊新安巷上首，前至街心，後至黄宅牆脚，東西皆至本家牆脚，其屋内牕欞板壁、鼓皮樓梯、櫃檯上下裝修俱全，先儘親族人等，俱不承買，央中出賣與文公書院爲業，三面公估議定時值九五足紋銀三百兩整，原業答賀表禮起神畫字等項一切在内，其銀當日眼同中親等賣主親手收足。自賣之後，聽從買主居住管業，完納門攤楚囤銀三錢二分，如有重複典當不明等情，盡是賣主承管，無得異説。今恐無憑，立此存照。

雍正十一年十月　日

立大賣契約人金峻階、金阿彭押

熊家巷基

立大賣巷地契人熊蓉磯同姪聖卿、荆山，今有自己户下祖遺巷路一條，計寬三尺，前至官街，後至河邊，東至熊牆脚，西至魏牆脚，土名熊家巷，坐落循禮坊二總，因管業不便，憑中人鄭卜孚等出賣與文公書院爲業，受價紋銀四十五兩整，折席小禮一併在内，其銀當日親手收足，並無貨物抬折抑勒等情。自賣之後，任憑書院拆改火巷，其地並無重疊典賣、親鄰争執情弊，倘有熊姓親戚内外人等生端異説，俱係賣人理值，不干買主之事。今恐無憑，立此賣契，永遠存照。其上首老契一紙，并繳買主收執。又批。

雍正十二年八月　日

立大賣巷地熊蓉磯同姪聖卿、荆山押

基地房屋

立大賣基房文契黄仲華同弟鼎元，姪文錦、文明，今有祖遺土庫樓房基地一所，計六進，坐落循禮坊二總下岸，前至官街，後至河心，東至許捧日所買黄宦屋牆脚，西至黄廷佐宅屋牆，四至明白，屋内門扇板壁、牕欞鼓皮、回披厢樓俱全。今因兄弟叔姪管業不便，好作商量，開立水程，先儘親族，並無承買，請憑牙中徐敬五、方有章等説合，賣與徽州文公祠内爲業，當日三面得受時值紋九銀九百兩整，滿門答賀表勸起神下匾折席畫字等項一併在内，並無貨物抬算、錢債准折，此係兄弟叔姪商量，情願公賣公業，一杜一絶，契明價足，眼同牙中收訖。其屋隨即交祠管業，聽從拆造，無得異説，所有上首老契，當日繳出，基地錢糧，聽祠過户完納，倘有家門親族人等生情異説，盡是賣人承當，不涉買主之事。今欲有憑，立此文契，付文公祠永遠存照。

雍正十二年十二月　日

立大賣基房文契黄仲華、黄鼎元同姪文錦、文明押

循禮坊後街基屋

立大賣房屋基地文契人劉順五，今有分得先年祖父用價買龔姓循禮坊四總後街基地，於上自造土庫鋪面樓房二間，厢披二間，又大廳對樓共四進，格扇鼓皮、牕櫺地板、雨梘曬台俱全，前至官街，後至行路，左以本宅牆脚，右至彭宅牆脚爲界，後地尾一大段，四至眼同釘界明白，其地課照册完納。今因移業就業，先儘親族人等，並無承買，情願憑中説合，一併掃土絶賣與文公祠名下爲業，當日三面議定時值估價九五色銀一千一百兩整，答賀表勸起神下匾小禮折席一并在内，其銀當成契日係順手收足，並無准折抬算等情，自賣之後，一杜一絶，任憑買主管業起造，無得異説，倘有内外人言，盡是賣人理值，不涉買主之事，所有上首承買龔姓房屋基地赤契，當日一併繳付買主收執，倘有上首未繳來脚與一應契墨，日後檢出，概作廢紙。今欲有憑，立此大賣基地房屋文契付買主永遠存照。

乾隆元年十二月　日

立大賣房屋基地文契人劉順五押

循禮坊大街基屋

立大賣基屋鋪面文契戴正位，今有先年買受謝姓基屋一所，坐落循禮坊大街新安馬頭對面老岸，坐北朝南，前進鋪面官街爲界，左抵本家原開謙吉典屋，右抵新安書院基屋，後抵本屋牆脚，四面牆垣俱屬本屋，自前鋪面起計八進，屋内門扇鼓皮、牕格對樓、厢房腰牆、寸木條石俱屬本屋，又後過本基夾街别有鋪屋三大間，坐北向南，左抵本屋牆脚，右與新安書院共業，戴占三股之二，後抵書院之業，照本屋牆脚拖後管業。今書院衆等議照新安馬頭開通大路，防回禄，利濟行人，洵屬義舉，脩價通商，義不容辭，願照原買謝姓價銀市紋曹平七千五百兩，自應加立大賣文契，絶賣新安書院名下爲業，其銀當日收足，其屋任聽書院拆毁改造。此係情通義讓，兩無反悔，倘有本家親族以及旁人異説，總在賣主一身承當，不涉買主之事。所有錢糧，聽書院推收完納，批列於後，老契紙當日批明交出，並無片紙存留。今欲有憑，立此大賣文契付據。

乾隆四十一年　月　日

立大賣基屋文契戴

沈家廟後街基屋

立大賣基地土庫樓房文契余祖志，同子三房國逵、二房國邁、四房國遴，長房孫昌寵，今有自置基地土庫樓房東西廳二所，坐落循禮坊二總沈家廟後街，其東廳一所，計一大棟，前至官街，後至白家巷，左至羅宅牆脚，右至戴宅牆脚，其西廳並鋪面前後計五棟，前至官街，後至本宅，右至孫宅牆脚，左至以本宅新牆毗連姚宅牆脚爲界，四至悉載明白。其屋内鼓皮格扇、門户牕欞、欄杆板壁、厢房厨房、樓梯梘筒、各處曬臺以及鋪面鋪板、四面牆垣一應裝修俱全，更有屋内甎瓦木植石塊等項一併在内，外有厨屋基地三尺，系孫宅牆脚餘地，每年租銀三兩二錢。因搬眷回里，管業不便，祖孫父子兄弟好作商量，出立水程，先儘親族原業，俱不承買，只得請憑族友説合，情願立大賣文契，出賣與新安書院名下爲業，當日三面議定，時值價銀三千二百兩整，外起神下匾答賀表勸折席雜費銀一百兩整，其銀當時係同子、孫等眼同三面親手收訖，契明價足，並無勒買抬算等情，亦無重複典賣等事，自賣之後，拳石寸木皆屬買主管業，聽憑改造、自住、招租，基地錢糧任從過户，照册完納。余姓内外人等不得生端異説，倘有首尾不明，一切異議盡在余人承管，不涉買主之事。今欲有憑，立此大賣文契付書院永遠存照。

大清乾隆五十年十二月　日

立大賣文契人余祖志

三皇殿後基屋

立大賣基地房屋文契人劉國富、劉國貴，今有父遺下土庫樓房基地一所，計二進，坐落循禮坊二總三皇殿後，前至官街滴水，後至書院牆脚，左至本宅板壁，右至本宅牆脚爲界，四至明白。今因移業就業，其有屋内門扇、牆壁牕欞、鼓皮矖臺俱全，今因乏用，開立水程，先儘親族，並無承買，只得請憑中证傅坤、喻文龍説合，時值價銀尣兑一百二十兩整，情願掃土出賣與徽州文公祠内名下爲業，其銀當日憑中三面眼同劉姓弟兄親手收足，其滿門答賀表禮起神下匾代筆折席等項一并在内，此係劉姓弟兄自相情願，並無貨物抬算、錢債准折，以及重複典賣、勒逼等情，自賣之後，一杜一絶，任憑買主管業起造，無得生端異説，倘有内外人言語，盡是賣人承當，不涉買人之事。所有來脚紅契一紙並錢糧券，當日一並繳付買人收執。其基地錢糧，聽從過户完納無阻。今欲有憑，立此大賣文契永遠存照。

乾隆六十年十月　日

立大賣契人劉國富、劉國貴押

新安街東基屋

立杜大賣契戴紹武等，緣漢鎮新街爲文公書院甬道，上首水巷窄小，水夫往來多由甬道，日無幹路，未能潔净，本家向有下首土庫樓屋及夾街餘屋，書院公同情商，讓與拆通水巷，利濟行人，誠爲美舉。今三大房兄弟公商，自願將承祖遺下漢鎮循禮坊坐落新安馬頭對面，坐北朝南土庫樓屋鋪面七大進并基地巷衕，其屋東至本巷牆垣牆脚爲界，西至書院新街鋪屋牆脚爲界，前至官街，後至夾街，四至界明。屋内牆垣、門牕、格扇俱全，又將夾街餘屋樓房兩間半，四至照原界爲定，一併盡行憑中立契，出賣與文公書院爲業，當日得受曹平净圓絲價銀一萬兩整。自賣之後，聽從拆通巷路，水火均可無虞，以全盛事。錢糧門攤在於戴謙吉户内，推入書院户内，辦納收租無異。倘有内外人言等情，盡是本家承值，不涉書院之事，今欲有憑，立此杜大賣契久遠存照。

嘉慶八年七月　日

立杜大賣契戴紹武、戴介維、戴履中、戴虞風、戴靄堂押

所有老契，因三大房公産彼此交代向年遺漏，日後檢出，不作行用。又批。

祠後基屋

立大賣契人程門倪氏，同孫程紹元，今因需用，自願將子手置買鋪面樓房並基地共三間，坐落土名循禮坊三總文公祠後，其屋前至官街，後至胡宅，左至官街，右至吳宅，上至青天，下至黄泉，四圍牆壁、甎瓦階簷、條石櫃臺、樓梯鋪板、板片門扇裝修一應俱全，發立水程，已盡親族，無人承買。今請憑周正昌等説合，立契出賣與新安書院名下爲業，當日三面議定得受時值價銀一百四十兩整，其銀當日憑中眼同，程紹元親手一併收足，其屋隨即交與買人管業，聽從拆改建造。此係自賣自業，無得異説，倘有内外人言説及一切來歷不明等情，盡是賣人承值，不涉買人之事。今欲有憑，立此大賣屋契一紙，永遠存照。

嘉慶九年八月二十四日

立杜大賣屋契人程門倪氏，同孫程紹元親筆押

準提菴契約

立杜後約人黄光顔、父穎陽、兄君榮，同表親蔡時卿，有後湖荒地一塊，作成與徽僧長樂，填墩募蓋準提禪林，種植樹木，屢遭水泛傾圮，供僧苦行，護持廿載，方今徽郡衆善姓等捐貲鼎建殿宇，永遠香火，垂成功德。其有西傍相連荒地一塊，係蕭雲章所賣與本菴作菜地，長樂去價約據，於上年四月間，因地致起訟端，彼此俱控本縣侯老爺，前任守道陳老爺，兩詞俱經審結，道批立案。今西復填墩興造三元殿，顔善向衆説明前情，衆念作福盛舉，僧且弱門，公議將所募布施銀兩内捐出十八兩整，憑本坊約所王公對等，及善信陳郢恒、余仲達等，付顔收訖。顔對神立誓，自後再不得藉端生事侵害，永杜異説。如顔再有異説，聽衆經公理論。立此杜約，永遠存照。

康熙七年十一月十八日

立杜後約人黄光顔押

執　照

馬頭基屋照

湖廣漢陽府漢陽縣正堂，紀録[①]一次，梁爲承買基房，價已呈繳，懇給執照，以便管業事。

雍正十二年十一月二十四日，奉布政司批，據許捧日呈前事，呈稱有原任工部尚書黄奉部變價還項基地樓房一所，在漢口循禮坊二總正街下岸，係原買魏嗣文等契載樓房並基地一所，鋪樓一進，内樓房五進，披厦廂房與鋪面門牕户扇俱全，計價紋銀九兑一千三百六十八兩。向因地處河濱，又係多年未經修理之房，懸價莫售。捧日因其接連新安書院人烟稠密之通衢，情願照價承買，拆造通河火道馬頭，以利居民商旅。業經黄尚書奉部差出家人費文貴、楊發具呈漢陽捧日照數呈繳屋價，折實庫平紋銀一千三百六十八兩，蒙縣詳解憲庫在案。此屋係照原契之價兑足，絲毫無欠，其解費已經聲明，悉係黄尚書家兑出，與許捧日無涉，所有原買契二紙，與現在租約俱已繳收，但係奉部變價還項，業主並無賣契，理應呈懇憲臺，伏乞俯給執照，以便管業拆造馬頭，則居民商族均戴洪慈於無既矣。等情，奉批，仰漢陽縣給照報查，等因，奉此。合行給照，爲此牌給原呈，照原買契約管業，其所買房屋價銀，俱係承賣家丁費文貴、楊發兑足收清，其有解費，不得干涉買主。餘照契載界址拆造火道馬頭管業，無違，右牌給原呈執照。

雍正十二年十一月二十九日

承買繳價呈

具呈新安書院許捧日爲賜批執照以便管業事。

---

① 紀録：古代考核官吏之功過時，記録在案，以作昇遷、黜罰的依據。清代時，官吏論功升遷之法，一是紀録，二是加級。紀録時有一次、二次、三次之别。

切有原任工部尚書黄在漢口循禮坊二總正街下岸買有魏嗣文等樓房並基地一所、鋪樓一進，内樓房五進，披厦廂房與鋪面門窗户扇俱全，奉部變價還項，今照原契紋銀九兑一千六百兩市平①，扣實紋銀庫平一千三百六十八兩，轉賣到新安書院開火道馬頭，以利居民、行商、客旅往來灣泊之津梁。黄尚書奉部差出家人費文貴、楊發具呈天臺捧日照數呈，繳屋價折實庫平紋銀一千三百六十八兩，懇賜兑收批解藩庫。此屋係照原契之價兑足所有此項銀兩，日後解費，悉係黄尚書家兑出，與買主許捧日無涉。所有前後黄尚書家原買契二紙，與現在租約俱繳許捧日處。事屬兩相情願，爲此呈明，伏乞天臺賜批執照以便管業，頂戴靡涯矣。

雍正十二年七月　日

漢陽縣正堂梁准據轉

受買退業呈

具呈原任工部尚書黄變産，家人費文貴、楊發爲呈明變産繳價湊完賠項事。

切文貴老主因原任廣西布政司任内有捐納一案，經九卿議賠銀二十四萬餘兩，咨請兵部給發路引，差文貴等來楚變産，湊完家主賠項。除已變解咨抵外，今有老主原買漢口循禮坊二總正街下岸樓房連基地一所，鋪樓一進，内樓房五進，披厦廂房，鋪面門牕户扇俱全，照原契價紋銀庫平一千三百六十八兩出賣與新安書院許捧日所有，原賣契二紙并現在租屋約三紙，俱繳許捧日，照契約管業。其價許捧日交送天臺彈收，理合呈明，伏乞恩賜詳請咨明大部，湊完家主賠項，沾恩無既。

雍正十二年七月　日

漢陽縣正堂梁批准據詳

---

① 市平：舊時民間授受銀兩所用的一種衡量標準。在銀兩運用制度時，由於各種秤的分量不一致，分爲庫平、關平、漕平、市平等。

準提菴三元殿執照

漢口鎮衆商汪公達等稟，爲懇恩賞照杜後事。

有僧人長樂苦修，衆等捐貲買地蓋庵，因逐年屢被地惡侵佔，控告不休。今蒙審立案，踏清界址，伏懇天臺批奪准照，沾恩無既。上稟。

前抵汪館港岸，左抵宋宅尾港岸，

右抵容膝港岸，後抵義塚，

兩邊抵港。

康熙七年十二月　日具

漢陽縣侯老爺十三日批准照

紀　産

紀贖市屋入祠

文公書院建於漢濱，爲吾鄉講學敦仁[①]地，當時六邑之衆莫不踴躍從事，迄今三十餘年，棟宇巍峨，規模宏敞，莫不羡乎輪焕之美。然創建賴有羣賢，而修葺竟無公橐[②]，不得不亟爲未雨綢繆之計。因查祠内向有樓房鋪面，祇緣公事掣肘，悉皆典質於人，今欲圖新，莫如贖舊。惟時江箴極、汪兆瑜、汪元長、吴任文倡邀布店同志共集會銀三百兩，隨同汪天澤、汪公遠、戴良玉、吴斯友公交朱穆文，向程輔臣子既白讓價一百四十三兩，贖出原質樓房兩進、即今義學。鋪面一進，即義學前。併將先年給存汪元長處會銀五十六兩，向汪元長、謝友蘭讓價四十四兩，贖出原質鋪樓一間。即照牆前。因思雜貨衆店從前所買照牆外鋪樓三間，并基地一片，久有樂輸之議，今會同汪貞佑、葉廉臣、陳漢先、戴良玉、

① 講學敦仁：講述儒家學術，促進仁德修養。

② 公橐：公欵。

楊雲士、汪長公、汪次山等議明，以三年租息撥還，各輸會本原數，其房屋租息，同入書院，以備遞年修葺公費，所謂弗遺餘力，從兹書院不朽，同人之心志亦不朽也。

時康熙六十年十二月　日

同贖姓氏

汪兆瑜　汪筌友　汪箴極　吴爾玉　汪元長　汪千古　吴任文　程理安　程我雲　黄鼎先　程師遠　程叔茂　戴德良　汪殿元　戴景文　汪兆聲　潘汝先　項東白　程舜公　程子允　張文聲　查肇周　汪盛侯　朱穆文　吴有容　汪涵碧　程輯瑞　汪尹嘉　汪公璜　汪啓文　張德文　許克三　張含中　金殿揚　李佑臣　吴元貞　邵伯容　汪漢臣　汪伯颺　程作舟

立調换墨據浙寧公所、新安書院

緣我兩郡人士薈萃漢皋，均經創立會館，崇祀先賢，敦聯桑梓。兹因浙寧公所重新建造，限以基址淺窄，未遂宏敞規模，視得公所屋後毗連隙地，係屬新安書院發祥之三元殿屋外餘基。蓋思闔郡公業，非價值可容求割，爰請託居間，再四同詣新安書院情商俯湊，蒙議慨允。今浙寧公所公將原置南京會館前首住屋一所、鋪面一所，又新置循禮坊程姓鋪屋三間，檢同契據交與新安書院執業過户輸糧。新安書院公將三元殿前照牆外西南隙地劃割一塊，深計四丈，其寬前計三丈，後計二丈七尺，眼同釘界調换與浙寧公所合錦成造。至落成之後，浙寧公所永以牆爲界，此外隙地原係新安書院本業，浙寧公所後人不得飾詞侵佔，而公所屋後開啓便門，聽由出入，但新安書院業産歷來税賦錢糧載入册籍，有增無減，未便割税開除，所有换給之地，每年應納錢糧，新安書院永代完納，後人不得競較。此乃通商調换，情義允協，兩無私徇，繼啓英賢，咸宜信守，恐後無憑，立此調换墨據二紙，各執一紙，永遠存照。

一　浙寧公所原契買南京會館前劉姓之屋印契一紙。

一　浙寧公所新契買循禮坊程姓鋪面樓房屋契一紙。

均交新安書院收執。

再批：其新安書院所更换與浙寧公所地基之錢糧，因大契連産，未便開除，當日議定每年浙寧公所交出銀五分，原寄新安書院户内代納。

嘉慶九年八月　日

立調换墨據

浙寧公所董事：葉顯揚　劉鳳鳴　宋端華

新安書院董事：汪衡士　胡克能　余闔望　黄威候

憑中見議：

浙寧公所：馮甸安　余允安　馮用韜　沈西成　金霞青　余逢源　吴星源　許尚德

新安書院：汪恒盛　李殿鰲　吴際南　黄仲容

司書：余超宗

立永遠杜賣基地房屋約人劉齡萬，同子廷光、孀長媳張氏。今有自置土庫樓房一棟、鋪面一間、厢房二間，并後出頭後路，房内門扇板壁、樓梯鼓皮、牕櫺格扇，並鋪面鋪板櫃臺、鋪内裝修，以及房内寸木拳石一應俱全，不得擅動絲毫。前至官街爲界，後至南京會館牆脚爲界，東至本宅牆脚爲界，西至鋪面本宅牆脚爲界。厢房正屋，南京會館牆脚爲界。四界明白，坐落循禮坊二總。今因移業就業，父子同孀媳好作商議，先儘親族人等，無人承買，情願請憑親中説合，出杜賣與浙寧公所名下爲業，當日議定時值價銀元絲銀三百八十兩整，其有搭賀表禮起神下匾折席一併在内。契明價足，當日齡萬父子眼同中人親手收訖，並無貨物抬算、逼勒准折等情，亦無重複典賣等弊。自賣之後，聽從買主蓋造居住招租，劉門親族人等不得生端異説，倘有生端，此等情弊俱係賣主一身承管，不涉買主之事。己賣己業，一杜一絶，永無異説。今欲有憑，立此杜賣文契一紙，付買主永遠存照。

再批：其有老契因被竊去，請有印照一紙，一併繳出。

又批：門攤一錢五分四釐六毫，在許明宇户内完納。

乾隆三十七年二月初六日

立大賣劉齡萬押

同子劉廷光押

立懇借字人劉廷光，同母曾氏、嫂張氏，兹因乾隆三十七年間，同故父劉齡萬將自置房屋基地二所，出杜絶大賣浙寧公所，契明價足，無訛本無異説。今因父親身故，家道蕭條，度日艱難，情不得已，只得央原中向公所哀求，懇借銀八十兩整，以爲養母度日。嗣後永斷葛藤，今欲有憑，懇借字爲據。

乾隆四十二年四月二十四日

劉廷光親筆

立絶賣地契人劉成位、劉魯瞻。今有承父受分麥地一段，坐落紫霞觀前院子地，南至行人大路，北至本宅花地，東至地田坡，西至本宅地，四至眼同釘界明白。今因移業就業，情願出賣，無人承買，憑中説合出賣與新安書院名下爲業作義塚，三面議定，時值價銀一百二十兩，表勸折席小禮代筆等項一併在内，當日銀契兩相交明，並無貨物抬算准折等情。其地自賣之後，一杜一絶，聽從築塹安葬。册載麥糧二斗一升，在玉二里又五甲劉參生户内，本年已經完納，其後買主起割過户，完納無辭，倘有來歷不清、重複典賣，及内外人等生端異説，俱係賣主一身承管，不涉買主之事。今欲有憑，立此絶賣文契，永遠存照。

乾隆四年十二月　日

立賣地契人劉成位、劉魯瞻親筆

立絶賣地契人劉舒菴、劉新運。有承父受分麥地一段，坐落紫霞觀院子地，南至書院本地，北至人行路，東至田坡，西至本地溝，四至眼同釘界明白。今因移業就業，情願出賣，無人承買，憑中説合，出賣與新安書院名下爲義塚。三面議定，時值價銀九十兩整，表勸折席小禮代筆等項一併在内，當日銀契兩相交明，並無貨物抬算准折等項。其地自賣之後，一杜一絶，聽從築塹安葬。册載麥糧二斗三升半，在玉二里又五甲劉大興、劉運生，二户各半，其後買主過户完納無辭。倘有來歷不清、重複典賣，及内外人等生端異説，俱係賣主一身承管，不涉買主之事。今欲有憑，立此絶賣文契，永遠存照。

乾隆六年十一月二十七日

立絶賣契人劉舒菴、劉新運押

立絶賣田契人劉舒菴、劉成位，同姪掞貴，今有承父受分糧田三坵，坐落紫霞觀前，其田東抵人行走路，西連義塚，北抵走路，南抵走路，四界明白，眼同釘界，其有走路，不在界内。今因移業就業，憑中説合，出賣與新安書院名下爲業作義塚。三面議定，時值價紋銀一百三十兩整，表勸折席小禮一並在内。當日銀契兩相交明，並無貨物抬算准折等情，其田自賣之後，一杜一絶，聽從築塹安葬。册載民米二斗四升，在玉二里又五甲劉参生、劉大興、劉瞻生三户，過割完納無辭，倘有來歷不明等情，重複典賣，及内外人等生端異説，俱係賣主一身承管，不涉買主之事。今欲有憑，立此絶賣文契，永遠存照。

乾隆十七年五月初一日

立賣田契人劉舒菴、劉成位，同姪掞貴

立賣麥地契人鄒自龍、陳正泰、陳正明，同母彭氏，今將自置麥地大段一塊，坐落地名紫霞觀西首朱家林，東至西十五丈，南至北十四丈，計麥地二石三斗，東至姜姓爲界，南至楊姓爲界，西至鄒姓爲界，北至黄李二姓爲界，四至明白，並無別界混連情。因歲歉錢糧緊急，二姓相商，央中説合，自相情願大賣與新安書院名下爲業，其麥苗一併在内，憑中言定，時值價銀紋九色一百二十兩整。其銀當時三面親手一並收足，並無准折逼勒等情。自賣之後，聽從買主管業，立界圍塹，葬墳立坊，無得異説。其業在先並無典當他人及重複交易等情，其錢糧在懷三里又一甲，正銀一錢在姜天章户内完納，交割新安書院名下完納。倘有親族人等生端，盡在一身承當，不涉買主相干。今欲有憑，立此大賣契約，永遠存照。

乾隆五十年十二月初八日

立大賣麥地契人鄒自龍、陳正泰、陳正明押

立大賣麥地契人姜蔡氏。今將自置麥地二塊，坐落地名紫霞觀西首，朱家林東首。一塊西邊東至西四丈五尺，南至北五丈，中間東至西三丈五尺，南至北七丈；東邊西至東三丈五尺，南至北二丈，計麥地三斗二升，東至袁宅塹脚爲界，南至坡爲界，西至本宅爲界，北至黄李二姓爲界。又西首一塊，東至西九丈五尺，南至北十丈零五尺，計麥地一石零五升，東至鄒姓爲界，南至塹脚爲界，西至蕭姓爲界，北至黄李二姓爲界，四界明白，並無别界混連情。因歲歉錢糧緊急，無處設辦，央中説合，自相情願，大賣與新安書院名下爲業，其麥苗在内，憑中言定，時值價銀紋九色六十八兩整，其銀當時三面親手一并收足，並無准折勒逼等情。自賣之後，聽從買主管業，立界圍塹，葬墳立坊，無得異説。其業在先並無典當他人，及重複交易等情。錢糧在懷三里又一甲姜天章户内完納，正銀六分交割新安書院名下完納，倘有親族人等生端異説，盡在賣主一身承當，不涉買主相干。今欲有憑，立此大賣契約，永遠存照。

乾隆五十年十二月十一日

立大賣麥地契人姜蔡氏押

立大賣麥地契人陳正泰、陳正明，同母彭氏，今將自置麥地大段一塊，坐落地名紫霞觀、朱家林，東南至西北十一丈五尺，西南至東北到嘴尖二十二丈，計麥地二石八斗，西北至山埂爲界，東南至地邊爲界，西南至山邊爲界，東北至山邊爲界，四至明白，並無别界混連情。因歲歉錢糧緊急，母子相商，央中説合，自相情願，大賣與新安書院名下爲業，其麥苗一併在内，憑中言定，時值價紋九色一百三十兩整，其銀當時三面親手收足，並無准折逼勒等情。自賣之後，聽從買主管業，立界圍塹，葬墳立坊，無得異説。其業在先並無典當他人，及重複交易等情，其錢糧在懷三里又一甲姜天章户内完納，正銀一錢二分交割新安書院名下完納。倘有親族人等生端異説，盡在賣主一身承當，不涉買主相干。今欲有憑，立此大賣契約，永遠存照。

乾隆五十年十二月十五日

立大賣麥地契人陳正泰、陳正明

立大賣花地契人陳門辛氏，同子陳光祖，今有承父受分花地一大段，坐落十里鋪東嶽廟西首，鳳棲鄉許家灣，東至劉宅塘坡爲界，西至程姓花地爲界，南至塘坡爲界，北至本宅地坡爲界，四至眼同釘界明白，計長二十六丈二尺，寬十一丈二尺。今因乏用，母子相商，發立水程，已盡親族人等，俱不承買，請憑親中徐文亮説合，情願出賣與新安書院名下爲義塚，三面議定，時值價銀六十兩整，表勸折席代筆小禮等項一併在内，其價銀當日眼同陳光祖親手收足。自賣之後，一杜一絶，聽從買主築塹安葬。其有錢糧元銀四分整，在前湘河辛克寵户内完納，本年已經完納，以後聽其買主起割過户完糧無辭。倘有來歷不明重複典賣，及内外人等生端異説，俱係賣主一身承當，不涉買主之事。此係自賣受分已業，永無異説。今欲有憑，立此大賣文契一紙，付買主永遠存照。

嘉慶九年八月十八日

立大賣地契約人陳門辛氏、子陳光祖押

立大賣水田約人羅吳氏，同子正理，今有父遺受分水田一坵二斗整，坐落許家冲，北至新安義地坡脚爲界，南至本址田脚爲界，東至本址田脚爲界，西至水溝爲界，四界明白，每年額租二石整。册載錢糧正銀五分六厘、正米三升二合，在玉二里又五甲羅義生户内完納。今因乏用，出立水程，先儘親族人等，俱不承買。今母子商議，請憑親中吳洪發等説合，時值價元銀曹平九六二十四兩五錢整，表禮折席一併在内，情願出賣與徽郡士商名下爲業，其價銀當日憑母舅眼同吳氏母子親手收足訖，並無抬算逼勒圖謀等情，亦無重複典賣等弊。自賣之後，聽從徽郡士商耕平改作義扦安葬管業。其約内錢糧正米，聽從買主過户完納，羅門親族人等不得藉口生端。此係自賣己業，一杜一絶，永無異説。今欲有憑，立此大賣文約一紙，付徽郡士商永遠存照。

乾隆六十年　月　日

立大賣水田約人羅吳氏、子正理押

歲　入

新馬頭市屋十家，歲收租銀二百零六兩。

新安街東市屋十八家，歲收租銀一千一百一十二兩。

新安街西市屋十八家，歲收租銀一千一百三十七兩。

太平里水巷號屋，歲收租銀八百六十兩。

利濟通津東水巷、夾街北市屋六家，歲收租銀一百六十五兩。

書院西巷南隅市屋，歲收租銀一百兩。

後街西首至沈家廟九家，并鍾山分秀三家，歲共收租銀五百兩。

陞基巷後街五家，歲收租銀三百二十四兩。

後湖地租歲收銀六兩。

以上歲收市屋租銀，共計四千四百零四兩。

歲　出

文公祠錢糧歲納銀二兩二錢零二釐。

又文公祠錢糧歲納銀一兩二錢五分四釐。

又新安書院錢糧歲納銀一錢五分半。

右係已過户頭納糧之數，仍有照原業户頭納税者開後：

戴正位户歲納錢糧銀五錢八分半。

戴謙吉户歲納錢糧銀八錢八分。

李兆有户歲納錢糧銀三錢二分三釐。

羅義生户歲納錢糧銀五分六釐。

胡遠生户歲納錢糧銀九分三釐。

辛克寵户歲納錢糧銀二分三釐。

以上錢糧。

朱文智門攤歲出銀二錢五分七釐。

朱文仁門攤歲出銀二錢五分七釐。

朱文聖門攤歲出銀二錢五分七釐。

朱文義門攤歲出銀二錢五分七釐。

朱文忠門攤歲出銀二錢五分七釐。

朱文和門攤歲出銀二錢五分七釐。

又新安書院門攤歲出銀一錢五分四釐。

右係書院各屋門攤銀數，仍有照原業户納門攤者開後：

蕭義盛歲出銀二錢五分七釐。

吳元茂歲出銀二錢五分七釐。

熊占元歲出銀二錢五分七釐。

戴正位歲出銀二錢五分七釐。

浙寧公所調换業歲出銀一錢五分四釐。

以上門攤。

鳳棲里又三甲義阡歲納米一斗三升六合三勺。

又胡遠生懷三里又一甲義阡地歲納米三升九合。

又羅義生玉二里又二甲義阡地歲納米三升二合。

以上糧米。

春秋二祭，每祭一切使費約用五百數十兩，兩祭共用一千餘兩。

文昌會費用約百兩。

魁星會費用約五十兩。

水龍工食每歲共給銀八十四兩。

門差雜費。

修屋檢漏。

添補器用。

馬頭添燈。

水龍房燈。

魁星閣香紙。

右六項每歲約用銀三百兩零。

祠役工食四人，每歲共給銀七十二兩。向止五十六兩，今增十六兩。

三元殿香炷每歲給銀四十八兩。丙寅年新增。

玉皇殿香燈銀每歲給銀一兩二錢。

書院守夜三人，每月給銀二兩七錢，每年共銀三十二兩四錢。又看守馬頭一人，每年給工食銀陸兩。

茶煙燈油巷燈各項，每歲共銀二十一兩六錢。

會館雜工一人，歲給工食銀十八兩。

以上歲用數共計銀約一千八百三十兩。

修理新置各鋪。

以上歲用共計銀約[1]

---

① 以上歲用共計銀約：原稿“約”下缺銀兩數。

卷之七　藝文

垂天爲文，畫地成章。作者嗣興，炳炳烺烺。韓湖蘇海，宋艷班香。用表道德，曰維闡揚。裒集成函，藝苑之光。

凡志必載藝文。藝文者，借他人之詞藻，爲本地之風光，然必傳聞海内，綿歷久遠，名公鉅卿，憑眺登陟，日積月累，次第裒集，然後盈册。書院新構，留題者少，間有佳著，集未頒布，亦無由捃摭。今就現有者列入，次及匾對，匾對亦題咏也，兼及尺牘，尺牘則取建造以來，於書院有關係者，以其體屬藝文，録存以見始建之艱，又不止爲辭藻設矣。覽者原之。尺牘今移入第八卷。

撰　　述[①]

御書樓題詞

潘宗洛書源

繄書院之枕漢濱兮，屏木蘭而几大别。中有縹緲之飛樓兮，瞰江南而踞湖北。吾徽人士之肯構[②]兮，仰止乎紫陽夫子，而景行列聖相傳之道脈。余家自婺山遷於荆谿兮，榮叨一第，侍講於經筵之側，沐君恩之浩蕩兮，沅芷畹蘭，命衡文[③]於三湘七澤。向寶吾皇大書子朱子之詩兮，頒宸章於秘笈，意臨池之染翰兮，必有取乎六義之精切。賜微臣之諷咏兮，勉勵乎風雅比興之法則，選良工鎸於貞珉兮，以垂聖澤於無斁。慶

---

① 底本無標題，依原目録加。

② 肯構：建築房屋。語出《書·大誥》："若考作室，既底法，厥子乃弗肯堂，矧肯構？"

③ 衡文：品評文章。特指主持科舉考試。

斯樓之齊雲兮，離奎璧而咫尺。廼擇吉以正位兮，表風雲之遇合。士庶羣瞻而胥樂兮，共訝赤文緑字之奇特。等神農之穗書兮，類伏羲之六畫；狀筆力於千鈞兮，化右軍之八法。儼神虬之戲海兮，駕浪騰空；譬彩鳳之鳴岡兮，朝陽振翼。瞻龍跳而虎臥兮，豈人間之所易得。爰額斯樓曰御書兮，至大至高而不褻。若夫序寂滅爲聖教，摹虛無云道德，匪不筆超而墨逸兮，烏敢擬我天王之濬哲①，文明崇吾夫子之道千億萬斯年，而光昭乎日月。

御書樓賦

趙申喬

翼軫②之會，江漢之交，名山砥柱於大别，衆流溯湃以來朝。敞晴川以歷歷，敷芳草之夭夭。爰有紫陽書院，宅其靈皋，寓賢遊士，斯咏斯陶。建御書之樓閣，偉崒嵂以岧嶢③。蓋紫陽之在南宋也，學集濂關，心宗洙泗，偶遣興於六言，亦渾涵夫四氣。當春而山樹煙縈，經秋而江樓月繫。炎威正熾，喜雨壑之涼生；冬日方寒，快溪橋之雪霽。對景怡情，歌風見志。恍若襟開明道，偏在傍花隨柳之間；宛如趣叶堯夫，恒居梧月楊風之際。洵足佑啓夫後人，遂極優崇於聖世。爾其啓聖鑰、握賢樞，協天作則與古爲徒。一道統承，既禮陶而樂淑；萬幾清宴，亦筆染而墨濡。昔咏歌而徵道妙，今揮灑而見御書。龍鳳翔舞，雲霞卷舒。寫象外之元機，塵腐之恒情盡洗；狀眼前之實景，清虛之客氣皆除。睠彼鄂渚校文之使，即是黄山受業之儒。天章下賁，宸翰④攸敷。氣蒸雲夢之澤，光溢洞庭之湖。萬世從兹而共寶，小臣豈得而私儲。爰以瑞日

① 濬哲：智慧深邃明智神聖。古代頌揚帝王的用語。

② 翼軫：古人按天上十二星次的位置劃分地面上州、國的位置，並使之對應。就天文而言，稱作分星；就地理而言，稱作分野。二十八宿中的翼宿和軫宿，與古代楚地對應。

③ 崒嵂：高峻貌。岧嶢：高峻；高聳。

④ 宸翰：帝王的墨迹。

卿雲之藻，奉諸崇儒講學之廬。於是高躡雲紅，迴纏氣紫。奎光騰涌，偕繡闥以宏開；藻采繽紛，翼雕甍而突起。上凌霄漢，近俯蒼茫，鳥革翬飛，波譎雲詭。東瞻黄鶴，憐甍牖之渺然；西眺漢陽，笑孤城之蕞爾。幸宫牆之有階，樂菁莪[①]其難已。鳳藻凌虚而振采，仰九嶷而識廬阜非遥；龍章飛影以流光，俯七澤而驚婺源伊邇。豈比井干崇麗，專示高華，魯殿靈光，徒誇觀美云爾哉！賦已，系之以詩。詩曰：紫陽書院兮江之濱，御書樓兮高嶙峋。凌風雨兮驚鬼神，天王手澤兮億萬春，欲登道岸兮入此門。

尊道堂序原

堂以尊道名者何？蓋尊道即所以尊吾紫陽夫子也。夫子以實踐之學，紹不傳之緒，無在不以身體力行[②]爲事。所謂道也者，乃日用事物當行之理，天下古今之所共由，初不遠人而人不可須臾離也。孔孟以後，聖道廢置不講久矣。有宋諸儒崛起，至吾紫陽夫子集其成，而聖道復明天下後世，始如長夜之復旦。是以歷久彌高，追崇獨異，而升配十哲，則聖朝重道之曠典爲尤著焉。吾儒讀夫子傳註，體夫子志固無論矣，即如農工商賈，亦莫不同此綱常倫理之當然，但病不求耳。曾子曰："夫子之道，忠恕而已矣。"孟子曰："堯舜之道，孝弟而已矣。"聖如堯舜孔子，而其道究不外於孝弟忠恕。孝弟修於家，而忠恕行於外，苟能體認力行，拳拳弗失，道在其中矣。

漢鎮爲商賈總匯，熙熙攘攘，以争旦夕之利。吾鄉之僑於此者，懼其久而淪於薄[③]也，取輔仁之義焉，慮其衆而難齊也。創合涣之規焉，於是卜地拓基，建夫子祠。宫牆堂奥，規畫宏壯。歲率同鄉父老子弟，

---

① 菁莪：培育人才。語出《詩・小雅・菁菁者莪序》："菁菁者莪，樂育材也，君子能長育人材，則天下喜樂之矣。"

② 力行：努力實踐。《禮記・中庸》："好學近乎知，力行近乎仁，知耻近乎勇。"

③ 淪：陷入；沉淪。薄：人心、世道、綱紀等衰微。《漢書・刑法志》："禹承堯舜之後，自以德衰而制肉刑，湯武順而行之者，以俗薄於唐虞故也。"

修祀事、陳俎豆、列管絃，相與升降周折、誦歌蹈舞，使之顯乎耳目、束乎筋骨，以暢其煩鬱，而坊其淫越。四方之士，觀者如市，登其堂，靡不嘖嘖奮興而道心生焉。以故吾鄉無貴賤老少，咸知循禮守義，不肯自棄於四方之末而不與聞君子之大道也。所以然者，則以生近夫子之居，家秉夫子之教，其由來尚矣。山川間氣所鍾，篤生①夫子，以啓廸來學，又際昌明盛世、重道尊儒，文明之象麗日星而流江湖。俾闤闠貿遷②之人，咸知尊道樂義、創遵典禮，夫豈徒然者哉！鄉人之建是祠，要知非徒以棟宇之隆、儀文之盛，而遂謂吾崇祀夫子也，必也從事於倫常日用之間，不悖孝弟忠恕之道，斯尊夫子矣。故曰：尊道即所以尊吾紫陽夫子也！豈若一切尋常廟貌，以禍福動人，起人敬畏，争相祈禱者所可同日語哉！爰盥沐，敬爲之序，以告吾同鄉焉。

尊道堂記

吳鎮袞濟平

昔夫子講學於紫陽之山，六邑之士，或及門而受業，或私淑③而得傳，稽之郡志，所稱聞道者三十二人。而此三十二人者，推明朱子之學，以訓閭里。凡冠婚喪祭，謹循家禮，以爲鄉人法，故新安人生而聞朱子之言，長而循朱子之禮，漸漬涵濡④，移風易俗，不知遺澤之深、教化之積也。第新安土薄田少，計其地産不足以共生齒之繁，不能無仰給他方，故漢鎮列肆萬家，而新安人居其半，亦其勢使然也。然平時之所漸摩，既習且久，雖居闤闠，而理之講明於心者，震耀於平旦夜氣之間。而所循之禮，又皆其耳目手足所習慣而不可易，而夫子之流風餘韻遂載

① 篤生：謂生而得天獨厚。

② 貿遷：販運買賣。

③ 私淑：私自敬仰而未得到直接的傳授。《孟子·離婁下》："予未得爲孔子徒也，予私淑諸人也。"趙岐注："淑，善也。我私善之於賢人耳，蓋恨其不得學於大聖也。"

④ 涵濡：滋潤；沉浸。

之以俱南矣。於是有志之士思構堂以奉夫子，而習禮其間，以講明正學。其議一創，聞者響應。此由誦法服習，舊有根源，故道義之氣，鬱於中而大作於外，捐貲若營己私，効力如趨父事，沛然若決江河而不能已也。爰選期度土，掄才鳩工。議主事者四人，勷事者二十四人，積地千步，積屋百間，議資萬緡。以康熙甲戌年始事，甲申年落成，而顔其堂曰“尊道”，蓋新安人尊其素所得於心者，不敢屑越而時時講習於此，因萃其明德之馨香，以達於朱子在天之靈，庶或鑒之，此新安人之志也。方營造之初，不足於地，乃售民房以益之，既付價而仍令暫棲，以俟遷移。人苦不知足，既獲厚值，又不費銖黍雇屋資得暫依止，及至營構毁拆，久假之後，反生溪壑，好事者遂憑之作競，鼓動浮言，幾興大訟。其爲計也，不啻盡輟絃誦之音，盡毁羹牆之志不止，賴世教昌明，名公鉅卿皆當時理學鴻儒，同心扶輪，極力攘斥，其氛乃靡，然後新安人得遂其尊道樂義之心，則知斯道非新安一郡之人所獨尊，而天下賢士大夫所共尊也。堂既成，公卿莅兹土者進而行釋奠之禮，其文物之繁盛，禮節之閒都，觀光者咸有所感於心而翕然向化，豈獨新安人入市而忘其市心，居其地而不沿其俗哉！蓋仁義禮樂之風骎骎乎蒸被江漢之區，而振其不競。吾於是而知創造諸人之功，等於三十二人，不可没也。主事者吴藴予、汪文儀、余南宜、余本立，勷事者二十四人，而先人建周其一也。兖也不才，不能光昭前德，應試春官，取道江漢，以對越夫子之靈，而受其福胙，於焉仰榱桷之巍峨，視堂基之爽塏，觀牆垣之周匝，而想前人締造之深心，誠欲垂諸無窮，其爲斯道計，至深遠也。因爲遡其始末，記而藏之，俾敬承於勿替云。

義學記

吴應棻

五百餘歲以來，天下言學者咸奉朱子爲大宗，而新安人士近闕里之居，窺藏書之秘，流風餘韻，繼繼承承，經術發明，後先相望，即入塾而肄、負笈①而游者，亦莫不墨守彝訓②於勿諠。乙卯春，予奉命攝撫湖北道，經漢口，首摳衣謁夫子祠，知爲新安僑寓者尸祝③之所。觀其禮器祭法有條不紊，未嘗不歎東南鄒魯之稱洵然，而聖賢詩書之澤之足以衣被於後人者，至無窮也。考朱子生平洊歷④，内外所至，不廢講學，江漢會同之地，舟車尤數往來焉。紹興戊寅暨隆興改元，請祠兩得監南嶽廟之命，紹熙癸丑有湖南安撫之命。甲寅後有湖北安撫之命，其再於嶽祠也，訪南軒張氏於長沙，與論喜怒哀樂未發之旨。其撫湖南也，更建嶽麓書院，迄今侈爲盛觀。假使湖北之節不寢，當必有樹立於晴川芳草間者。祠之設，雖鄉後進不忘其所自乎，夫亦猶行朱子之志也，其不可以飾俎豆而廢絃誦也明矣。爰進諸生之有事於祠者語之，少長協從⑤。講堂學舍，不日而成，吾知朱子之所學，不以旅處而輟業者，於是乎聿興，而釋菜有儀，橫經有教，其所以衍朱子之緒者，亦於是乎大備也。因濡筆而記其歲月，若夫學規之本末，進修之次第，朱子之書具在，固鄉人所習聞，安用予申命以行事哉！

義學記

許象紀

古者教化行而風俗美，學所先也。文翁⑥治蜀，修講塾於成都市，聲教大洽，比于齊魯。張霸在會稽，舉賢士，講藝功課，境徧書聲，野無草竊，此漢治所以興也。迨學校廢而老成謝，雖有賢者出任封疆，下

---

① 負笈：背着書箱。文中指求學。

② 彝訓：指尊長對後輩的教誨、訓誡。

③ 尸祝：祭祀。明宋濂《題傅氏誥勅後》：“（金昌年）嘗浚慈湖，溉田千頃，民至今尸祝之。”

④ 洊歷：經歷。

⑤ 協從：和合，順從。

⑥ 文翁：漢廬江舒人。景帝末，爲蜀郡守，“仁愛好教化”，在成都市中起學宫，入學者免除徭役，成績優者爲郡縣吏，蜀郡自是文風大振，教化大興。見《漢書·文翁傳》。

郡縣勸置義學，上以誠求，下不以誠應，久亦視爲具文，比比皆是。我國家文教振興，超越前古。歲乙卯，吳大中丞眉庵先生以文學侍從來撫湖北，甫下車，即渡江至書院宣講聖諭，凡孝弟農桑、講信修睦①，皆一一爲父老子弟親加勸勉，及宣至端士習、崇學校二條，輒憮然謂吾鄉人曰："聖天子作人雅化，一道同風，今兹書院既興，宜有義學。昔我紫陽夫子始在玉山開講院，嗣於白鹿洞、嶽麓書院教授弗倦。今吾捐俸爲之倡，願諸君繼之，用以敬承夫子之志。"于時鄉人咸頓首奉命，閱三月而義學成。余適偕家觀察蘧園先生來鄂渚，中丞商義學師于觀察。觀察未有所舉，中丞曰："君家固有人，向余見洞庭石臺賦，斯人其在歟?"翌日，觀察命余赴轅謁，相見如平生歡，禮優意摯。爰命余秉鐸，余固辭，而首事諸君遂下榻委任焉。自入講堂以來，小心祇懼，無怠無荒，日與諸子弟敦詩説禮，一本吾夫子之所以教人者爲法。居無何②，中丞奉召還朝，予賦短章送江干。中丞顧謂余曰："義學既建，行將請于朝，定客籍，使小子有造，彬彬焉，蒸蒸焉，歌《鹿鳴》而占鴻漸③，務其教以實學，毋蹈虚名。昔漢孝明時羽林介胄之士悉通《孝經》，矧兹商民子弟漸摩起廸，有不蔚爲王國之楨榦④者歟?"予感中丞已離棘轅，攀卧者載道⑤，蓼蓼鼓發，登舟行矣，尚諄囑及此。回念初下車創議，今則勗以實學，望以王國楨榦始終之教育不倦，是即文翁、張霸之心也，豈若奉行故事，徒爲粉飾具哉?余爲歉然，義學生徒其何以仰承盛意也?爰拜手而爲之記。

---

① 講信修睦：講究信用，睦鄰修好。

② 居無何：不多時；不久。

③ 《鹿鳴》：《詩經》中小雅之一篇。"鴻漸"：《周易》"漸卦"之爻辭文句，如"初六，鴻漸於干。小子厲，有言，无咎"。

④ 楨榦：重要的起決定作用的人或事物。

⑤ 攀卧者載道：指百姓拉住官員坐車或卧於車前，係古代頌官員離任得民心的套語。

六水講堂記原

徽之屬邑有六：曰歙、曰休寧、曰婺源、曰黟、曰祁門、曰績溪。里之人僑於楚者，建書院，祀文公西構廳事，顔之曰“六水講堂”，蓋萃六邑之人而講學於此也。嗟夫！吾新安之有紫陽夫子紹先聖之薪傳，爲諸儒之統會，衆水朝宗，羣山尊岳，固爲孔孟以後直接道統之人。然而彭蠡巨區，寬比望洋，匡廬太白，高同太華。徽郡六邑，六邑之中，後先繼起，講明義理，號稱儒宗，於歙則汝節羅先生、白雲唐先生，休寧則東山趙先生、楓林朱先生，婺源則玉齋、雙湖、雲峯三胡先生，黟則黟南程先生，祁門則環谷汪先生，績溪汪先生，山川孕毓使然，實亦近其居者熏其德。父兄有師傳，耳目有聞見，是以理學之幟，於新安爲獨盛。今既去故鄉，遷異地，理學種的或亦因所居而漸移，此講堂之所以不可不設。而堂不以六水名，則後之人士且將忘其鄉先生闡發講貫之勤，留遺至今日，以有此書院，而目爲故事，視爲遊眺燕會之所，則今日創興諸君子之盛心，亦淹没而不章矣。讀朱子之書，而參之以諸先生之著述，朝于斯、夕于斯，涵濡而浸淫，身體而力行，紫陽夫子有傳人，即六水諸先生有繼起。名山峻嶺，無不分干於崑崙；長江大河，無不朝宗①於海若，豈不盛哉！往者默庵汪先生常講學於此，六邑之人至今耳其訓不敢忘，即漢口四方雜處之人亦無不沐浴熏陶、感發興起，則書院之爲功於人心風俗者，又不獨六邑之人被其澤也。繼今而起者，其所關非淺鮮矣。

---

① 朝宗：原意是古代諸侯春、夏朝見天子。比喻小水流注入大海。海若：傳説中的海神。

兼山麗澤記原

《易》曰："方以類聚①，物以羣分。"蓋未有類而不聚者也，亦未有羣而不分者也。善惡之趣舍②或殊，而吉凶之感召亦異，天人理欲之間，辨之誠不可不早辨也。是故擇不處仁，不足言知，羣居終日言不及義，聖人難之。古君子能安所止而不爲俗所累者，大抵相資於《詩》《書》《禮》《樂》，友朋講習之力居多。孟子曰："一鄉之善士，斯友一鄉之善士；一國之善士，斯友一國之善士。"推而天下論世尚友，亦未始或異也。吾徽介處萬山之中，地狹人稠，散而之四方者，其勢使然。然守先生之制，仰事俯畜，共此恒心，終不至於放僻邪侈③，則又易地皆然也。漢口舟車輻輳，爲宇内第一都會。曩吾鄉之居是邦者，念桑梓雖離，寄籍此鄉，仍羣聚一方。是聚而分，分而仍聚也。源同流别，久而涣散，又慮居處闤闠習俗移人，後生小子，幾不知籍本新安，鄒魯絃歌之化先疇舊德之謂何。特建紫陽書院，奉子朱子神主祀焉。榜其堂曰"尊道"，相與陶淑乎禮樂，以收其心，甚盛舉也。余雖未登其堂久矣，心焉向往之。乃者踵事諸君補闕增華，復於書院西偏另構廳事若干楹，後置廊房數椽，以爲學者朝夕講肄之所。從此薰蒸陶淑，敬業樂羣④，庶無負鄉先生德澤之流傳，久而彌耀也。乃因戴子良玉走書索記於余，余方嘉鄉人之能安所止，而善於相輔以成仁也，殿撰戴有祺以"兼山麗澤"顔之，益悟《易》類聚羣分之旨，取《艮》止⑤《兑》説之義，以發明之，俾鄉人從善如登，斯廳共書院不朽矣。是爲記。

---

① 方以類聚：方，謂法術性行，以類共聚。

② 趣舍：取舍。趣，通"取"。《荀子·修身》："趣舍無定，謂之無常。"

③ 放闢邪侈：肆意爲非作歹。

④ 敬業樂羣：謂專心學業，樂與朋友相切磋。語本《禮記·學記》："一年視離經辨志，三年視敬業樂羣。"

⑤ 《艮》止：謂行止適時。語本《易·艮》："《彖》曰：艮，止也。時止則止，時行則行；動静不失其時，其道光明。"

半畝池記

汪　份武曹

池顔“半畝”[①]，本夫子之詩也。天光雲影，池中之景象若隱若現，而源頭活水，果能識所從來乎？蓋吾人各具方塘、各有活水，汩汩没没，不覺其鑑也，不知其來也。徘徊斯池，徒爲半畝囿已，可慨已。兹於尊道堂後鑿斯池也，要使學者塵净天空，涵煦萬有[②]，溯流窮源，觸處見道。夫水凝則垢，活則清，日日清又日清，源頭在我矣。故其渟蓄不洩，得《坎》之道焉；含宏光大，得《坤》之義焉；滿而不溢，得《謙》之用焉；順澈流通，得《巽》之旨焉。將見雲净池虚，天鑑鑑人，人鑑鑑心，則半畝中一鑑道源，洋洋乎，隨在皆夫子之德水，謂爲天池也可，謂爲文淵學海也可。是爲記。

西廳記原

闕　名

尊道堂既成十餘年，首事之人後先凋謝，其存者亦老且歸休矣。於是戴君良玉起而總理其事，因西偏隙地謀作廳事，諗於衆曰：“古者澤宫之制，有文廟以妥先師，則必有明倫之堂、棲士之舍、燕射之圃、庖厨之所，蓋宫室之制備，而體統[③]始尊。今吾屬構堂以奉朱子，而宫室之制不備。公卿來謁，或更衣於堂廡之下，非禮也；春秋祭祀，則無以爲致齋之地，非敬也；祭畢，又無以爲燕私酬酢之居，非情也。”衆咸曰：“然。”時適逢聖祖仁皇帝萬壽，普天同慶，張燈設彩於尊道堂，乃就堂西擬構廳事，以爲簪組晏閒休息之所。衆皆踴躍捐貲，不日告成。閲二

① 顔：額頭，此指爲水池題名字。半畝：出自朱熹詩《觀書》。即“半畝方塘一鑒開，天光雲影共徘徊。問渠那得清如許，爲有源頭活水來”。

② 涵煦萬有：滋潤養育萬物。萬有，萬物。

③ 體統：文中指體制，規矩。

年，並其餘屋、石岸一切就理，則戴君之力也。大抵新安人在漢各有生業，不難於捐貲急公[①]，而難於出身任事。蓋奉公者必廢私，故創造書院之人，生業多致中落，俗以爲鑒，是以西廳之成，非戴君之慷慨任事不能爲也。先是，事無大小皆聚議於尊道堂，自有西廳，則非行大禮、集大衆，尊道堂之門不啓，而桑梓間二三賓旅聚情話舊，亦樂西廳之便，豈非公私咸得者乎？西廳成，戴君之業敗，遊廣東不得志，復至漢江，衣敝不能更爲，而見書院之體統日以尊，朋情日以密，較未有此廳時氣象迥然不同，脱帽大笑，縱飲歡呼，以爲此生平得意之事。翼日病卒，以喪歸。

紫陽書院藏書閣序

查景璠冠玙

經者，聖賢明道之言也；史者，古今得失之蹟也。皆晰乎天人理欲[②]之界，嚴乎是非趣舍之辨，以爲萬化之權輿[③]者也。六經非日月之經天乎？諸史子集非羣星列宿之分羅而棋布乎？是安可不兼收而並蓄也耶！我紫陽夫子生於宋、産於徽，精研理窟，目破萬卷，遥遥一燈，直接道統，其於經史子集不啻燭照暗室而使之明、茫茫長夜而使之旦，洵五百年道統所屬。爰稽朱子一生遜志[④]時，敏於《易》，有《本義》、有《啓蒙》，《詩》有《集傳》，《學》《庸》有《章句》，《論》《孟》有《集注》，加之《語録》《或問》，尤闡道德之奥而達聖賢之閫，於《孝經》又有分編，《太極圖》《通書》《西銘》又各有解，而且《禮記》編次有端，以屬黄榦，《書傳》有旨，以屬蔡沈，功誠偉矣，而所著有《近思録》《小學》

① 急公：熱心公益。

② 天人理欲：即“天理人欲”。語出《禮記·樂記》：“人化物也者，滅天理而窮人欲者也。”後宋代理學家把“天理”解釋爲封建的倫理綱常，“人欲”解釋爲人的生活欲望，並認爲二者不容並立。

③ 權輿：起始。

④ 遜志：虚心謙讓。

書，《宋名臣言行録》《伊洛淵源録》《通鑑綱目》《家禮》諸書，若《離騷》、若《韓文》、若《陶詩》又皆有註有考，著述如林，未易悉數。此經朱子手定之書，所宜藏者也。蓋以書之有經也，所以闡明夫内聖外王之道，明體達用①之實，以及致治撥亂之原，所以正君臣、父子、夫婦、昆弟、朋友之倫，篤親疏長幼之序；所以著名物象數、品節制度之大，而下逮乎禽魚、草木、昆蟲之細，吾夫子無不貫通而精察焉，則斯閣宜藏。若夫歷代之史，自《史》《漢》迄《金》《元》，或稱書，或稱史，其間因革損益之宜，治亂興亡之鵠，以暨天文、地理、輿服、兵刑、民物、食貨、君臣上下、忠佞邪正，莫不羅列而可鑑。況吾夫子因《通鑑》而成《綱目》，於以繼《春秋》賞罰之權，史尤學者之所宜留心也，則斯閣也宜藏。至若諸子百家，自佛老之異端邪説以外，其各成一家言者，莫不具有上下古今之識，依乎仁義道德之旨，雖支分派别，不無異同，而皆衷乎吾道者也，則諸子百家亦宜藏於斯閣矣。璠質本駑駘，學無根柢，一登斯閣，見夫玉軸牙籤、青箱縹帙，煌煌乎大觀也。逌徘徊其中，抽甲乙之編，檢丙丁之籍，循循乎儼與聖賢相酬酢，即儼與夫子相晤對，誰謂積簡成編，不足以啓人之奮發，而可弁髦視之也哉？夫吾鄉不乏奇雋之士，尚冀於斯閣之書，口不絶吟，手不停披，經則窮夫聖賢道德之蘊，史則推夫是非得失之實，子集百家則尋求其輔經贊史之意，津津焉。娓娓焉，醖釀而粹精焉，則采其華而擷其實。於以深究夫格物致知、誠意正心、修身齊家、治國平天下之旨，達爲名臣，處爲鴻儒，則是書也，不第爲束諸高閣之載籍；是閣也，不第爲庋藏奇秘之淵藪，而直作良士之菑畬②也矣。玆猶始創，規模略舉，未盡搜羅，繼今以往，宋元諸儒箋疏不在十三經之中，漢晉以來各家撰集不列二十一史以内者，將出餘

① 明體達用：瞭解事物的本質和現象及其作用。

② 菑畬：耕耘。宋陸游《新年書感》詩：“朋舊何勞記車笠，子孫幸不廢菑畬。”因耕稼爲民生之本，故以喻事物之根本。文中喻藏書閣及其藏書爲讀書人之根本。

力廣諮博采，以充牣①其中，未必不爲藝林學圃之大觀，斯則幸矣。是爲序。

藏書閣跋

金德瑛

予少閲朱子《藏書閣記》，乃知學聖人之道，未有不讀聖人之書者也。顧《易》《詩》《書》《禮》《樂》《春秋》《語》《孟》之緒言②，别黑白而定一尊，必折衷③於朱子。抑又知讀聖人之書，未有不遵朱子之書者也。自宋乾道戊子，閣始建於婺源學宫。淳熙丙申，朱子爲知縣事，宣教郎林慮所藏御書石經暨羣籍千四百餘卷而記其事。越明神廟甲辰，復從朱子裔孫崇沐之請而改建於闕里之後。其所藏則獻靖公集外，朱子遺書悉在焉。嗚呼！朱子之學，正而能博，經解積數百萬言，他若周、程、張、邵五子之書，司馬氏之史，屈之騷，昌黎之文，名臣之言行經濟，旁及參同雜學諸家，莫不網羅研鏡，各有成編。平日詩、古文、奏疏、筆札，以逮門弟子記録之語卷帙又甚富，非鍵户十年用心於内者，往往不能卒其業。我聖祖仁皇帝御纂《朱子全書》，提綱挈要，以爲學者指南。曩日祇讀之下，竊謂學朱子者，當由此書沉潛反覆，超然有得，然後進窺其全，庶不至望洋向若而歎④乎！鄉人有事於湖北者，祠朱子以爲嘉會之地，而復仿闕里規制建閣藏書，首奉御纂一函居中，凡屬朱子論定者用以次第插架。嗚呼，其亦可謂知所學矣。今春介予戚友趙君其書公車之便，請記厥繇。予惟朱子之《記》，其所以發明讀書者至詳且

① 牣：盈滿；充塞。

② 緒言：已發而未盡的言論。清俞正燮《癸巳存稿・杞子叔姬》："凡經學非一人所能盡，故必旁征衆説，亦必古人所傳，謂有三代緒言在也。"

③ 折衷：取正，用爲判斷事物的準則。《楚辭・九章・惜誦》："令五帝以折中兮，戒六神與嚮服。"朱熹集注："折中，謂事理有不同者，執其兩端而折其中，若《史記》所謂'六藝折衷於夫子'是也。"

④ 望洋向若而歎：比喻看見他人偉大而慨歎自己渺小或處理一件事而慨歎力量不足。語本《莊子・秋水》，望洋：仰視。若：海神的名字。

盡，後人何敢復贊一辭？然予聞族祖正希太史占楚籍時，與熊魚山黄門究研性命①，其文章多得於悟境，卓然成一家言。而近時汪默庵築密窩於逆旅②，玩《易》著書，熊孝感相國、張儀封尚書皆亟推之，此鄉先生善學朱子而有聲於江漢者，今之人其尚克聞風而興起乎？慎無記誦剽竊而不知窮理修身之要，有如朱子之《記》所戒也。因附跋簡末，以爲閣中之讀藏書者勸。

讌射軒記③

董桂敷

古者學校修明，家有塾、黨有庠、州有序、國有學。天子將祭，則先習射於澤④，下及侯國，莫不皆然。天子諸侯之射也，先行燕禮；卿大夫士之射也，先行鄉飲酒之禮，其爲典至重。《周官》：國子“春合諸學，秋合諸射，以考其藝而進退之”，鄉大夫賓興賢能“以鄉射之禮五物詢衆庶”，州長“春秋以禮會民而射於州序”，黨正“國索鬼神而祭祀則以禮屬民而飲酒於序，以正齒位”。蓋其時三德六藝之教行，凡庠序之地，觴酒豆肉之旁，無人不盡志於射以習禮樂，所謂“以燕以射，則燕則譽”也。夫燕者，所以會賓朋之歡也；射者，所以觀士君子之德行也。先王於會歡之餘而寓德行之意，所以養天下之人材，俾之優悠服習⑤，

---

① 性命：中國古代哲學範疇。指萬物的天賦和稟受。《易·乾》：“乾道變化，各正性命。”孔穎達疏：“性者，天生之質，若剛柔遲速之别；命者，人所稟受，若貴賤夭壽之屬也。”朱熹本義：“物所受爲性，天所賦爲命。”

② 逆旅：客舍；旅館。《左傳·僖公二年》：“今虢爲不道，保於逆旅。”杜預注：“逆旅，客舍也。”

③ 讌射軒：宴會和習射禮的以敞朗爲特點的建築物。讌通“宴”。文中“射”似爲投壺，投壺，古代宴會禮制。亦爲娱樂活動。賓主依次用矢投向盛酒的壺口，以投中多少決勝負，負者飲酒。

④ 澤：宫名。周代習射選士之處。

⑤ 優悠服習：從容不迫地熟悉。

和平其心，軌物[①]其身，此其所關於世教[②]者甚大，故其人材之成温文儒雅，入則侍帷幄、備宿衛，出則折衝御侮、可以爲天子將帥之臣，蓋自膠庠講習時，而華國制勝之略已裕矣。孔子觀於鄉飲、鄉射間而歎王道之易易者，良以此也。自子衿賦而學校教衰，不特和容興舞、參連剡注之法不詳，并鄉飲之儀亦缺，行葦賓筵之詩槩置弗講，而坐遷屢舞號呶側弁之態，是循是率，誰復起而問古意之存者乎？我國家敦崇學校，明著禮文，所在郡縣自學宫外俾得建立書院，諸生以時肄禮[③]，咸彬彬秩秩[④]然。吾鄉承紫陽遺澤，士大夫多知禮意，故漢皐之書院，昔之創建者，既有學舍進子弟而課之以學問，又於寢室後西偏擬作廳事，命之曰“讌謝軒”，將放古之道以行於今，意不徒爲公私燕會之地而已。今書院重修，是軒始成，乃於中堂大書其額而著之。夫名之於義，猶輿之於馬，舟之於楫，相輔而行，相因而著，非虛爲此標榜也。由乎命名之意而循乎古人之法，相與從事於雍容爾雅之場，教化有不興、風俗有不醇、人材有不備者乎？吾故著讌射之義所繫於儒術輕重者如此，以爲吾鄉人士勸，若夫構造之完密，木石之修潔，足以豁人心目者，姑置弗論云。

啓秀書屋記

董桂敷

凡書院必有廳舍，其分堂布室榜署[⑤]之書，莫不各有意義存其間。漢口紫陽書院昔立學舍，今治而新之，如六水講堂、兼山麗澤之屬，皆前人所命名，惟書屋爲近時增置，特取陸士衡《文賦》“啓夕秀於未

---

① 軌物：規範。

② 世教：指當世的正統思想、正統禮教。三國魏嵇康《與山巨源絶交書》：“又每非湯武而薄周孔，在人間不止，此事會顯，世教所不容。”

③ 肄禮：學習研究禮教。

④ 彬彬：文質兼備。秩秩：聰明多智。《詩·秦風·小戎》：“厭厭良人，秩秩德音。”毛傳：“秩秩，有知也。”

⑤ 榜署：題在宫闕門額上的大字。

振"[①] 之語，顔之曰"啓秀"。余繹命名之義爲文以著之，曰：天下未嘗無才也，造物精靈之氣匯於山川，磅礴而鬱積，必有所洩以出其奇，其鍾於物則蔚然而深秀，草木得之而華實，禽鳥得之而文章，水得之而珠，石得之而玉；其於人也爲士，剛者爲高明，柔者爲沉潛，故人者五行之秀氣而士，又四民之最秀者也。是以古者育材，命鄉論秀士升之，司徒曰選士，司徒又論選士之秀者而升之學，然後樂正論秀以升之司馬而授之官，《周官》賓興賢能，鄭司農註以爲興賢，若漢時舉孝廉興能，若漢時舉茂才。茂才即今之所謂秀才也。秀才之名由來已久，人嘗忽之，而不知當其名而無愧乎？其實者蓋天地之所誕鍾，國家之所樂育，萃數十年、數百年之菁華發洩而成，培植醖釀而出，非第如世俗之所稱俊秀而已。

湖北爲江漢所會，大别、黄鵠、高冠、九真諸山聳峙於江之南北，其雄偉浩瀚之槩，當必有魁奇卓犖之士出其間。而又值國家久道化成之餘，文采之彬彬踰於往昔，不特生斯土者然也，士商遊處，其子弟固亦不乏人矣。命曰"啓秀"，義豈苟然已哉！其啓之之法奈何？曰正學術、勤功課、擇師儒、厚培養，四者備而後可以言善。今之入塾者，受經書句讀後輒從事於科舉之學，身心德行本原[②]之地置不復講，即聖經賢傳之旨亦未嘗研繹[③]探索，惟取所謂時文者朝哦而夕誦之，偶或見售，輒以其術自耀，人亦從而交譽之，此其所以自待與人之相待者，何太薄也！

儒者之學，務舉其大，以孝、弟、忠、信、禮、義、廉、恥爲基，以《詩》《書》《禮》《樂》《易》《春秋》孔孟之書爲的，以射、御、書、數、諸子百家、歷代之史爲游藝，以日用事物、倫類酬酢[④]、言行進退

① 啓夕秀於未振：語出陸機《文賦》。意爲啓廸後起的人才，使其脱穎而出。

② 本原：根底，基礎。明王守仁《傳習録》卷上："爲學須有本原，須從本原上用力，漸漸盈科而進。"

③ 研繹：思索、研究、尋求。

④ 倫類：事物的條理次序。《荀子・勸學》："倫類不通，仁義不一，不足謂善學。"酬酢：應酬交往。

爲經緯，如是而學術端矣，其致功也，則又立之程度，朝而受業，晝而講貫，夕而服習，夜而計過，無憾而後即安。寒暑弗輟，風雨不易，雖有外務，勿棄其功，如水之流而無使間斷。然而後生小子知自刻厲者蓋鮮，其責成當有所歸，必求其品行醇正、學問淹貫、講説勤懇者屬之，雖如韓昌黎之抗顔①、鄭康成之答問、柳子厚之口講指畫，世不多覯，要亦不愧其爲經師人師者，而後可以居其位。若夫修脯之資、薪米之費、膏火之給，宜稍寬之以有餘，俾人人無内顧之憂，始得專志向學，又於其中擇賢能勤勉者時時獎賞之，以爲怠惰廢業者勸。如是而四者備矣，循是以行，十年之間，吾見人材之出，皆儼然有名儒碩輔之思，居鄉則一鄉之望，在朝則天下之望，以是言造物之所鍾、國家之所育，不誠當之而無愧也乎！然則今之立書屋者，其於啓秀之法，安可以不亟講也哉！

主敬堂記

董桂敷

六水講堂之北曰“主敬堂”，祭器之所藏弆也，經師弟子之所講肄也，其命名也固宜。書院之祭也，以春秋之季旬有五日行事，是月之朔，司事者徧啓諸同鄉，省視祭器，有不整者修之，不具者補之。越八日，司年之家新舊四十人俱入治事，凡祭物、祭器、祭費預籌而備之，啓告主祭者及諸執事皆有啓。旬有二日，夙興②，諸執事者二十八人及奉祀生四人俱入肄儀，登降揖讓如祭禮。前祭之夕，陳祭器，省牲、視濯、視殺。祝告期日質明③行事，設奠奉主於中堂之北。祭之日，執事者各

① 抗顔：正色。謂態度嚴正。唐柳宗元《答韋中立論師道書》：“今之世不聞有師，有輒嘩笑之，以爲狂人。獨韓愈奮不顧流俗，犯笑侮，收召後學，作《師説》，因抗顔而爲師。”

② 夙興：早起。《禮記・昏義》：“夙興、婦沐浴以俟見。”孫希旦集解：“夙，早也，謂昏明日之早晨也。興，起也。”

③ 質明：天剛亮的時候。

共乃職，治乃事，交户交階，罔敢踰越。主祭者齋肅盛服，趨蹌[①]以入即事，自灌獻饋食以及酳爵送神，莫或不虔。禮成，温温而退，其敬也如是。

其講學也，師坐於上，子弟執業立於下。長者進受業，有問之應唯敬對，請益而後退。諸弟子進請業，皆以齒，勤者誘掖之，惰者警戒之，有不率教者則夏楚以收其威。日課不畢，不敢即安；月試無功，不敢與勤勉者齒。出入進止，規行矩步，毋或從肆，其敬也如是。故敬者，與神交之道也，初學入德之門也。堂名“主敬”，厥惟稱哉！雖然，主敬之義將盡於此而已乎！《曲禮》曰：“毋不敬。”《武王之銘》曰：“安樂必敬。”《春秋傳》曰：“敬者，德之聚也。能敬必有德。”故君子應事接物，言必忠信，行必篤敬，不以地而移，不以人而忽，不以時而間。斂其神於至静，静之至，則動亦齋居也；操其心於至密，密之至，則疏亦防維也。《詩》曰：“相在爾室，尚不愧於屋漏。”豈待於祭乎！《易》大傳曰：“無有師保，如臨父母。”豈待於學乎！登斯堂者，顧其名而思其義，庶幾乎可與入於聖賢之域，而無愧吾朱子主一無適[②]之訓也歟！

願學軒記

董桂敷

山不能皆泰、華，川不能皆河、海，光輝照臨不能皆日月，此宇宙之精英間氣所獨聚，雖造物亦未由自主者也。人之有孔子也，猶夫泰華河海日月也，自開闢以來，天地之生人不知其幾千萬億矣，而不聞有二孔子。天地之所窮也，然而窮於勢，而不窮於理。理有所不可窮[③]，則人不得諉其咎於天，天亦不能限其量於人，此孟子所以有願學孔子之説

① 趨蹌：形容步趨中節。古時朝拜晉謁須依一定的節奏和規則行步。

② 主一無適：專一，無雜念。《論語·學而》“敬事而信”，宋朱熹集注：“敬者，主一無適之謂。”《朱子語類》卷一二〇：“程子所謂主一無適，主一只是專一。”

③ 窮：窮盡；終極。

也。夫孟子之視孔子有問矣，而其言曰人皆可以爲堯舜，曰聖人先得我心之所同然耳，雖推孔子爲生民未有，而志願所在不以自外，何也？其同然者，天命之性無不善，而其皆可以爲者，則存乎其人之學。有聖性而益以聖學，孔子之所以爲孔子，由所性而學聖人之學，孟子所以結願於孔子，此固非孟子一人之私言，而天下萬世人人之公言也。然而孟子以來，抱此願而無忝[1]者幾人哉？漢世人才稱盛，學之醇者惟董子。唐之時有韓愈，其言曰“孔子傳之孟軻，軻之死不得其傳焉”，則未嘗以斯道之傳歸董子也。而韓子之學，其於孟子果若是班乎□宋周程張諸大儒出，始能上溯道統之源。而我朱子集其大成，乃爲孟子以後第一人，其學則自格致誠正以及修齊治平之道，無不體用[2]具備。然則朱子之學，孟子之學也，即孔子之學也。其所願同於孟子，故其所學至於孟子，則謂孟子之言即爲朱子道也可。今夫如堂如防，隒者、隮者、巋者、崧者、嶠者，其巉岩聳峙皆學乎泰華者也；岷嶓之原，桐柏、鳥鼠、熊耳、王屋百川之流，逶迤奔赴，皆學乎河海者也；熒惑、太白、歲星、辰星、鎮星、二十八宿之燦著，皆學乎日月者也；自天子以下，公、侯、卿、大夫、士、庶人，皆學乎孔子者也。其所學者何也？君臣、父子、夫婦、昆弟、朋友之倫，視聽言動、日用事物之則，推而至於天地、日星、風雲、雷雨、山川、草木、鳥獸、金石之變，禮、樂、射、御、書、數之文，陰陽、鬼神、寒暑、屈伸、往來、進退、存亡之理，即物以致其知，本身以踐其行，無間於須臾，無移於異術，敬修其可願，如是焉終身而已矣。苟能如是，是即朱子，是即孟子也已，則謂孟子之言，即爲天下後世之爲學者道也可。新安書院於主敬堂之西軒署曰“願學”，余來斯軒，諸君曰：“願有記。”因述其義而著之，若謂謙讓不遑，自託於公西氏[3]“未能”“願學”之列，則非所以名斯軒之意也。

---

① 忝：羞辱；有愧於。
② 體用：本體和作用。
③ 公西氏：指孔子弟子公西赤。他回答孔子之問時，曾說：“非曰能之，願學焉。”

近聖居記

董桂敷

方丈之居，盈尺之几，可以置筆硯、攤經史，亦足欣然自得，無求於外者矣。然而境之所處，有不同焉者。今夫荒山深林、窮谷僻壤，無絃誦之聲，温文爾雅①之士，日與樵夫牧豎相遊處，則藺室也，陋矣。蓬户甕牖，板牀將穿，妻孥戚戚聲聒於耳，米鹽之末摒擋凌雜，則環堵也，困矣。衡門近市，湫隘囂塵，入營錐刀，出咨貨賄，時或傭夫丐徒諠呶叫嘯於側，則敝廬也，俗矣。夫求大木者，必依於山；采珍貝者，必宅於水，天下之至情也。巖巒石罅中有球璧②，則十里之内草木皆生其輝；澄潭巨浸中有蠙珠，則一川之流淪瀾竝寫其韻，非草木淪瀾之獨異也，其所附近之勢然也。孟子曰："遊於聖人之門者，難爲言。"非聖門之士獨異也，亦其近於學問者然也。彼夫百世而聞風，千里而聲應，離遠近之迹以求之，則凡亘宇綿宙③皆得謂之爲近，原不在區區咫尺之間。若乃太甲之徂宅，孟母之三遷，則實以居止之近而移其性。故諺曰"近朱者赤，近墨者黑"，言乎身之所習，必將有所轉移變化，觸於外而動於中，此即"擇不處仁，焉得智"之説也。昔者魯恭王壞孔子宅，升堂聞壁中有金石絲竹之聲，乃不壞宅。夫以舊宅之壁而有金石絲竹之聲，足以動後世之王公貴人，則知聖賢精靈之氣，隨所託而呈露。苟以吾儒親炙其間，其所感發，當有不知其然而然者矣。新安書院於正室後之西北隅因隙地爲室，廣不過一弓，而幽静雅潔足以讀書考道④，異夫前之

① 温文爾雅：態度温和，舉止文雅。

② 球璧：泛指珍寶。

③ 亘宇綿宙：高大房屋延續不斷。宇：屋簷。宙：棟樑。《淮南子·覽冥訓》："鳳皇之翔至德也，雷霆不作，風雨不興，川谷不淡，草木不摇，而燕雀佼之，以爲不能與之争於宇宙之間。"高誘注："宇，屋簷也。宙，棟樑也。"

④ 考道：謂取仁或義以成其道。《禮記·表記》："道有至，有義，有考。至道以王，義道以霸，考道以爲無失。"鄭玄注："考，成也，能取仁義之一成之。"

所謂陋者、困者、俗者，故取《孟子》終篇之語顔之曰“近聖居”。近朱子也，近道也，即以近夫千古而上之聖人也。曩余幼時讀書紫陽闕里之側，其居亦曰“近聖”，從師其中，殆將十年，稚弱顓蒙，不能有所奮發，至於今兹，學不加進，無以大異於常人。記是居，蓋不勝俯仰愧悔之情焉。書之，以爲居是居者勗也。

致一齋説

董桂敷

尊道堂之西，其廳大者曰“六水講堂”，講堂之南有小廳，春秋祭祀之辰，主祭者入，先莅此廳齋肅更衣，然後將事。余顔之曰“致一齋”。客問其説，余曰：“古者之祭也，散齋七日以定之，致齋三日以齊之。齊不齊，而致其齊；斯志專，專斯一。一者，誠也。誠而後可以格於神明。祭之爲言，察也，又際[①]也，内自察其心之誠，上以與神明相際，夫如是之爲一。《記》曰：‘專致其精明之德。’又曰：‘致其恍惚以與神明交，庶或饗之。’此致一之説也。”客曰：“唯唯。”已復從而申之曰：“凡人之心，未有無所檢制[②]而能定者也。酬酢之煩，千變萬化，憧憧往來，私意日積，而不可遏。”故聖門答仲弓問仁曰：“出門如見大賓，使民如承大祭。”蓋謂見賓承祭之時，必將絶其憧憧之私，使不至於紛擾。人能常持此心，斯能戒慎恐懼，主一而無適，是故聖人之制祭祀也，爲之禮，以展其意；爲之樂，以達其情。禮有升降揖讓，周旋裼襲之文，鼎俎籩豆、簠簋尊彝之器；樂有金石絲竹、匏土革木之音，清濁高下、疾徐疏數之節不一也，而其本曰敬、曰和。敬、和者，禮樂之精，人心之聚，而即鬼神之會也。故聖人曰：夫禮必本於太一[③]。又曰：樂者審一以定

① 際：會合；交會。《易·坎》：“樽酒簋貳，剛柔際也。”孔穎達疏：“以六五之柔與九五之剛，兩相交際而相親。”

② 檢制：約束節制。

③ 夫禮必本於太一：語出《禮記·禮運》，太一，古代指天地未分前的混沌之氣。《孔子家語·禮運》：“夫禮必本於太一。”王肅注：“太一者，元氣也。”

和，禮會於一而繁文洽，樂協於一而衆聲諧，志定於一而百慮齊，道統於一而萬殊貫，一之爲義大矣哉！昔之聖賢所以洗心退藏於密①，不顯亦臨、無射亦保者，其道皆由於此。吾朱子本格致誠正之學，折衷羣儒，由博返約，大旨亦不外乎此。此致一之説，所爲會通也。執祭而言之，特一隅之舉而已。既以語應客，遂書而爲之記。

報功祠記原

緊吾紫陽夫子，聖門道統，南渡儒宗，闡發六經之微，剖析百氏之奥。一燈遥接，光照五百餘年；二祀推崇，班逾七十二士。於是同鄉思慕，立書院於漢濱；肇建有年，切羹牆於鄣水。其如争端倅起，久假忘歸，賴羣公匡救之功，宜克配俎豆之永。大中丞楊公謐，二酉②名家，四知③令譽，復新安之古巷，義路宏開，建始闢之豐碑，禮門生色。大中丞吴公應棻，三讓④家風，一經世德，秉金麾而撫楚；壯我皇猷，駕采鷁以渡江，謁吾夫子，倡貲建學，振靡起衰，三鄣之士氣雲蒸，百代之人文蔚起。湖北觀察朱公湍，紫陽賢裔，青瑣儒臣，狴犴無私津巷之居廛，判成鐵案；蜩螗知儆市衢之祀産，難蔽冰壺。衡永觀察許公登瀛，

① 藏於密：後退隱藏於秘密之處，不露行迹。謂哲理精微深邃，包容萬物。《易·繫辭上》："聖人以此洗心，退藏於密，吉凶與民同患，神以知來，知以藏往。"韓康伯注："言其道深微，萬物日用而不能知其原，故曰退藏於密，尤藏諸用也。"

② 二酉：指大酉、小酉二山。在今湖南省沅陵縣西北。二山皆有洞穴。相傳小酉山洞中有書千卷，秦人曾隱學於此。見《太平御覽》卷四九引《荆州記》。後即以"二酉"稱豐富的藏書，文中指讀書多的飽學之士。

③ 四知：廉潔自持。典出《後漢書·楊震傳》："當之郡，道經昌邑，故所舉荆州茂才王密爲昌邑令，謁見，至夜懷金十斤以遺震。震曰：'故人知君，君不知故人，何也?'密曰：'暮夜無知者。'震曰：'天知，神知，我知，子知。何謂無知！'密愧而出。"

④ 三讓：用典指中丞吴公有謙讓的家風具有盛德。吴公的先祖是周太王的長子泰伯，泰伯三次辭讓王位於其三弟季歷，季歷遂繼位，季歷後來誕生文王。而泰伯後居於吴，其後代遂以吴爲姓。事見《論語·泰伯》："泰伯，其可謂至德也已矣！三以天下讓，民無得而稱焉。"

月旦評高，湖湘澤徧，創開津巷，即今新安馬頭魁星閣。捐養廉之禄三千；構建崇樓，架虹霓之觀百尺；肇興義學，廣置祀田。凡前人未逮之志，悉倚賴今日之四公，而當年贊翌之勳，亦難忘兩邦之太守。初，書院之建也，漢陽太守戴公夢熊，一肩重道，息蚍蜉於鑠金銷骨之時；五馬憑軒，化魍魎於烈日炎霜之下。迨後棟宇雖成，宫牆未峻，安陸太守吳公肇榮，竭捐清俸，不負初心，堅約同人，董成厥志，故能竹苞松茂，奠不朽之丕基；鳥革翬飛，壯無休之巨麗。今日者，馨鄉人慨慕之忱，報羣公衛道之力，立祠昭祀，克配明禋，佇看漢陽江上，和風甘雨，遥連黄海三十六峯之雲；大别山前，春祀秋嘗，永附紫陽百千萬年之享。

始建祠記原

蓋聞偉績豐功，共仰先賢令範；濬源培本①，難忘哲士鴻規。而況樹業千秋，匡扶道德，聯情六邑，振肅紀綱者乎！吾鄉建紫陽書院於漢口，自康熙甲戌始，勞心勞力，歷數多年，成始成終，羣推四老。其一默庵汪先生，潛心理學，馳譽儒林，著書立説，門多問字之侯芭；闡幽發微，座有談經之匡鼎。自任事以來，目縈心算，惟矢真誠，骨瘁神枯，了無退悔。其二藴如②吳先生，東山雅度，北海高風，身入書院之中，家置浮雲之外。一呼四應，工師來自故鄉；九鼎片言，木石聚於江岸。經權③有道，出入無私，正當大舉之時，忽有外氛之集。披肝瀝胆，沐雨櫛風，爰是九載工程，託鉢之金錢無濟；屢書告急，太倉之粒粟難分。遂罄橐而輸工，遽嘔心以下世。其三南宜余先生，開元博士之後裔，嘉魚寄籍之諸生，志切匡時，心存衛道，感一時之義激，致數載之蔓延；涉水攀轅，不禁大聲呼籲。鋤姦扞敵，遂使狂吠潛消，天不憖遺④，傷

① 濬源培本：開拓本源培植根本。
② 藴如：當爲“藴予”之誤。
③ 經權：經營籌劃。
④ 天不憖遺：憖，願意。意謂上天不願意留下。後以“憖遺”或“天不憖遺”作爲哀悼之辭。

於勞瘁。其四本立余先生，即南宜先生之族弟也，協力承肩，同心任事，迨至三君繼没，猶能隻手完工，樹蔭他年，繞屋之松杉徧植；流徽奕禩，連雲之金碧交輝。窮漸不支，一子之書香，庶幾裕後；老能益壯，卌年之締造，務欲觀成。凡我後人步趨之所，孰非前輩刱建之功。今荷各上憲稽古右文，仰體聖天子崇儒重道，倡義學而澤及後生，歸古巷而路通四達，義埠宏開，明禋永賴，是皆大慰四先生之志矣。四先生有知，得無含笑於九京乎！鄉人思四先生始建之功，羣議於寢堂後辟地爲祠，以饗春秋之祀。余樂斯議之有光前烈，而能鼓舞後來也，爰筆記之。以爲同人告焉。

東祠附祀畢制軍[1]述

董桂敷

文昌閣下東祠，所以崇祀楊、吳兩中丞，朱、許兩觀察，戴、吳兩太守者也。六公者，皆以尊道創義、扶正抑邪爲任，時不必同，事亦不必盡合，要其有功蹟於書院，則先後如出一轍焉。乾隆戊申，畢秋帆先生奉簡命制軍全楚，數謁祠堂，見庭宇歲久，宗桷[2]欹側，階下莓苔，延緣柱礎，牆根隙地，鄰逼湖蕩，率沮洳未治，謂宜崇築厥址，焕而新之。至乙卯而重修之議定矣。先是，鄉之老成有念及此者，以土木奮興，資用繁鉅，前之人竭精畢慮，閲數十年始得罷役，今之材木物價倍值於前，而經營籌畫又不敢與前人比，遂遲遲未發，蓄念以待時會。自制軍議創，人心協同，於是醵金庀材，大工肇舉，抹度築削，向之下濕者，培以高；傾欹者，治以堅；遺基未就者，完以固。十年之間，堂構塗塈[3]，纖悉畢備，此固同鄉之好義樂輸，任事者之經理周密，實亦制軍

① 制軍：明清時總督的别稱。

② 宗桷：房屋的樑與椽，代指房屋。

③ 塗塈：用泥涂抹屋頂或牆壁。亦泛指涂飾修繕。

之創於前①、勸諭於後，有以助而成之也。鄉人士以制軍之功不在前六公下，宜在崇祀之列，爰建木主，奉入東祠，偕六公春秋致祀焉。

文昌閣記

查景璠

聞之德行者本也，文藝者末也，士人匡居②誦讀，動期科名顯達，莫不知奉文昌帝君，而忠君、孝親、敬兄、信友之道漠不加意，就使詞華爛然，適以佐其浮囂之具耳。《書》云："作善降之百祥，作不善降之百殃。"《易》曰："積善之家，必有餘慶。"《詩》曰："嘉樂君子，顯顯令德，宜民宜人，受禄於天。"稽於古訓，若合符券。天何言哉，理之所是，心之所安，則天之所與，即帝君之所默相③爾。帝君本末，正史未經見，然就《化書》所述，十七世爲士夫，九十二化身，所行，皆崇德祛惡；所言，皆克己利人。天地日星、山川壇壝④，不必定列名姓，定有出處，而二帝之所特祀，六宗之所備列，精之所寓，神斯顯焉，即託爲之書，亦未嘗非原其意而代之口也。今奉帝君者儒衣冠，無不尊崇頂禮、虔若宗祖，然日誦所爲陰騭文、訓飭士子文，不啻諄諄然耳提而面命焉，而卒莫知取法，不亦辜帝君而失崇奉之意乎？吾鄉建書院，向奉紫陽夫子，兹更建閣以奉帝君，夫亦欲束身於道德之場，範我馳驅於聖賢之域，吾願登斯閣者，即取平日所爲務科名、期顯達之心，而從事於德日崇、惡日祛、己必克、人必利，涵泳⑤乎其所已知，增益乎其所未能，以循至乎忠孝敬信，内可自慊而外亦可以勵俗。浮雲之過，未必不爲響遏而停，則又不祈福而自福，不求祥而祥至，帝君其亦心許之。不

① 創於前：據上文畢氏"謂宜焕而新之"，下文"勸諭於後"爲四字句，"創"下或脱"議"字。
② 匡居：安居。
③ 默相：暗助。
④ 壇壝：壇場。祭祀之所。
⑤ 涵泳：深入領會。

然，而徒誇飛閣之崇巄，丹堊之輝煌，聖像之莊嚴，帝君豈有私於人者，而妄加之福耶？同人其勗諸，即以斯言爲之記。

魁星閣記

許登瀛

綴文[①]家多奉魁星爲司文章之柄，考之紀傳，未見所出。《天官書》"斗魁戴筐六星曰文昌宫"，或取義於此。而所謂六星者，上將、次將、貴相、司禄、司命、司寇，又不盡主文，明顧寧人常辨之[②]。然萬物之精爲星，魁之義爲首，文章固天下之至精而首出者也。象以心生，經緯以人名，何必盡有所據乎？鄉人士客漢濱，建書院以祀紫陽夫子有年矣。甲寅秋，予以公事來鄂渚，留連彌月，渡漢謁祠，因與桑梓耆舊握手道故，仰瞻堂構輪奂，顧而樂之，既稔津渡湫隘，未免猶有憾。予固知闢其徑之非易易也，乃捐俸爲之倡，購基拓巷，經營肇興。自是禮門之衢，直達漢江上流。爰建魁星閣於渡埠，背木蘭[③]，面大别，與黄鶴、晴川樓閣相鼎峙，天地自然之文章具焉。予酹一斝於魁星之前，以語鄉人士曰：新安爲人材淵藪，占客籍擢巍科者代不乏人。今建兹閣，正欲使吾鄉之僑寓漢濱者，父兄訓其子弟，朋友勉其同儕，相與砥礪切磋，浸淫於□書禮樂之中[④]，挹其精華，發爲文章，黼黻皇猷，羽儀上國，以克副聖天子作人雅化。行請督撫大吏題立商籍，則新安俊乂聯翩競起，光鹿鳴之盛典，表雁塔之新聲，未必不由此基之。予爲吾鄉祝，亦爲吾鄉操觚挾策者勗也。若夫雕甍聳萃，繡甍流丹，吞山光而挹江瀨，閣中之勝槩無窮，自有作賦巨手，予不多贅。

---

① 綴文：作文。謂連綴詞句以成文章。

② 人常辨之："常"當爲"嘗"之誤。

③ 木蘭：指位於今武漢黄陂的木蘭山。

④ 浸淫於□書禮樂之中：浸淫，沉浸，比喻被某種事物深深吸引。"書"前原稿有一字之空，當是"詩"字。

文公忌日設祭記

朱世潤霖望

余居闕里，垂髫時聞漢上紫陽書院落成，心嚮往之，而未遑一謁也。歲辛亥，奉召入都應襲，乃於春仲戒行李渡彭蠡，由潯江泝流而上，上巳日抵漢濱，齋沐謁我祖文公，即止宿書院西廳之後閣。而鄉之耆舊親串日相往來，意洽而情摯，傳所謂授館具徒、薪燎蒭濯、致餐獻餼、執祀展車者，罔不畢至，誠賓入如歸矣。越朔九日，乃我祖夢奠[①]之辰，余設俎豆、陳犧牲，萃鄉人同致祭焉。是日也，微雨初晴，風恬氣朗，飲福於尊道堂後，碩彥咸集，舉昭穆旅酬之禮，其杖者挹余而言曰：書院之始建也，興者三、躓者三，六邑千百人中，得二十四人爲之倡，二十四人中又舉四人力厚志堅、勇往奮發者爲之主，而事務之煩叢、錙銖莫可勝算，迨其後三君即世，復賴一二杰士勖勸維持，矢志不衰，崛起而振興之。官斯土者，自連帥方伯[②]以及百執事，疇不崇儒重道，樂觀厥成。初，有好事者擾攘不已，百方駕揑，思有以阻撓之，賴内外諸鉅公侃侃正論，邪説熄焉。及功垂九仞，而一簣告虧。斯時也，趙壹探囊，誰爲捐醵，首事羣公，不惜傾囊倒篋，手足胼胝，竭心思、廢寢食，以底於成。余聞斯言，重有感於吾鄉人之勇於爲善也。夫始事十年，貲累數萬，等於平地爲山，初無畏縮逡巡之念，歷艱難、越險阻，禦災捍患，幾於隕身而不顧，克成其事，是誠學識膽力透關宗顛者歟？烏可以不誌？讌享既退，乃於夜窻篝燈而爲之記。

---

① 夢奠：指死亡。典出《禮記·檀弓上》，孔子將死，曰："予疇昔之夜，夢坐奠於兩楹之間……予殆將死也。"

② 連帥方伯：均指地方高級長官。連帥：古代十國諸侯之長。《禮記·王制》："十國以爲連，連有帥。"方伯：殷周時代一方諸侯之長。後泛稱地方長官。漢以來之刺史，唐之采訪使、觀察使，明清之布政使均稱"方伯"。執事：有職守之人，即官員。

與祭記

吳肇榮子華

孔子曰："吾不與祭，如不祭。"蓋篤於誠也。凡祭皆誠，而況與吾紫陽夫子之祭乎！初，吾鄉人士建書院於漢濱祀吾夫子，首事者亟請於當事，當事體聖主稽古右文、崇儒重道之盛典，僉署曰："可。"於是鳩工選材，期於不日成之。頃爲好事者所忌，流訕簧鼓，駸駸乎邪説充塞仁義，而厥功幾隳。余自甲戌奉命守安陸，爲之倡捐，乃復多方捍御，始得宫牆巍焕，奉吾夫子之神主於寢室以享烝嘗，而予之微衷庶乎無愧矣。今當秩滿言歸，維舟漢上，謁吾夫子祠。鄉人士進爲言曰："季秋望日，爲夫子生辰，例鄉大夫主祭。先生有功於祠，非先生不可。"予以老拙辭，咸曰："先生篤於誠者也，誠則格，格則饗，幸無負所請。"乃齋沐，届期夙興，偕鄉人士而與祭焉。噫，幸矣！第予以薄德藐躬，靦然居諸鄉先生之右，抑又愧矣夫。吾夫子大本達道，格致誠正，自秦漢以來，賴兹一燈紹列聖之薪傳，以集諸儒之大成，是以聖朝特加褒錫配享頖宫，况吾鄉人薰其德、沐其化愈久而不能忘者耶！昔吾夫子之在閩也，顔其書室曰"紫陽"，蓋以紫陽爲徽之故山，夫子表之，示鄉關之在望也。吾鄉人建祠於漢上，亦不啻依吾徽之闕里，朝夕趨承薦俎豆、奉粢盛，竭"如在"① 之誠，恍然夫子之式臨，僾聞愾見②，何莫非一誠之所通也哉！乃戰兢敬翼，再拜起立，歌"高山仰止"之詩而退。

---

① 如在：《論語·八佾》："祭如在，祭神如神在。"謂祭祀神靈、祖先時，好像受祭者就在面前。後稱祭祀誠敬爲"如在"。

② 僾聞愾見：仿佛聽見。

重修紫陽書院後序

程健學

吾郡書院高踞紫陽山，爲子朱子講學之地，至今沐浴餘澤，咸遵其禮法，而有志之士以躬行實踐爲務，學其所學，代不乏人，宜其崇祀勿替，堂構時新也。健偕計北上往來吳越間，見所在皆有紫陽書院，側聞吾鄉前賢之請建於漢皋者，並有義學、義渡，有藏書閣，有先儒講堂，非襲書院名，而有其實，規模尤爲宏遠，竊心向往之，未能至也。戊午春，適當重建鼎新，落成釋奠，而健得與於祭，仰瞻榱桷之巍峨、堂基之爽塏。目覩又過於耳聞，凡夫爲寢爲堂、爲門爲塾，前賢之記備矣，抑猶有未備者。廟之前爲魁星閣，翼然臨於漢水之上，自閣而北以達於門，夾道皆闤闠櫛比鱗次，而莫不整齊，矢直砥平，而莫不豁達；廟之後爲文昌閣，北枕木蘭，其南則下瞰漢陽、大别，如俯而憑几；閣之下敞其中爲習禮之地，東西兩專祠，則又張拱而翼如，"始建"以祀先賢，"報功"以祀名宦，皆祀其大有功於書院者。稽之《書院志略》一編，肇造於康熙甲戌年，自尊道堂旁及六水講堂、讌射軒，以次竣工，尚未有今日之喬皇壯麗也。乃南北兩閣及二祠之記，記而未成也，爲記者區畫摹繪其樓閣，已不啻與黄鶴、晴川鼎峙於大江左右，而責成於後之人以實之。後之人遥距百餘年，曲盡其制，若善成夫晝宫於堵者之所爲，斯已奇矣。又況廟門至魁星閣，今之所見，櫛比鱗次，廼昔之竹屋参差、犬牙錯雜者；今之所見，矢直砥平，廼昔之水巷逶迤、洿泥濯淖者。不讀《志略》，孰知締造艱難，前後賢如出一轍哉！夫懋遷非必循族姓之所鬻，即僑寓亦非必食舊德、服先疇、用高曾規矩也，猶拳拳服膺，奉朱子之禮法，而非徒飾廟貌爲觀美，況居紫陽之故居者，宜何所持循①乎！書院重修，多賢勷事，任其勞而不居其功，亦並不欲人之著其名，是亦敦本尚實之徵也。諸父老屬健爲落成後序，故備書之。

---

① 持循：猶遵循。

漢口重修新安書院碑記

董桂敷

漢口之有新安書院也，自康熙甲戌歲，吳公蘊予、汪公文儀等創始之，閲十二年而成，至乾隆乙卯歲畢秋帆制軍以祠宇寖久[①]，恐就傾頹，建議重修，汪君衡士等實經理之，亦閲十年而後成。余以嘉慶丙寅春自京師乞假南歸，取道漢上，展謁祠堂，仰瞻榱桷，周視垣墉，規模嚴峻，既碩且固，未嘗不歎前人創業之恢宏，與後人經理之周密，相得益彰也。三月望爲春祀之辰，鄉人士不鄙棄余，俾主祼獻。既而出書院舊編《志略》，屬余增訂，辭，不獲，則爲詳覽周咨詮次而補綴之。將成，復以重修勒石之文爲請。余維書院之建，一舉而三善備焉：尊先賢以明道，立講舍以勸學，會桑梓以聯情。三者創立之大端而興修之所由亟也。其墾闢艱難之故，捍御維持之力，昔人誠倍於今人，若夫經營劭勔，振成規而光大之，厥功有不後於昔人者矣。方制軍之創議也，一呼而百諾，旬月之間，慨然懷必成之志，固激於意氣哉！迨夫度五十餘丈之規，築數仞之牆，集萬夫之役，銖積寸累、頭會箕斂，輸者已竭其力，而作者莫竟其功，四顧屏營，幾於憊已，卒能從容措置，不懈益虔。舉凡尊道之堂、棲神之寢，以及齋厨廳舍，前人已有者新之；文昌之閣、讌射之軒、講堂書屋之設，前人未竟者補之；外若水龍之製，街東汲道之闢，并前人所缺略者增之。星紀未終，條理畢具，何其備也！事有極艱钜萃精勤，旁觀視之，若以爲自然而成、不殫心力者，試使當局而籌之，其煩頓勞瘁，殆將避之惟恐不暇，又何心與力之有？今諸君之任此也，非特尊賢勸學，敦崇梓誼，其所樹立，卓然足以不朽。抑其審度區畫之有方，出内權衡之有道，亦可爲後之興功立業者法。况乎讓美於前而不自居，其撝謙[②]之度，尤深有得於先賢遺教，而非近俗之所能及者歟！余不敏於

① 寖久：猶積久。

② 撝謙：謂施行謙德。泛指謙遜。《易・謙》："無不利，撝謙。"

諸君子，無能爲役而興復之難則實已洞見之，故於《志略》既詳載其建置增修之大槩，而書碑之文則獨表其功蹟，非徒以表諸君也。堂構之成，率百數十年而不能無敝壞，百數十年之後，將復有起而任此事者，省視余文，當益奮然感發，歎成功之不易，而思媲美於前賢，是則今日之所預爲厚期也夫！

新安通衢記

王恩注

古者崇禮大賢，宮室則圬人塓[①]之，道路則司空易之，其有門不盈車、道茀難行者，有心人竊爲之深憂，况於崇祀先賢？高山深仰止之思，嘉賓喜周行之示，既已高閈閎而厚牆垣矣，可無坦坦履道以與内美相稱合哉！我徽士僑寄遠方，所在建祠，以祀朱子，而唯漢鎮最鉅。明宮齋廬，宏廓静深，覲饗式時，嚴嚴翼翼，自門闕堂階以達於寢室，複廟重簷，莫不饜飫心目。然而康衢未通，委巷局促，瞻謁者每以不稱爲歎。歲在辛卯，董事諸公顧瞻咨嗟，商便居眠，厚予其直。於是廛宇之非已有者，道路之杌棿反側者，羅致而恢廓之，砥平矢直，心舒目開，對宇望衡，軒豁呈露，由水濱而遥望宮牆，幾以爲天然平衍，而不知心與力之俱瘁也。先是傭人之行汲者接跡周道，不雨而濡，因重設之隘巷，令明禁宣，街衢嚴飭。綺羅錦繡之交錯，玩好百物之燦陳，此前日湫隘囂塵、估客斂迹焉者也。季春重九，搢紳先生來雝而至肅，此前日人不得顧、車不得旋焉者也。昔者人謂斯何，今者人謂斯何，使非明敏公直而矢之以無倦，安能外觀燦耀，適與内美相稱合也哉！注來漢上虔謁廟堂，閒步康莊，聞之同人最悉，故樂得而記之。夫禮門義路、先師遺教具存，使後人顧名思義，履周道而興率由之思，其貽澤豈淺鮮哉！

---

① 圬人：泥瓦匠人。塓：涂刷。《左傳・襄公三十一年》："司空以時平易道路，圬人以時塓館宮室。"

題　　咏

寄題漢口紫陽書院

陳祖范亦韓

韋齋身居閩，印記猶紫陽。晦翁述先志，更以顔其堂。至今仰止者，泰、華相低昂。書院衍道脈，嘉名披吳閶。蘇州書院名紫陽。近傳漢江口，棟宇尤煒煌。問誰集衆力，徽國乃宗邦。旁以憩賓旅，中以肄文章。來往必敬恭，曾不異維桑。美哉此建置，名實誠相當。

又

查　祥星南

道統傳洙泗，儒宗集大成。聖宫隆俎豆，家廟盛齏盛。梓里尊崇切，僑居奉事誠。闢基臨漢水，建院列江城。奉主嚴時享，升堂勵景行[①]。書樓羅典籍，學舍集諸生。鉅細欽全備，勤勞歎始營。創興皆碩彦，繼續悉才英。不受羣囂沮，難忘衆力擎。歷時工始竣，踵事費猶宏。簷桷看飛翥，庭墀見敞明。餘工兼博濟，盛舉表昇平。近過争瞻仰，遥觀即震驚。龜山青鬱鬱，鴛瓦碧晶晶。民俗潛薰德，傳聞著有名。寰中多創建，莫並此峥嶸。

---

① 景行：文中指高尚的德行。《詩・小雅・車舝》："高山仰止，景行行止。"鄭玄箋："古人有高德者則慕仰之，有明行者則而行之。"又作"大路"解，如漢蔡邕《郭有道碑文》："於是樹碑表墓，昭銘景行。"

匾　額

福乾隆五十六年十二月二十日欽賜兵部尚書、都察院右都御史、湖廣總督臣畢沅。

徽國文公祠

尊道堂　康熙戊寅之春，黄元治書。

異地同師　康熙丁丑春月，後學張瑗敬題。

過化存神　康熙丁丑嘉平月，中憲大夫、湖廣安陸府、後學吳肇榮題。

繼往開來　康熙丁丑季冬月，陝西驛鹽道程兆麟題。

輝映齊雲　康熙丁丑仲春月，丙子科雲南大主考、翰林院編修宋衡題。

道山學海　康熙三十八年春月，武英殿大學士、吏部尚書李天馥敬題。

吾道中天　康熙己卯仲春月，湖廣總督部堂東萊郭琇題。

如日中天　康熙己卯仲春月，内閣大學士宛平王熙題。

道源洙泗　康熙己卯季冬月，後學程鶴嶷敬題。

斯文在兹　康熙庚辰春月，文華殿大學士、禮部尚書張英題。

漢南教澤　康熙三十九年春月，知黄州府事加五級許錫齡題。

承先啓後　康熙庚辰菊月，賜進士出身、分守武昌道莊搢敬題。

道統攸傳　康熙庚辰仲秋月，翰林院檢討、充三朝國史纂修官、婺源後學吳文炎題。

道接魯鄒　康熙壬午孟夏月，賜進士第、翰林院編修、後學汪瀊敬題。

道啓來兹　康熙癸未歲孟夏月，督學使者、西河王祚興題。

真儒集成　康熙甲申孟春月，提督湖廣全省學政、翰林院檢討潘宗洛題。

統接大成　康熙乙酉孟冬月，欽差湖廣大主考、後學文岱題。

聖域賢關　康熙丁亥桂月，詹事府左春坊左贊善、翰林院檢討戴紱敬題。

心傳如揭　康熙丁亥季春月，同知江南徽州府事柯宗仁敬題。

聖學淵源　康熙戊子冬月，居越後裔嘉敬題。

道統正傳　康熙己丑季春月，武昌府通判、海陽後學王鼎延敬題。

千古真儒　康熙庚寅仲夏月，知成都府崇慶州、後學王爾類題。

仰止景行　康熙辛卯仲夏月，山西汾州府知府、休寧後學姚震敬題。

學炳日星　康熙壬辰仲秋月，戴朝冠敬題。

鄒魯功臣　康熙癸巳孟夏月，萬壽恩科湖廣大主考李天祥敬題。

聖道薪傳　康熙甲午冬月，湖廣全省學政、大興薄有德敬題。

班列十哲　康熙五十六年春三月，福建汀州府知府、休寧吳澍敬題。

理闡精微　康熙丁酉仲冬月，知雲南府安寧州事、休寧後學程夢英題。

修道垂教　康熙戊戌仲春月，湖北布政使司督理糧儲道參議許大定敬題。

江漢秋陽　康熙戊戌仲春月，後學吳炯敬題。

洙泗津梁　康熙戊戌中秋，海陽後學程儀千敬題。

道與天長　康熙庚子仲春，同知江南徽州府事趙良堉敬題。

功勳關洛　康熙辛丑仲春，湖廣岳州府通判、後學程子琨題。

格致誠正　雍正丁未季秋月，中憲大夫、知湖廣辰州府事汪立名敬題。

百代儒宗　雍正丁未十二月，欽命督理福建鹽政汪亮卿敬題。

南渡尼山　雍正乙卯春月，欽命巡察湖北湖南等處地方、湖廣道監察御史、後學程仁圻敬題。

源宗江漢　雍正八年八月，欽命提督湖北學政、日講官起居註、翰林院侍讀凌如煥敬題。

天下第一人　雍正庚戌之秋，後學夏力恕題。

學海朝宗　雍正庚戌菊月，署理廣東等處提刑按察使司按察使、潭濱後學黄文煒敬立。

孔道以明　雍正癸巳仲春月，督理湖廣湖北等處驛傳、兼理清軍鹽法道楊晏敬題。

治紀南國　雍正甲寅季夏月，署理湖南按察使司、後學許登瀛敬題。

學宗洙泗　雍正乙卯仲春月，湖北巡撫都察院、後學楊馝敬題。

列聖功臣　雍正十三年九月，武昌守道、後裔淯敬立。

江漢窮源　雍正乙卯九月，湖廣湖南布政使司分守岳常澧道、按察使司副使、休寧孫元題。

日月經天　雍正乙卯夏月，提督湖南學政、翰林院檢討吳大受敬立。

統接聞知　乾隆丙辰仲春月，督理湖廣湖北等處驛傳、兼理清軍鹽法道程世綏題。

重昭道統　乾隆丁巳季夏，同知江南徽州府事加一級任宗游題。

仁義之府　乾隆丁丑孟春月，賜進士出身、誥授光禄大夫、内廷供奉經筵講官、軍機大臣、太子太傅、吏部尚書前刑部尚書、協辦大學士軍功加六級、休寧後學汪由敦敬題。

正學標準　乾隆五年仲秋月，賜進士出身、翰林院編修、四川道監察御史、休寧後學程盛修題。

雨化南天　乾隆五年季夏月，特授奉直大夫、刑部浙江清吏司員外郎、後學黄元題。

羽翼聖經　乾隆七年六月，賜進士出身、覃恩誥授奉政大夫、山東道監察御史吳煒題。

道源永滙　乾隆丁卯季春月，後裔明儀敬立。

綱維全史　乾隆壬申孟夏月，雲南武定府和曲州、婺源後學王廷言題。

道尊南紀　乾隆癸酉春三月，武、漢、黄、德道，潭濱後學黄履昊敬題。

聖學光明　乾隆二十年，湖廣湖北武昌府知府、歙邑後學吳穀題。

凝德以道　乾隆二十年仲秋月，召試博學閎亂①文林郎、護湖南寶慶府理徭同知、署理常德府同知、候補知縣、後學戴永植敬書。

孔孟正宗　乾隆二十五年二月，湖廣湖北武昌府事、海陽後學黄興讓題。

道衍尼山　乾隆三十六年十月，賜進士第、翰林院編修、辛卯科欽命廣西正主考加三級紀録三次、休寧後學汪存寬敬題。

聖學正宗　乾隆三十六年九月，賜進士第、翰林院編修、辛卯科欽命湖北副主考加一級紀録二次、休寧後學黄良棟敬立。

儒言宗海　乾隆辛丑五月，湖北學政後學吳省欽敬立。

正學醇儒　乾隆乙未季秋月，賜進士及第、勅授承德郎、翰林院修撰充四庫全書纂修官加一級紀録一次、休寧後學黄軒沐手敬題。

---

① 召試博學閎亂："亂"，當爲"辭"之誤。

微言翼教 乾隆乙未季秋月，賜進士及第、勅授承德郎、翰林院修撰加一級、歙縣後學金榜敬題。

洙泗薪傳 乾隆乙未季秋月，賜進士及第、勅授承德郎、翰林院修撰充四庫全書纂修加一級、休寧後學吳錫齡敬題。

道學流芳 乾隆乙未年立，嘉慶戊午孟秋月，更銜誥授資政大夫、兵部侍郎兼都察院右副都御史、巡撫雲南等處地方提督軍務兼理糧餉加三級紀録十六次隨帶軍功加二級、歙縣後學江蘭立。

化雨先霑 乾隆四十一年三月，署理湖北按察使司印務，分守武、漢、黄、德道，後學吳之黼敬書。

諸儒集成 乾隆四十二年九月，海陽後學戴第元敬題。

私淑淵源 乾隆丙申五月，賜進士第、中憲大夫、知四川夔州府事、歙縣後學江權敬立。

濂洛同揆 乾隆戊戌孟冬月，賜進士出身、文林郎、内閣撰文中書舍人、里後學吳泰來敬立。

岳峙淵渟 乾隆乙巳季春，賜進士出身、誥授朝議大夫、掌山西道監察御史加二級、前翰林院編修加二級、歙邑後學鄭爔敬題。

宗邦遠式 乾隆甲辰季秋月，欽授修職郎、世襲翰林院五經博士加三級、文公十九世嫡裔學彬百拜立。

江漢同流 乾隆甲辰春月，特授湖北漢陽府同知、古歙後學姚任道書。

模楷永垂 乾隆五十一年九月，欽命湖北正考官、文淵閣校理、翰林院編修、記名御史、鄉後學吳敬輿謹題。

大道心傳 乾隆丁未季冬，誥授光禄大夫、户部右侍郎管理錢法堂事務兼署兵部左侍郎軍功加一級、休寧後學汪承霈敬題。

斯文不墜 乾隆己酉秋九月，賜進士及第、誥授光禄大夫、兵部尚書兼都察院右都御史、湖廣總督、後學畢沅敬題。

繼往開來 乾隆三十九年季秋，誥授中憲大夫、刑部廣西司郎中升任貴州石阡府知府加二級紀録八次、祁門後學洪彬敬題。

道閒先聖 乾隆甲寅季春，誥授中憲大夫、湖南辰沅永靖兵備道，歙西後學潘成棟敬題。

六經一貫　乾隆己亥仲冬月，後學汪燾敬書。

表章功重　嘉慶元年孟夏月，賜進士出身、誥授光禄大夫、經筵講官、太子太保、南書房供奉、户部尚書兼管順天府府尹事務加三級、歙邑後學曹文植敬題。

道闡聖經　嘉慶戊午季秋月，賜進士出身、誥授中憲大夫、日講起居注官、咸安宫總裁、詹事府少詹事、教習庶吉士、戊午科湖北正主考官、提督廣東學政加一級、歙邑曹振鏞敬題。

濂洛集成　嘉慶戊午季春，賜進士出身、國子監學政加一級、後學程健學敬立。

聖學宗風　嘉慶己未春月，賜進士出身、刑部主事山西司員外郎加一級、績邑後學方體敬題。

道隆化洽　嘉慶四年孟春月，署黄州府知府、後學謝登雋敬題。

百世興起　嘉慶庚申季春月，賜進士出身、勅授文林郎、翰林院庶吉士加一級、歙縣後學鮑桂星敬題。

閩洛同源　嘉慶庚申嘉平月，賜進士出身、勅授文林郎、翰林院庶吉士、實録館纂修官加一級、古歙程圃仁敬題。

道宗洙泗　嘉慶辛酉季秋月，誥授奉直大夫、知廣西寧明府事、休寧後學戴霆敬題。

道學流芳　嘉慶辛酉冬月，誥授中憲大夫、議敘道刑部正郎、雲南貴州清吏司加四級紀授四次、歙西汪必誠敬書。

功侔神禹　嘉慶壬戌秋九月，賜進士出身、欽點國子監學政、績邑後學石城敬立。

筆繼春秋　嘉慶甲子季春月，覃恩誥授中憲大夫、兵部武選司員外郎加三級又軍功加一級隨帶，後學江淦敬立。

百世師傳　嘉慶乙丑夏月，誥授資政大夫、欽授監運使司又軍功議叙加四級、歙西汪必相敬立。

源深澤遠　嘉慶丙寅仲夏月，賜進士出身、勅授文林郎、翰林院庶吉士加一級、婺源後學董桂敷敬書。

西　　廳

六水講堂　乾隆丙辰夏午月，曹文植書。

兼山麗澤　康熙丁酉之春，戴有祺書。
主敬堂　乾隆戊辰之秋，程珣題。
願學軒　乾隆己巳之春，夏力恕題。
致一齋　嘉慶丙寅仲夏，董桂敷敬書。
啓秀書屋　嘉慶甲子之春，吳世淮書。
讌射軒　嘉慶戊子之夏，馬家驥書。
近聖居　嘉慶甲子之春，汪元愷書。

魁星閣

文光遠射　雍正歲次旃蒙單閼孟秋，朱濡題。
光映天都　乾隆元年丙辰仲春，程世綏敬立。
象著文垣　乾隆丙辰仲春月，金承統敬題。

文昌閣

光騰雲漢　嘉慶二年丁巳孟春，總制全楚使者畢沅題。
經緯揚華　嘉慶二年丁巳春二月，海陽汪承霈題。

義埠

新安津梁　雍正十三年孟秋月，許登瀛題。
達道共由　雍正乙卯仲秋，夏力恕題。
吾道其南

聯句照原銜

作綱目、繼春秋，涑水司馬公賴筆削而史書不謬；
由問學、盡德性，廬山白鹿洞辨異同而聖道始明。

後學汪繹題

闡六經奧旨，註千聖微言，昭昭然若日月當天，孔孟以來於斯再旦；

塞百氏旁流，滙諸儒正派，浩浩乎如江漢朝海，周程而後大矣蔑加①。

後學黄元治題并書

水之行地，猶神之在天，况嶽麓有遺踪，則鄂渚蘋蘩，益見道昌朱鳥；

生近其居，如親炙其世，雖日月無私照，而鄉人俎豆，還同號繫紫陽。

後學張瑗拜書

九州郡邑皆祀廟庭，爰集六水枌楡，挹江漢洋溢，遥望文瀾於虹井；

萬祼師儒具瞻山斗②，肆會兩湖桑梓，仰宫牆翼翼，儼沾教澤於紫陽。

天都後學吳肇榮敬題

大别峙龜蒙之秀，千巖萬壑擁五岳以紛羅，惟鄣嶺孤標真作道峯砥柱；

漢水分洙泗之源，三湘七澤③滙百川而争逝，信紫陽一派能廻學海狂瀾。

後學江阜拜題

承千聖之危微，業在守先，信史凛於春秋，巍巍道山，秀聳徽閩争望岳；

闡四子之秘奥，志存待後，大義昭於日月，淵淵學海，澤流江漢盡朝宗。

後學宋衡敬題并書

---

① 蔑加：没有增加的。

② 山斗：泰山、北斗的合稱。猶言泰斗。比喻爲世人所欽仰的人。語出《新唐書・韓愈傳贊》："自愈没，其言不行，學者仰之如泰山、北斗云。"

③ 三湘：湖南湘鄉、湘潭、湘陰合稱三湘。古人詩文中的三湘，多泛指湘江流域及洞庭湖地區。七澤：相傳古時楚有七處沼澤。後以"七澤"泛稱楚地諸湖泊。漢司馬相如《子虛賦》："臣聞楚有七澤，嘗見其一，未覩其餘也。臣之所見，蓋特其小小者耳，名曰雲夢。"

創合渙之宏規，羡威儀雝肅，山若增高，水若增遠；

崇國故之元祀，願訓行無斁，天與同久，地與同長。

後學汪璲敬題并書

衡雲護几筵，仿鹿洞遺規，凛羹牆以修睦，所過所存，咸被千年教澤；

漢水潔蘋藻，分虹井佳氣，光俎豆以樂羣，有嚴有翼，永欽萬古心傳。

後學姚震敬題

承千聖道統；

正百代儒宗。

後學汪嘉樹并題

道統纘唐虞，遡本窮源，知遺風之未遠；

聲靈鍾院宇，愾聞僾見，信斯文其在兹。

居越後裔嘉題

惟精惟一，亘古之光華如旦；

無聲無臭，千秋之俎豆聿新。

三韓後學柯宗仁敬題

循是路而由是門，式遵古訓；

登斯堂而入斯室，矧敢斁思。

後學汪鈞敬題

遠接尼山，道在黄巖白嶽之間，宜六邑羣英奉爲千秋俎豆；

近宗濂水，祠於廣漢永江之畔，知兩湖人士共瞻數仞宫牆。

永年後學李天祥敬題并書

到南渡後誰知孔聖人尚存，即今日仰廟貌於黄鶴樓前，豈不是秋陽江漢；

便北朝中也問朱先生安在，想當年寄學規於白鹿洞口，何處尋汴水錢塘。

後學夏力恕薰沐拜題

接危微精一之傳，遠溯唐虞，近宗孔孟，千百世道心不絶；
闡河洛圖書之秘，約該周邵，博采程張，億萬年性學[1]當明。

後學許大定敬題

功著六經聖道之薪傳，顯垂千古；
位崇十哲盛朝之典祀，榮冠羣儒。

鐵嶺後學楊晏敬題

學闡羣經，越秦漢晉唐而始標真諦；
道光千古，滙周程張邵而重集大成。

維揚後裔濡敬題

白鹿山房，著述文章皆妙道；
紫陽理學，東南鄒魯得真傳。

莘野吳睿敬題

文獻著丹巖，萬世宗師傳道脈；
淵源照漢水，千秋俎豆仰儀型。

海陽後學吳元倫拜題

乾隆二十四年歲在己卯夏六月

道脈衍千年，自孔孟垂教以來，誠意正心闡薪傳，儼授受一堂，永作今古師儒之極；

人文聚六邑，當春秋展虔而外，型仁講讓敦梓誼，看冠裳異地，依然東南鄒魯之鄉。

後學汪良選沐手敬題

乾隆癸酉春三月既望

傳道脈於紫陽，沅芷澧蘭，鄂□□□□豆[2]；
接心源於黄岳，風琴雅管，晴川遠葉笙簧。

潭濱後學黄履昊拜題

① 性學：指儒家理學之精研人性與天理的性理之學。

② 鄂□□□□豆："鄂"下四字，原稿漫漶不清。

乾隆己酉秋九月

道統得薪傳，經史遺文獨軼漢唐標奥義；

心香崇梓里，春秋秩祀遥從江沔溯真源。

休寧後學畢沅敬書

緒宗洙泗，功翼傳經，瞻教澤佈九州勝地，永治平於邦國，徽聲歷代彌尊，虹井毓靈章五色；

典肅春秋，榮崇俎豆，仰光華照三楚名區，長溯洄夫漢江，文運齊天不朽，紫陽鍾秀脈千尋。

海陽後學楊奮飛拜獻

三綱底柱留全史；

千古功成在六經。

後學夏力恕敬題

雜　　聯

道學慕前徽，爰萃六邑諸生於兹講習；

文明昭聖代，佇看千秋百世貽厥謨猷。

仰大成於往聖，觀海難言，却就這江永漢廣分泗水之支流，益信此中涉川有自；

留微緒於來賢，指迷未遠，請都向義路禮門範考亭之正軌，不須他處問道所由。

里人夏力恕題

乾隆丙辰之夏

摹斗鬼儀型，開文運於紫陽，筆蘸長湖，描不盡鸚鵡洲邊草痕波影；

符狀元詩讖，接仙風於黄鶴，金儲大别，買不了胭脂山下月色江聲。

竇田洪元聲沐手敬書

舊學商量加邃密；

新知培養轉深沉。

子朱子句，汪應銓書

肇開文運立中極；

旋轉玉衡①見太平。

嘉慶二年丁巳春二月

左挹鶴樓，右攬晴川，溯十載②漢渚經遊，枌社簪纓崇道脈；

瑞靄斗魁，祥凝東壁，三千里楚江星耀，天都人士頌奎垣。

海陽汪承霈題并識

嘉慶二年丁巳孟春

璧月耀奎躔，瑞彩繽紛生漢渚；

卿雲③輝禄籍，祥光焕爛映天都。

總制全楚使者畢沅題

嘉慶三年春月

觀象六星，鄣郡人文珠映采；

登樓百尺，漢皐雲物鏡生輝。

祁閶謝登雋敬書

嘉慶丙寅仲夏月

聖譯如聞，庭下笙鏞符孔壁；

心源未遠，眼前江漢即朱塘。

後學董桂敷敬題并書

嘉慶丙寅仲夏月

功在紫陽，千載干城維道統；

祠依東序，百年黎獻仰官師。

後學董桂敷敬題並書

---

① 玉衡：指北斗。《文選・揚雄〈長楊賦〉》："是以玉衡正而太階平也。"李善注引韋昭曰："玉衡，北斗也。"

② 溯十載：據對聯規律及下聯"三千里"字樣，"溯"字似誤，當爲"數"。

③ 卿雲：即慶雲，又稱景雲，是一種彩雲，古人視爲祥瑞。《竹書紀年》卷上："十四年，卿雲見，命禹代虞事。"

嘉慶丙寅仲夏月

盛服正容，大祭人方觀典禮；

升堂入室，先賢吾欲見羹牆。

星江董桂敷敬題并書

嘉慶丙寅仲夏月

作室溯勤墉，漢滸重瞻闕里；

專祠隆報績，靈斿長護寢筵。

星江董桂敷敬題并書

嘉慶甲子之冬

學禮首桑弧①，集蘭襟於江漢名區，既句既堅無忘天地四方之志；

歌詩陳瓠葉，設蒲筵兮春秋佳日，言慈言孝私淑程朱三子而來。

華陽胡秉虔題并書

太乙明從金殿下；

斗牛光並玉壺②懸。

朱濡再題

漢口紫陽書院志略撰述增訂嘉慶二十四年冬月刊

紫陽書院志略序

趙　玉

紫陽乃江南徽郡城外山也，綿亘蜿蜒，壁立千仞。文峯出松括③之表，靈秀所鍾。《爾雅》謂：大山，岌。小山，峘。大山，宮。小山，霍。小山，别。大山，鮮。兹殆所稱别者與？而幽邃平夷，綽有餘地，

① 桑弧：古時男子出生，以桑木作弓，蓬草爲矢，射天地四方，象徵男兒應有志於四方。後用作勉勵人應有大志之辭。

② 玉壺：喻明月。唐朱華《海上生明月》詩："影開金鏡滿，輪抱玉壺清。"

③ 松括：松樹梢。

易於登陟，與黄海問政諸山同爲勝境。山多祇樹林，有宋名儒祝公確墓碑存焉。確以貲雄於歙，而與婺源朱韋齋先生同爲南渡理學之宗。韋齋名松，文公父也。雖家婺源，常與其徒講學於郡之紫陽山。及成進士，任福建龍溪尉，遂挈眷之閩。屢遷至朝奉大夫，以不附和議忤秦檜，棄官歸。是時文公年十九，成進士，亦官於外。經方臘之亂，道阻絶，公父子不能歸里。韋齋慟焉，以在閩所寓之室顔其額曰“紫陽”，并刻私印，以見講學故山，未嘗一刻忘也。韋齋遂殁於建陽，文公居喪服闋，復以紫陽之室恢而大之以祀親，繼其志也。遵父遺命，徒步千里，從學於李愿中、羅從彦之門，遂得周程嫡派而集大成。屢徵不起，强之，應命，未幾辭職，如是者三四。先後在朝止四十日，章疏數十上，皆以報仇雪恥、正心誠意爲諫，言之激烈，甚於賈生之痛哭、汲黯之批鱗。雖爲權倖所嫉，而名重三朝，暫躓，旋起。身殁後數年耳，韓侂胄死，理陵悔悟，即謚爲“文”，贈太師徽國公，録其三子於朝，賜“紫陽書院”額於講學之故里，此又自古忠臣之受報，未有如此之速也。然則“紫陽”之名亦稱於漢口，何居①？蓋斯文不喪，公之神在天，無所不之者也。而況漢口寰區巨鎮，徽人客遊天下，惟漢口爲多，有成邑成都之漸。其在故鄉，車服禮器薰公之德，子子孫孫經數百年，雖來異地，不能忘根本也。又況公曾兩次奉祠，皆在湘湖。嶽麓、白鹿洞兩書院，皆公創建，則此地乃公所經遊、樂親戚之情話者。而鄉人之思公如慈父母，祀展春秋，亦固其所，不但已也，必以“紫陽”名之，蓋神所依憑，如仿新

① 何居：即何故。居，助詞。《禮記·檀弓上》：“何居？我未之前聞也。”鄭玄之注認爲：居讀爲姬姓之姬，係齊魯地區常用的語氣助詞。

豐[1]於漢代，疑縮地於長房[2]。公在漢口，相對無非鄉人，一如在紫陽也。蓋嘗論之，名省之會館徧天下，此之書院即會館也，而有異焉。崇祀者，道學之宗主而不惑於釋道之無稽，參贊之源流而不墮於利名之術數。入學有師，育嬰有堂，譙射有圃，御藻有樓，藏書有閣，祭儀本家禮，禦災有水龍，通津有義渡，賓至如歸，教其不知，恤其不足，皆他處會館之所無，即有亦不全者，而後知創始諸君之功不朽也。茲配享諸君勞心力於前者，畢制軍復繼於後，已載《志略》，無庸再贅。後之人嗣而葺之，徽俗古稱好義，必多踵事而增，無美不備者。將附前志開雕，悠久而無疆矣。至若祠宇之壯觀，規條之嚴肅，名曰書院而不曰會館，以其非浮屠老子之宫，而先聖先賢之明德維馨[3]也。玉雖籍隸桐城，本屬天都之桑梓，承乏守土，僭叨灌獻於几筵俎豆之間，其愾聞僾見之情，不僅如羹如牆而已。諸同鄉請紀其略，何敢以固陋辭！是爲序。

漢口紫陽書院志略題咏增訂嘉慶二十四年冬月刊

匾　額

安撫萬祀　賜進士及第、尚書房行走、翰林院侍講學士、歙後學程昌期敬題。

脈道流馨　乾隆辛巳孟秋，江州守、休寧後學黄肇隆薰沐敬書。

隱然爲霖　嘉慶十二年春三月，敬集朱文公閒雲詩帖。勅授文林郎、前舉孝廉方

① 新豐：縣名。漢高祖七年置，治所在今陝西省臨潼縣西北。本秦驪邑。漢高祖定都關中，其父太上皇居長安宫中，思鄉心切，鬱鬱不樂。高祖乃依故鄉豐邑街里房舍格局改築驪邑，並遷來豐民，改稱新豐。據説士女老幼各知其室，從遷的犬羊鷄鴨亦識其家。太上皇居新豐，日與故人飲酒高會，心情愉快。文中用“新豐”典，比擬漢口紫陽書院與朱子故里紫陽書院同具理學光輝。

② 縮地：傳説中化遠爲近的神仙之術。長房，指有縮地神通的費長房。晉葛洪《神仙傳・壺公》：“費長房有神術，能縮地脈，千里存在，目前宛然，放之復舒如舊也。”

③ 明德惟馨：美好的德行煥發馨香。

正給六品銜、御試太和殿、召對乾清宫，特用知縣，海陽後學黄世墀拜題。

與造物遊　嘉慶十三年歲在戊辰孟夏之月，誥授奉政大夫、特調武黄江防同知加二級又隨帶加一級、紀録六次，二十世孫慶光百拜敬書。

紹古作程　嘉慶十三年歲次戊辰季秋月，誥授朝議大夫、署陜西潼商兵備道、知同州府事、軍功加二級尋常加五級、紀録十次，古歙後學洪範敬書。

闡經定史　嘉慶己巳年仲春月，賜進士出身、欽命提督山東學政，歷任陜甘福建山東舉考官、福建道監察御史，古歙後學程世淳敬題。

願學孔子　嘉慶庚午秋月，賜進士出身、誥授中憲大夫、欽命湖南正考官、刑部貴州清吏司員外郎、後學程祖洛。

聖道薪傳①　嘉慶十五年歲次庚午孟冬月，誥授奉政大夫，乾隆甲辰南巡召試欽取一等二名、特賜舉人、授内閣中書加五級，古歙後學鄭宗洛敬題。

闕里同瞻　嘉慶壬申季春月，賜進士出身、勅授文林郎、翰林院庶吉士、歙後學羅永符敬題。

正誼明道　嘉慶十八年歲次癸酉孟春月，勅授儒林郎、誥授奉直大夫、誥封朝議大夫、布政司理外加四級、後學黄家鳳敬題。

温嚴剛粹　賜進士出身、翰林院庶吉士、歙後學程恩澤敬題。

正心誠意　嘉慶丁丑秋七月，賜進士出身、誥授朝議大夫、知湖北漢陽府事、前翰林院庶吉士、後學趙玉敬題。

聖道昭明　嘉慶二十二年仲冬月，誥授資政大夫、署理浙江寧紹台海防水利兵備道、欽命督理海關、前署杭嘉湖道事、丙子科鄉試提調加四級紀録十次、古歙後學程立堉敬題。

聖學宗風　嘉慶己卯夏月，更銜賜進士出身、誥授通議大夫、湖北按察使司按察使、績溪後學方體敬題。

聖學宗傳　嘉慶二十四年九月望日，賜進士及第、日講官起居注、南書房供奉、己卯科欽命湖北正考官、左春坊左庶子加三級紀録八次、休寧後學吳信中敬書。

道闡聖經　嘉慶二十四年歲次己卯孟冬月，更銜賜進士出身、誥授光禄大夫、經筵日講、起居注官、太子太保、體仁閣大學士、管理工部事務、翰林院掌院學士、會典

① 薪傳：師生傳授，學問一代一代地流傳。典出《莊子·養生主》，以薪火相續喻傳承之理，前薪雖盡，後薪以續，前後相繼，故火不滅。

館正總裁加三級、古歙後學曹振鏞敬立。

聯　句

嘉慶彊圉赤奮若之歲

仿新安習禮，爲楚澤升香，誦過三澨至大别，遠哉明德，紹以正心誠意，啓弈禩聖域賢關，功侔禹跡；

從泮水居歆，降南都時享，仰濯江漢暴秋陽，焕乎文章，迄今一道同風，集諸儒聲金振玉，統接尼山。

賜同進士出身、國子監學正前、新安紫陽書院

肄業弟子、休寧金琛敬題

嘉慶丁丑季秋月

對鄉人、説鄉語，靈爽式憑，似講格物致知於黄山白嶽；

明聖學、接聖傳，羹牆如見，直驗存神過化於漢水方城。

漢陽郡守趙玉并書

文昌閣聯句

嘉慶丁丑秋日

奠位三台，讀周官槱燎升香，統領星辰風雨而泰階平，人文化成天下；

過宫百吉，降漢水薪傳嘉會，御兹蘭蕙酒椒而靈旗展，陰騭錫福生民。

知漢陽府事趙玉敬書

卷之八　雜志

承承繼繼，昭茲來許①，儒先②宜師，絶學務舉。前人創功，後人繼緒，景其始難，勿以懈沮。彙爲雜志，垂及萬古。

志末附以《雜志》者何？事之無所統系，别爲一卷，以備稽考也。噫！事既雜矣，曷爲乎志？志之，蓋欲使四十餘年之事如判指掌，前人之經營圖度，千辛萬苦，千百年後如將見之。披斯志也，文不嫌俚，事不厭瑣，雖曰雜事，其所關係，非淺鮮也。

啓建書院序

汪　璲默庵

《易》著《旅》卦，《詩》載《嚶鳴》，誠以閉門家居非丈夫事，然而行路之難，昔人言之稔矣。或牽車而服賈③，或遊學於他邦，事久情適，安於所寓，一棱匏寄④，千里萍遊，梓里聯情，友於契合，安可以無其道哉！所以都會叢集之地，每糾合同郡爲公所，即京華首善、通籍仕宦者莫不皆然。程子曰："人生天地之間，未有不相親輔⑤而能自存者也。"予嘗攷先王合涣⑥之道矣，爲之享帝立廟，以萃天祖之精神，教民設宗

---

① 來許：後進；後輩。《詩・大雅・下武》："昭茲來許，繩其祖武。"毛傳："許，進。"馬瑞辰通釋："'昭茲來許'，……來，猶後也。後，猶嗣也。來許，猶云後進。"

② 儒先：即先儒，先世儒者；已去世的儒者。

③ 牽車服賈：駕車外出做生意。

④ 匏寄：羈滯居留。

⑤ 親輔："輔"或爲"比"之誤，宋程頤《伊川易傳》："生天地之間者，未有不相親比，而能自存者也。""親比"，指親近依附。

⑥ 合涣：《易》之"涣"卦之旨謂"涣"是離散之義也，小人遭難，離散奔迸而逃避，大德之人，能於此時建功立德，散難釋險，故謂之爲涣；能釋險難，所以爲亨通。

祧以序其昭穆，爲大宗小宗以統其族姓。至於一鄉之中，吉凶有無相周恤，歲時伏臘，禜酺飲射相周旋。凡所云敦族睦婣、拯灾恤患之制，無不纖悉具備。至於離鄉井、櫛風沐雨之徒，行李往來則又有迎送之館，庫厩脂轄，矜其不能而恤其不足。民生其間，遵道遵路，居者有禮讓愛敬之心，行者無羈棲寒窶之苦，何風之厚也。然則公所之設，詎非先王合涣之遺意歟？漢鎮爲楚省翊輔，吾新安之人負笈來遊，掇巍科而贊皇猷者，碩輔真儒後先輝映，而服賈經商亦不乏偉人。且壤接江右吳越甌閩之交，幽冀青齊秦蜀滇黔之會，聯轂結衽，鱗次而麕集，雖同井親故子弟相距數千里之外者，又往往於此而遇之，統紀管攝[①]之道，尤不可不講也。於是合郡同志之士不敢泄泄[②]，卜地於中區，表以南山，背負木蘭，廣十二丈、縱四十丈，建造書院，崇奉紫陽夫子之主。不敢以禱祀混之，懼其鄰於諂也；不敢以狹隘鄙猥褻之，懼其等於陋也。第規模宏敞，經費繁鉅，非協情合志、共勷盛舉，其何以整齊而統攝之，於以副我夫子之赫聲濯靈而不即於諂淫褻慢也耶？凡我同人，自有同情，踴躍輸將，不日而成矣。爰推古昔先王合涣之旨，爲有取於旅次[③]嚶鳴之義焉。是爲序。

再勸樂輸[④]文原

有志者事成，力倦者終輟。今紫陽書院之舉志亦堅矣，而終未成，則非倦於力也，輟於力之不能繼也。輟於力之不能繼，則非一人之責，凡我同郡，力可有爲而未經爲，或爲之而未竟其力者之責也。曾具啓徧告同志，訖少應者，此不憚再三之瀆也，以爲不足重乎？紫陽夫子，宋

---

① 統紀管攝：統率、管轄。

② 泄泄：弛緩；懈怠。《明史・方從哲傳》："四十六年四月，大清兵克撫順，朝野震驚。帝初頗憂懼，章奏時下，不數月泄泄如故。"

③ 旅次：旅人暫居的地方。

④ 樂輸：樂意捐獻。輸，捐獻。《漢書・卜式傳》："時漢方事匈奴，式上書，願輸家財半助邊。"

代聖人也，舉世所尊事也；以爲未必成乎？則規模已大備矣，今止一簣也；以圖節省乎？則琳宫①、紺宇②，恐不乏布施也；以爲一之爲甚，其可再乎？聞之樂善之誠惟日不足，視其力何如，不以重疊而自沮也。且協助者中道而止，任其事者亦竟廢然告退，是置前功於盡棄也，諸同鄉不唾其面否？唾之誠甘諸君之心，未必不顧而自慚，則不得以有志不成、力倦中輟責之矣。嗟乎！可與觀成，難與圖始，此爲百姓言也，非爲士大夫言也。且今日書院業已垂成，非圖始也。爲書院惜，更爲諸同鄉念。從前亦曾協力，縱未經協助，亦未經倡言，以爲書院不當建者，則心許諒亦久矣。今再漠然，則某等志未嘗不堅，而力自不繼，後有議論，責亦有歸。

康熙戊寅之秋

里人方佺、查宗倡、孫皐、王光裕、吳暄、程鶴嶷謹啓

再勸樂輸啓原

諺云："謀事易，成事難。始事易，終事難。"《詩》不云乎："靡不有初，鮮克有終。"蓋今日之謂也。方紫陽書院之初建也，人心踴躍，趨事恐後，所謂一鼓作氣也。迨歲序遷流，力疲心瘁，資斧③既不充囊，朋輩又皆星散，無怪乎衰而竭矣。此所以十載以來惟吳藴翁一人堅心奮志，竭蹷經營，然孤掌奚鳴？縱使百計圖維，難作短袖之舞耳。今門堂樓室巍然可觀，惟塗塈丹雘、一切階壁傍廡尚未完備，勢不能停工輟作，任一簣之終虧。用是分項計貲，約略三千餘金，今除已注承認外，仍缺千金。以合郡濟濟多士，稍爲解囊，成功亦易。爲此公募，諸鄉臺先生以如雲如雪之襟期④，遂希聖希賢之盛舉，各隨願力，署簿慨輸，將芳

① 琳宫：仙宫。亦作道觀、殿堂之美稱。
② 紺宇：即紺園。佛寺之别稱。
③ 資斧：貨財器用。《易・旅》："得其資斧。"程頤傳："得貨財之資，器用之材。"
④ 襟期：襟懷、志趣。

名與貞珉[①]并垂，而勝事同漢江俱永矣。謹啓。

募建文昌閣啓

竊以千秋勝事，古人樂覩厥成；一簣功虧，君子莫辭其責。維兹新安書院背臨湖渚，受朔氣以凄凉，襟逼桑榆，騰炎蒸而鬱燠。依傍成基，尚餘隙壤，思欲隨方佈景，栽桃李以成蹊；選勝標奇，結亭臺而映水。北構文昌之閣，高拱薇垣；西開讌射之軒，遥通柳岸。或報功而崇祀，爰增黝堊之堂；或遊目以騁懷，亦啓艙篷之室。朱欄碧沼，觸處生情；翠竹紅花，引人入勝。俾名士文旌[②]卒至，據梧即以談元；大夫使節光臨，登樓於焉作賦。斯亦桑梓之盛事，風雅之勝埸也。第開基祇闢荒蕪，奚事鋪金以買地；締造因其缺陷，終須煉石而補天。運土填湖，難作鳥啣木石；塗丹施雘，寧同蜃吐樓臺。堵上畫宫，雖規爲之有則；道傍築舍，知成就以何時。爰啓同袍，復謀解囊，俾滄江成於剩水，遥通道學之淵源；礀石開自殘山，永作宫牆之屏翰。不遠勝於揮金净土、佈粟空門者哉！

乾隆五年歲次庚申孟夏月吉旦

募修漢鎮新安書院序

漢鎮爲楚省通衢，遠方士商輻輳雲集於此，一大都會也。向建有新安書院，奉祀徽國文公栗主[③]。凡我同郡之士往來過從，即次如歸，非獨團聚鄉井，且以寓羹牆先哲之意。蓋肇自康熙甲戌，鄉前輩捐資共刱。閱丁酉，有西廳之舉；辛丑，有義學、講堂之設；至乾隆乙未，復開康衢以通商旅，並置市屋十餘椽，取給租賃，以足春秋二祀之需，固井井

---

① 貞珉：石刻碑銘的美稱。這句説：將把捐資者芳名刻石永存。

② 文旌：有文彩的旌旗。古時貴官出行時前導的儀仗，後用爲稱人行旅的敬辭。

③ 栗主：古代練祭所立的神主。用栗木做成，故稱“栗主”。後通稱宗廟神主爲“栗主”。

有條。第歷年久遠，風雨飄飖，棟樑剥落，且地形坎窞①，積水漫溢。歲次戊申，遭漢鎮水患，水積數月，後簷牆垣又復頹塌，若不及今修葺，難免前功隳毀。餘自戊申奉命持節來楚，於今七載，幸得歲物豐成而民氣恬寧。今年春，鄉人漢臨、衡士等集同人爲請曰："此書院之議修舉久矣，顧築室道謀不成，且以物力維艱，又各因他故未暇。今幸明公屏翰三楚，惟此福曜所臨，莫非天作之合。念此工程浩大，非撮土可成，必賴衆擎則易舉。且北構文昌閣，西開讌射軒，前人已立成格，空餘基址，有志未逮。某等公議勷此鉅役，願公賜一言弁首。"余惟江漢名區，南北往還，會館之設，所在多有。而新安之以書院名者，獨以文公之鄉而重也。余世家新安，而通籍於吳，念鄉人之爲此舉，無非充其好義樂善之懷，而爲維繫桑梓之本，且其所以恪守文公之道誼家法者深矣。余特述其所以謀始之意如此，惟冀同鄉諸老，體昔賢締造之難，爲余起觀型之勸，交相樂助，共破慳囊，鳩工庀材，刻期告竣，俾館舍如舊，規式一新，往來者有於處之安而免瑣尾②之歎，則余於諸君有共樂焉。是爲序。

賜進士及第、誥授榮禄大夫、兵部尚書兼都察都院右都御史、總督湖廣等處地方軍務、同郡後學畢沅撰

覆吳子丹書

吳積隆

冬廿有七日，捧讀翰教③，極荷關注，諸同人感佩靡已。獨某久仰鴻名，無緣識荆④，知非常之人必建非常之業，爲朝廷增一番事業，必

---

① 坎窞：坑穴。

② 瑣尾：顛沛流離，處境艱難。語本《詩·邶風·旄丘》："瑣兮尾兮，流離之子。"

③ 翰教：來信指教。翰：古代用羽翰爲筆，因以翰爲書寫文字的代稱。

④ 識荆：初次見面的敬辭。典出唐李白《與韓荆州書》："白聞天下談士相聚而言曰：'生不用封萬户侯，但願一識韓荆州。'何令人之景慕一至於此耶！"韓荆州，指韓朝宗，當時爲荆州長史。

能爲吾道擔一分責任，欣慕，欣慕！某等不揣奮力，妄任文公書院之舉，爲首數人三載以來備歷艱辛，一應鳩工庀材，苦於費少，尚在進退維谷之時，張、宋兩翰苑道經目擊，即同鄉莅任於楚之諸公，咸以舉行非妄而懷忌，操戈者誠不知其何意也！然書院議舉之先，幸而呈明督撫各憲，無不嘉與舉行。即舉之後，幸邀同鄉諸先達培植作養其間，幾番搆訟，又幸而蒙各憲不次創懲。今欲誑聳大部，更幸而遇先生。凡此皆我朱子之道德感孚。迹其所行，不惟欺我都人士，且褻視①吾鄉諸先達不小。承教云云，殊爲雀躍，敢祈先生作狂瀾砥柱，商酌於同鄉諸先達，俯念崇儒重道，併力玉成。倘得入告，邀沛恩光，則功侔天地，否則止沸徙薪，亦只在鉅卿之一言而宵小自遁，都人士感戴靡涯矣。所有序文、聯扁、案牘，總録呈覽，仰祈照拂，勒名貞珉，千古不朽。

附吳子丹來書

漢鎮建立會館，乃吾鄉義舉，内奉文公朱子神位，崇儒重道，名義昭然，實千古盛事也。弟聞此舉，憾不得爲諸公少分擔荷之力，以佐不逮，此心徒切向往。近聞楚人嘵嘵不已，弟竊異之。訪之同鄉中，咸無知者。適友人相見，出袖中一册云："此土著人有沮撓此舉者，因楚之同鄉走就商酌，極力周旋，將此册存下，緩爲調攝。"蓋不知吾友祖籍亦吾鄉也，今弟即浼之，緩其來意，探其首從，及匪類之倚附者，先此星馳奉聞，恐多一番舉動即多一番紛更②，祈諸公留神，候妥示以便遵行。不宣。

① 褻視：猶輕視。先達：有德行學問的前輩。

② 紛更：變亂更易。

上姚太史書

汪 璲

旆臨三楚，德荷二天①，榮幸既多，裁候屢闕。客夏世兄由漢莅滇，把晤之下，備悉愚衷。兹有吾鄉同人啓建紫陽書院於漢口，誠以聖朝崇儒右道，理學重光，特許直省營建書院爲士民觀摩地，況我徽國文公宸翰表異，迥出羣賢之右。以故江南建書院於姑蘇，浙江建書院於西湖，所以舍親吳積隆、余尚煜等念本新安下士，今隸江漢編氓②，鼓篋③肇牽，龘集於此。既不得時瞻闕里而登講堂，又無所居肆以成其事，是一出户終無以聞詩禮而沐聖化矣。用是，協議捐資剏建書院，設立義學，庶幾麗澤④有所，觀摩有基，鄉井旅寓，同歸大道，所以仰副聖世，振民育德之至意也。已蒙當事嘉與，批詳炳據，此老先生按楚時所親見。近聞有好事者懷嫉流謗，幸當事諸公曉以道義，共爲排解，自必潛消默釋。然竊意其所執以相攻者，不過以我文公既崇祀學校，又特祠闕里，何必漢上多贅此舉。夫文公書院與異端淫祠孰正孰邪？三綱五常之教與無父無君之説孰得孰失？今佛老之宫徧天下，即漢鎮蕞爾地豈止數百區？而日增月益，勢猶未已。且各省之建祠於此者，皆巍然壯麗，競相矜尚，未聞有起而非之者，何獨於我文公反不能忘情？何獨於漢口地方反不應建造？昔者文公嘗請建大成殿於白鹿洞時，亦有倡此説以沮之者，文公疏闢始息，可見先後暗合，古今一轍，無足怪也。當代鉅公名卿皆久秉清樞，洽神人而和上下，固必扶正抑邪，而位尊威嚴，詎敢輕以下情上

---

① 二天：指正直賢明的官守。宋王十朋《送吳憲知叔》詩："出郊聞好語，盡道憲車賢。郡不留三宿，人皆仰二天。"

② 編氓：編入户籍的平民。

③ 鼓篋：謂擊鼓開篋，古時入學的一種儀式。

④ 麗澤：典出《周易》"兑"卦。麗：相連之意。謂兩澤相連，相潤互益，借喻友朋講習切磋之益。

達，惟老先生沐愛分輝，匪朝伊夕①，故敢爲吾鄉同人陳其梗槩，伏冀仰承道統，俯察輿情，將見日午中天，魍魎避遁，豈惟蒙休一時？而老先生維持振興之功，將與昔賢疏闢匡扶并垂不朽矣！謹啓。

附太史姚華曾覆書

道路修阻，音書闊絶，雲樹之思②，時形夢寐。去冬捧讀瑶函，如聆玉屑，伊人秋水，殊慰鄙懷。家兄由楚回滇，即有小緘奉復，不意此札竟付洪喬，疏略之愆，仰祈慈鑒。至尊諭云云，聞之舍親，甚爲不平，且素習老年臺理學家傳夙推祭酒，此事本屬正大，若輩狂吠，何足爲慮？倘須扁額，可寄信來，以便轉致。順候近履，諸惟心照。謹覆。

上張太史書

吳積隆

一函諒呈慈覽，兹不贅瀆。專懇者，適接吳子丹翁書，云有人欲沮書院之舉，謀之有力者。彼不知有力者亦吾鄉人也，因即酌之子翁，密書囑爲籌畫。第思三載以來，心力乏竭，一切鳩工庀材③，多從挪移措勉，今且追呼逼迫，何能向長安道上一問津耶？惟有仰望同鄉諸老先生固此藩籬耳。我老先生賁臨④漢江時，即蒙光降，始終關切，固不待懇，而廣平先生亦經枉駕，目覩情形，聞此必爲髪指。今并肅託。再汪文儀翁亦有所專致，祈老先生砥柱狂瀾，不惜齒頬餘芬，鄉人士匪直感逾頂踵，即文公在天之靈，更藉庇不朽矣。吳子翁慷慷豪傑，亦吾鄉之望，捍御必有同心，幸鑒鄙懷，以慰鄉憂。引領禱切，不戩。

---

① 匪朝伊夕：不是僅僅早晚的短時間。

② 雲樹之思：比喻朋友闊别後的相思之情。典出唐杜甫《春日憶李白》詩："渭北春天樹，江東日暮雲。"

③ 鳩工庀材：招聚工匠，籌集材料。指土木工程興建前的準備工作。

④ 賁臨：光臨。典出《詩·小雅·白駒》："賁然來思。"朱熹集傳："賁然，光采之貌也。"謂來者有所盛飾。

附張太史静齋覆書

客冬小伻[1]來都，得接手教，緣乏，便鴻未及裁答。頃復接手翰，知吳子丹馳書云云，真爲識者所哂。此中原委，諒已悉知，但解鈴還須繫鈴之人，因同程天翼翁往晤三槐，渠見詞嚴義正，答以來日設筵，力行勸解，仍送扁到祠。弟即額謝。總之，見怪不怪，其怪自滅。倘槐堂扁到，即修函致謝，亦酧酢之常禮，浮論置若罔聞而已。率覆不宣。

與同鄉書

吳積隆

誌稱吾鄉山峻水清，靈秀之氣磅礴扶輿[2]，往往多奇節砥行之士崛起特立。以故事無大小，不爲則已，爲則斷不肯寄人籬落，務必副其願望之所欲，至竭其力而後止。此自古迄今，莫不皆然，勿謂古今人果不相及也。漢鎮爲仕商輻輳重地，各省皆藉廟貌以名會館，金碧輝煥，互相矜尚，獨吾鄉缺。然積隆等不自量力，議修缺事，建立紫陽書院，爰奉特旨崇祀朱子，既事順而名正，闡道閑邪，又足以淑人心而端風化，豈淫祠[3]之可同日語哉！意謂吾鄉好義之士如林，稍分其餘，便可不日而成，遂於謀始之初妄創宏規，且未徧告諸先生，以致事事相左。然諸先生族望聲華，夙所仰賴，舉足羣追，發聲争和。今合郡創大工兩年，未有樂輸，致啓奸心，既而置册認輸，各載親筆，恃以無恐。五載以來，次第就舉，外侮疊侵，皆化飛灰矣。而工尚未竟，事多缺略，無如樂輸之項，有批少而二三倍出者，有既批而半出未足者，多寡相形，皆視諸公而上下其手。於是五載拮據，翻成債窟，欲暫停工以俟後之君子，竊恐風雨漂摇棟折榱崩，前工盡廢，貽譏大雅。此去冬所展轉躊躇，正難

① 小伻：僕從。
② 扶輿：扶摇，盤旋升騰貌。
③ 淫祠：不合禮義而設置的祠廟，邪祠。

擘畫[1]，孰意冬間有自都門頒示，繁言嘖嘖。得書亦未敢輕聞左右，急飛尺一徧告同鄉先達。幸我夫子之道如日中天，諸閣下皆欲賜銜題額，滿漢大宗伯無不嘉惠，行且龍跳虎臥，來自天上，帚劈椽書，寵錫日邊矣。然竊念碩輔名卿所以不靳栽培作養者，亦以我夫子爲繼起宣聖[2]之一人，而吾鄉之同業漢上者，寧無水源木本之思乎？念欲仰副培植之盛心，則前此暫停之説，勢既不可已。然今踵事而告成功，則惟諸先生是望。倘獲宏大願力，如疾雷震耳，彼出納稍吝之家，亦且欣然解囊，追隨恐後。抑思道院精藍縻費金錢者何限？究無補於風教。苟叱彼縻費之餘，成此一簣之功，六邑共仰永垂不朽，某等庶叨末光，以告無罪於桑梓。相提而論，孰得孰失，惟諸先生辨之。竊恐不察尊賢衛道之苦衷，謂爲請益之張本，似非某等所望於諸先生暨諸先生始終玉成[3]之雅意也，故敢以書聞，惟鑒察不宣。

書院上梁記

張　瑗蘧若

漢鎮距吾鄉僅一彭蠡耳，黄山、白嶽，與大别、高觀靈氣遥相應接。吾鄉六邑人士以其地利之美、食貨之繁，挾筴而遊者比比也，叢集萃處，久而安焉，比户多鄉人，不啻旅於鄉矣。方今文運[4]昌明，咸有志於學，乃糾同志創建書院，祀我紫陽夫子，以紹《禮》《樂》《詩》《書》之緒，誠繼往開來之盛舉也。予薄宦京師，久睽鄉閭。歲丙子奉命典試西蜀，歸由漢上艤舟，獻歲首春三日，鄉之學博汪子文儀、吴子藴予過余，蓬

① 擘畫：籌劃；安排。

② 宣聖：漢平帝元始元年謚孔子爲褒成宣公。此後歷代王朝皆尊孔子爲聖人，詩文中多稱爲“宣聖”。

③ 玉成：助之使成，成全之意。語出宋張載《西銘》：“富貴福澤，將厚吾之生也；貧賤憂慼，庸玉女於成也。”

④ 文運：文章、文學的氣運。

膄椒酒，舊雨[1]新箋，相與把臂言歡。揖而告曰："穀日庚申，書院上梁之吉，幸遇文旌，請與祀。"余躍然曰："有是哉！夫紫陽夫子爲吾鄉宋代一聖人，出《闕里志》。闡幽發微，纘千百年道統之緒，余焉敢不與。"屆期黎明就道，見夫燈綵焜煌，香花繽匝中漢陽太守戴君夢熊、安陸太守吳君肇榮一時畢至。少焉，日光晶瑩照耀，畫棟雕甍間，爰舉觴介鄉人而祝之曰："維茲梁木，庇乎大厦，枕江面漢，居高撫下。道通洙泗，世際虞夏，景運[2]天開，文明永賴。"余與二太守酌而慶之，鄉之人士鱗次雁集，皆各歡欣鼓舞。丐余作記，乃臨風拜手而爲之書。

奉神主入祠祭文

維康熙三十七年歲次戊寅，季冬月辛丑朔越祭日庚申，新安後學、四川學政江皐，内閣撰文中書孫皐，吏部主事程鶴嶷，荆州府通判吳宗苑，進士金章、李其武，生員余尚煜、吳積隆等，敢昭告於太師徽國文公朱夫子之神位。嗚呼！惟我夫子德懋學醇，修二帝三王之道，理明義晰，闡六經四子[3]之微，是以聖朝褒典，迥出諸儒之右，特允言官請詔直隸各省營建書院，爲士民觀摩地。以故闕里紫陽壇壝巍煥，雲蒸霞蔚，月盛日新。某等客居漢濱，久暌梓里，羣切私淑之衷，悵無講習之地，於是積隆、尚煜等購地捐資，倡建書院，厥功將竣，饗祀維新，乃卜茲吉，奉夫子神主於寢室。庶幾羹牆在望，步趨有依，會極歸極，是訓是行，用以仰副聖天子崇儒重道、化民成俗之至意。敬率合郡紳衿士庶，用修釋菜之禮，伏願昭格上下陟降庭止，啓佑後賢，永垂無斁。尚饗。

---

① 舊雨：老朋友。典出唐杜甫《秋述》："常時車馬之客，舊，雨來；今，雨不來。"謂過去賓客遇雨也來，而今遇雨却不來了。後以"舊雨"作爲老友的代稱。

② 景運：好時運。

③ 四子：指"四子書"，即《論語》《大學》《中庸》《孟子》四部儒家的經典。此四書是孔子、曾子、子思、孟子的言行録，故合稱"四子書"。清邵懿辰《儀宋堂後記》："明太祖既一海内，與其佐劉基，以'四子書'章義試士。行之五百年不改，以至於今。"

祀后土[①]文

維康熙三十三年歲次甲戌，八月丙申朔越二日，徽郡六邑首事人吳蘊予、余南宜、佘本立、汪鄰石、金幹臣、吳希耳、徐公儒、楊藎臣、江子寬、余静先、汪子蒼、金敬思、汪公遠、金雲五、佘西謨、吳建周、汪去華、方君英、吳以寧、汪肇源等公祀后土之神，而言曰：書院之舉，聯合郡之客漢皋者，講信修睦[②]，正人心、倡教化，而資行旅之難者也。第工程浩大，費用維艱，凡我同人既仔肩[③]剏始，務矢志觀成，毋畏縮，毋苟安，毋惑於浮言而生猜忌，毋格於時勢而致因循，毋是己而非人，毋私心而罔利，毋以謗爲懼，毋以譽爲喜，戮力齊心，量能任事，同聲相應，同氣相求。噫！是舉也，類愚公之移山，等精衛之填海，稍有懈縮，鮮不功虧一簣，貽笑千年。兹當闢土之期，潔誠齋沐，對神合志，銘戒宣文。后土有靈，是糾是鑒，謹告。

紀　火

康熙庚寅八月二十六日，武、漢二府同日災，漢口特甚，自晨至夕，燬萬餘家，火光燭天，河水皆熾。自市廛、巷陌、渡口，延燒巨艦小艇，夾岸濱河，焚溺蹂躪死者不可勝紀。書院牆垣高峻，幸無恙。附近民居悉爲灰燼，男婦老幼逃於宫牆戟門内及尊道堂、寢堂前，其箱篋衣飾皆擔荷貯書院無失，保全生命不下數千人，遠近聞之，咸謂書院之有裨於闤鎮匪淺鮮云。

紀　水

雍正丁未六月初六日，江水暴漲，堤岸崩潰，漢口街市低處可行舟，

---

① 后土：指土神或地神。

② 講信修睦：講究信用，睦鄰修好。《禮記·禮運》："選賢與能，講信修睦。"孔穎達疏："講，談説也；信，不欺也。修，習；睦，親也。"

③ 仔肩：所擔負的任務；責任。

堤内居民水平簷角，皆駕板爲巢，洶洶焉有不可終日之勢。惟書院基高，水僅盈尺，民皆避入書院，蟻聚雁集，堂廡充塞，階除及戟門後院構席篷數百所，可炊可寢，幾三閱月。間有病者，給醫藥；死者，助棺斂。吾郡人悉竭力捐貲，樂施不倦。

祀后土文

維雍正十二年歲次甲寅，孟冬月癸卯朔越二十有二日甲子之辰，按察司副使朱濡，布政司參議許登瀛，漢陽府知府張廷慶，同知田三樂，知縣梁瑛，經歷饒鋭，紳商程璋、吳宗熟、汪朝録、江涵蒼、吳元度、吳元倫、吳鼎和、吳繼敦、汪會進、程兆鳳、宋兆權、吳浣等，敢昭告於后土之神。嗚呼！維神坤德[①]，上配乾元[②]。不重不洩，萬物載焉。緊惟漢鎮，億井兆煙。祝融弗戒，回禄堪憐。爰開火巷，紫陽祠前。履道坦坦，利涉大川。壬交丙合，坎後離先。庶民其乂，澤溥市廛。兹當啓土，齋沐告虔。事期久大，工倍力堅。周行康濟，於萬斯年。謹告。

復新安巷碑記

紫陽朱夫子闡明聖學，繼述洙泗，文章功業固已昭著彪炳[③]，垂於萬世。我朝崇儒重道，配享之曠典，超邁千古，尤爲罕覯，故薄海内外，靡不奉爲師範[④]，道其道而德其德者也。楚之漢鎮爲商賈雲集之區，而新安人來於此者尤多。彼邦人士慕夫子之德、之學，建祠於斯，已歷年所。又於祠前購地，以廣前衢，并起市屋，賃租息以備祠用，迨歲久爲某姓侵隱。余甫下車，據士民公呈，批朱觀察廉得其情，溯本窮源，踞佔之屋宇既歸於祠，而侵漁之租息亦償於公。趙璧復還，士民之勇敢好義，洵足嘉美。而歙邑文穆公後裔許觀察復捐購基址，擴充祠宇，創設

---

① 坤德：地德。大地能負載萬物。《易·坤》："坤厚載物，德合無疆。"

② 乾元：指天。古人認爲天是地上萬物的主宰。

③ 彪炳：輝耀；照耀。

④ 師範：學習的模範。《北史·楊播傳論》："恭德慎行，爲世師範。"

馬頭，利濟行旅，尤爲振興起廢之舉。士民程璋等又請余記，余何能，以不敏辭，爰成數語，置於祠側，庶後之任斯土者振文教而保賢祠，恤元元而思溱洧，覽予斯記，諒有同心。今而後祠中擇人稽覈，弗致縻費而蹈前轍，推廣聖朝崇祀之典，久而彌篤，是又余之所厚望焉。捐資董理諸姓氏應勒碑陰，共誌不朽。是爲記。

時雍正十二年歲次甲寅季冬月

湖北巡撫加五級紀録七次，勳平楊馝記

重修書院首事紀蹟

董桂敷

書院之修，倡議者畢制軍，董理者二十有六人，而汪翁衡士其首也。初，創修議興，旁觀者莫不以玆役重大，人事難齊，恐興工之後貲用不繼，中輟則隳前人之功，圖終又無將伯之應，首事者物議叢集，將何以自謝[①]？或以此勸翁且諉厥任。翁曰：“此閤郡公事，人人思諉，夫誰肯任者？余既承制軍之命及同鄉之舉，余不敢辭。玆事之成，余與諸君共任之。”於是擇吉興工，同鄉捐輸者咸集，各以其説進，翁俱領之，而莫測其所從也。乃與勷事諸君謀役所始，命工築基於寢室之後，測深培高，首建文昌閣。閣成，度其貲可以成寢室，乃毁舊而重新之。室成，又度其貲可以成正堂，然後毁新如寢室。由内及外，秩然有序，人始服翁之識見加人一等也。蓋常情皆務外觀之耀，先其内則在外者易以圖功，察其堂構之可成而始毁其舊，則或有貲用不繼，而舊觀固依然在也。其捐輸之入先後皆歸於翁，而工食材物之出悉由諸君之手，無纖毫之不昭晰[②]者，此其所以祠宇廳舍次第成功，悉能舉前人遺規而光大之歟！方書院之興役也，時值邪匪擾攘，北逮於孝感。孝感距漢口不百里，旦夕可至。居民聞此皆蒼黄怖恐，或浮家挈妻孥遠去，或艤舟津渡以待。有

① 自謝：自己推辭離開。

② 昭晰：清楚；明白。

勸書院停工者，翁曰："書院中夫役凡百餘人，一旦盡罷去，則近旁見者將訝爲賊且至，遠近震駭，民心何以安？吾姑舉吾事，安静以待之。"時役夫有二十餘人家孝感者，去無所之，亦不欲罷，遂興役如故。居民日來窺伺，見書院舉動無異，則相與慰藉。既而官軍剿賊撲滅，漢口安堵[①]無恙，前之將避去而視書院爲行止者，竊意書院乃制軍首倡，必有確實消息，因暫倚以爲安，而豈知翁識量之超、膽量之雄，置身家於度外，而思以安合鎮之人心，固假書院爲干城之衛也乎！夫措置之秩然有序，出入之毫髮不苟，求之流輩，雖不易得，然智計老成之士猶能及之。若夫不罷工於蒼黄之日而志在安人，則非有學術幹濟[②]者不能也！翁少長於市而顧見及此，其所挾持何如哉！余來漢上，與翁數相見，問其年，七十有七矣，而精神、耳目、志氣一如少壯，與人立談，終日不倦，吾以是知翁之非常人也。其二十餘人余不能徧知，所知之深而有行迹可紀者，翁以外如李君殿鰲，日在書院中，家距書院約三里而遠，率常朝至暮歸，夜庀其家事而晝任書院之事，雖風雨亦然。工役之興，區畫多出於君，去鎮十里有玉皇殿，亦同鄉諸公捐建，君實經理之，朝暮出入如書院，其行事精勤類如此。余以增修《志略》，屢有所詢，君言之皆歷歷有據，其於今昔事宜，隨在留意，書院之事，殆無有熟於君者。又於諸事皆能見其大體，視方隅[③]之士，相去奚可以道里計也。外若余君曉新，任事勤勉，能克己以濟公。余聞而重之，而相見日淺，僅得其大略。又吴君潤蒼，向任書院事最久，勤慎明敏，爲諸君所推服，以嘉慶壬戌年卒於督工之次，鄉人父老子弟設奠西廳，痛之如失所親。今諸君每言及之，猶各相太息也。其餘諸君，或佐理經費，或助視興作，或兄弟交贊，或父子并勤，蓋皆好義樂善、持公履潔者。噫！世間重大之任何限，而能勝與不能勝，則器識别焉。事業之成，豈不重賴有人哉，豈不重賴有人哉！

---

① 安堵：猶安居。

② 學術幹濟：富有學識成就。

③ 方隅：四方和四隅。借指拘於一偏。

紀水龍

董桂敷

漢鎮民居稠密，不下數十萬户，火災之患常有，雖開通火道，以便行汲往來，然倉卒之頃，難於施力，以一肩之水敵方揚之火，勢不能勝，又接續不時，指揮不及，往往連延櫛比，甚者男女奔竄無所出，遂厄於一燼。於是汪君衡士與諸君議，以爲書院興修以來，諸利人之事罔不悉舉，惟救火之策無聞，宜增設水龍，以備緩急①，補書院之缺而爲郡邑之倡。諸君皆謂善，從而慫恿之。乃募蘇工之善製者爲水龍二，製成立之程式②，凡用役夫二十二人，平居無事，月給工食白金七金，使各自治其業，有事而用之，則各衣皂衣、操水具，或挑或挽，各隨其宜而奮其力，火熄乃已。每水龍出，則給賞以四金，司鹽之家給之。事宜既定，聞之郡守長吏頒示而行之。由是漢鎮有火災，水龍至，則視其高下向背，縱之、横之，水勢所逮，燎應手撲滅，附近民居得以安息，其有益於人者如此。余維五行之相勝也，有時而窮，惟人巧能操必勝之權，雖造物鬼神亦避之而莫能與争，而五行乃得各奠其位。金之克木也，鈍則不入；木之克土也，拔則不受。制其鋭、培其根，而金與木之勝固在。今夫水陽類也，火陰類也，陽之勝陰，常也。火上炎而烈，得風以助之，則陰者轉竊陽之勢以相陵③，而水以柔順善下，反處於陰弱無能，是陽轉屈而陰轉勝。有良工者，逆水之性而善用之，激一綫之水，以達於至高而出乎煙焰之上，則剛陽得位，而竊其勢者遂失其據而不能敵其衡而截之也。如斬蛇之劍，一擊而中分。其懸而注之也，如將軍之從天而下，飛瀑之自崖而瀉；其遥而射之也，如養由基之發矢穿楊葉徹七扎，投無不中，中無不深；其猛而制之也，如錢塘之潮方怒，吴越王水犀萬弩突出

① 緩急：指危急之事或發生變故之時。
② 程式：法式；規格；準則。
③ 陵：侵犯；欺侮。

齊發，紘響而濤聲息。且夫龍爲水屬，人不得而狎之，然其嘘雲噴雨，水下土，汩崖谷，有神於用者矣。取其用之神，而適得乎水之分，以制乎鬱攸之威，此即古聖人所爲立成器以爲天下利，興神物以前民用之遺意也。書院之有此舉也，其利不誠普哉！汪君與諸君創之，其存心濟物[①]，亦可謂有加而無已者矣。

集會頒胙[②]議

董桂敷

紫陽書院重造既成，又買室於新安街之東而通水巷焉。先是，街西故有巷，狹窄殊甚，汲者相逢，輒左右格礙，而街乃書院之中衢，使汲者出入，泥濘載道，則無以示敬。於是任事諸君集議，更通一巷。適戴氏宅在街東，自街南直達街北，諸君請售。戴以書院公舉，許之，價值用費計一萬一千金，而書院自興修以來貲用甚鉅，雖藉衆力捐輸，會其用數尚虧四千金，加買宅通巷之費，則已虧至一萬五千金。書院歲入房租凡四千三百餘金，春秋二祭及各度支不下二千，餘止二千三百餘金，僅敷每歲一萬五千金之息，而此一萬五千金之虧乏終不得補。諸公相與熟慮深思，以爲前此建造時，同鄉既各有捐輸，且并取其釐金矣，此時重捐則無名，不捐又無濟，於是倡爲集會之舉。每百金爲一籌，凡作一百五十籌，隨人度力受籌，每籌歲給還十六金，以十年爲率。十年之後，各籌已得百六十金矣。除母金百數外，尚得子金六十，亦不爲無所贏餘。自是而後不復給，計每年書院所給凡二千四百金，歲取屋租之入給焉，即有不足，所乏無幾。十年之後，以有餘補不足，補之而有餘，則皆書院之餘矣。如是而書院乃可久遠無虧乏[③]。第念集會之始，皆以曾捐輸爲辭，未必盡能踴躍，且此既在捐輸之後，前之捐輸者已勒名於石矣。

---

① 濟物：猶濟人，幫助别人。

② 頒胙：祭祀完畢分享祭神之肉。

③ 虧乏：欠缺；不足。

此時若重勒石，則已有名者更何所慕，是必有變通之計而後可行。於是復議散胙入會者，每祭頒胙肉二斤，傳之子孫，永遠勿墜。彼既收歲給於前，又綿胙肉於後，則莫不相爲鼓舞而事克舉矣。議成，聞者僉曰善。或疑前之捐輸者未給胙，而今給胙，於義似未安。是殆不然。捐輸在書院未成之前，則書院之成皆衆人之力，其名已與書院同不朽矣，不假於胙也。集會在書院既成之後，書院之成不由於會，彼不得有名，故以散胙者永其名於子孫，義則同，勢則異也。且人慕頒胙，則已捐輸者復入會，既勒名又受胙，夫誰謂不宜者。況乎前此之捐輸，或數百金、數十金、數金，多寡懸殊，勢有必不能一例[1]給胙者乎！且即今之入會者雖每歲有十六金之獲，以常情生息準之，則十年後其母金已畢入書院矣。有所入於書院而無名，又不給以胙，人誰受之？故吾謂此舉行，則人情各得，書院之虧費可補，事之盡善而議之不可復易者也。是議也，汪君衡士倡之，任事諸君和之，屬余書顛末於會簿之首。爰本其意而書之如此。

鼎建[2]玉皇殿碑記

漢南懷三里前有東嶽古刹，去城十里，遠接山光，平挹野色，幽深寂静，莫能具狀，往來行人嘗憩息於其間。余等籍隸新安，客遊楚省，昔年兩置義阡[3]於廟前，設立阡葬號簿，始經十里鋪僧照管，繼交廟僧綜理。廟僧謂誰？即今住持之永清也。因來此甚密，酬酢益深。每值清明令節，不無哀念孤魂，覩盂蘭大會[4]，難免慘傷。朋儕[5]仰叩佛法，超

---

① 一例：一律，同等。

② 鼎建：營建。

③ 義阡：阡，田間小路。借指荒郊野外，引申爲墳墓。唐杜甫《秋日夔府咏懷一百韻》："共誰論昔事，幾處有新阡。"仇兆鰲注："《風俗通》：阡謂之塚。"義阡即義塚，收埋無主屍骨的墳塲。

④ 盂蘭大會：佛教指在農曆七月十五日盂蘭節所舉行的超度亡靈的法會。

⑤ 朋儕：朋輩。

昇上乘，俯伏僧力，解脱下厄，或三五爲期，一七爲率，雖伊蒲青精可修净供，而夙興夜寐莫寄襜帷。且玉帝金身，現無事奉，爰與度畫廟東隙地一段，計寬丈餘，狹隘不能展佈，又公輸購置胡姓水田，四界契載明白。充其方圓，增其廣闊，居近父老僉稱斯地自元明以來歷屬廟址，今復建廟，理所當然。虔誠公立字據，以垂永照，此君子成美、與人爲善之心也。選乙巳十月鳩工庀材，經營伊始，迨辛亥九月，垣墉塗塈，輪奂維新，題顏曰“玉皇殿”，由是旅進旅退，誰敢戲豫馳驅；或遠或近，無不齋慄祇肅。仰瞻聖容，衮冕黼黻，有威有儀，昭其嚴也；遥望宫闕，巍巍峨峨，去雕存樸，昭其質也；桷梃楹閎，昭其度也；五色比象，昭其文也；寶鴨噴煙，昭其潔也；炬光煒煌，昭其明也。禋祀如斯，神其吐乎？殿前存有餘地，構木爲椽，置瓦爲覆，以蔽風雨。左植樹木幾株，右列卉草數種，綴石爲山，掘地成池。維斯鄉人花晨月夕，聊以暢叙幽情，縱撫景傷懷，不無家鄉萬里之思，而握手言歡，亦可頓釋紆鬱，不啻對桑梓而興敬止也。時有晉觴而祝者曰：“公等既設義阡以事鬼，是其仁也；又建峻宇以奉神，是其敬也。仁敬兼至，自茀禄爾康矣，保艾爾後矣。”在祝者或以理當如是，豈知某等之恪恭奉神者，肅其心也；竭誠事鬼者，哀其類也，非圖報而後若此。竊願凡我同人，後之視今，亦猶今之視昔，思既有創於前，務求繼美於後，俾斯廟之不朽，即義阡之不朽爾。

休邑沈塘詹鈞撰稿，渠口李慶掄書丹

汪文儀傳

新安汪子文儀，諱璿，庠諱璲，號默菴，頑叟其晚號也。生而穎異[①]不凡，四歲，見垢中有金器，弗取，歸聞以失環詰侍婢，乃指其處，得之。九歲，通經書，善屬文。十三值國變，暫撤制藝[②]，惟事節録理

---

① 穎異：聰慧過人。

② 制藝：八股文。

學諸先儒書，沉潛體認[①]，慨然具希賢之志，昭然有黑白之分焉。父惟晦公以孝友聞，璲承之愈篤。有弟三人，早年痛弟璞不壽，嘔血數升，厥後復哭其季，血症又作，幾斃。嘗歎今人：於妻子則曰分内事，於父母則曰有兄弟在，至於兄弟之倫則久不講，爾我較然矣，即有資助，周之已耳。殊不知分刑一氣[②]，天合[③]固無可比也。所以古人不曰“宜爾兄弟，如夫如婦”，而反曰“宴爾新婚，如兄如弟”。璲家三百餘指[④]待哺，一身手口卒瘏[⑤]而絲粟不私，老死不二故能先行後從如此。壯遊三吳，聞東林講洛關之學，遂執贄[⑥]高彙旃先生，會講印证，郵简往復者，四十年如一日。其論學書有曰：眹兆[⑦]之説，發自梁谿，蓋見金谿所託，於《孟子》先立乎其大者，及求放心、良知良能等語，未暇推勘，因謂入道各有派别，若孟子之於孔子，氣象迥不相同。斷以吾儒學脈有二，孟子微見眹兆，朱陸遂成異同，文清、文成便分兩歧云云。以調停之，以爲學陸王者之敝，而非陸王之自爲敝也。不知金谿、姚江，當身陽儒陰釋，欺己欺人，心勞日拙，已自一齊差却，豈待學者而後流而大壞也哉！故竊疑發此語時似未得讀清瀾之書，良有以也。且毋論其是調停與非調停，細研此語，原自有病。《説文》曰：“幾微形見，謂之眹兆。”然則眹兆者，其未著未顯之異同兩歧乎！異同兩歧者，其已著已顯之眹兆乎！微見者，其遂成便分之所由始。遂成便分者，其微見之所由終乎！蓋道豈容有二，以爲氣稟則不止有二，律以文章脈絡，得毋等孟子於陸、王乎？夫歧孟子與孔子而二之，與等孟子於陸、王也而一之，皆不可也。

---

① 沉潛體認：沉浸其中，深入探究，體察認識。

② 分刑：當作“分形”，謂呈現各種形態。一氣：指混沌之氣。古代認爲是構成天地萬物之本原。

③ 天合：指父子兄弟等血親關係。

④ 三百餘指：意謂人口衆多。指，量詞。用以計算人口。宋蘇軾《與黄師是書》：“又聞子由亦窘用，不忍更以三百指諉之。”

⑤ 瘏：疲病，困乏。

⑥ 執贄：拜師。贄：初次見面時敬上的禮物。

⑦ 眹兆：徵兆；預兆。

在先儒一語之偶誤，原不宜過爲推求，今援爲甄别儒先之定論，則恐僞以傳僞，所失非淺尠也。娓娓千言，其嚴辨如此。中年學《易》，晚而成書，大抵以閑邪爲存誠之學，素位爲寡過之方，是誠有得於《易》者。著有《讀易質疑》《語餘謾録》《周易便讀》《平點學蔀通辨》等書行世。年七十四，乙酉卒於漢寓密窩。越丁亥，始聞訃於其從弟珽，爲位而哭，以詩悼斯道之益孤也。其一曰："皓首窮經斥異聞，扶筇擔笈總論文。新安家學堪千古，江漢先生又見君。"其二曰："交深契厚已多年，荏苒浮沉各一天①。自恨虚生長面靦，逍遥曳杖讓君先。"今春，余以省墓還楚，其孤匍匐舟次，乞一言爲先人光。往來江上，倉卒未能也。暑退凉生，檢閲其狀，述及遺書，而高生大酉適至，重以爲請。兩姓道義之交，蓋三世矣，因力疾詮次其學行以答其意，且以見斯人之自有可傳，而亦以見余疇昔締交之不苟。若夫《易》解之精詳，文章之醇肆，有目者自能知之，何俟余呶呶爲。子一，曰鈞，廩膳生；孫三，曰震亨、升元、師貞。

論曰：國初士大夫懲前朝之禍，深晦講學之名，有言"東林"二字，輒口噤而不敢應。賴梁谿二三遺老守先待後，爲兢兢耳。汪子生紫陽之鄉，裹糧走千餘里，拜道南而從高氏遊，通紫陽之志，使東南學脈稱會歸焉，厥功懋矣！然《書》有之曰："非知之艱，行之維艱。"觀其修身教家，無疚無惡，以視夫侈口而談道學、與緘口而不敢出者，其相去何如也？噫，希賢之志，吾謂惟汪子踐之！

時康熙歲次戊子，桂月中秋日

澴川熊賜履拜書於清凉舊圃

文學汪默菴先生傳

文學汪先生，諱璲，字文儀，號默菴，新安之金城里人也。系出周魯成公子汪侯，而分派則自唐開國鐵佛公始，代有聞人，歷傳至文學，

① 一天：一塊天空。各一天，即不在一塊，分離。

穎悟過人，十齡通經史大家。然不屑事俗儒章句，而惓惓於韓之《原道》。年十六，即手録理學諸書，潛心體認，可謂聞道甚蚤矣。性孝友，色養[①]其尊鄉賓惟晦公，繼志守身，貽親令名。丁内外艱，哀毀骨立，行道傷之。以弟殀，憂勞成咯血症。越四十餘年，復爲其季病且歿。兩發舊疾，幾憊，人服其至性，近世希覯。少遭喪亂，家中落，兼治生以佐甘旨、贍仲季，而一燈午夜，雖祈寒暑雨，終其身弗少懈。中年僦居[②]漢陰，因占籍楚中，文譽日噪，不十年棄去，淡如也。惟力於躬行，一言一動，必秉成法，身修教成，庭内肅然。生平樂與善而不妄交，所師友者，錫山高彙旃先生，吳趨徐俟齋先生，及同里汪石樵、葉簡崖、“紫陽還古”數會友而已。故高寄詩有曰：“游吳握手皆奇士，還里論心有碩儒”，蓋紀實也。於憂患中以讀《易》求寡過之旨，故所著有《質疑》二十卷，凡八易藁，而研究愈精。孝昌熊文端先生亟稱之曰：“足下辯志既勤，衛道復力，立言端以洛閩爲宗，而其才又足以發明之，故詞旨明晰，發前人所未發，誠大有功於四聖。”近大中丞濬川張公序之曰：“力學篤行，道宗孔孟，理本程朱，其實地發明處，都從身心體驗，吾知大《易》真詮，自伊川、紫陽而還，汪子分一席矣。”爰從公請，以先生從祀東林龜山楊先生道南祠，其見重於有道如此。又有《語餘謾録》文集、《悠然草》詩集，《儀典堂文録》《大學章句繹義》《周易補註便讀》《月課問答》各如干卷，其他校録評選前賢書甚富，或行於世，或藏於家，皆可垂諸不朽者。年七十四卒，疾革[③]之前數日，仍手答吳門蔡九霞論格物致知之義。闢異説、闡正學，娓娓數千百言，則生平之所養可知也已。有子曰鈞，食餼有年，能世其家學。

---

① 色養：孝敬父母，人子和顔悦色奉養父母或承順父母顔色。語出《論語・爲政》：“子游問孝。子曰：‘今之孝者，是謂能養。’……子夏問孝。子曰：‘色難。’”朱熹集注：“色難，謂事親之際，惟色爲難也。”

② 僦居：租屋而居。

③ 疾革：病情危急。《禮記・檀弓下》：“衛有大史曰柳莊，寢疾。公曰：若疾革，雖當祭必告。”鄭玄注：“革，急也。”

贊曰：予少與鄰右同庠，得拜先生於漢寓密裔，儀範嚴肅，望如山嶽。及聆其謦咳①談論，則累日坐春風中不忍去也。尤善言《易》，每與予反覆於吉凶消長、進退存亡之道，不啻三致意焉。後予作令西安，猶寓書敦勉，進予以古之循吏，意氣固已勤懇矣。今先王没，名愈尊，道愈顯，雖未少見諸設施，而著述宏多，皆大有關於名教；開示來學，蓋彬彬質有其文；醇儒之業，不徒稱獨行君子云。

時康熙庚寅歲清和上浣

長沙後學陳鵬年滄洲拜手書於句吳官舍

書汪文儀先生傳後

董桂敷

始建書院任事者凡四人，今惟汪文儀先生有傳二篇，粗具梗槩。而吳蘊予先生及余南宜、本立二先生傳皆缺，於例宜補。然傳者以傳信也，三先生之行蹟，其詳不可得聞矣，於其所不知而傳之，是誣也。以今日之鄉評，证之當日之紀載，雖未嘗有傳，而其可傳者固在。汪先生之爲人不待述已，而當時任事，獨首推吳。吳歿，汪爲文祭之，稱其具卓傑之才，可以立事濟人，重然諾，信友慈衆，且奉爲道義之宗，稱許之者至矣。其述書院之事，則曰："蜩螗羹沸，談笑揮之，譸張讋伏②，外侮悉平。"又曰："百折而志彌貞，此其光明雄偉之概，雍容整暇之度，非有大學問、大經濟者，不能及也。"汪先生以理學自任，必不爲過情之譽。以汪先生之所推許，則可以信吳先生矣。南宜先生與吳、汪同事，衆推三人並執牛耳，前後俱無間詞，其爲人亦大概可知。吳先生之歿也，時勤事者甚衆，而代吳者，羣舉本立先生。既而委私任公，正直如吳，辛勤勞瘁如吳，其爲人又可知已。今《志》中載吳先生筆札數條，皆慨然以公事爲己事，其言"吾鄉多奇節砥行之士，事無大小爲之則不肯寄

① 謦咳：同謦欬。原意爲咳嗽，亦借指談笑，談吐。

② 譸張：欺誑詐惑。讋伏：因恐懼而不敢動彈。

人籬下，務副其願望之所欲，至竭其力而後止”，斯言也，蓋以自道，亦爲諸同事者信也。古人有言曰：“景不爲曲物直，響不爲惡聲美。”生而爲合郡所推崇，歿而專祠以享之，人心之公，夫豈偶然倖獲者哉！

公祭吳蘊予先生文

汪　璲

維康熙壬午冬月初七日，同里戚友汪璲等，謹致祭於蘊予吳隱君之靈而言曰：嗚呼！孰使翁而竟止於斯耶？孰使吾儕[①]忽然不得見翁、竟呼翁之靈以哭翁耶？計翁之年，甲子一週有六矣，胡爲乎疏者哭之，如哭所親；親者哭之，如痌瘝[②]於乃身，且若以爲夭而不壽，若以爲天之降割而不仁者，何也？蓋翁具卓傑之才，可以立事，可以濟人，重然諾，赴人之厄，不愛其身，怒不藏而怨不宿，不保其往也，唯予其進而不輟其勤，信於友，歷數十年恒如一日；慈於衆，雖少長咸集，各饜以去，而無不欣欣。誠所謂道義之宗，坊表之式，而兼服其氣誼如雲，宜乎其有以感人肺腸，不期哭而哭，不期悲而悲，豈能託太上之忘情[③]。若夫我文公書院之初議也，誠補吾郡之缺事，然而大工大役欲驟舉而事不易成，加以乘墉者、伏莽者，蜩螗沸羹，以書院爲質的，環向而齮齕之，翁則無事呼號，談笑揮之，譸張讋伏，而外侮悉平。至於有終鮮克倦勤者，亦屬人情。翁則百折而氣彌貞，手足既疲於胼胝，心思復竭於經營，近者人心復振，落成可期。翁則忽爾蟬蜕，乘虬上升，得無積忿於功虧一簣，九載之績，未獲遂願，而寧以身殉者，鼓厥後英，一腔熱血，死賢於生，目雖未瞑，而其志皎然則與日月而争明，嗚呼！已矣，今則亡矣，戚友悵悵失所依矣，晴川共客攜手同趨，自翁之往，而誰與歸？嗚呼！以翁之襟懷無滓，其行於天也，爲風之清，爲霞之麗；其藏於地也，

---

① 吾儕：我輩。

② 痌瘝：謂關懷疾苦。

③ 太上之忘情：聖明的人無喜怒哀樂之情。太上：聖人。南朝宋劉義慶《世説新語·傷逝》：“聖人忘情，最下不及情，情之所鍾，正在我輩。”

爲金之精，爲玉之玭。續聞有孫，絹衣有子，區區延促，何足爲翁訾，第燧等溯洄無從，恍中央之宛在；音容彷佛，悵笑語之莫追。謹按《尚書》記功之文，循祭法勤事之典，勒石立主躋附兩廡，僉議既同，春秋歲舉，百世不毁，翁其歆我。嗚呼尚饗！

始建書院姓氏

吳積隆　汪璲　余尚煜　余宗經　吳定邦　余應菲　汪大中　金生汪映濤　余祖儀　黄雲生　余廷壧　朱之貴　程祥　余紹基　徐如珍汪亦遐　金成兆　張繼曽　汪鈞　金啓楨　汪振崙　方君英　吳江

開建馬頭姓氏

程璋　吳宗熟　汪朝録　江涵蒼　吳元度　吳元倫　吳浣　吳任文吳繼敦　汪會進　程兆鳳　宋兆權

開建新街姓氏

汪掌明　汪衡士　汪天吉　姚勳臣　吳敏修　程右獻　程東書　余毓輝　吳洪茂　余用賓　方位存　汪孚遠　舒聖功　汪宏濟　金育存許耀文　吳廣明　余毓華　畢坤成　汪萬候　汪賡虞　徐秀升　黄識堂江韶九　余正宗　汪文宗　吳允成　汪廷顯　汪萃中　吳涵遠　孫士融　余允康　汪文濟

重修書院姓氏

汪衡士　江岱川　程東書　汪秉衡　余漢臨　余允康　吳潤蒼　余曉新　李益三　汪嘉會　胡克能　李殿鰲　汪耀廷　余曉江　吳涌川余閬望　汪鼎大　余祥茂　姚保合　余超宗　黄仁泰　詹肇村　黄方至汪旭江　吳維堯　余子美

興工示

湖廣漢陽府正堂[1]加一級戴：爲崇文教、厚風俗，懇恩嚴示，以杜紛擾，以便興工事。本年二月初二日，據生員耆民[2]吳定邦、余尚煜、余應菲、汪大中、汪映濤、金生、余祖儀、程祥、黄雲生、汪鈞、吳江、余廷爣、朱之貴、余紹基、徐如珍、汪亦遐、金成兆、吳積隆、張繼會、余宗經、金啓楨、汪振崙等呈稱：“營建書院，爲士民觀摩地所購基址，久蒙印給，惟租地人户舊構草竹房屋在上，今興工伊邇[3]，業經契明價足，理合遷徙。第人衆心雜，觀望游移，若不請示曉諭，誠恐化民成俗之盛舉，反滋紛争擾攘之澆風”云云。爲此，示仰該坊牙行諸色人等知悉，傳諭衆户，於所購地内有現住草竹瓦房、籬園等物，盡行遷移，聽候興工。

康熙三十四年二月初三日示

漢陽邑侯張公捐免門攤税碑

爲先賢既邀曠典，懇賜勒石，以垂永久事。據舉人金生、州同汪應春等呈前事詞稱：“生等購買漢口循禮坊四總基地一段，原係佃民胡堯臣等七户，共納門攤[4]錢糧一兩零八分二厘二毫。蒙臺尊賢重道，捐補豁免，批詞印照，炳若日星，誠曠典也。但筆墨恐歷久消磨，勒石則萬年不弊，懇乞恩賜碑記，永行捐補豁免，生等摩勒貞珉，則培植洪恩，直與天地同永矣”等情，據此爲照，創建書院，崇祀先賢，以爲後學仰瞻，有功名教不淺。其祠基原名胡堯臣等七名，共額門攤錢糧一兩零八分二厘二毫，本縣已經捐補，註册開除。後莅兹土者，崇儒重道，諒有同心，合行勒石，以垂永久。爲此，示仰豁免門攤人户胡堯臣、萬實甫、朱雲

---

① 正堂：明清時對府縣等地方正印官的稱呼。
② 耆民：年高有德之民。
③ 伊邇：近，將近，不遠。
④ 門攤：古代税務名。按户分攤的税。

霄、周壽、喻允吉、上林班洪秀華，及看祠人等，一體遵照須知牌者，一勒石、一立案。

康熙四十四年五月　日

捐金育嬰詞

具呈徽州府屬六邑寄籍士民程璋、吳宗熟、汪朝録、江涵蒼、吳元度、吳元倫等爲另勸善舉，叩請憲裁事。情因某霸吞祀產，激奔撫憲，蒙送臺審明斷，令退產歸祠，清算多收租息。某央黃澤乾等勸念同鄉，除還原質借本銀壹千兩外，退還多收租銀壹千兩，仍該祠息，情求免算。璋等因開造馬頭，業經許捧日捐買有基，六邑紳士樂輸有項，是以允從誼讓，此固難逃憲鑒。前月二十八日，奉委漢分府照約清產歸祠，共計退還鋪面一十六間、偏廳一所、厨房二間，當經具領在案。統計每歲可收租銀三百六十餘兩，除祭祀需用而外積其盈餘，自此修葺不致缺費矣。六邑士民焚頂憲仁無既[①]。至於某捏捐火路，謊聳撫轅，蒙送臺前審明，不加深究，恩予薄罰。某自當感戴凛遵，但據黃澤乾等呈，請將所罰銀兩湊開馬頭費用，蒙諭璋等具領。切思祠前馬頭係六邑士民仰體各上憲德化，共勸義舉，并不須他鄉外縣資助分文。况某名下仍該退還祠息，尚且依勸情讓，是馬頭需費已足，焉敢領湊埋没六縣公舉？但事由霸吞祠產而起，若不遵領，誠恐上負憲恩，因思各上憲胞與[②]爲懷，口碑載道，而育嬰堂之舉，尤屬仁心仁政。官斯土者既推保赤[③]之恩，蒙其澤者應體如天之德，願將所領罰銀二千兩内捐出原銀一千兩呈繳臺前，伏乞驗明賞收育嬰堂内，少助乳育之需。餘一千兩若再捐助他處，則本祠

---

① 焚頂：焚香頂禮。無既：無窮；不盡。

② 胞與："民胞物與"之省。泛愛一切人與物。語出宋張載《西銘》："民吾同胞，物吾與也。"清和邦額《夜譚隨録·蘇仲芬》："第聖人之道，胞與爲懷，故萬物並育而不相害。"

③ 保赤：養育、保護幼兒。語本《書·康誥》："若保赤子，惟民其康乂。"孔傳："愛養人如安孩兒赤子，不失其欲。"

無以用誌甘棠[①]，又非所以仰體憲仁也。查祠後地處卑窪，半屬湖蕩，久欲填築成基，剏建文昌閣，併造偏廳書屋於西首，以保護祠牆庶可免風雨漂摇之患。向因工程浩大，衆力不齊，以致因循。兹蒙憲恩，請將此銀爲倡，雖不敷項，璋等情願再行勸募捐輸，共勷其事。謹將原銀一千兩公封存貯，俟馬頭告竣，即便興工，落成之日，仍懇詳請勒石，俾賢者知感而不肖者知警，亦以仰副上憲崇儒右學之盛心也。伏乞批示遵行。

雍正十二年十一月初八日具

分守道憲朱批：准據情轉詳，銀兩發交武、漢二府轉發當商生息，以充育嬰堂公用可也。

曉諭示

湖北分守武、漢、黄道兼理水利事務布政司參議朱，爲嚴行曉諭，以杜侵佔事。案奉署撫部院楊批前事，又奉督部堂邁批同前事，奉此爲照。某霸佔文公祠祀産，侵吞租息，揑捐火路，誣呈撫憲，并據六邑士民程璋等呈控，前由均批到道，當經本道審明，清産歸祠外，續據程璋等呈稱，開造馬頭，業經許捧日捐買有基，士民捐輸有項，不便將罰銀兩領凑，埋没六邑公舉，請將罰項銀二千兩，以一千兩捐入育嬰堂生息，少助乳育之需，以一千兩存祠，俟馬頭告成，再行勸募捐輸，凑造祠後文昌閣之費等情，已經詳明兩院批示在案。誠恐賢愚不等，日後復生覬覦[②]，侵漁糜費亦未可定，合行出示曉諭。爲此示仰徽州府屬六邑寄籍士民人等知悉，嗣後凡祠中經費，務擇殷實端方之人督理，一切出入，

① 甘棠：稱頌循吏的美政和遺愛。典出《史記・燕召公世家》："周武王之滅紂，封召公於北燕……召公巡行鄉邑，有棠樹，决獄政事其下，自侯伯至庶人各得其所，無失職者。召公卒，而民人思召公之政，懷棠樹不敢伐，歌咏之，作《甘棠》之詩。"

② 覬覦：非分的希望或企圖。

公同登記稽覈，毋致侵漁糜費，復蹈前轍，有□未便①，各宜凛遵毋忽。

雍正十三年正月二十一日

準提菴三元殿府禁示勒碑

特調湖北漢陽府正堂、加五級、又隨帶加三級、紀録十二次潘，爲籲示勒碑，恩垂不朽事。據職監程鍾暄、余敦、吴起稟前事稟稱："職等徽郡商民，前在治循禮坊公建準提菴②，又於西傍添建三元殿供佛，停棺守業百餘年，近遭流民余裕芳等呼引族衆佔踞廟内，膽敢捏造悖謬不經合約，冒稱家廟山主，夥串僊僧源玉即月影、行慧等，盗賣廟傍餘地，分肥不均，計使老朽余漢宗隱匿實情，架詞③妄控。經汪縣主審訊詳，蒙責逐碑禁在案。詎料若輩愍④不畏法，膽將禁碑碎毁。職等情出不得已，只得於去冬月十三日以頂恩再叩等情，縷稟崇轅，蒙批候飭縣訊詳。去臘月署縣訊明，分别懲創，詳奉鈞批，如詳分别重懲，諭令另招住持，將該處餘地丈量，栽立界至，以免盗賣，繳結存職等。現在遵奉，慎選住持，但兩廟餘地甚寬，内多棚民賃棲。第恐年深日久，奸徒仍蹈前轍，復滋訟累，只得公叩賞示勒石，以垂永久。再一應閒雜人等，一例賞禁，不許停留廟内。如有强梗佔踞者，許首士及住持稟究。如蒙恩允，則榆火永賴。上稟等情，據此，除稟批示外，合行出示曉諭。爲此示仰徽郡紳士及彼地保甲⑤人等知悉，所有廟傍餘地，應照此次丈量，栽立界至，永遠執管。該廟僧等毋得串同流棍冒認準提菴、三元殿山主名色，覬覦盗賣，以及閒雜人等盤踞廟内，滋生事端。如有不遵，許該管首士具呈

① 有□未便："有"下一字，漫漶不清。

② 準提菴：供奉準提菩薩的佛教庵堂。準提，佛教菩薩名。梵語的音譯。意爲"清净"。密宗列爲蓮華部六觀音之一。其形相作三目十八臂。

③ 架詞：憑空捏造文詞。

④ 愍：頑悍。

⑤ 保甲：舊時統治人民的户籍編制。清代保甲之法，十户爲牌，設一牌頭，十牌爲甲，設一甲頭；十甲爲保，設一保長。户給印牌，書其姓名丁口，出則注其所往，入則稽其所來。

赴府，以憑究處，各宜凜遵毋忽。特示。

乾隆三十八年閏三月十七日示

準提菴三元殿永禁示勒碑

特調湖北漢陽府漢陽縣正堂、加三級、紀録三次汪，爲懇恩示禁，永靖佛地事。據商士程鍾晅、方應謙、吴日淶、徐名進、戴世昂、孫天昭、汪有彬、汪鳴鏞、程大鵬、許正芳、戴維銑、汪士烜、余淳、汪森泰、吴啓錞、吴敦復、程震元、潘龍旗、吴超、汪聯鑑、姚文河、余其懌、潘怡大、方祥泰、羅泰寧、汪立泰、汪永成、余萃珍、汪意隆、汪松華、吴洪茂、汪錦茂具呈前來呈稱："緣順治年間，徽僧長樂等先後在漢披剃，漢鎮徽人聚藪，捐資公買蔡時卿、蕭雲章後湖荒地一段，建造準提菴，次建三元殿，招徽僧長樂住持香火，一切地契等物，交付長樂收執。百餘年來，相沿無異。康熙四十九年，復又買堵仁山空地一段，界址分明，契字炳據。詎三元殿住持僧月影素行不端，罔守清規，串通準提菴僧行慧、流寓漢鎮之同鄉余漢彩、余希敏、余漢宗、余裕芳等，將廟西基地三尺、東界九尺五寸，膽敢立契盗賣與浙寧公所爲業。今書院衆等俯念餘地尚多，誠恐孽僧等仍蹈前轍，若不呈明示禁，將來何所底止？爲此叩乞電情作主，恩賜示禁，以杜後患。並懇飭差押逐該廟僧月影、行慧，並余漢彩等，毋許在廟爲匪，庶佛地得以永靖，六邑商民均戴鴻慈[①]無既矣。"上呈等情，據此，除批稟押逐外，合行示禁。爲此，示仰彼地居民及廟僧、公所，嗣後毋許藉占準提菴、三元殿廟基及餘地之處，倘有不法之徒任意故違，許該管商士指名具呈，以憑究處。毋違。特示，右仰知悉。

乾隆三十八年閏三月十七日復立

① 鴻慈：大恩。

義舍示禁

特調湖北漢陽府正堂、軍功紀録二次陳，爲籲恩賞示御悍安良事。據貢監生程璋、吳繼祺、吳元倫、汪朝録、汪會建、程兆鳳、吳浣、吳應法、李日煊、畢大震、程清遠、朱昌源、汪大灝、汪雲壆、汪時誘、汪維寵、吳師宗、余大宜、徐德璋、余成龍等呈前事呈稱："生籍隸徽州，向在漢鎮循禮坊崇建文公書院，設立義學，敦睦雍肅[①]，罔敢忽褻。間有同鄉往來視爲公所，屢欲居停。竊懼狎瀆騷擾，未便開端。爰以書院餘基三元殿傍蓋造樓屋十楹，耑[②]爲桑梓過客暫時栖息之所。此皆生等仰沐德化，盡鄉情而肅書院也。但闔郡人稠，來踪未易辨晰，因立簿扇議定規條，雖不過偶爾暫寓，亦藉面熟擔保，方敢登明容留，如期遷去，庶幾源澄而流可清。又恐日久法弛，或恃强霸住，或久假不歸，或非法妄爲，或酗酒滋事，均未可定，不請示禁，恐難約束。爲此連名公籲，伏乞春生筆底，賞示儆戒，嚴肅於今兹，杜患於未萌，則旅寓靖而良善安矣。"上呈等情，據此合行出示禁約，爲此示仰徽籍往來人等知悉，嗣後不許在於院内恃强霸住，久假不歸，或非法妄爲，或酗酒生事，倘有不遵示禁，仍蹈前轍者，許管書院之人扭稟該管衙門解府，以憑究治，决不寬貸。各宜凛遵毋違。特示。

時乾隆八年閏四月　日示

重修飭禁[③]示

兵部尚書兼都察院右都御史、總督湖廣等處地方軍務兼理糧餉畢，爲嚴行飭禁事。照得[④]漢邑文公書院爲崇祀先儒之所，因歷年久遠，日就傾圮，急宜修葺完整，以肅觀瞻。兹據徽士商汪湘等具稟，現在庀材

---

① 敦睦雍肅：和睦，親厚，莊重。
② 耑：同"專"，專一；專門。
③ 飭禁：飭令禁止。
④ 照得：查察而得。舊時下行公文和布告中常用。

鳩工，卜吉維新，實爲崇儒重道之盛舉。誠恐漢鎮地方五方雜處，人烟輻輳，良莠不一，或有無知棍徒乘間攫竊料物，及藉端滋擾亦未可定，合亟出示嚴禁。爲此，示仰該處保甲軍民人等知悉，如敢乘此興工之際攫竊木料甎石，及藉端尋釁滋擾，許該商等指名赴地方官具報，以憑嚴拏究辦，不稍寬貸，各宜凛遵毋違。特示。

乾隆六十年七月十一日實貼新安書院曉諭

新街諭禁示

特授湖北漢陽府正堂、加三級、軍功隨帶加一級、紀録十二次劉，特授湖北漢陽督捕清軍府加十級、軍功加五級、紀録十次木，爲諭禁事。照得漢鎮徽州會館前面街道爲行人往來要津[1]，故於街之左右各開水路一道，一爲挑水上岸，一爲下河汲水，左右廻環其間，使中道不淋漓。原以利行人而免擁擠，無如近今以來，挑水人夫只圖便捷，舍却水道，輒於正街挑走，沿途潑撒，漬滿街衢，行旅深爲不便，合亟出示諭禁。爲此，示仰該地保甲及水夫人等知悉，嗣後爾等挑水人夫上岸下河，務仍由水道行走，不得再於中途往來挑送，有礙行旅。如敢故違，許該地保甲即行扭稟地方官，以憑究懲[2]。倘該保甲人等敢於藉端滋事，查出，定亦併拏，重究不貸。各宜凛遵勿忽。特示。

嘉慶五年二月二十五日示

水龍曉諭示

特授湖北漢陽府正堂、加三級、軍功隨帶加一級、紀録十二次劉，特授湖北漢陽督捕清軍府、加十級、軍功加五級、紀録十次木，爲申明添設水龍章程，以防火患而靖地方事。照得漢鎮爲商賈輻輳之區，人烟稠密，每多風火之虞。經本府於上年勸諭，新安會館衆商於原設水龍之

① 要津：重要的渡口。文中爲“要道”之義。
② 究懲：追究，懲處。

外，復添設水龍二座，並因本地製造未能合式，特令捐資遣人赴蘇購辦回漢，存貯公所，召募水頭，給與工食，專司撲救在案。兹屆隆冬，風高物燥，火燭尤宜預防。第恐奉行日久，原募水頭人等稍事怠玩①，合將前議章程再行臚列，曉示於後。

計開十條抄五

一新添水龍，宜安設適中公所，以期救應迅速也。漢鎮地方寬廣，道路不一，唯新安會館尚屬適中之地，且係本館所捐，以之收貯，庶於遠近有備。

一召募水頭，宜分别酌給工食也。查水龍要在用之得法，必須召募水頭，方克有濟。兹水龍二座，應募水頭各二名。係曾正邦、山雲、曾正安、山正茂等，並雇募人夫統共二十二名，每月給銀七兩，每年共給工食銀八十四兩。此項銀兩原係會館衆商按年公捐，應聽自行按季給發。至每次賞勞銀四兩八錢，係匣商公捐，亦聽按次賞給，均毋庸官爲經理。

一原設水龍五座，應仍遵循舊章也。查漢鎮向設水龍，鈎搭一切俱有舊定章程，毋庸更異，以免藉口，倘因現新添不即同往撲救，查出定行究治。

一酌定賞罰，以示懲勸也。救火務須勇往，如夫役人等有能冒煙走險、登時撲滅者，自當捐廉獎賞。倘聞風火事故不及前來撲救，以致延燒多處，或火已落架，始將水龍趕到塞責者，定即分别責革，召募頂補，以昭炯戒。

一勸諭商民，宜廣爲捐資，照式添備也。漢鎮風火靡常，舊有水龍所汲，不能高出樓房，新製水龍最爲得用，惜又止此二座。設遇風猛火烈，水少難濟，必須多備預防，以期充足。倘該商民人等亦有急公好義、情願捐資製備者，不妨稟請照式添造，同貯公所，更與地方有裨，本府等深有厚望焉。

---

① 怠玩：玩忽職守。

以上各條，務各凛遵，如敢故違，定行拏究。特示。

嘉慶五年十月二十六日示　實貼新安馬頭曉諭

印契録示

特授湖北漢陽府正堂、加五級、紀録十次、又軍功加一級、紀録二次明，爲呈簿請印給示勒碑，以便稽查，以垂永久事。據新安書院紳商士庶汪湘、汪相、余兆崑、余大晶等呈稱“竊漢鎮新安書院供奉文公，歷爲徽郡士商公所，置有基地市屋，司事輪年承管，收取租息，以備春秋二祀之需。自康熙七年至乾隆六十年，先後買置公産契約六十七紙，唯恐年代久遠，契約繁多，輾轉流交，或有遺失散漫，無憑稽核，謹將各契彙録成簿，呈請鈐印發執，俾有稽查，並懇給示勒碑，用垂久遠，庶公産無虞廢失，客民永戴鴻慈”等情，據此，除將呈到抄簿印發外，合行給示，爲此仰該書院紳商士庶人等知悉，嗣後書院公産契約遇有司事交替，均須按簿點收，秉公承管，如有遺失散漫，許即執簿鳴官，以憑查究。各宜凛遵毋違。特諭。

嘉慶四年六月二十日示

新安義阡弁言

漢鎮文公祠前新安馬頭告竣，諸同事樂善不倦，復念吾鄉旅櫬①暴露荒郊，久停古寺，雖有子孫，誰能辨其乃父乃祖？蓋因客遊斯地，患病云亡，或一時不便謀歸，或孤身無人代殯，始而草率，繼則因循，以至棺枯骨露，誠堪憫惻。用是於乾隆己未年製序勸輸，公擇漢陽十里鋪紫霞觀前劉姓麥地一段，東至西十六丈，南至北十八丈，册載麥糧二斗一升，不惜重貲，買作葬基，一脈中抽，兩砂合抱，質之形家，僉云“吉壤。”官契既印，憲示頻頒，四圍釘界明白，前立坊表，顔曰“新安義阡”。自西而東，分定層列，由北而南，編號挨葬。葬定規則，横五

① 旅櫬：客死異地者的靈柩。

尺，直八尺，深壙四尺。設簿二册，一存新安書院，一給十里鋪玉皇廟。舉凡扦葬，須從書院給票，將死者鄉里姓名按號註簿，方許執票前往，挨次安葬，毋得紊亂。守阡四人，執票依號，亦註玉皇廟簿度[1]。日後孝子慈孫或立碑祭掃，或遷回故土，俱可按簿查考，知在幾列幾塚，不致認棺滴血，慟哭呼天矣。若非書院印票，守阡之人不得濫行收葬，條規既立，永遠遵循，毋怠毋荒。如其未待號滿，踵事增華[2]，則又望於同鄉好義諸君子焉。

峕[3]乾隆五年　日立

特授湖廣漢陽府正堂、紀録六次鍾，爲書院公置義塚，籲請給示勒石，以廣憲仁事。據江南徽州府六邑士商程璋、吴元掄、佘勍、吴宗熟、吴浣、程日朗等呈前事呈稱“竊惟民胞物與，孰非天地之身，存順没寧，共此死生之理。聖朝疊沛澤枯之典，蕩蕩難名；草野争推樂善之心，孳孳不倦。漢鎮商民雜處，直省通衢，旅櫬未封，獨吾徽爲更甚。貧棺相望，豈抔土[4]所能藏？璋等目擊心傷，用是捐貲公買憲治十里鋪紫霞觀前劉參生户内麥地一大段，地勢平衍寬厚，可葬千百棺，以爲新安義塚。四圍釘界明白，竊恐無知豪棍覬覦異鄉公業，藉端漁利，或縱放牛羊，或暗謀侵盗，非邀憲恩給示勒石嚴禁，難以垂久。爲此公籲臺前，伏乞慈噓彩筆，弗致侵害於豪强，庶澤逮黄泉，永沐奠安於域兆[5]矣”等情，

---

① 簿度：指登記葬處的册子。度，即葬地。《管子・輕重甲》：“死而不葬者予以長度。”郭沫若等集校引於省吾云：“此言死而不葬者予以長久之葬地。”

② 踵事增華：繼續以前的事業並更加發展。語本南朝梁蕭統《〈文選〉序》：“若夫椎輪爲大輅之始，大輅寧有椎輪之質，增冰爲積水所成，積水曾微增冰之凛，何哉？蓋踵其事而增華，變其本而加厲，物既有之，文亦宜然。”

③ 峕：同“時”。

④ 抔土：一捧之土。借指墳墓。

⑤ 域兆：“兆”亦即“域”，《尚書大傳》卷一下：“兆，十有二州。”鄭玄注：“兆，域也。”《文選・王延壽〈魯靈光殿賦〉》：“（王）好治宫室，遂因魯僖基兆而營焉。”李善注引《廣雅》：“兆，域也。”“域兆”同義重言，指墳墓的界址；墓地。

據此，除行漢陽縣查明申覆外，合行示禁，爲此示仰附近居民，以及保甲人等知悉示後，敢有不法土豪地棍在於義塚界内藉端漁利、縱放牛羊、暗謀侵盜等事，許保甲人等扭赴該管衙門，以憑法究，決不姑寬。倘保甲人等通同徇隱，一并究治不貸。各宜凜遵毋違，須至碑示者。

乾隆五年九月　日立

湖北漢陽府漢陽縣正堂、加三級、紀録五次劉，爲公置義阡懇恩錫示勒石以永憲仁事。據徽郡六邑士商程璋、吳繼祺、佘勍、吳元倫、汪朝録、吳浣等呈前事詞稱："竊惟掩骼埋胔，明王之鉅典；停棺露朽，功令所首嚴。璋等生逢盛世，身沐憲恩，竊念漢鎮黔黎多半異鄉赤子，或客遊物故[①]，久淹蕭寺[②]之中；或貧櫬無歸，濶殯荒郊之外，以致朽棺徧野，堪憐孤旅之魂；暴骨成坵，誰覆一抔之土？用是六邑桑梓捐貲兩契公買憲治十里鋪紫霞觀前劉姓麥地一段，東至西計一十六丈，南至北計三十六丈，照契册載麥糧共四斗四升半，在玉二里又五甲劉參生、劉大興、劉運生户内起割。另呈過入新安書院内完納。四圍釘界明白，築以土塹，前立墓表，顔曰'新安義阡'。自上而下，分定層列、編號挨次而葬。葬從書院給票，將死者鄉里姓名註簿，方許憑票前往，照號扦埋，弗致紊亂。倘本人子孫昌盛後有願遷回故土者，或力有不能不願輕舉者，俱可按簿查考，知在幾列幾塚，立碑封志，逢時祭享，不致錯認。竊恐無知地著欺凌異孤，藉端阻撓，或日久侵佔耕種，或縱放牛羊踐踏，以及土豪聽信陰陽，暗謀盜葬等情，均不可不先事預防。爲此公籲臺前，伏乞彩筆生春，恩准錫示嚴禁，勒石永垂，庶幽魂下奠於北邙[③]，仁政

---

① 物故：死亡。

② 蕭寺：佛寺。典出唐李肇《唐國史補》卷中："梁武帝造寺，令蕭子雲白大書'蕭'字，至今一'蕭'字存焉。"後因稱佛寺爲蕭寺。

③ 北邙：山名。即邙山。因在洛陽之北，故名。東漢、魏、晉的王侯公卿多葬於此。後借指墓地或墳墓。

上躋乎西伯[①]，結草啣環[②]，存歿均感。”據此，查捐置義塚、收埋客旅屍棺，善行可嘉，合行給示禁諭。爲此示仰附近居民、保甲人等知悉，凡書院給票在於界内安葬，如有藉端阻撓，以及侵佔耕種、縱放牛羊踐踏者，許即指名赴縣稟究，各宜遵照毋忽，須至碑示者。

乾隆七年三月　日立

新安義阡續置序

吾徽郡自來多好善樂施之士，凡遇勝事，莫不踴躍而争先，况乎恤我同鄉，澤及枯骨，豈其有創於前而無繼美於後者乎？昔在漢鎮既已建書院、造馬頭，而樂善之心孜孜不倦，又公捐貲斧[③]置買一地，以爲新安義阡。維時地取其寬計長一十八丈，闊一十六丈，編號而葬，以横四尺、直八尺爲規，洵義舉也。無如歷今二十有七年，已葬千百餘塚，地雖寬廣，棺實停盈。嗟吾鄉之旅櫬，將不免暴棲之虞矣。聖等目擊躊躕，每與二三同志擬爲續置，以繼前功，奈皆以力綿爲歎。乃荷黄陂街各號諸君子願以團拜會銀六十兩率先捐輸，而一時新安人士無不欣然解囊而樂助之。用是卜地於舊阡之半里許，適有懷三里又一甲胡永生户麥地一邱，東至西三十四丈五尺，南至北二十七丈五尺，内惟西南一隅胡姓葬

---

① 西伯：指周文王、周武王，愛民，施仁政，受百姓愛戴。

② 結草啣環：感恩報德。結草典出《左傳·宣公十五年》：“魏武子有嬖妾，無子。武子疾，命顆（武子之子）曰：‘必嫁是。’疾病，則曰：‘必以爲殉。’及卒，顆嫁之，曰：‘疾病則亂，吾從其治也。’及輔氏之役，顆見老人結草以亢杜回，杜回躓而顛，故獲之。夜夢之曰：‘余，而所嫁婦人之父也。爾用先人之治命，余是以報。’”後因以“結草”爲受厚恩而雖死猶報之典。啣環典出南朝梁吳均《續齊諧記·華陰黄雀》：“寶（楊寶）年九歲時，至華陰山北，見一黄雀爲鴟梟所搏，墜於樹下，爲螻蟻所困。寶取之以歸，置巾箱中，唯食黄花，百餘日毛羽成，乃飛去。其夜有黄衣童子向寶再拜曰：‘我西王母使者，君仁愛救拯，實感成濟。’以白環四枚與寶：‘令君子孫潔白，位登三事，當如此環矣。’”後以“銜環結草”爲感恩報德的典故。

③ 貲斧：同資斧。貨財器用。語出《易·旅》：“得其資斧。”程頤傳：“得貨財之資，器用之材。”

壙横直挖除七丈，其餘盡行出售。當同相度，地維塽塏[1]，且亦寬舒，質之形家，僉云“吉壤”，因不惜重價，貲而購焉。契成於丙戌之冬，鳩工於丁亥之夏，前立墓表，側構土祠，如前之規模壯觀也。周圍築塹，墁石爲堦，如前之工程鞏固也。樹碑立禁，左請府示，右請縣示，如前之勒石永垂也。他如扦葬之規，設簿以填姓名，給票以憑開穴，挨號鱗葬，定其尺寸、層列，悉一一如前之規條而新之。此義阡之續置，殆所爲繼美之勝事歟！然非諸公之樂善好施，不及此。爰叙其顛末，書諸簿首，以告來者。

旹乾隆三十二年　月　吉日立

特調湖北漢陽府正堂、加四級、紀録十三次兆，爲仰體仁化[2]，續置義阡，公籲憲恩賞禁勒石事。據漢陽縣詳前事詳稱“乾隆三十二年五月二十日，奉憲臺批，據前署縣左令詳覆余聖伊、張聲遠、李萬彩、汪萬秀、汪萬林等公買基地以爲義塚，請示勒石一案詳由，奉批，余聖伊等續置胡永生麥地以爲新安義阡，誠屬樂輸善舉，如詳，飭令開明四至，勒石以垂永久。繳”等因，奉此[3]，卑職莅任，遵即飭令余聖伊等將四至地界開呈。去後，隨據余聖伊、張聲遠等赴卑縣開呈四至、納糧數目，並懇請憲臺給與印示勒石。前來計單開懷三里又一甲胡永生出賣麥地一片，坐落土名十里鋪魯家山，其地東至小路爲界，南至古路爲界，北至胡姓園地高低分界。其丈積自東至西計長三十四丈五尺，自南至北計闊二十七丈五尺，内西南一角横直周圍七丈，胡姓挖除葬墳，其餘外空地盡賣與新安書院爲義塚，每年上納官糧銀二錢四分等情，據此，該卑職查得余聖伊等置買義塚誠屬善舉，第恐日久被侵，欲邀憲恩頒給印示，

---

① 塽塏：高朗乾燥。

② 仁化：仁慈的教化。

③ 等因，奉此：舊時上行公文的套語。在引述來文之後用此四字，接着再陳説己意。

以便勒石垂久等情，除詳批仰候給示勒石此繳外，合行給示勒禁，爲此示仰附近有地居民人等知悉。兹有余聖伊、張聲遠、李萬彩、汪萬秀、汪旺林等公買胡永生麥地一片，除原主扣除葬墳外，其余空地俱爲新安書院義塚，四至、納糧開載明白，誠樂輸之善舉，凡爾聯界地户，毋得潛行侵越①，以安幽魂。如敢故違示禁，許該商等指名赴府縣稟究，斷不姑寬。各宜凛遵毋違，特示。

乾隆三十二年八月二十日示

署湖北漢陽府漢陽縣事漢川縣正堂、加十級、紀録十九次左，爲稟明書院續置義塚，公請示禁，以廣憲仁事。據余聖伊、張聲遠、李萬彩、汪萬秀、汪望林呈前事詞稱“緣漢鎮多係徽商，久居廛市②，昔年建有新安書院，凡公置産業則歸書院完糧。乾隆五年間，六邑樂輸，公買基地以爲義塚，旁築土塹，前立墓表，顔曰‘新安義阡’，當曾呈請前府憲前憲給示勒石，至今永保莫安，誠沐仁思於不朽矣。無如歷今二十有七年，已葬千百餘塚，地雖廣寛，棺實停盈。用是桑梓公商，劻勷繼志③，復捐買憲治十里鋪懷三里又一甲胡永生户麥地一片，東至西計三十四丈五尺，南至北計二十七丈五尺，内惟西南一隅胡姓葬墳，横直挖除七丈，其餘盡屬新安公業，周圍定界明白，其税糧照册折算，每年上官二錢四分，在胡永生户内起割，另呈過入新安書院完納。所有築塹豎碑，分列層次，編號安葬，悉與前塚無異。但恐人心不古，欺凌異孤，或藉端阻撓，或侵佔耕種，或縱放牛羊踐踏，或垂涎而謀盜葬，非邀憲恩給示，勒石嚴禁，難以垂久，爲此公叩春生彩筆，弗致受害於豪强；澤逮黄泉，永沐栖安於域兆。生死銜恩，頂祝上呈”等情，據此，除詞批示外，合行給示嚴禁。爲此，示仰彼地居民諸色人等知悉，嗣後爾等各守己界，

① 侵越：指越界侵犯。

② 廛市：即“市廛”，市中店鋪。

③ 劻勷繼志：勷：輔佐。勷，同“勷”。劻，同“匡”。繼志：謂繼承前人之志。語出《詩·大雅·下武》：“昭兹來許，繩其祖武。”朱熹《集傳》：“繩，繼。”

毋許在於余聖伊等公買義塚界内藉端阻撓，侵佔盗葬，及縱放牲畜，倘有不法地棍恃强欺孤，有前項情事，擾害義塚，許本稟人等協同該地保甲指名，立即赴縣具稟，以憑嚴拿重究。本縣言出法隨，决不姑寬，各宜凛遵毋違。特示。

乾隆三十二年四月二十日示

許家灣新置義阡禁示

特授湖北漢陽府漢陽縣正堂、加十級、紀録十次陳，爲呈明義塚乞恩賞示事。據新安書院職貢監生汪湘、吳棟、胡嘉、李慶掄、余兆崑、吳世淮等稟稱"竊漢鎮乃商民雜處，直省通衢之地，旅櫬未封、貧棺相望者不可勝計。前程璋等於乾隆壬戌年買十里鋪劉姓山地，已蒙前憲恩賞示禁勒石，奈年深久遠，疊疊成邱，已不堪葬，且一成爲敦邱①，再成爲陶邱②，哀哀泉下，鬼鄰何安？湘等願述前意，今復捐資買毗連山地一段，土名許家灣，東至西寬十一丈二尺，南至北長二十六丈二尺，可葬千百棺，爲新安義塚。四圍釘界明白，葬者向書院給票，將死者鄉里姓名註簿，憑票前往照號扦葬。倘本人子孫昌達，遷回故土，按簿可稽，不至錯誤。誠恐無知豪棍覬覦異鄉公業，藉端漁利耕種，或縱放牛羊，或暗謀侵盗，非邀憲恩給示勒石嚴禁，難以垂久，爲此公籲，伏乞慈嘘彩筆，賞示嚴禁，沾恩上稟"等情，據此，除呈批示外，合行出示曉諭。爲此示仰該地保甲及附近居民人等知悉，爾等務知異鄉公業，毋許藉端漁利，暗謀侵盗，或縱放牲畜踐踏墳墓，致干查究，倘有不遵，許該地保甲扭稟赴縣，以憑究治，决不寬貸，各宜凛遵勿違。特示。

嘉慶九年十一月　日示

實勒許家灣曉諭

---

① 敦邱：一層之丘，一層墳堆。《爾雅・釋丘》："丘，一成爲敦丘。"郭璞注："成，猶重也。"

② 陶邱：兩重的山丘。《爾雅・釋丘》："丘一成爲敦丘，再成爲陶丘。"邢昺疏："丘形上有兩丘相重累者，名陶丘。"

書院公同酌遵原議舊規

開列於左

一尊道堂爲春秋祭祀先賢之所，理宜潔净嚴肅，凡屬桑梓，不得在此設宴演劇，以及廻廊東西兩廡，均不得堆曬貨物，庶昭誠敬。

一凡春秋祭日，辦事諸人理宜整肅衣冠，各盡誠敬。

一凡祀産租息，司匣者[①]按季發摺，著祠丁收取。如有過期不能全清者，定於春秋祭期通知值年司事諸公，一同坐索，否則鎖門另召，不得徇情，有誤公事。

一凡司老匣者，爲衆司事之統理，務宜頻至書院查察，各盡勤慎。

一新老兩匣契墨印簿，年例於十月初三日早晨公同查點，封固存匣。

一凡市屋修理檢漏，司年公同估修，惟令祠丁逐日照應，不得任其擅專。

一凡每年春秋祭典，原有成規，另牌張掛，值年諸公臨期務宜敬謹照辦，勿得稍存懈怠，率意更張。

一凡祭器陳設等物，祭畢，值年首事於九月二十六日交盤之期，務須公同照簿查點，當時封鎖，不得徇情私借，倘有損壞遺失，經手賠償無辭。

一凡仕宦有至書院恭謁拈香者，祠丁先期知會兩匣年首，早至伺候，以便迎送。

一凡仕宦假館及桑梓借寓，概不奉命，恐開雜沓之漸。薦者高明，各宜自諒。

一照牆新街及本馬頭，曾經請官示嚴禁，毋許擺攤挑水，祠役隨時查案，毋得疏惰。

一文昌閣、六水講堂、主敬堂、願學軒等處桌椅什物，公議不借，

① 司匣者：管理賬目的人員。司，管理。匣，儲物盒，清代兩淮鹽商把公賬放在匣裏，推舉數人共同保管，叫公匣。

以免遺失損壞。

一照牆前大街乃書院之中衢，理宜開朗潔净，其東西鋪面當整飭清雅，不許住居家眷，如不依議者，令其退屋另召。

一凡祠丁應辦之事件另有條規，各宜遵行，違者即行斥革。

一書院所設水龍兩座，並器具等件，司年者務令祠丁隨時查察，遇有損壞，即行修整，不得疏忽。夫役工食，四季給發，不得預支。其餘章程，另有規條懸掛，倘有不遵約束調遣者，當即斥退，另召妥役。

凡選用祠丁，務要小心謹慎、能幹辦事者充之，不得輕舉濫進。

漢口紫陽書院志略原跋

漢口紫陽書院志略八卷。

考書院創始於康熙甲戌，迄今百數十年。人物日盛，規制日增。前河後湖，面大别而瞰長江，清淑[①]之氣呈於簷宇，真足以安子朱子之靈，享祀不忒也。吾鄉之人，敦禮義、重名教，俎豆一先生，尊聞行知，服膺勿失者久矣。漢鎮五方萃處，吾鄉之人爲尤多，每有地方義舉，無不踴躍争先，况於崇祀先賢盛事。合衆力、庀[②]衆財，經營揆度，百工具興，首事諸君子其勤且勞，爲何如乎？《志略》一書，編緝有年，然後之人猶須詮次詳晰，以成完書。余不敏，竊願隨諸君子觀厥成焉。

署黄州府事、宜昌府同知、候補知府

祁門謝登雋跋

① 清淑：清静和平。

② 庀：具備；備辦。

跋

《志略》八卷，修緝既成，余自漢歸里五閱月，而首事諸君裒然①以板本見寄矣。諸君之任事，誠勤敏矣哉！板本行，而前人創建之功與今日重修之勞，俱載以永久。第斯志爲前賢卒業②，以板本爲告成；爲後賢觀型③，於板本爲肇始。編之數十年，而成之以數月，其中損益去取，或猶有待於精汰者，如《藝文》卷中，不皆名手所作，以舊本僅存，不遽概從芟抹也；有待於增補者，如《建置》《禋產》《雜志》各卷，則視書院之興修，隨時而可附益者也。其他或仍或削，惟冀後來君子具鴻裁卓識者，鑒草創之勤，加之以潤色，是書庶其完備矣夫。

校閱終篇，爰復書數語於後。

嘉慶丙寅仲冬月
董桂敷跋

---

① 裒然：裒，聚集。謂輯集此書。
② 卒業：卒，完畢。謂完成了前賢修志事業。
③ 觀型：學習倣法的典範。